U0681955

中共中央党校（国家行政学院）马克思主义学院／主编

马克思主义研究前沿（全六卷）

第三卷
马克思主义发展史研究

Frontiers of Research on

Marxism

Six Volumes

社会科学文献出版社

SOCIAL SCIENCES ACADEMIC PRESS (CHINA)

马克思主义研究前沿（全六卷）
编委会

主　　任　张占斌

副 主 任　牛先锋　陈曙光　王中汝　薛伟江

成　　员　（按姓氏笔画排序）

王　巍　王虎学　王海燕　刘莹珠

李海青　邱耕田　辛　鸣　张　严

赵　培　唐爱军　黄　锟　崔丽华

蒋　茜　韩庆祥　魏静茹

·总　序·

马克思主义是我们立党立国的指导思想。中国共产党为什么能，中国特色社会主义为什么好，归根结底是马克思主义行，是中国化时代化的马克思主义行。马克思主义科学理论指导是我们党鲜明的政治品格和强大的政治优势。在任何时候，我们都要彰显这个鲜明的政治品格，都要发挥好这个强大的政治优势。中共中央党校（国家行政学院）马克思主义学院是党中央批准成立的，是全国唯一一家"党"字号、"国"字号马克思主义学院。2015年12月11日，习近平总书记在全国党校工作会议上强调："中央批准中央党校成立马克思主义学院，就是坚持党校姓'马'姓'共'之举。"习近平总书记的重要讲话和中共中央党校（国家行政学院）"四个建成"目标的提出，为我们建设好马克思主义学院指明了方向。

2022年是中国共产党第二十次全国代表大会召开之年。为了向党的二十大献礼，集中展示党的十八大以来中共中央党校（国家行政学院）马克思主义学院标志性研究成果，我们组织专门班子编辑出版"马克思主义研究前沿"（全六卷）学术丛书。

第一卷为《当代中国马克思主义研究》。该卷聚焦习近平新时代中国特色社会主义思想，从总论、以人民为中心、中国式现代化道路、人类文明新形态、国家治理、中国经济学六个专题展开，深度解读习近平新时代中国特色社会主义思想的科学内涵、思想精髓、原创性贡献，科学回答习近平新时代中国特色社会主义思想的若干重大理论问题，展示习近平新时代中国特色社会主义思想的真理力量、实践力量、思想力量。

第二卷为《马克思主义基本原理及经典著作研究》。该卷旨在论证正本清源、返本开新是新时代中国特色社会主义事业顺利发展的理论保障。该卷立足于马克思主义经典著作，着眼于马克思主义基本原理的创造性运用与创新性发展，对实践、劳动、自由、国家、暴力革命、社会主义等核心概念，进行了条分缕析的梳理和研究，有利于我们准确理解与传播马克思主义基本原理，彰显马克思主义真理力量。

第三卷为《马克思主义发展史研究》。该卷精选了马克思主义学院在马克思主义发展史、国外马克思主义等学科的代表性研究成果，这些成果体现了"正本清源、返本开新"的学术旨趣，既有围绕经典著作对"源头"的阐释，也有结合当代问题对"潮头"的探索，体现了对马克思主义发展史、国外马克思主义多角度的观照和多维度的研究，体现和凸显了马克思主义的科学原理和科学精神的历史发展和当代意义。

第四卷为《马克思主义中国化研究》。该卷立足中国特色社会主义新时代，从总论、国家治理与制度优势、意识形态与思想文化、发展道路与发展战略、中国式现代化与发展模式五个板块探究马克思主义中国化的理论逻辑、历史逻辑与实践逻辑，深入阐释中国共产党为什么能、马克思主义为什么行、中国特色社会主义为什么好等重大理论问题，力图为开启全面建设社会主义现代化国家新征程、实现第二个百年奋斗目标提供思想启迪。

第五卷为《中国特色社会主义政治经济学研究》。该卷立足中国特色社会主义新时代，以问题为经，以理论为纬，从总论、资本与劳动关系、经济思想史、新型城镇化与经济发展、减贫与农民工市民化等五个板块研究新时代中国特色社会主义政治经济学的创新发展和学科体系，分专题深入研究新时代中国特色社会主义政治经济学一系列重大理论和现实问题，具有较强的学术性和前沿性。

第六卷为《中国道路研究》。该卷立足中国特色社会主义新时代，以问题为纲，以史实为据，从总论、中国发展道路、中国话语、中国制度、党的建设、全球治理等六个板块探究"中国奇迹"背后的逻辑，阐明中国道路背后的道理、哲理、学理，阐明中国共产党始终以实现中华民族伟大复兴为己任，团结带领全国各族人民奋力推进革命、建设、改革事业，不仅取得了举世瞩目的伟大成就，也为全球发展提供了中国智慧和中国方案。

　　《马克思主义研究前沿》（全六卷）收入的作品只是马克思主义学院学者发表的部分研究成果，鉴于篇幅和选题所限，还有大量优质成果未能纳入。该套丛书的出版，既是对过去成绩的回望与检阅，更是新起点、新征程上向着更高目标进发的"动员令"。中共中央党校（国家行政学院）马克思主义学院是一所年轻的学院，马克思主义学院团队是一支特别能攻坚、特别能创造、特别能奉献的队伍，我们有信心担负起推动马克思主义学院高质量发展的历史使命，以更优异成绩建功新时代，为党的理论创新创造做出更大贡献。

丛书编委会

2022 年 11 月 1 日

·目　录·

第四编　西方马克思主义基本问题

第五编　西方马克思主义的思潮和人物

第一编　马克思主义发展史的基本问题

社会思潮批判及其方法论析[*]
——以《共产党宣言》第三章为范例

牛先锋

马克思主义的诞生之作《共产党宣言》（以下简称《宣言》）第三章以"社会主义的和共产主义的文献"为题，集中批判了当时流行的几种社会主义思潮。批判从分析思潮产生的社会环境入手，揭示思潮的利益所在和社会心理，直斥思潮与社会进步相背离的实质。《宣言》对思潮的批判，既尖锐犀利，又说理透彻，对于确立马克思主义在工人运动中的主导地位起到了重要作用，其鲜明的批判态度和分析社会思潮的方法，也为我们今天进行社会思潮批判提供了重要的方法论启示。

一　社会思潮批判要重视对思潮产生社会背景的分析

14~18 世纪初期，西欧经济社会处于渐进的演变之中，城关市民中分化出了最初的资产阶级分子，资本主义生产关系开始在封建社会内部萌芽。这一时期也是新航路的开辟和地理大发现的重要时期，绕过非洲的航行和美洲大陆的发现为新兴资产阶级分子海外扩张提供了交通上的便利，东印度和中国市场的开发以及美洲的殖民化，使工业品销售市场突破了地域的限制。世界贸易迅速扩大，有效激发了资产阶级商品生产的能力，也进一步刺激了殖民扩张的欲望，而世界贸易的扩大又反过来加速了西欧社会商业、航海业、工业的进一步发展。在这一系列事件的

---

* 本文原载于《山东社会科学》2019 年第 6 期，收入本书时有改动。

相互促进下，西欧社会的生产组织形式也开始改变，实现了由手工作坊和简单协作到工场手工业的转变。这一转变预示着一种不同于传统农业的新的工业生产方式即将来临。

世界市场需求不断扩大对西欧社会的生产能力提出了更高的要求，而为了谋取更大更多的利润，资产阶级不得不扩大生产规模、提高生产效率。简单的人力、畜力和自然力量已经没法满足生产的需要，为了解决生产的动力问题，1776 年英国人瓦特制造出第一台有实用价值的蒸汽机，蒸汽机的出现，揭开了工业革命的序幕。动力机与工具机的有机结合，产生了现代意义的机器。一方面，机器的广泛应用，使得工厂的选址摆脱了地域的局限，大大提高了资源的配置效率；另一方面，生产的集中带来了人口汇聚和商业的繁荣，一些现代意义上的大都市开始不断涌现。从 18 世纪中后期开始，西欧社会工业生产规模、经营方式、组织形式发生了质的变化，现代大工业代替了工场手工业，大资本、大工厂、生产线、商业、航海业、国际贸易得到惊人的发展，机器大工业生产方式在西欧一些国家已经取代了传统生产方式，占据了社会的主导地位，工业社会真正来临，资本主义生产方式进入了全球扩张的全新时期。

与生产方式变革紧密相联的是社会结构的急遽变动。传统的阶级一直处于分化和没落之中，曾经高傲的封建贵族和神圣教主在机器的轰鸣声中，低下了尊贵的头颅；资产阶级的队伍和力量都在增加，而"以前的中间等级的下层，即小工业家、小商人和小食利者，手工业者和农民——所有这些阶级都降落到无产阶级的队伍里来了"①，"整个社会日益分裂为两大敌对的阵营，分裂为两大相互直接对立的阶级：资产阶级和无产阶级"②。随着工业革命狂飙猛进，到 19 世纪中叶西欧工业社会的面貌基本成型，各阶级的社会和政治地位也基本安定下来。此时，社会成分构成大致如下。

（1）工业资产阶级，这个阶级在经济、政治上占统治地位，是社会的支配力量。

---

① 《马克思恩格斯文集》第 2 卷，人民出版社，2009，第 39 页。
② 《马克思恩格斯文集》第 2 卷，人民出版社，2009，第 32 页。

（2）现代无产阶级，这个阶级是社会的大多数，是被统治者，他们除了自身劳动力以外一无所有，不断采取各种形式与资产阶级进行斗争。

（3）旧式贵族、小生产者（包括小农、小资产阶级），他们正处于没落和分化之中，经济社会不断的动荡和不安定，使他们日益感到焦虑不安。

（4）知识分子中的空想家们。

其中，无产阶级和资产阶级是社会两大对立的阶级，他们之间的斗争构成了当时社会的主要矛盾。如何对待这两大阶级之间的斗争？阶级斗争发展的最终结局是什么？面对这些基本问题，不同的社会成员从自身利益出发得出不同的观点，也就形成了形形色色的社会思潮。《宣言》对这些社会主义思潮的批判，正是在对这一时代背景准确分析基础之上展开的。

二　社会思潮批判要研究它所反映的社会利益和社会心理

思想是时代的声音，而社会思潮则是时代声音的共鸣。梁启超在《清代学术概论》中讲，思潮的出现要有"思潮之时代"，即有时代之问题，"一世才智之士，以此为好尚，相与淬厉精进；阘冗者犹希声附和，以不获厕于其林为耻"①。这里描述的是社会思潮的生成机制和兴起过程，而要对已经兴起的社会思潮得其要领地进行批判，就不得不从思潮生成的机制和兴起过程中寻找批判的线索。不把握思潮的思想内容，不了解追潮者的社会心理，思潮批判就会沦为街头市井的情感发作，或者空乏无物的政治表态，不仅难以起到批判的作用，甚至会出现令人啼笑皆非的"低级红"或"高级黑"。

《宣言》第三章紧紧抓住弄潮者和追潮者的利益根基和社会心理，对三种社会主义思潮进行了抽丝剥茧式的分析，惟妙惟肖地刻画了这些思潮鼓噪者的心机。这三种社会思潮，从表面上看都对资产阶级社会进行了辛辣的批判，但批判的心思、目的却大不相同。

---

① 　梁启超：《饮冰室合集》第 34 卷，中华书局，1989，第 1 页。

反动的社会主义包括三股支流。

（1）封建的社会主义。这一思潮的代表是法国和英国的贵族，法国的正统派和"青年英国"是其代表。法国正统派代表法国大土地贵族和高级僧侣的利益，主要反对金融贵族和大资产阶级的利益，他们经常以社会变革中出现的社会问题为噱头进行蛊惑宣传，谴责金融和大工业的发展过程中资产阶级对无产阶级的剥削，标榜自己要维护劳动者的利益，是社会公平正义的代表。"青年英国"代表的是英国土地贵族的利益，他们对资产阶级日益增长的经济实力和政治实力既感到恐惧而又无可奈何，当发现无产阶级已经成为一支不可小觑的力量之时，就伪装成无产阶级的代言人，企图把无产阶级置于自己的影响之下，并借助无产阶级来反对资产阶级。至19世纪初期，英法国家被工业资产阶级打败了的封建贵族们已经充分意识到好日子已经一去不复返了，自己再也不可能保持原来的社会地位与尊严了。当他们看到资产阶级发财致富，又产生大批的无产阶级之时，"为了激起同情，贵族们不得不装模作样，似乎他们已经不关心自身的利益，只是为了被剥削的工人阶级的利益才去写对资产阶级的控诉书。他们用来泄愤的手段是：唱唱诅咒他们的新统治者的歌，并向他叽叽咕咕地说一些或多或少凶险的预言。这样就产生了封建的社会主义，半是挽歌，半是谤文，半是过去的回音，半是未来的恫吓；它有时也能用辛辣、俏皮而尖刻的评论刺中资产阶级的心，但是它由于完全不能理解现代历史的进程而总是令人感到可笑"①。

封建的社会主义者抱着"无可奈何花落去"的心理来批判资产阶级，假惺惺地向无产阶级示好，以引起社会的同情，表明自己的存在。在实践中，他们一方面指责资产阶级制造了社会贫困，控告资产阶级的统治不如自己的统治，想借助于无产阶级与资产阶级的斗争来维护自身的利益；另一方面甘心于"违背自己的那一套冠冕堂皇的言辞，屈尊拾取金苹果，不顾信义、仁爱和名誉去做羊毛、甜菜和烧酒的买卖"②。在

---

① 《马克思恩格斯文集》第2卷，人民出版社，2009，第54~55页。
② 《马克思恩格斯文集》第2卷，人民出版社，2009，第55页。

19世纪初期的英国、法国，这种思潮受到了封建贵族、僧侣和一切守旧势力的追捧。

（2）小资产阶级的社会主义。这一思潮的代表者成分比较复杂，在工商业不很发达的国家里，主要是在新兴资产阶级身旁勉强生存着的城关市民和小农阶级；在现代文明已经发展的国家里，主要是新产生的摇摆于无产阶级与资产阶级之间的小资产阶级；在农民阶级远远超过人口半数的国家，主要是小农和小资产阶级。这种社会主义思潮从小资产阶级立场出发批判资产阶级和大工业发展带来的社会问题，表面上是在替工人说话，事实上是想挽救自己行将灭亡的命运。"这种社会主义非常透彻地分析了现代生产关系中的矛盾。它揭穿了经济学家的虚伪的粉饰。它确凿地证明了机器和分工的破坏作用、资本和地产的积聚、生产过剩、危机、小资产者和小农的必然没落、无产阶级的贫困、生产的无政府状态、财富分配的极不平均、各民族之间的毁灭性的工业战争，以及旧风尚、旧家庭关系和旧民族性的解体。"①

但是，小资产阶级与封建贵族一样，在大工业的碾压之下本身也处于消失之中。它的生存状况决定了它对资产阶级的痛恨是发自内心的，其批判也是真诚的。但对资产阶级的刻骨仇恨与尖锐批判难以掩盖其自身的利益，他们不是在代表无产阶级说话，而是代表他们自己。他们揣着一种怀念过去、惋惜现在、怯懦未来的心理来看待社会发展，在工商业发展不同程度的国度里都有一定的回声。

（3）德国的或"真正的"社会主义。这一思潮的制造者是德国的哲学家、半哲学家和美文学家，这些所谓的知识精英们完全不顾德国的现实，直接把法国的社会主义文献照搬到德国。法国的这类文献是在资产阶级压迫下产生的，是无产阶级反对资产阶级斗争的声音；而当时德国资产阶级的统治地位尚没有确立，工人运动也还没有真正兴起，无产阶级并没有成长为一支政治势力。也就是说法国文献所批判的对象在德国并不存在，根本没有实践意义。于是，这些德国的哲学家们只好用华丽的哲学辞藻来解读法国的社会主义文献，把法国人对货币关系的批判改

---

① 《马克思恩格斯文集》第2卷，人民出版社，2009，第56~57页。

写成"人的本质的外化"，把法国人对资产阶级国家的批判修改成"抽象普遍物的统治的扬弃"，并声称自己的理论是"行动的哲学""真正的社会主义""德国的社会主义科学""社会主义的哲学论证"。《宣言》批判指出，这些德国的著作家大言不惭地认为"他们克服了'法国人的片面性'，他们不代表真实的要求，而代表真理的要求，不代表无产者的利益，而代表人的本质的利益，即一般人的利益，这种人不属于任何阶级，根本不存在于现实界，而只存在于云雾弥漫的哲学幻想的太空"[①]。

德国"真正的"社会主义难道真的超越了阶级利益而代表人类的普遍利益吗？真实情况完全不是如此！只要稍加注意就会发现，"在德国，16 世纪遗留下来的、从那时起经常以不同形式重新出现的小资产阶级，是现存制度的真实的社会基础"[②]。德国"真正的"社会主义代表的正是这些小资产阶级（小市民）的利益。当大工业开始在德国发展，普鲁士的资产阶级反对封建主和专制王朝的斗争日益兴起之时，这些小资产阶级所赖以存在的专制制度开始摇摇欲坠，他们无论在经济上还是政治上的生存条件都变得越来越糟，自己也变得更加胆战心惊。出于挽救旧制度、维护小私有制的心理，德国"真正的"社会主义得到了一个发展机会。一方面，"它宣布德意志民族是模范的民族，德国小市民是模范的人。它给这些小市民的每一种丑行都加上奥秘的、高尚的、社会主义的意义，使之变成完全相反的东西"[③]。另一方面，它"诅咒代议制国家，诅咒资产阶级的竞争、资产阶级的新闻出版自由、资产阶级的法、资产阶级的自由和平等，并且向人民群众大肆宣扬，说什么在这个资产阶级运动中，人民群众非但一无所得，反而会失去一切"，发挥着"吓唬来势汹汹的资产阶级的稻草人"和专制政府"镇压德国工人起义的毒辣的皮鞭和枪弹的甜蜜的补充"[④] 一箭双雕的作用。德国"真正的"社会主义由于迎合了德国小市民、僧侣、教员、容克和官僚等社会阶层的利益

---

① 《马克思恩格斯文集》第 2 卷，人民出版社，2009，第 58 页。
② 《马克思恩格斯文集》第 2 卷，人民出版社，2009，第 59 页。
③ 《马克思恩格斯文集》第 2 卷，人民出版社，2009，第 60 页。
④ 《马克思恩格斯文集》第 2 卷，人民出版社，2009，第 59 页。

与心理，于是就像瘟疫一样在德国流行起来。

保守的或资产阶级的社会主义思潮的代表者是资产阶级的经济学家、博爱主义者、人道主义者、劳动阶级状况改善派、慈善事业组织者、动物保护协会会员、戒酒协会发起人以及形形色色的小改良家。这种思潮有两个鲜明的观点，一是资产阶级统治的世界尽管存在许多不尽如人意的地方，但它仍然是最美好的世界，人们应该做的是去改善它而不是用革命的方法摧毁它；二是资产阶级所做的一切，包括自由贸易、保护关税、单人牢房等，都是为了照顾工人阶级的利益，因此，工人阶级可以为争得经济生活的改善而斗争，但不必去废除现有的资本与雇佣劳动的生产关系。

资产阶级社会主义是"资产阶级中的一部分人想要消除社会的弊病，以便保障资产阶级社会的生存"① 而炮制成的完整的理论体系，它代表着资产阶级的利益。这一思潮担心日益觉醒的无产阶级认识到自己被压迫和被剥削的真正原因，害怕无产阶级起来以革命推翻现存的资本主义制度，因此，也装模作样地批判一下社会存在的贫困、不平等、酗酒等现象，好像是在替无产阶级说话，但真实的目的是麻醉无产阶级的革命意志，为资产阶级统治作理论辩护。它不仅甚受资产阶级的追捧和宣扬，而且在阶级意识尚未觉醒的工人中也很有市场。

批判的空想的社会主义和共产主义思潮伴生于资产阶级和无产阶级的成长过程中，有很长的历史。在 19 世纪上半期，其主要代表是圣西门、傅立叶、欧文等人的体系，"这些体系的发明家看到了阶级的对立，以及占统治地位的社会本身中的瓦解因素的作用。但是，他们看不到无产阶级方面的任何历史主动性，看不到它所特有的任何政治运动"②。尽管他们对资本主义的弊端进行了深刻的批判，对未来新社会进行了天才的设想，但始终没有找到实现新社会的途径。他们只能以"个人的发明活动"来代替"社会的活动"，以"幻想的条件"来代替"解放的历史条件"，他们"以为自己是高高超乎这种阶级对立之上的。他们要改善社会一切成员的生活状况，甚至生活最优裕的成员也包括在内。因此，

---

① 《马克思恩格斯文集》第 2 卷，人民出版社，2009，第 60 页。
② 《马克思恩格斯文集》第 2 卷，人民出版社，2009，第 62 页。

他们总是不加区别地向整个社会呼吁，而且主要是向统治阶级呼吁。他们以为，人们只要理解他们的体系，就会承认这种体系是最美好的社会的最美好的计划"①。在无产阶级还很不发展的时候这一思潮确实提供了启发工人觉悟的极为宝贵的材料。

批判的空想的社会主义和共产主义的意义，是同历史的发展成反比的。阶级斗争越发展和越具有确定的形式，这种超乎阶级的幻想，这种反对阶级斗争的幻想，就越失去实践意义和理论根据。所以，虽然这些体系的创始人在许多方面是革命的，但是他们的信徒总是组成一些反动的宗派，他们无视无产阶级的历史进展，还是死守着老师们的旧观点，并且逐渐地堕落到反动的或保守的社会主义者的行列，所不同的只是他们更加系统地卖弄学问，狂热地迷信自己那一套社会科学的奇功异效。《宣言》所批判的这股思潮"在英国，有欧文派反对宪章派，在法国，有傅立叶派反对改革派"②。

《宣言》所批判的这些思潮都有自己的社会基础和利益代表，也都有一个共同的心理。他们既痛恨资产阶级统治，又对无产阶级革命忧心忡忡。因为他们心知肚明自己不是资产阶级的对手，所以就以工商业发展带来的严重社会不平等、社会贫困、社会动荡等问题为由头来说事，以无产阶级受剥削、受奴役为借口来鼓动无产阶级对抗资产阶级，企图把无产阶级反对资产阶级的斗争引入自己设计的轨道上。

三　社会思潮批判要把握这一思潮代表的社会发展方向

客观地讲，任何一种社会思潮都不是凭空产生的，这种思想有其追随者并能形成潮流，在一定时期具有社会影响力，也足以说明它反映了部分的社会经济现实问题，代表了特定社会群体的利益，表达了这一特定社会群体的社会心理。把握不同群体的利益诉求和社会心理，是分析

① 《马克思恩格斯文集》第 2 卷，人民出版社，2009，第 63 页。
② 《马克思恩格斯文集》第 2 卷，人民出版社，2009，第 64 页。

社会思潮产生和形成必需的前提。但是，要对社会思潮进行评价和批判就不能止步于眼前利益和社会心理分析的层面，必须从这种思潮所代表的社会发展方向来判断。逆历史潮流而动，把社会发展导向倒退、导入歧路的思潮，无论有多么深厚的现实基础、有多么大的社会影响，对其危害性都要高度警觉、严厉批判；顺应历史潮流、推动社会向前进步的思潮，无论现实的社会基础还多么薄弱、遭受旧势力多么大力量的围攻，对其进步性都要毫无保留地支持。

《宣言》对三种社会主义思潮的批判是从社会基础和社会心理的层面展开的，但并没有局限于情感的泄愤与道德的谴责，批判直指的靶心是这些思潮有意混淆是非、背离了社会发展方向。封建的社会主义批判资产阶级统治制造了社会动荡与不安定，打破了田园诗般的社会宁静，产生了无产阶级贫困和道德堕落。尽管封建贵族的批判尖刻而辛辣，直刺资产阶级的命门，但其真正的目的不是推动社会进步，而是挽救自己行将灭亡的命运，把经济社会发展重新拉回到封建专治的年代。小资产阶级的社会主义谴责资产阶级大工业的发展把手工业手艺弄得一文不值，把农业生产、农村、小农逼向败落和破产，它甚至透彻地分析了资产阶级生产关系的矛盾。但是，它批判资产阶级社会的真实目的是回到工场手工业的行会制度，回到农业中的宗法经济。德国的或"真正的"社会主义借助于法国社会主义者的文献来批判在德国尚未真实存在的资产阶级，表面上以"人的本质的利益""永恒真理"自居，其真实目的是维护德国封建专制社会现状和小市民的生活状态，既反对资产阶级的崛起，又防止无产阶级革命化形势出现，其实质是反对德国大工业的发展与进步。

保守的或资产阶级的社会主义批判资产阶级社会的弊病，以仁慈的目光同情无产阶级，但万变不离其宗的结论是资产阶级社会是最好的社会、是永恒的存在，它批判的真实目的是"想要消除社会的弊病，以便保障资产阶级社会的生存"①。至于批判的空想的社会主义和共产主义，它的思想价值是同历史发展成反比的，随着工业社会的发展它逐渐失去

---

① 《马克思恩格斯文集》第2卷，人民出版社，2009，第60页。

了积极意义，就堕落到反动的或保守的社会主义一伙中去了。

《宣言》之所以把这三种思潮称为社会主义，是因为它们都把批判的矛头指向现代资产阶级；之所以又把它们称为反动的社会主义，是因为它们都"企图恢复旧的生产资料和交换手段，从而恢复旧的所有制关系和旧的社会，或者是企图重新把现代的生产资料和交换手段硬塞到已被它们突破而且必然被突破的旧的所有制关系的框子里去"①。这些社会思潮或者企图把社会拉向后退，或者幻想保持历史原地不动，因为它们逆历史潮流而动，所以它们即使批判资产阶级也不能掩盖其反动或保守的本质。也正是因为它们背离了历史发展的大道，所以随着历史的进步，这些社会思潮也逐步地失去了影响力，最终被历史淘汰掉了。

《宣言》是批驳"关于共产主义幽灵的神话"的檄文，是"共产党人向全世界公开说明自己的观点、自己的目的、自己的意图"的告示。《宣言》所宣告的共产主义在当时还只是一股微弱的思潮，而它之所以在工人运动中能够涌动成潮，历时百余年，虽潮起潮落，始终不会熄灭，其根本原因就在于它代表着人类进步的方向。它对资本主义的批判不是基于道义的谴责，而是基于现实的经济方式和交换关系；不是基于普遍的理性，而是基于现实的利益关系和阶级斗争的状况；不是基于头脑幻想出的原则，而是基于对社会发展规律的科学揭示和把握。

四 《宣言》批判社会思潮的方法论启示

任何一个时代的统治思想都不过是统治阶级的思想。无论哪一个时代的统治阶级都会千方百计地批判异己思想，以确立自己在意识形态的主导地位。这不只是思想之争，而且直接关系到政权的稳固与否。但对社会思潮的批判，并非是打打杀杀叫喊一阵子那么简单，更不是锣鼓喧天就能借势吓人，任何一种思潮的出现都有其出现的时代背景，都裹挟着追潮者的利益，也都反映着那个时代的社会心理。社会思潮批判只有做到了知己知彼，才能够百战不殆。《宣言》第三章对各种社会主义思

---

① 《马克思恩格斯文集》第 2 卷，人民出版社，2009，第 57 页。

潮的批判，给我们提供了社会思潮批判的典范，具有重要的方法论意义。

首先，要直面各种社会思潮存在的客观事实，分析其产生的社会原因。《宣言》指出："每一历史时代的经济生产以及必然由此产生的社会结构，是该时代政治的和精神的历史的基础。"① 这一思想为解析社会思潮提供了一把完美的解剖刀，并详细说明了剖析社会思潮产生的三个步骤：经济生产的大变革引起社会结构的大变动，进而产生利益格局的分化和重组；社会不同利益群体面对利益格局的变化必然会算计利益得失，评估自己在变化着的利益格局中的地位，并以思想理论的方式来反映、论证、主张其利益诉求；当这种利益表达声音在相同利益的社会群体心理产生共振、出现舆论共鸣时，这种思想就顺势而起形成社会思潮。因此，经济社会变革的时代，必然也是各种社会思潮激荡、各种声音杂陈的时代。

在社会大变革的时代，充耳不闻各种声音，罔顾各种思潮的存在，采取鸵鸟政策是不行的；企图用行政命令来取消各种思潮，用强制"封杀"的方式来围堵各种思潮，同样也难取得预期效果。《宣言》第三章所批判的各种社会思潮与马克思主义产生于同一个时代，同样的社会背景、同样的时代问题，使马克思恩格斯对这些思潮的认识更为深刻，也为针对性批判这些社会思潮提供了绝佳的条件。熟知各种思潮产生的社会背景，是马克思恩格斯对这些社会思潮批判取得成功的重要原因。

改革开放 40 多年来，我国的经济体制深刻变革，社会结构深刻变动，利益格局深刻调整，思想观念深刻变化。特别是中国特色社会主义进入新时代之后，世界正处于百年未有之大变局之中，世界多极化加速推进，大国关系深入调整，经济全球化持续发展，世界经济格局深刻演变，国际安全挑战错综复杂。当代中国正处于深刻的转型之中，国内外形势正在发生深刻复杂变化，改革进入攻坚阶段，打破利益固化的樊篱亟须发力；发展进入关键时期，前期刺激政策需要消化，经济发展速度正在换挡，新旧发展动能正在转换，人民对美好生活的向往与不平衡不充分发展之间的矛盾日益突出。在变动不居的时代背景之下，不同的群

---

① 《马克思恩格斯文集》第 2 卷，人民出版社，2009，第 9 页。

体站在自己的立场上，对形势的判断和变化趋势的把握及其对问题的认识、利益的算计自然会出现分歧，发出不同的声音并引起感同身受群体的响应也在情理之中，出现不同的社会思潮是再正常不过的现象，这也是社会进步的标识。如果在这样的背景下还企图只要一种思潮、一种声音、一种价值，这只能是幼稚的幻想。唯一正确和有效的做法是直面现实，从这些思潮产生的背景入手，来分析和批判各种错误思潮。

其次，要正确识别社会思潮，归类对待不同性质的社会思潮。针对时代问题，会产生不同的思想观点、社会心理、社会行动。但是，碎片化的思想观点、社会心理、社会行动本身并不就是社会思潮，社会思潮是这几种要素结合共振的结果。因此，正确识别、区别对待、归类分析，是进行社会思潮批判的前提。

一是不能把思想领域不同的言行都当作社会思潮。意见、建议、观点即使有较大的舆论影响力和社会鼓动性，但若它反映的根本就不是时代的基本问题，很快时过境迁或者只对极少数群体留下痕迹，都不能等同于社会思潮。例如一些"网红"的言论、"网络大 V"的观点、明星的行为等，虽然在特定背景下会引起社会轰动效应，但这并不能构成社会思潮。二是不能把利用社会心理、社会情绪来制造个人影响的事件当作是社会思潮。一般而言，社会思潮有相对完整的理论体系，并且这个理论体系能够引起部分社会群体心理的共鸣，而利用社会心理制造个人影响的只是一种投机，其观点也只是一个上不了档次的"拼盘"，很难称其为社会思潮。例如，一些邪教，还有所谓的"养生"新潮，就是如此。三是不能把所有的社会思潮都当作敌人来对待。既然能够成为社会思潮，它在一定程度上都从一个侧面反映了时代问题。恩格斯讲，历史是力的平行四边形合力作用的结果①，在众多的社会思潮中，有的与主流意识形态方向基本一致，有的偏离较远，还有的背道而驰，对这些社会思潮必须加以区分，才能做到有"拉"有"打"，精准施策。

把社会思潮从繁芜丛杂的精神现象中识别出来，可以防止泛化社会思潮，避免风声鹤唳、草木皆兵；把与主流意识形态方向基本一致的社

---

① 《马克思恩格斯选集》第 4 卷，人民出版社，2012，第 605 页。

会思潮识别出来，加以引导，防止将其推向自己的对立面；把与主流意识形态相异的社会思潮孤立起来，这样才可以集中火力展开有效批判，进行精准打击。

再次，要从社会发展规律的高度对错误社会思潮进行批判。社会变革时期出现各种社会思潮，都能唤起部分社会成员的道德情感，反映出部分人的社会心理，但识别社会思潮性质不能基于道德诉求和心理情感，最根本的是要看这种思潮对经济发展是否起到推进作用，是否与历史进步同向而行。《宣言》之所以把封建的社会主义、小资产阶级的社会主义、德国的或"真正的"社会主义称为反动的社会主义，正是因为它们都逆历史潮流而动，企图将社会拉回到过去；保守的或资产阶级的社会主义只是资本主义病床边的医生，它批判资本主义的真正目的是挽救它的生命；而批判的空想的社会主义和共产主义只是历史上的存在，当社会已经大踏步前进之时，它还沉浸在过去的梦幻之中。这些社会思潮共同的特点就是背离进步方向，开历史的倒车，阻挡社会的前进。正是准确指出这些社会思潮的方向性错误，《宣言》的批判才显示出了无畏的勇气、磅礴的气势和正义的力量，取得了绝佳的批判效果。

马克思主义揭示了人类社会由低级向高级发展的规律，马克思主义政党要始终遵循历史规律，始终代表历史进步的方向。而极左思潮和民粹主义思潮只是"愤青"式的发泄，表面上是满满的正义感，掩盖着的却尽是僵化和封闭的内容，纯属《宣言》所批判的"反动的社会主义"之列。"停滞和倒退是绝没有出路的""决不走封闭僵化的老路"，这是我们党对这种社会思潮掷地有声的批判。

最后，要把批判社会思潮与构建主流意识形态结合起来。社会思潮批判要"破"与"立"同步并举，引导同向的社会思潮、批判错误的社会思潮，目的是构筑和巩固党的意识形态的主导地位。《宣言》是一部批判性著作，它是反驳"关于共产主义幽灵的神话"的檄文。同时，《宣言》也是一部建构性著作，它是"共产党人向全世界公开说明自己的观点、自己的目的、自己的意图"的告示。在《宣言》写作和发表之初，共产主义还是旧欧洲一切势力围剿的对象，与各种社会主义思潮相比较，它还是响应者寥寥无几的理论幼芽。然而，在马克思恩格斯的

"批判的武器"攻击之下，随着欧洲经济社会的发展，其他思潮已经威风不再，而共产主义思想在国际工人运动中力量崛起，逐步上升为无产阶级的指导思想。

当前，在批判错误思潮中巩固主流意识形态，一是要坚持党的实事求是思想路线，瞄准错误社会思潮的攻击方向精准发力。中国特色社会主义进入新时代之际，极右思潮对主流意识形态的攻击集中在否认"中国道路""中国模式""中国智慧"方面，主张通过深化改革去掉"中国特色"，全面向西方看齐。公开揭示错误思潮的本质，既是对错误思潮的有力批判，又能够达到巩固主流意识形态的效果。

二是要坚持党在社会主义初级阶段的基本路线不动摇，牢固树立"以经济建设为中心"，把"坚持四项基本原则"和"坚持改革开放"这两个基本点紧密地结合起来。动摇"以经济建设为中心"的方向或者把"两个基本点"割裂开来，这是错误社会思潮惯用的手法。党的基本路线就是政治路线，就是党的意识形态的最集中体现。只有把"一个中心，两个基本点"讲全了，才能巩固和发展主流意识形态。

三是要弄清楚马克思列宁主义、毛泽东思想、邓小平理论、"三个代表"重要思想、科学发展观、习近平新时代中国特色社会主义思想之间既一脉相承又与时俱进的关系。这些理论成果共同构成了我们党的指导思想，有一个共同的名字——"马克思主义意识形态"。用马克思主义中国化两次飞跃产生的理论成果否定马克思列宁主义，或者把马克思主义中国化两次飞跃产生的理论成果对立起来，都是对马克思主义意识形态的分裂，这也是各种错误社会思潮攻击主流意识形态的惯用手法。

四是要重点学习和宣传习近平新时代中国特色社会主义思想。习近平新时代中国特色社会主义思想，集中回答了"新时代坚持和发展什么样的中国特色社会主义，怎么样坚持和发展新时代中国特色社会主义"这一时代基本问题，是马克思主义中国化的最新成果，是党的意识形态的最新、最集中表现。因此，坚持用习近平新时代中国特色社会主义思想武装全党，就是巩固主流意识形态。

"经济决定论"的谬误与
"历史合力论"对其的批判[*]

牛先锋

  经济决定论是对马克思主义唯物史观的严重误读、歪曲和肢解。唯物史观认为，生产力与生产关系、经济基础与上层建筑构成了社会的两对基本矛盾，基本矛盾运动推动着历史向前发展。在历史发展过程中，各种因素共同发挥作用，但归根结底经济因素起决定作用。经济决定论首先自以为是地把经济因素的决定作用歪曲为唯一作用，然后指责唯物史观是"经济唯物主义""社会宿命论"，再对唯物史观大加挞伐。经济决定论一出现就在德国社会民主党内引起了严重的思想混乱。恩格斯以极大的耐心分析了经济决定论产生的原因和错误所在，并经过严谨的论证，提出了历史合力论。历史合力论从理论上清算了经济决定论对德国党和青年的危害，恢复和发展了马克思主义唯物史观。然而，经济决定论的闹剧并未就此终结，而且在恩格斯去世之后愈演愈烈，最终导致了第二国际的破产。

  经济决定论本身不构成完整的理论体系，但它借助于对唯物史观的批判而左右逢源。它既指责经济落后国家的社会主义革命没有经济条件，认为这种革命是"早产儿"，又指责这些国家的社会主义建设缺乏物质基础，需要补资本主义的课（"补课论"）。在中国特色社会主义进入新时代之后，经济决定论又妄评党的基本路线，把我国改革开放中出现的问题都归咎于"以经济建设为中心"。经济决定论在历史上干扰了社会主义发展的进程，在今天又严重干扰着我国经济社会发展。在恩格斯诞

---

  * 本文原载于《马克思主义研究》2020年第9期，收入本书时有改动。

辰 200 周年之际，运用历史合力论来清算经济决定论的谬误，既是坚持党的基本路线的需要，又是对恩格斯的最好纪念。

一 经济决定论的出场与历史合力论的回应

19 世纪是西欧社会动荡不安的 100 年，这 100 年可以分为前后两个阶段。前 70 年是以蒸汽机为代表的机器大生产时期，这一时期资本主义处于自由竞争发展阶段，这也是马克思主义唯物史观发现和创立的时期。后 30 年是以电力为代表的机器大生产时期，资本主义在经济生产领域和政治统治方面都发生了一系列新的变化，开始由自由竞争向垄断过渡。在这一时期，马克思主义唯物史观一方面在工人运动中得到广泛传播，引领了无产阶级运动的方向，另一方面又受到来自资产阶级和工人运动自身两个方面的挑战。

一方面的挑战来自以保尔·巴尔特为代表的资产阶级学者。巴尔特于 1890 年出版了著作《黑格尔和包括马克思及哈特曼在内的黑格尔派的历史哲学》，该书对马克思的唯物史观进行了三个方面的歪曲。①先入为主地把唯物史观定性为"经济唯物主义"，甚至是"技术经济史观"和历史领域的"社会静力论"，在这个自我认定的前提下，巴尔特宣布他天才地发现了唯物史观的致命缺陷：马克思的"历史必然性"就是机械决定论，"社会发展规律"就是社会宿命论。②在他自认为发现唯物史观缺陷之后，就开始从"自我与非我""主体与客体""意识与存在"相统一的角度来论证自己的观点，并"自以为非常了不起"① 地构建了一个全新体系。③制造恩格斯和马克思的对立，认为马克思还只是强调了纯粹的生产技术对历史的决定作用，而恩格斯走得更远，直接把人类社会发展的历史看作如同自然界的历史，从根本上否定了其他因素的作用。

另一方面的挑战来自当时德国社会民主党内的青年派。青年派是一个小资产阶级半无政府主义派别，其骨干力量是那些以党的理论家自居

---

① 《马克思恩格斯选集》第 4 卷，人民出版社，2012，第 599 页。

的年轻大学生、著作家和一些地方党报的编辑，保尔·恩斯特、汉斯·弥勒是其代表人物。青年派虽然以理论丰富自居，但实际上理论极其贫乏，他们重复的是与保尔·巴尔特同样的腔调，认为唯物史观否定了人的主动性，把人当成棋盘上的一颗棋子，全凭规律的支配。在实践上，他们表现出青年人的狂热与盲动，丝毫不顾经济社会平稳发展的态势和"非常法"废除之后党的活动条件发生的改变，一味地反对德国社会民主党参加议会选举，否认利用合法斗争形式的必要性，积极鼓动德国工人举行罢工。青年派带着"厚颜无耻、胆小怯懦、自吹自擂、夸夸其谈这些特有的柏林习气"①，自称是马克思主义者，但没有半点马克思主义理论素养，其言行严重破坏党的民主和统一。

经济决定论在德国党内引起了严重的思想混乱，许多友人和青年学生写信给恩格斯要求澄清，恩格斯利用回信的方式，从以下几个方面回应了经济决定论的挑战，捍卫了历史唯物主义的地位。

首先，分析了唯物史观被歪曲为经济决定论的原因，并主动承担了相应的责任。1890年，恩格斯在致约瑟夫·布洛赫的信中解释说："青年们有时过分看重经济方面，这有一部分是马克思和我应当负责的。我们在反驳我们的论敌时，常常不得不强调被他们否认的主要原则，并且不是始终都有时间、地点和机会来给其他参与相互作用的因素以应有的重视。"② 众所周知，唯物史观是在同一切旧唯物主义和唯心主义战斗中产生的，马克思恩格斯的大部分著作都以批判而见长。这一点，我们可以在唯物史观诞生的几部标志性著作中看得非常清楚。例如，《〈黑格尔法哲学批判〉导言》批判的是以黑格尔为代表的德国唯心主义哲学，批驳黑格尔法哲学颠倒国家与市民社会关系，指出不是国家决定市民社会，而是市民社会决定国家。《神圣家族，或对批判的批判所做的批判》，主要驳斥布鲁诺·鲍威尔及其追随者的唯心主义哲学体系，指出在历史发展过程中起决定作用的是物质生产而不是自我意识，只有从物质生产出发才能正确地观察历史。《德意志意识形态》是对费尔巴哈、鲍威尔和

---

① 《马克思恩格斯选集》第4卷，人民出版社，2012，第603页。
② 《马克思恩格斯选集》第4卷，人民出版社，2012，第606页。

施蒂纳所代表的德国哲学的批判，阐发的中心思想是社会存在决定社会意识，现实的人的活动和他们的物质生活条件是科学认识历史的前提。从唯物史观形成的这些代表性著作可以看出，马克思恩格斯不是在书斋中苦思冥想来构建自己的体系的，而是针对论战对象来阐发的，由于论敌们总是把历史看作社会意识的运动过程，所以唯物史观非常强调经济因素的作用。也正是这个原因，常常使人产生一种错觉，仿佛唯物史观只重视经济作用，于是唯物史观就被曲解成了经济决定论。

其次，指出要真正理解唯物史观就要下功夫去研究它，完整准确地理解它。将唯物史观歪曲和肢解为经济决定论，最根本的原因是没有读懂，或者根本就没有去读，往往根据第二手材料就妄下结论。恩格斯讲："根据唯物史观，历史过程中的决定性因素归根到底是现实生活的生产和再生产。无论马克思或我都从来没有肯定过比这更多的东西。如果有人在这里加以歪曲，说经济因素是唯一决定性的因素，那么他就是把这个命题变成毫无内容的、抽象的、荒诞无稽的空话。"① 但可惜的是，经济决定论者根本不愿意去理解唯物史观所论述的上层建筑的反作用，有意无意地忽视政治的、法律的、哲学的、宗教的因素以及现实状况下的阶级斗争的形式等在历史中的作用，把历史过程歪曲成机械的决定论。要批判某一理论，首先是要读懂它，针对经济决定论者对唯物史观荒唐可笑的批评，恩格斯借用马克思的感叹："咳，这些人哪怕能读懂也好啊！"②

再次，强调唯物史观是研究问题的方法而不是教条，不能机械地照搬，更不能把唯物史观当作标签随意乱贴。误读和歪曲唯物史观的事情并不新鲜，早在 19 世纪 80 年代的法国青年中就发生过。恩格斯指出，现在的德国青年派如同当年法国的青年一样，他们不把注意力集中在研究问题上，"只是用历史唯物主义的套语（一切都可能被变成套语）来把自己的相当贫乏的历史知识（经济史还处在襁褓之中呢！）尽速构成体系，于是就自以为非常了不起了"。恩格斯语重心长地解释说："我们

---

① 《马克思恩格斯选集》第 4 卷，人民出版社，2012，第 604 页。
② 《马克思恩格斯选集》第 4 卷，人民出版社，2012，第 619 页。

的历史观首先是进行研究工作的指南，并不是按照黑格尔学派的方式构造体系的杠杆。必须重新研究全部历史，必须详细研究各种社会形态的存在条件，然后设法从这些条件中找出相应的政治、私法、美学、哲学、宗教等等的观点。"然而，可惜的是"只有很少的人认真地这样做过"。恩格斯还中肯地告诉青年派："在这方面，我们需要人们出大力，这个领域无限广阔，谁肯认真地工作，谁就能做出许多成绩，就能超群出众。"①

最后，指出历史发展是各种因素合力作用的结果，但其中经济因素起决定性作用。当时德国青年人对唯物史观有一个普遍的疑问，即肯定经济的决定性作用，是否意味着否定了个人的能动作用。1890年9月，还是柏林大学数学系学生的约瑟夫·布洛赫就此问题写信向恩格斯求教。恩格斯在回信中耐心地解答了这个问题，说明了唯物史观的要义，分三个层次阐述了历史合力论。

第一个层次，明确经济因素是历史过程中的决定性因素。从表面上看，历史是在"一切因素间的相互作用"推动下，由"无穷无尽的偶然事件"绵延形成。然而，一旦深入这些事件的背后，就会立即发现，在一切相互作用的因素中，"归根到底是经济运动作为必然的东西"② 发挥决定性的作用。①经济状况是基础，而其他诸多因素只是反作用于经济基础。②上层建筑不只是被动地发生影响，相反，在特定的历史条件下能起到特殊的作用。③上层建筑反作用于经济基础的方式有三种。恩格斯指出："国家权力对于经济发展的反作用可以有三种：它可以沿着同一方向起作用，在这种情况下就会发展得比较快；它可以沿着相反方向起作用，在这种情况下，像现在每个大民族的情况那样，它经过一定的时期都要崩溃；或者是它可以阻止经济发展沿着某些方向走，而给它规定另外的方向——这种情况归根到底还是归结为前两种情况中的一种。但是很明显，在第二和第三种情况下，政治权力会给经济发展带来巨大

---

① 《马克思恩格斯选集》第4卷，人民出版社，2012，第599页。

② 《马克思恩格斯选集》第4卷，人民出版社，2012，第604页。

的损害，并造成大量人力和物力的浪费。"① 总之，唯物史观强调经济因素的决定作用，这是从历史发展根本的、深层次的动因来讲的，它并没有因此忽视其他因素的作用。

第二个层次，阐明人们是在既定的条件下创造历史的，而这个既定的条件是前期经济发展的结果。从历史的断面静态地看，似乎是政治权力、道德伦理、宗教信仰等在决定着历史发展，但是若进一步考察政治权力及其法、道德、宗教产生的缘由时，就会发现这些要素或明或暗地由一根线所牵扯着，这条线就是以生产力为代表的经济因素。恩格斯讲："我们自己创造着我们的历史，但是第一，我们是在十分确定的前提和条件下创造的。其中经济的前提和条件归根到底是决定性的。但是政治等等的前提和条件，甚至那些萦回于人们头脑中的传统，也起着一定的作用，虽然不是决定性的作用。"② 也就是说，人们创造历史的前提是既定的，尽管这个既定的前提是多重因素作用的结果，但是最终经济因素起决定作用。

第三个层次，用力学中的平行四边形原理作比喻，说明了在创造历史过程中个人意志等各种因素是如何在相互作用中形成历史结果的。恩格斯指出："历史是这样创造的：最终的结果总是从许多单个的意志的相互冲突中产生出来的，而其中每一个意志，又是由于许多特殊的生活条件，才成为它所成为的那样。这样就有无数互相交错的力量，有无数个力的平行四边形，由此就产生出一个合力，即历史结果，而这个结果又可以看作一个作为整体的、不自觉地和不自主地起着作用的力量的产物。因为任何一个人的愿望都会受到任何另一个人的妨碍，而最后出现的结果就是谁都没有希望过的事物。所以到目前为止的历史总是像一种自然过程一样地进行，而且实质上也是服从于同一运动规律的。但是，各个人的意志——其中的每一个都希望得到他的体质和外部的、归根到底是经济的情况（或是他个人的，或是一般社会性的）使他向往的东西——虽然都达不到自己的愿望，而是融合为一个总的平均数，一个总

---

① 《马克思恩格斯选集》第4卷，人民出版社，2012，第610页。
② 《马克思恩格斯选集》第4卷，人民出版社，2012，第604~605页。

的合力，然而从这一事实中决不应作出结论说，这些意志等于零。相反，每个意志都对合力有所贡献，因而是包括在这个合力里面的。"①

恩格斯的这段论述表达了唯物史观的三个核心命题。①人民群众是历史的创造者。每一个个体都是历史的书写者、剧中人，绝不能因为在历史的结果中看不到个人所希望的因素，就否定了个人的作用。②历史是合力作用的结果，这个合力既包括经济、政治、文化、法律、道德、宗教的因素，也包括单个个体的意志，历史是所有这些因素所构成的无数个力的平行四边形的合力推动的结果。③历史发展是有规律可循的，既不是"机械决定论"，也不是"不可知论"，它总是按照无数个力的平行四边形所指向的合力方向前进，如同自然界发展过程一样。

在理论上，历史合力论是对经济决定论的批判，是对唯物史观的丰富和发展；在实践上，历史合力论维护了德国社会民主党的思想统一。但是，由于恩格斯当时正忙于两件事情，一是整理出版马克思的《资本论》第三卷手稿，整理《家庭、私有制和国家的起源》的书稿，以及根据形势的变化对他们前期的一些著作写导言；二是指导和处理德国社会民主党内的一些事务。所以，恩格斯没有写出专门的著作对经济决定论进行系统的批判，以至于经济决定论余火未熄，在随后的历史中复燃。

二 经济决定论引发的社会主义问题争论

马克思主义唯物史观是不是经济决定论？这本身是个理论问题，却有着深刻的现实意义，一旦现实的土壤和气候条件适合，理论上的争论就直接进入实践领域，并且对历史发展产生深远而重大的影响。19世纪末20世纪初，资本主义由自由竞争向垄断阶段的发展，第一次世界大战、俄国十月革命等重大历史事件，为经济决定论进入实践领域提供了机会。唯物史观是科学社会主义的一块基石，当唯物史观被歪曲为经济决定论时，对社会主义的歪曲也就跟着发生了。19世纪的最后10年到

① 《马克思恩格斯选集》第4卷，人民出版社，2012，第605~606页。

20世纪的前20年，关于社会主义的问题发生过三次重大争论，这三次争论在理论基础上都与经济决定论高度相关。

（一）第一次争论的问题是，像西欧这样经济文化发达的资本主义国家如何过渡到社会主义

"资本主义必然灭亡，社会主义必然胜利"，这是唯物史观对资本主义发展的规律性揭示。这个规律的唯物史观依据有两条：一是历史过程中经济因素的决定性作用。当生产资料私人占有关系再也容纳不了它所创造的生产力时，资本主义的外壳就要炸毁了。二是人民群众是历史的创造者。当无产阶级再也不能生活下去的时候，革命就要爆发了。当然，在科学社会主义创立之初，关于无产阶级革命的方式，马克思恩格斯也认为存在和平的方式，但主要是暴力革命。

19世纪末期，西欧资本主义经济发展进入平稳时期，工人阶级的生产生活条件有了一定的改善，合法参与政治活动的渠道也增加了。在资本主义发生了这些新变化的条件下，社会主义革命应该如何进行呢？围绕这个问题，当时德国党内出现了认识上的分歧。恩格斯在世之时还能为党进行权威的指导，但是在1895年恩格斯去世之后，党内争论就变得尖锐起来，以伯恩施坦为代表的经济决定论观点甚嚣尘上。恩格斯去世之后，伯恩施坦在德国获得了"马克思主义理论家"的称号，他在党的机关报《新时代》上以"社会主义问题"为主题发表了系列文章，开始了对马克思主义的全面"修正"。伯恩施坦认为，科学社会主义的"两个必然"论断已经不适合新时代，资本主义已经克服了自身的内在矛盾，不再会发生崩溃，它越是向前发展，其内部蕴含的社会主义因素就越多，在经济因素的推动下资本主义完全可以"和平长入"社会主义，社会主义革命特别是暴力革命失去了意义。伯恩施坦的"和平长入"论，立即遭到了第二国际理论家考茨基、卢森堡、倍倍尔、拉法格等人的批判，后来列宁的批判更为强烈，直指伯恩施坦是修正主义者。

伯恩施坦辩解说，他对马克思主义的态度是"修正"，而不是背叛，主要有四个方面的依据。①时代发生了重大变化，科学社会主义的"两个必然"和"无产阶级革命"、"无产阶级专政"理论已经过时，修正过

时的东西正是对马克思主义的发展。②以恩格斯晚年对马克思主义创立时期理论的反思为理由，说恩格斯本人也主张"和平长入"社会主义。③既然资本主义灭亡是资本主义生产方式运行的必然结果，是生产力与生产关系矛盾不可调和的产物，那么当资产阶级能够通过变革来解决自身矛盾、实现经济社会平稳发展时，无产阶级就要遵循经济发展的规律，通过社会改良而不是革命来消灭资本主义。④实现社会主义是社会主义因素在资本主义内部不断生长和积累的过程，既然资本主义发展已经使"许多社会主义得到实现"或者"社会主义的一部分得到实现"，那么无产阶级就应当逐步推进社会主义运动向前发展。伯恩施坦明确表示："我对于人们通常所理解的'社会主义的最终目的'非常缺乏爱好和兴趣。这个目的无论是什么，对我来说都是微不足道的，运动就是一切。"①

伯恩施坦自认为他的"和平长入"论有可靠的唯物史观基础，但他对唯物史观却另有一番解释。他认为马克思主义唯物史观有局限性，"今天应用唯物主义历史理论的人有义务按照成熟的形态而不是按照最初的形态应用它，这就是说，他有义务除了对生产力和生产关系的发展和影响，还对每一时代的法权的和道德的概念、历史的和宗教的传统、对地理的影响及其他的自然影响（人本身的性质和人的精神素质的性质也属于这一范围）加以充分的考虑……我们今天所见到的唯物主义历史观的形态，和它的创始人起初赋予它的形态是不同的。它在创始人自己那里经历了一个发展过程，在创始人自己那里，它的独断主义的解释也受到了一些限制"②。

伯恩施坦把唯物史观分裂为两个，一是创始人初创的唯物史观，一个是成熟的唯物史观，前者"独断"地强调经济因素作用，后者才能用来指导现实。这段论述充分表明，伯恩施坦根本没有全面读懂唯物史观，甚至连恩格斯晚年给他写的关于唯物史观的书信都没有读懂。我们暂且

---

① 爱德华·伯恩施坦：《社会主义的历史和理论》，马元德等译，东方出版社，1989，第195页。

② 中共中央马克思恩格斯列宁斯大林著作编译局资料室编《伯恩施坦言论》，生活·读书·新知三联书店，1966，第89页。

不论他对唯物史观这种划分本身的荒唐性，单独从理论和实践的逻辑来看，伯恩施坦哲学思想就极为混乱：他一方面在理论上指责唯物史观把经济因素当成历史过程的唯一的因素，另一方面在实践上却把他所指责的唯物史观看作"和平长入"的理论根据；一方面在理论上忽视恩格斯对唯物史观的"历史合力"论解释，另一方面在实践上却借助恩格斯晚年的"反思"来证明放弃无产阶级革命的正确性。伯恩施坦的批判者，包括卢森堡、拉法格、普列汉诺夫、列宁等人，普遍认为伯恩施坦的哲学是一个新康德主义、折中主义、庸俗进化论的混合体。

（二）第二次争论的问题是，像俄国这样经济文化落后的国家能否一国首先取得社会主义革命的胜利

唯物史观揭示的是人类历史变革的动力和从低级到高级的演变过程与方向。作为方法论意义上的唯物史观，它不具体针对哪一个民族或者哪一个时代的历史事件，它提供的只是研究历史的方法，而不是答案。所以，当俄国民粹主义者写信问马克思"经济文化落后的俄国能否不经历资本主义的痛苦而直接进入社会主义"这个问题时，马克思非常小心和谨慎，在作了许多假设前提的情况下才作出了有条件的肯定，这就是著名的跨越"卡夫丁峡谷"理论。至于历史发展到帝国主义时代，特别是在俄国深深卷入帝国主义战争并成为各种矛盾聚焦点的情况下，俄国能否发生社会主义革命并取得胜利，这不是唯物史观理论本身的问题，而是运用唯物史观的实践问题。此时，经济决定论再一次出场了，并且成为列宁与考茨基理论交锋的焦点。考茨基是马克思遗嘱的执行人，第二国际时期的"马克思主义权威"。他对俄国革命作出了以下两个论断。

（1）经济文化落后的俄国不能发生社会主义革命，即使发生，这个革命也不是社会主义性质的革命。考茨基认为："许多工业国家里，看来已经充分具备了社会主义在物质上和思想上的前提条件……但是俄国不属于这些主要的工业国家之列。现在正在俄国进行的，实际上是最后一次资产阶级革命，而不是第一次社会主义革命。这一点已越来越明显地表现出来。俄国目前的革命只有在同西欧社会主义革命同时发生的情

况下，才可能具有社会主义性质。"① 这个论点在俄国也有回声，一些理论家也主张："在欧洲经济最落后的国度中，民主改革尚未完成的环境之下，在农村中甚至连农奴制还没有消灭的时候——这种环境和这种时机决不适宜采取走向社会的'决定性步骤'——去实现社会主义革命。"②

（2）一国取得社会主义革命的胜利，这是根本不可能的。马克思恩格斯认为："共产主义只有作为占统治地位的各民族'一下子'同时发生的行动，在经验上才是可能的，而这是以生产力的普遍发展和与此相联系的世界交往为前提的。"③ 考茨基抓住唯物史观的这个论点不放，固执地认为社会主义目标只能在国际范围内"同时胜利"，而不能在一国范围内实现。为了能"同时胜利"，考茨基提出了"超帝国主义论"，他认为："扩大国内市场的最好和最有前途的办法不在于把民族国家扩展为多民族国家，而在于把各个具有同等权利的国家联合成为国家联盟。大帝国的形式应该是国家联盟，不是多民族国家，也不是殖民地国家；这种大帝国是资本主义赖以达到其最后的、最高级形态所需要的，而无产阶级将在这种最后、最高级形态中夺得权力。"④ 也就是说，世界历史还要经历一个各个资本主义国家联合形成国家联盟的阶段，在这个阶段中世界无产阶级才能爆发革命，才能取得社会主义革命的同时胜利。

考茨基的"超帝国主义论"，形式上好像是坚持了唯物史观，而实际上却把经济因素当成衡量俄国社会主义革命能否发生和能否取得胜利的唯一因素，将实践引向了经济决定论。列宁认为："资本主义的发展在各个国家是极不平衡的。而且在商品生产下也只能是这样。由此得出一个必然的结论：社会主义不能在所有国家内同时获得胜利。它将首先在一个或者几个国家内获得胜利，而其余的国家在一段时间内将仍然是

---

① 王学东编《考茨基文选》，人民出版社，2008，第375页。

② 转引自中国人民大学马列主义发展史研究所编《马克思主义发展史》第2卷，人民出版社，1995，第674页。

③ 《马克思恩格斯选集》第1卷，人民出版社，2012，第166页。

④ 卡尔·考茨基：《民族国家、帝国主义国家和国家联盟》，叶至译，生活·读书·新知三联书店，1963，第77页。

资产阶级的或资产阶级以前的国家。"① 他强调社会革命是由多种因素共同作用的结果，经济因素只是其中一个重要的因素，唯物史观不是机械的决定论和历史宿命论，"世界历史发展的一般规律，不仅丝毫不排斥个别发展阶段在发展的形式或顺序上表现出特殊性，反而是以此为前提的"②。

（三）第三次争论的问题是，经济文化落后的俄国能否取得社会主义最终胜利

无论是以考茨基为代表的经济决定论者，还是以列宁为代表的布尔什维克党，都一致认为：社会主义在经济文化落后的俄国要最终取得胜利，需要一个前提条件，这就是俄国革命引发西欧发达国家社会主义革命的爆发和胜利，胜利了的西欧国家无产阶级对俄国进行支援，实现无产阶级的国际联合。但实践大大超出了理论假设，十月革命之后，西欧没有全面爆发社会主义革命，更没有取得胜利。在这样的条件下，俄国能否取得社会主义的最终胜利，成为一个需要回答的紧迫问题。面对这一问题，列宁与经济决定论者再次发生了激烈的争论。

（1）考茨基的"早产儿"责难。考茨基始终不认为经济文化落后的俄国能够首先取得革命的胜利，也不承认十月革命是社会主义性质的革命，更不相信社会主义在俄国能够取得最终胜利。他认为，十月革命"无非是一种想要超越或者用法令来取消那些自然的发展阶段的大规模实验而已……这种做法更使我们想起这样一个怀孕的妇女，她疯狂万分地猛跳，为了把她无法忍受的怀孕期缩短并且引起早产。这样生下来的孩子，通常是活不成的"③。在俄国没有等来欧洲社会主义革命胜利支援的条件下，考茨基的"早产儿论"在俄国思想界搅起了不小的波澜，甚至出现了质疑十月革命合理性的声音。他们认为，俄国二月革命推翻了沙皇制度，消除了生产力与生产关系之间的矛盾，具有唯物史观强调的

① 《列宁选集》第2卷，人民出版社，2012，第722页。
② 《列宁选集》第4卷，人民出版社，2012，第776页。
③ 王学东编《考茨基文选》，人民出版社，2008，第375~376页。

历史必然性。但是，紧接着的十月革命没有历史必然性根据，列宁设想的社会主义实验不会成功。因为，就俄国的生产发展水平、无产阶级人数、群众的文化程度和自觉程度而言，都还没有做好社会主义准备。像当时俄国的普列汉诺夫、苏汉诺夫等人都持这样的观点。

1923年1月，躺在病床上的列宁在翻阅了苏汉诺夫的《革命札记》之后，对苏汉诺夫质疑十月革命的荒唐论点非常气愤，立即口授《论我国革命》一文，来澄清经济决定论的错误。他愤怒地指出，苏汉诺夫和第二国际全体"英雄"们一样，把"俄国生产力还没有发展到可以实行社会主义的高度"当作口头禅，虽然"他们都自称马克思主义者，但是对马克思主义的理解却迂腐到无以复加的程度。马克思主义中有决定意义的东西，即马克思主义的革命辩证法，他们一点也不理解"①。在批判苏汉诺夫教条式地对待马克思主义的过程中，列宁再次论证了十月革命的历史必然性。

（2）新经济政策"补课论"的诘问。十月革命后，以列宁为代表的布尔什维克没能等来欧洲无产阶级的支援，战时共产主义政策又难以为继，那么怎样才能保证社会主义的最终胜利呢？列宁根据当时的历史条件作出如下回应：一是肯定十月革命的必然性，客观对待俄国经济落后的事实，承认"在一个国家内取得社会主义的最终胜利是不可能的"②，这是前提。二是在这个前提下，"尽力而为，做到不管出现什么情况无论如何都要保住苏维埃制度"③。三是为了保住苏维埃制度，就必须实现"工人阶级和农民之间的妥协"④，妥协的办法就是实行新经济政策，用粮食税代替余粮收集制，推行商品货币和市场机制，利用租让制、合作制、代购代销制、租借制等形式发展国家资本主义。

新经济政策与消灭商品、货币、市场等科学社会主义观点存在着不小的差异，这在俄国共产党内引起剧烈的思想波动，对新经济政策提出了"走回头路""补资本主义课"的质疑。列宁解释说，新经济政策只

---

① 《列宁选集》第4卷，人民出版社，2012，第775页。
② 《列宁选集》第3卷，人民出版社，2012，第415页。
③ 《列宁全集》第42卷，人民出版社，2017，第45页。
④ 《列宁全集》第41卷，人民出版社，2017，第298页。

是战略上的"妥协""退却"，这主要基于四方面的考虑。首先，这是巩固苏维埃政权的需要。俄国与工人阶级占人口多数的发达国家不同，在农民占人口多数的俄国，只有建立起与农民牢固的联盟，才能有巩固的无产阶级政权。而恢复和发展小农经济，建立工农之间的商品交换关系、市场关系，则是把农民团结在无产阶级政权周围的纽带。其次，这是运用苏维埃政权推动社会生产力发展的需要。列宁在《论我国革命》一文中就反问苏汉诺夫："你们说，为了建立社会主义就需要文明。好极了。那么，我们为什么不能首先在我国为这种文明创造前提……然后开始走向社会主义呢？"① 再次，这是改造小农经济的需要。列宁认为，在小农经济的汪洋大海里，如果谁"试图完全禁止、堵塞一切私人的非国营的交换的发展，即商业的发展，即资本主义的发展"，"那它就是在干蠢事，就是自杀"。不要去"试图禁止或堵塞资本主义的发展，而努力把这一发展纳入国家资本主义的轨道"②。资本主义与社会主义相比较是一种痛苦，但与小农经济比较则是一种幸福。最后，这是向社会主义迂回过渡的需要。列宁反复强调要"退却""再退却""继续退却"，不退却"别的出路是没有的"③，但退却不是投降，退却的目的是迂回曲折地向社会主义过渡。

列宁的新经济政策富有创新性，它突出了历史合力中政治因素特别是国家政权的重要性，强调首先运用政治上层建筑推动经济发展，然后再用经济发展的成果来保证社会主义的最终胜利。这既体现了历史合力论，又体现了革命的辩证法。这些创新具有世界历史意义，列宁认为，"将来至少对某些国家的工人大概也是适用的"④。历史事实也确实如此，经济文化落后国家走向社会主义大都遵从了这条路径。但不可否认，列宁的这一思想也没能阻止经济决定论和"早产儿论"在随后实践中的再度出现。

---

① 《列宁选集》第4卷，人民出版社，2012，第778页。
② 《列宁选集》第4卷，人民出版社，2012，第504页。
③ 《列宁全集》第30卷，人民出版社，2017，第25页。
④ 《列宁选集》第4卷，人民出版社，2012，第700页。

三 "一个中心、两个基本点"的历史合力论依据

中国的社会主义革命和建设同俄国一样，是在经济文化比较落后的基础上进行的。同样，在革命与建设的过程中，"早产儿论"和"补课论"的声音也经常出现。经过长期努力，中国特色社会主义进入新时代，我国发展站在了一个新的历史方位。在新的历史方位上，"早产儿论"和"补课论"的声音虽未绝迹，但已经不足以掀起风浪。然而，将党在我国社会主义初级阶段的基本路线，特别是"以经济建设为中心"说成经济决定论并加以指责的现象却变换着形式时常出现。这严重动摇了党的基本路线，干扰了全面建设社会主义现代化国家的进程。因此，必须对经济决定论的指责给予理论上的回应，充分阐释"以经济建设为中心"的唯物史观基础，特别是历史合力论的依据。

首先，坚持"以经济建设为中心"是由我国经济发展水平决定的，这根本不是经济决定论，在社会主义初级阶段，就必须坚持经济建设这个中心。改革开放之初，从国家政权的性质来看，我国是社会主义，但从经济发展水平来衡量，支撑我国社会主义的物质基础还十分脆弱。正是基于对国情全面、准确的认识，才形成如下这些对民族复兴、对社会主义生死攸关的重大判断：我国正处于并将长期处于社会主义初级阶段；在社会主义初级阶段，必须以经济建设为中心，坚持四项基本原则，坚持改革开放；坚持党的基本路线 100 年不动摇；我国社会主义现代化建设分三步走的战略……如果这 40 多年来我们在实践中不坚持这些重大判断，就不可能实现经济的跨越式发展，那就顶不住东欧剧变、苏联解体的冲击波，顶不住汶川地震自然灾害的打击；如果没有雄厚的物质基础，我们也不可能理直气壮地宣称："科学社会主义在二十一世纪的中国焕发出强大生机活力，在世界上高高举起了中国特色社会主义伟大旗帜。"① 历史和现实充分表明，"以经济建设为中心"绝不是什么经济决

---

① 《中国共产党第十九次全国代表大会文件汇编》，人民出版社，2017，第 8 ~ 9 页。

定论，我们坚持的是经济因素在当代中国发展中的决定性作用，这是对历史合力论的基本遵循。

其次，当前我国社会发展中出现的一些问题，并不是坚持"以经济建设为中心"导致的。坚持"以经济建设为中心"的理论基础是唯物史观，是历史合力论，根本不是什么经济决定论。改革开放以来，我国紧紧扭住经济建设这个中心不放松，把发展作为党执政兴国的第一要务，推动经济高速发展，不断满足人民群众的物质文化需要，经济发展取得的成就有目共睹。但是，经济发展过程中也存在着一些突出问题。若是一味地唱经济增长的赞歌，忽视、轻视甚至否认这些问题的存在，不是实事求是的态度，但是不加分析地把问题都归咎于"以经济建设为中心"，这就更不理性、更不负责任了。从现象上看，这些问题是伴随着经济发展产生的，没有经济的发展或许不会出现这些问题。这些问题并不是经济不发展时就不存在，只不过是表现形式、表现程度不同而已。如果有问题就否定"一个中心"，就好比是把孩子和洗澡水一同泼掉一样！从实质上看，这些问题还是不平衡不充分发展的问题，只有通过更高质量的发展才能得到根本解决。

再次，我国社会主要矛盾的转化，并不意味着党和国家工作中心的改变，坚持以经济建设为中心的基本路线绝不能有丝毫动摇。中国特色社会主义进入新时代，我国社会主要矛盾已经转化为人民日益增长的美好生活需要和不平衡不充分的发展之间的矛盾。我国社会主要矛盾发生的全局性、根本性转化，从需求侧来看，低层次、同质化的物质文化产品和服务已经难以满足需求，人们的需求层次变得更高、范围变得更广了；从供给侧来看，我国生产力水平有了显著提高，但是创新能力不强，核心技术自主性不足，经济发展质量提升存在着"卡脖子"的环节，不平衡不充分发展问题突出。这些问题表明，我国社会矛盾的主要方面仍然在生产力，在供给侧存在着结构性问题，因此，通过供给侧结构性改革，全方位提升生产力水平显得非常紧迫。党的十九大指出："我国社会主要矛盾的变化，没有改变我们对我国社会主义所处历史阶段的判断，我国仍处于并将长期处于社会主义初级阶段的基本国情没有变，我国是世界最大发展中国家的国际地位没有变。全党要牢牢把握社会主义初级阶段这个基本国情，牢牢立足社会主义初级阶段这个最大实际，牢牢坚持党的基本路线这个党和国家的生命线、人民的幸福线，领导和团结全国各族人民，以经济建设为中心，坚持四项基本原则，坚持改革开放。"① 对此我们要有清醒的认识，千万不能以为中国特色社会主义进入新时代之后，就要改变经济建设这个党和国家的工作中心了。

最后，中国特色社会主义事业是一个整体推进的事业，以经济建设为中心，并没有否定和轻视其他方面的建设。早在改革开放之初，我们党在确立以经济建设为中心时，就强调物质文明和精神文明要"两手抓，两手都要硬"，随后又强调"发展社会主义民主，建设社会主义政治文明"，再后来提出"构建社会主义和谐社会""建设社会主义生态文明"。中国特色社会主义进入新时代以来，我们党明确把经济建设、政治建设、文化建设、社会建设、生态文明建设作为中国特色社会主义事业的"五位一体"总体布局来对待；党的十八大以来又提出了全面建成小康社会、全面深化改革、全面推进依法治国、全面加强党的建设的"四个全面"战略布局，并且强调要统筹推进"五位一体"整体布局和协调推进"四个全面"战略布局，把我国建设成为富强民主文明和谐美丽的社会主义现代化强国。

改革开放40多年来的历史进程表明，无论是现代化建设路线方针政策的制定，还是现代化建设战略布局和战略目标的确立，我们党始终坚持经济因素在历史发展中的决定性作用，同时又充分肯定其他因素的共同作用，这是对历史合力论在中国特色社会主义现代化建设中的创造性运用。

---

① 《中国共产党第十九次全国代表大会文件汇编》，人民出版社，2017，第10页。

历史唯物主义的"名"与"实"[*]

王虎学

一 历史唯物主义流变之"名"

考察历史唯物主义名称的流变历程，首先应该为马克思的"第一个伟大发现"正名。就国内学界的研究现状而言，马克思的"第一个伟大发现"至少有"唯物主义历史观""唯物史观""历史唯物主义"三种不同称谓，而且这些称谓似乎都是自明的，可以见诸不同学者乃至同一学者的不同著作中，或择其一种，或交替使用。但是，很少有人去进一步深究这些不同称谓之间到底是什么关系，它们背后是否存在本质性差异，其交替使用是否具有合法性。为了弄清这些问题，我们有必要对这些不同称谓及其历史流变做一考察。

先来看"唯物主义历史观"的称谓。学界普遍认为，马克思恩格斯合作完成的《德意志意识形态》标志着马克思的"第一个伟大发现"的诞生。但是，正如巴加图利亚所说，唯物主义历史观在这里总是"形式落后于内容"，有其实无其名。直到1859年，"唯物主义历史观"这一术语的完整形式才首次出现。在为马克思的《政治经济学批判。第一分册》撰写的书评中，恩格斯写道："德国的经济学本质上是建立在唯物主义历史观的基础上的。"[①] 同年，在《〈政治经济学批判〉序言》中，马克思对"唯物主义历史观"的要点和实质作了扼要的阐述："人们在

---

[*] 本文原载于《哲学研究》2012年第3期，收入本书时有改动。

[①] 《马克思恩格斯选集》第2卷，人民出版社，1995，第37~38页。

自己生活的社会生产中发生一定的、必然的、不以他们的意志为转移的关系，即同他们的物质生产力的一定发展阶段相适合的生产关系。这些生产关系的总和构成社会的经济结构，即有法律的和政治的上层建筑竖立其上并有一定的社会意识形式与之相适应的现实基础。物质生活的生产方式制约着整个社会生活、政治生活和精神生活的过程。不是人们的意识决定人们的存在，相反，是人们的社会存在决定人们的意识。"[①] 这一表述也被学界称为"唯物主义历史观"的经典"范本"和"标准"答案。后来，"这个序言已不再是历史编纂学的源泉，而首先成为从发展观点研究其中所包含的唯物主义历史观的对象，后来又成为我们用以衡量被研究理论的进一步发展程度的标准"[②]。

再来看"唯物史观"的称谓。实际上，我们所熟知的"唯物史观"这一称谓的出现要晚于"唯物主义历史观"。1872~1873年，恩格斯在《论住宅问题》中正式使用了"唯物史观"这一术语，并明确指出："唯物史观是以一定历史时期的物质经济生活条件来说明一切历史事件和观念、一切政治、哲学和宗教的。"[③] 联系前后文，显而易见，"唯物史观"与"唯物主义历史观"的实质和主旨都是完全吻合的。

相比之下，"历史唯物主义"这一称谓的诞生与流行就更为晚近。19世纪90年代初，针对形形色色的将"唯物史观"曲解为"经济决定论"或者将其简单化约为"经济唯物主义"的庸俗化倾向，以及工人阶级内部一些人（包括马克思的女婿拉法格在内）对唯物主义历史观的误解，晚年的恩格斯秉笔直书，留下了著名的"关于历史唯物主义的通信"，并开始启用"历史唯物主义"[④] 这一新提法。在这些通信中，恩格斯对唯物史观的一些重要问题作了进一步的阐发。他强调指出："根据唯物史观，历史过程中的决定性因素归根到底是现实生活的生产和再生产。无论马克思或我都从来没有肯定过比这更多的东西。如果有人在这

---

① 《马克思恩格斯选集》第2卷，人民出版社，1995，第2页。

② 巴加图利亚：《马克思的第一个伟大发现——唯物史观的形成和发展》，陆忍译，中国人民大学出版社，1981。

③ 《马克思恩格斯选集》第3卷，人民出版社，1995，第209页。

④ 《马克思恩格斯选集》第4卷，人民出版社，1995，第692页。

里加以歪曲，说经济因素是唯一决定性的因素，那么他就是把这个命题变成毫无内容的、抽象的、荒诞无稽的空话。经济状况是基础，但是对历史斗争的进程发生影响并且在许多情况下主要是决定着这一斗争的形式的，还有上层建筑的各种因素。"① 也就是说，物质的生活条件、经济因素在社会发展中起着决定作用，在归根到底的意义上决定着政治、意识形态、国家制度，但政治、意识形态等因素一旦产生出来，就具有相对的独立性，又会对物质条件、对经济运动发生反作用。正如恩格斯所说："一种历史因素一旦被其他的、归根到底是经济的原因造成了，它也就起作用，就能够对它的环境，甚至对产生它的原因发生反作用。"② 需要注意的是，作用与反作用，"这是两种不相等的力量的相互作用：一方面是经济运动，另一方面是追求尽可能大的独立性并且一经确立也就有了自己的运动的新的政治权力。总的说来，经济运动会为自己开辟道路，但是它也必定要经受它自己所确立的并且具有相对独立性的政治运动的反作用"③。1892 年，恩格斯在《社会主义从空想到科学的发展》英文版"导言"中明确指出："本书所捍卫的是我们称之为'历史唯物主义'的东西。"④ 实际上，恩格斯所捍卫的也正是"唯物史观"，因为"历史唯物主义"所表达的正是这样一种关于历史过程的观点，"这种观点认为一切重要历史事件的终极原因和伟大动力是社会的经济发展，是生产方式和交换方式的改变"⑤。同年 6 月，当恩格斯把这篇"导言"译成德文，在《新时代》杂志上发表的时候，采用的标题就是"论历史唯物主义"⑥。自此，"历史唯物主义"便作为唯物主义历史观的另一种科学表述而流行起来了。

由上所知，马克思的"第一个伟大发现"的三种不同称谓背后的思想内容、理论实质等都是完全一致的。"唯物主义历史观"与"唯物史

① 《马克思恩格斯选集》第 4 卷，人民出版社，1995，第 695~696 页。
② 《马克思恩格斯选集》第 4 卷，人民出版社，1995，第 728 页。
③ 《马克思恩格斯选集》第 4 卷，人民出版社，1995，第 701 页。
④ 《马克思恩格斯选集》第 3 卷，人民出版社，1995，第 698 页。
⑤ 《马克思恩格斯选集》第 3 卷，人民出版社，1995，第 704~705 页。
⑥ 《马克思恩格斯选集》第 3 卷，人民出版社，1995，第 852 页。

观"的内涵与所指是一致的，后者可以看作是前者的简称或缩略语；而"历史唯物主义"可以看作是"唯物主义历史观"和"唯物史观"的代名词或同义语。根据巴加图利亚的考察和研究，"历史唯物主义"只不过是恩格斯晚年在与形形色色的反动思潮的斗争中关于"唯物主义历史观"或"唯物史观"的一个"新提法"。他说："在恩格斯活着的最后几年，从1890年起，在他的著作中，对这一概念出现了一个新提法，而从1845年起，在马克思的一生中和几乎恩格斯的一生中，他们一直把这个新概念称为'唯物主义历史观'。大约从1890年起，'历史唯物主义'这一新术语逐渐代替了旧概念而成为惯常用语。"[1]

通过对上述三个称谓流变历程的考察，我们不难发现这样一个事实：作为马克思文本的最初读者和权威解释者，恩格斯也是马克思"第一个伟大发现"的最初命名者，"唯物主义历史观""唯物史观""历史唯物主义"这些称谓的最初使用者都是恩格斯。那么，应该如何看待恩格斯与历史唯物主义之间的关系呢？诚然，我们绝不能否定恩格斯在历史唯物主义创立中作出的卓越贡献，但是如果据此武断地宣称"'历史唯物论'，无非是离开马克思的文本而被生出来的'意思'，也就是恩格斯的'哲学'"[2]，这是对恩格斯的极大误解。事实上，恩格斯不仅从来没有离开唯物主义历史观的阵地，而且他本人曾多次强调，唯物史观的绝大部分基本指导思想是"属于马克思的"[3]，唯物主义历史观是"由马克思发现的"[4]。因此，说历史唯物主义是马克思的"第一个伟大发现"，历史唯物主义的"第一小提琴手"是马克思，可谓实事求是。恩格斯曾回忆说："当我1844年夏天在巴黎拜访马克思时，我们在一切理论领域中都显出意见完全一致，从此就开始了我们共同的工

---

[1] 巴加图利亚：《马克思的第一个伟大发现——唯物史观的形成和发展》，陆 忍译，中国人民大学出版社，1981。

[2] 柄古行人：《马克思，其可能性的中心》，中田友美译，中央编译出版社，2006。

[3] 《马克思恩格斯全集》第21卷，人民出版社，1965，第336页。

[4] 《马克思恩格斯选集》第2卷，人民出版社，1995，第623页。

作。"① 可见，恩格斯与马克思的合作是建立在对于基本问题"意见完全一致"的基础之上的，而这一点就体现在历史唯物主义的基本原理上，即"决不是国家制约和决定市民社会，而是市民社会制约和决定国家，因而应该从经济关系及其发展中来解释政治及其历史，而不是相反"②。恩格斯接着指出："当我们1845年春天在布鲁塞尔再次会见时，马克思已经从上述基本原理出发大致完成了发挥他的唯物主义历史理论的工作。"③

二 历史唯物主义革命之"实"

回顾整个马克思哲学的发展历程，我们就会清晰地看到，历史唯物主义正是在一系列的批判、论战、斗争中发展起来的。诚如胡克所言："如果不领会他所明确地或含蓄地提到的相反的立场，便不能理解他的任何著作。"④ 同样，作为人类思想上最深刻、最全面的革命性变革，历史唯物主义的思想革命之"实"也正是在"批判"中展现出来的，集中表现在历史观、哲学观、方法论三个层面。

首先，历史唯物主义是历史观的革命。巴加图利亚深刻地指出："当马克思转向唯物主义的时候，他正是在历史观方面（费尔巴哈在这方面也不曾成为唯物主义者）成为一个唯物主义者。换句话说，马克思在他成为历史唯物主义者以前，并不是一个唯物主义者。"⑤ 所以说，马克思所创立的历史唯物主义首先表现为历史观的革命。关于这一点，列宁曾明确指出："马克思的历史唯物主义是科学思想中的最大成果。过去在历史观和政治观方面占支配地位的那种混乱和随意性，被一种极其

---

① 《马克思恩格斯全集》第21卷，人民出版社，1965，第247页。
② 《马克思恩格斯选集》第4卷，人民出版社，1995，第196页。
③ 《马克思恩格斯全集》第21卷，人民出版社，1965，第247页。
④ 胡克：《对卡尔·马克思的理解》，徐崇温译，重庆出版社，1989。
⑤ 巴加图利亚：《马克思的第一个伟大发现——唯物史观的形成和发展》，陆忍译，中国人民大学出版社，1981。

完整严密的科学理论所代替。"① 在这里，唯物史观结束了对历史的偏见，标志着一门"历史科学"的诞生。在马克思以前，"历史总是遵照在它之外的某种尺度来编写的；现实的生活生产被看成是某种非历史的东西，而历史的东西则被看成是某种脱离日常生活的东西，某种处于世界之外和超乎世界之上的东西"②，导致历史与生活出现"两张皮"的现象。而与迄今为止的一切历史观的根本性区别就在于，唯物史观特别重视历史的生活底蕴和现实基础，从而使"历史破天荒第一次被置于它的真正基础上；一个很明显的而以前完全被人忽略的事实，即人们首先必须吃、喝、住、穿，就是说首先必须劳动，然后才能争取统治，从事政治、宗教和哲学等等，——这一很明显的事实在历史上的应有之义此时终于获得了承认"③。自此，历史才真正从"天上"回到了"地上"，成为追求着自己的目的的人的活动。

其次，历史唯物主义是哲学观的革命。从马克思哲学内部来看，唯物史观的诞生引发了一场"哲学社会学转向"，实现了哲学与社会学的双重革命。实际上，马克思"向唯物主义的转变，不仅是在纯哲学领域中，而且正是在社会学的领域中实现的"④。他"在战胜了旧的历史哲学之后，又战胜了资产阶级的社会学。……所以，历史地形成了这样一个状况，即历史唯物主义应该同时兼有哲学科学和社会学科学的双重职能"⑤。从唯物主义的历史发展来看，历史唯物主义的诞生不仅克服了旧唯物主义的缺陷，而且高举拒斥形而上学的大旗，从根本上消解了思辨哲学。在《关于费尔巴哈的提纲》中，马克思曾指出，包括费尔巴哈在内的一切旧唯物主义的根本缺陷就在于：未能理解革命实践活动的情况以及正确评价这一活动的意义。列宁说："唯物主义缺少这一方面，就

---

① 《列宁选集》第 2 卷，人民出版社，1995，第 311 页。
② 《德意志意识形态（节选本）》，人民出版社，2003，第 37 页。
③ 《马克思恩格斯选集》第 3 卷，人民出版社，1995，第 335~336 页。
④ 巴加图利亚：《马克思的第一个伟大发现——唯物史观的形成和发展》，陆忍译，中国人民大学出版社，1981。
⑤ 罗任：《马克思主义社会学导论》，李广泉、王书坤译，华中工学院出版社，1982。

是不彻底的、片面的、毫无生气的唯物主义。"① 相形之下，作为唯物主义的现代形态或现代唯物主义，历史唯物主义堪称彻底的、全面的、生机勃勃的唯物主义。历史地看，唯物主义与形而上学可谓水火不容、此消彼长。"17 世纪的形而上学的衰败可以说是由 18 世纪唯物主义理论的影响造成的，这正如同这种理论运动本身是由当时法国生活的实践性质所促成的一样。这种生活趋向于直接的现实，趋向于尘世的享乐和尘世的利益，趋向于尘世的世界。和它那反神学、反形而上学的唯物主义实践相适应的，必然是反神学、反形而上学的唯物主义理论。"② 但是，形而上学在黑格尔那里又实现了理论上的复辟。在反抗以黑格尔为代表的思辨哲学的过程中，费尔巴哈创立了"真正的唯物主义"，并"以清醒的哲学来对抗醉熏熏的思辨"③，但终因自身的不彻底性而拒历史于唯物主义大门之外。只是随着历史唯物主义的诞生，这种自诩为绝对科学的独立哲学或思辨哲学才从根基处土崩瓦解、一去不复返了。因为"在思辨终止的地方，在现实生活面前，正是描述人们实践活动和实际发展过程的真正的实证科学开始的地方……对现实的描述会使独立的哲学失去生存环境"④。

最后，历史唯物主义是方法论的革命。在《德意志意识形态》中，经典作家指出，与德国哲学"从天国降到人间"即从意识出发的研究方法截然相反，历史唯物主义则"从人间上升到天国"，这是一种从现实的人的生活过程出发、"符合现实生活的考察方法"⑤。后来，马克思进一步指出，这种方法是"唯一的唯物主义的方法，因而也是唯一科学的方法"⑥。但须知，历史唯物主义作为方法并非现成的公式和教条，而只是行动的指南。相反，"如果不把唯物主义方法当作研究历史的指南，而把它当作现成的公式，按照它来剪裁各种历史事实，那它就会转变为

---

① 《列宁选集》第 2 卷，人民出版社，1995，第 443 页。
② 《马克思恩格斯全集》第 2 卷，人民出版社，1957，第 161 页。
③ 《马克思恩格斯全集》第 2 卷，人民出版社，1957，第 159 页。
④ 《德意志意识形态（节选本）》，人民出版社，2003，第 17~18 页。
⑤ 《德意志意识形态（节选本）》，人民出版社，2003，第 17 页。
⑥ 《马克思恩格斯全集》第 23 卷，人民出版社，1972，第 410 页。

自己的对立物"①。为了彻底肃清将唯物主义教条化、标签化的错误倾向，恩格斯晚年曾多次重申"马克思主义不是教条，而是行动的指南"这一观点。在致施密特的信中，他指出："对德国的许多青年著作家来说，'唯物主义'这个词大体上只是一个套语，他们把这个套语当作标签贴到各种事物上去，再不作进一步的研究，就是说，他们一把这个标签贴上去，就以为问题已经解决了。"② 实际上，这是一种愚蠢的做法，这种唯物主义也只不过是一种"愚蠢的唯物主义"。相反，历史唯物主义则属于"聪明的唯物主义"，其聪明或高明之处正如恩格斯所言："我们的历史观首先是进行研究工作的指南，并不是按照黑格尔学派的方式构造体系的诀窍。"③

---

① 《马克思恩格斯选集》第 4 卷，人民出版社，1995，第 688 页。
② 《马克思恩格斯选集》第 4 卷，人民出版社，1995，第 691~692 页。
③ 《马克思恩格斯选集》第 4 卷，人民出版社，1995，第 692 页。

思维与存在的同一性：从黑格尔到阿多诺*

张 严

思维与存在的同一性（Identität/identity/identité）问题是哲学史上一个经久不衰、历久弥新的问题。自从巴门尼德提出"思维与存在是同一的"这个命题之后，不同时代的哲学家不断地从这个命题挖掘出新的理论资源。该问题受到历代哲学家的持续关注，与它的基础地位和多重身份有关。一方面，它属于"同一性问题域"。在这个问题域中还有逻辑同一性、辩证同一性（矛盾同一性）、自我同一性（人格同一性）、历时/共时同一性等问题。此外，在同一性问题域的"相邻问题域"中，还有统一性、差异性、同质/异质性等问题。在这些问题中，思维与存在的同一性问题是最具形而上学色彩的一个问题。另一方面，思维与存在的同一性问题又属于"哲学基本问题"的论域，恩格斯将其作为哲学基本问题的第二个问题——"思维和存在的同一性问题"①。

思维与存在同一性问题既处于传统认识论、本体论的重叠领域，又关涉现代性、人的有限性等当代问题，因而对它的探讨在当代语境中仍有其特殊的理论和现实意义。在近代以来的西方哲学史中，黑格尔、海德格尔、阿多诺对思维与存在同一性问题的思考具有代表性，他们对思维与存在同一性的理解，在一定程度上反映了西方现代哲学思想演变的轨迹。

---

* 国家社科基金项目"德国古典哲学与法兰克福学派现代性批判的思想谱系研究"（15BZX023）、中共中央党校一般项目"新媒体环境下马克思主义大众化问题研究"（020200B2015k56）的成果。本文原载于《江西社会科学》2018年第10期，收入本书时有改动。

① 《马克思恩格斯文集》第4卷，人民出版社，2009，第278页。

一 黑格尔：贯穿非同一性的同一性

在近代西方哲学中，思维与存在的关系问题在很大程度上转化为主体与客体的关系问题。黑格尔的同一性概念针对的是近代西方哲学中的主客二元分立模式，而黑格尔的现代性解决方案即是弥合主客二分、扬弃异化（外化）从而达到同一性，也就是精神与自身和解的方案："这种最高的分裂，就是思维与存在的对立，一种最抽象的对立；要掌握的就是思维与存在的和解。从这时起，一切哲学都对这个统一发生兴趣。"①

笛卡尔的心物二元论确立了近代西方哲学中主客二分的思想格局。斯宾诺莎试图用实体一元论取代笛卡尔的心物二元论，以克服主客二元分立，但在斯宾诺莎那里的"思想"和"广延"仍然是分立的。康德试图以"统觉"实现先天综合统一，弥合主观和客观之间的鸿沟，但最终未能统一"现象"与"物自体"。费希特从主观的绝对自我出发，通过自我的"设定"，寻求自我与非我、主体与客体的统一，然而，他用以统一主客体的"自我意识"仍然是"脱离自然的精神"，因而主体还不是实体。谢林用能动性原则统一自然与精神、客观世界与主观世界，以达到一种绝对同一性，不过这种同一性中缺乏差异和区分，缺乏必然性和历史性。黑格尔综合了斯宾诺莎的实体、康德的统觉、费希特的自我意识、谢林的客观的主体—客体等概念，提出了作为最高统一体的绝对精神这个概念，在绝对精神的自我展开（分裂）和重新统一的辩证过程中实现主体和客体的最终统一。

在绝对精神的发展过程中，主体与客体的分离和对立是必然的环节，黑格尔称之为绝对精神的外化。在逻辑上，绝对精神最初表现为抽象的理念，是永恒而单纯的本质，即自在自为的理念，这些理念实际上是处于胚胎状态的"实体"，通过辩证逻辑"预先"展现了绝对精神的展开

---

① 黑格尔：《哲学史讲演录》第 4 卷，贺麟、王太庆译，商务印书馆，1978，第 6 页。

过程，正如树木的种子中已经包含了根、枝、叶的区分，但这些成分在种子中只是潜在的，直到种子按照一定的顺序开枝发叶、长成树木，它们才得到"实现"。这些以辩证逻辑的方式联系起来形成的整体，就是绝对理念，这是黑格尔的逻辑学研究的内容。

绝对理念是绝对精神的"原始形态"，是"在其自身的"，是抽象的，还没有"内容"，不具有现实性，它需要将自身现实化、外在化，也就是说，要在时间和空间中让自己成为"现实的存在"，达到"定在"。绝对理念将自己现实化、外在化和特殊化的过程，就是外化。绝对理念外化出的各个形态和外化过程遵循辩证法，构成绝对精神自我展开的历史，这个历史与辩证逻辑是一致的，这就是"历史与逻辑的统一"。绝对理念外化的第一个结果，是外在化的理念，即自然。相对于抽象的绝对理念，自然作为空间中的定在，是绝对理念的对象化和自我否定。在自然中，精神是他在的和异在的，是不自知的，是沉睡在直接感性东西的外壳里的。作为整体的自然处于外在的必然性之中，没有自身的历史。对绝对理念来说，自然是一个"他者"，因此从绝对理念到自然的外化同时又是"异化"，自然是自我"异化"的精神。这是黑格尔的自然哲学研究的内容。

在动物有机体这个自然的最高阶段上，产生了有自我意识的"人"，理念就超出了自然的范围，打破自己的直接感性东西的外壳，如凤凰涅槃一样从自然中涌现出来，这就进入绝对精神发展的第三阶段，即"精神"阶段。"精神"是自知的理念，是自为存在着和向自在自为状态生成着的理念，是正在实现着和实现了自我认识的理念。这是黑格尔的精神哲学研究的内容。一方面，在"精神"的初级阶段的"有限精神"环节内部，外化仍然在进行，即绝对理念在时间和空间中继续展开，进一步现实化，成为时间和空间中的定在，这就是世界历史。另一方面，就绝对精神发展的整个过程而言，相对于自然，"精神"是理念扬弃外在性，从外化了的状态回到自身，最终扬弃了外化。"精神"发展的最高阶段是绝对知识，此时绝对精神完全返回到自身，认识到自然和"有限精神"都是从自身外化出来的，是与自身相同一的。这种认识，与外化或"异化"相对立，可以称为内化或"同化"。从绝对理念到自然是外化，是否定之否定的第一个否定，从自然到"精神"是内化，是否定之否定的第二个否定，两次否定构成了从正题到反题再到正题的"正反合"，形成了一个闭合的圆圈，这是黑格尔的辩证法在最高层次上的应用。在整个外化—内化的过程中，绝对理念首先将自身展开为实体，即"主体是实体"，再从实体回归到自身，即"实体是主体"，从而扬弃了主体与客体的分裂和对立，最终达到了自身的同一，这是一种经过了中介环节的同一，包含着差异的同一，用黑格尔的话来说，是同一与非同一的同一。

列宁用以描述事物发展的螺旋式上升过程，可以借用来描绘黑格尔《哲学全书》展现的绝对精神外化—内化过程。精神的发展过程类似于半径下小上大的螺旋，如同龙卷风一样。绝对理念外化出的各形态构成了向上盘旋的螺旋，绝对理念是螺旋的轴心。螺旋在横向上扩张，表明了精神的广度，轴心在纵向上延伸，表明了精神的深度。外化是将纵向的东西（绝对理念）往横向发散，内化是将横向发散的东西（外化各形态）往纵向聚拢。精神的广度与深度是同步的，随着螺旋的上升，螺旋的外缘离轴心越来越远。黑格尔认为："精神力量的外在表现有多强大，精神力量就有多强大，精神在自身的展开中能自身扩展和迷失到怎样的程度，精神自身就能达到怎样的深度。"[1] 精神发展的程度越深，精神的外延就越广，发展意义的外延"是一种结合，发展的外延愈广、内容愈丰富，则这种结合也就愈深而有力"[2]。

但是，精神的外延越大，概念与从概念外化出来的实体的差别就越大，绝对理念的外化形态离开绝对理念本身越远，主体与实体的分离、疏远和对立就越严重。文化越扩张，可以交织在分裂中的生命变化就越多样，分裂的力量就越强大。[3] 换言之，精神的发展程度越高，绝对理

---

① George Hegel, *Phänomenologie des Geistes*, Hamburg: Felix Meiner Verlag, 1952, p. 15.

② 黑格尔：《哲学史讲演录》第1卷，贺麟、王太庆译，商务印书馆，1959，第35页。

③ 黑格尔：《费希特与谢林哲学体系的差别》，宋祖良、程志民译，杨一之校，商务印书馆，1994，第9页。

念的外化形态越复杂，精神就越难于从千姿百态的外化形态返回到自身，即认识自身，就要忍受愈发深重的分离痛苦，即"异化"的程度越高。这样，从螺旋向轴心的回归就要走过越发遥远的距离，外化或"异化"的扬弃就需要付出越发艰巨的努力。但是，就绝对精神的整个发展过程而言，精神与其实体的疏离只是暂时的、阶段性的，而外化或"异化"的扬弃是必然的，精神终归要回归到自身，自我与对象、主体与客体、普遍与特殊等各种对立最终会统一，同一性会取代非同一性。"抽象地来看，普遍性、特殊性、个别性就是同一、差别和根据那样的东西。"① 在绝对精神发展的最高阶段，精神历尽艰辛回归到自身，克服了"异化"，弥合了分离，最终实现了自身同一性。

二 海德格尔：作为统一性的同一性

海德格尔对思维与存在同一性问题的兴趣贯穿了他的研究生涯。在《康德的存在论题》一文中，他指出："存在与思想，在这个'与'中隐含着迄今为止的哲学以及今天的思想的最值得思的东西。"② 他出版于1957 年的著作《同一与差异》主要讨论的就是思维与存在同一性问题，该书包括两篇文章，第一篇是《同一律》，是海德格尔对思维与存在同一性问题的正面表述，第二篇是《形而上学的存在—神—逻辑学机制》，主要是海德格尔对黑格尔的同一性理论的反思。

《同一律》一文开始于对同一律这个基本定律的讨论。海德格尔认为，同一律的流俗公式是 A＝A。这个公式讲的是等同性，但它并未说出同一性，反而掩盖了同一律真正要说出的东西，用等同性掩盖了同一性。同一根本不是相同，因为同一性之中隐含了差异性。在海德格尔看来，只有到了黑格尔，同一性才获得了其在形而上学中的最终的也是最完备的表述，因为从黑格尔开始，才真正区分了同一性与等同性。

---

① 黑格尔：《哲学全书·第一部分·逻辑学》，梁志学译，人民出版社，2002，第 300 页。

② Martin Heidegger, *Identität und Differenz*, Pfullingen：Rombach Buchverlag，1957，p. 34.

　　具体到思维与存在的同一性问题上，海德格尔首先把同一性放到两个不同的东西"之间"来考察，赋予了同一性以全新的意义。接下来他通过人与存在的关系来解读思维与存在的关系，并进一步用人与存在的共属性（统一性）来界定思维与存在的同一性。思维与存在的共属与存在者的自身同一之所以不同，关键在于思维与存在中的那个"与"（und）。如果说"mit"标志着自身同一的话，"und"则标志着思维与存在"之间"的同一。这个"与"能起到聚集作用，能把有区别的东西聚集成为一体，从而把"同一"与"共属"联系起来。海德格尔认为，应该通过"属"——相互归属——来规定"共"。人和存在之本质必须在二者"之间"通过二者的"缘域"显现，如果在讨论人和存在的共属之前一定要讨论清楚什么是人、什么是存在，则又落入海德格尔所力图克服的表象性思维。正是这种表象性思维，导致了把所有存在者分门别类摆放的构架（Gestell）的出现。并非先有存在和人的确定本质，再有存在和人的同一性，而是存在和人相关涉、相归属才给出存在，当然，也给出人的本质。

　　这样，海德格尔就把思维与存在的同一性问题转化为人与存在的关系问题，而海德格尔对人与存在的关系的表述也经历了一个渐变的思想过程。他在1935年的《形而上学导论》中指出，人与存在的共属是在人与存在的激烈对抗关系中的共属。在这种对抗中，人失去了自己的本位（Ort），变得无家可归。为了克服这种无家可归的状态，为人找回"家"，海德格尔后来陆续探讨人与存在在艺术的共属、在栖居中的共属以及在道说（语言）中的共属。只有在道说中，人与存在才相互归属并共属于道说，才真正达到了同一。因此，语言是存在的家，也是所有人即"终有一死者"的家。

　　从"人与存在在对抗中的共属"到"人与存在在道说中的共属"，这个渐变过程展现出海德格尔这个时期思想发展的四条线索：一是人的"家"经历着从艺术到"终有一死者所筑造的居所"，到"作为道说的道说"的变化。二是人的角色经历着从强力行事者到"艺术作品的创作者和葆真者"到栖居者再到道说者的变化，人在这个过程中逐渐"退隐"，人从妄图成为"存在之主人"的此在逐渐转变为存在的看护者和发生的道说者。三是"空间"维度的地位经历了起伏变化，在《存在与时间》中，此在的空间性被归结为时间性。在《艺术作品的本源》中，"空间"作为一个新的维度被建立，其重要性甚至不亚于时间，在对栖居和道说的讨论中，"空间"与"时间"在天空、大地、诸神、终有一死者的四重聚集中具有同等重要性。四是对存在的言说方式经历了从"此在隐去，存在者整体凸显"到"存在者整体隐去，存在本身凸显"到"存在本身隐去，发生凸显"的变化。

经历了这些变化之后，海德格尔思考的重点转移到"发生"（Ereignis）上。人与存在在道说中的共属是"人与存在在'发生'中的共属"的实现（Austrag）。人与存在的共属最终被归结为"发生"的运作，"发生"让人与存在共属一体。人与存在相互归属并且共属于发生，这让共属聚集人与存在，给出二者的区分并在聚集中保持二者的区分，这种区分的聚集就表现为人与存在的同一性。最终，思维与存在的同一性是发生的二重性运作的结果，这种同一性的本质是发生的一个所有物。在海德格尔思想的最后阶段，思维与存在的同一性最终落脚在人与存在在发生中的共属性。而共属性实际上就是一种统一性。这就是说，在海德格尔这里，思维与存在的同一性最终是人与存在在绵绵不绝的"发生"中的统一性。

可见，在思维与存在的关系上，海德格尔与黑格尔一样，认为思维与存在是同一的，而且这种同一是一种经过了中介的、不同于"等同"的同一。用海德格尔的话来说，这种同一种"有一种'与'（mit）的关系，有一种中介、一种关联、一种综合：在一个统一性中的统一"①。不过，在对思维与存在同一性的理解上，海德格尔并非和黑格尔完全一致，主要差异表现在五个方面。

第一，相对黑格尔的思维与存在同一性更多地表现为"同"，海德格尔那里的思维与存在同一性更多地表现为"统"。具体来说，就是统一性、共属性。而在客观唯心主义者黑格尔看来，思维与存在同一性更

---

① Martin Heidegger, *Identität und Differenz*, Pfullingen：Rombach Buchverlag, 1957, p. 6.

多的是存在"同一"于思维，也就是存在在某种意义上"属"于思维。这种同一性有一种居高临下、不容否定的意味，能够将一切差异都化入那无所不能的同一性中。

第二，相对黑格尔那种"强势"的思维与存在同一性，海德格尔的思维与存在同一性看起来更为"温和"。当然，在他早期作品中，"人"与存在处在激烈的对抗中，此时思维与存在的同一性是一种"紧绷着"的同一性。随着海德格尔思想的发展，"人"在后来的作品中不断"退让"，而"存在"也越发显得"宽厚包容"。这种"后退"使得人与存在之间出现一块"林中空地"，也彰显人的有限性。而黑格尔不承认人和思维的有限性，就此而言，海德格尔在某种意义上又返回到康德。

第三，相对于黑格尔对辩证法的倚重，海德格尔对辩证法的使用极为慎重，在他那里辩证法有时甚至还有消极意义。不可否认，海德格尔的很多论述颇具黑格尔辩证法的味道，但海德格尔本人对黑格尔辩证法的评价并不高。例如，在《黑格尔的经验概念》一文中，海德格尔将《精神现象学》导论中的认识论和本体论的辩证法，以及体现为"意识的经验科学"的概念的历史进展的辩证法，解读为某种"在场的形而上学"，视为他自己的"基础存在论"的一种不成熟的表达。在该文中，海德格尔甚至还说："关于辩证法的探讨犹如人们根据静止的污水来解释喷涌的源泉。"①

第四，相对于时间在黑格尔那里所处的"过渡性"地位，海德格尔给予了时间以"基础性"地位。在黑格尔那里，只有精神世界才是无限的、永恒的、超出时间的，现存的有限世界是永恒的绝对精神的外化。只有在外化的过程中，时间才"出场"，而外化最终要克服"时间性"，从外化的有限形态"回归"到无限而永恒的精神世界。对海德格尔来说，时间是存在的本质，时间也标记着人的有限性，时间成就了存在与人的"共属"，换句话说，时间造就思维与存在的同一性。没有时间，思维与存在的同一性无从谈起。

①　马丁·海德格尔：《林中路》，孙周兴译，上海译文出版社，2004，第168页。

第五，相对于黑格尔那里同一性之下差异的丰富性，海德格尔的同一性"虚化"了差异。悖谬的是，尽管黑格尔的同一性显得有些"咄咄逼人"，似乎要吞噬差异的多样性，但黑格尔却不厌其烦地表述精神外化诸形态的差异，以至于恩格斯把黑格尔的哲学体系称为保藏着无数珍宝的大厦。反观海德格尔，尽管他一再强调同一性中的差异性，但他对最终给出思维与存在同一性的那个"发生"（Ereignis）却语焉不详，从而使这个概念"高深莫测""玄之又玄"，差异在其中反倒"虚化"了，隐没在深邃幽暗的同一性之中，因此，后期海德格尔的思维与存在的同一性概念有些类似谢林的绝对同一性概念，用黑格尔的话来说是"黑夜观牛，一切皆黑"。

三　阿多诺：贯穿同一性的"非同一性"

黑格尔和海德格尔的同一性思想在阿多诺这里受到了最猛烈的批判。阿多诺把同一性问题作为自己的中心课题，他的《否定辩证法》围绕着主体与客体、思维与存在之间的关系，在对以黑格尔为代表的传统形而上学同一性哲学、以海德格尔为代表的存在论同一性哲学的批判中，建构起其非同一性的哲学主张。阿多诺认为，黑格尔的思辨同一性理论展现了一种"概念帝国主义"，主要表现在四个方面。一是普遍对特殊的压制。阿多诺指出，黑格尔和柏拉图一样，把非概念物、个别的东西和特殊的东西排除在哲学主题之外。但如果概念超出自身的抽象范围，强行把非概念物"纳入"自身，就会造成普遍性对特殊性的压制。二是量对质的吞噬。阿多诺认为，客体的质的要素，即非概念性、个别性和特殊性，构成哲学的主题。但自柏拉图以来，它们总被当成无意义的东西打发掉，黑格尔称其为"惰性的实存"。阿多诺认为，把质变为量不是始于黑格尔，而是来源于自笛卡尔以来一切科学的定量化倾向。三是"一"对"多"的统治。这种统治既与自古希腊以来对第一原则的尊崇有关，又与近代盛行起来的量对质的优先性有关。四是形式对内容的特权。阿多诺认为，虽然黑格尔的辩证法体系力图建立一种"内容"的逻辑，但黑格尔的哲学体系最终还是排除了内容，把纯形式的绝对精神当成了最高者。以上四项"概念帝国主义"的"罪行"，可以归纳为一个总的"罪名"：同一性强制，或者说全面的同一化。在阿多诺看来，黑格尔辩证法中虽然包含了否定，但仍然是指向肯定的否定，因此黑格尔那里的思维与存在的同一性是贯穿非同一性的同一性，是强制同一性。

同样，阿多诺（阿多尔诺）认为海德格尔的存在本体论虽然有别于以前的各种形而上学理论，但仍然树立了一个最高的自足者和自我同一者——存在，实质上仍是一种隐秘的同一性理论。在批判同一性思维的基础上，阿多诺提出自己的否定辩证法，主张非同一性和彻底的否定，要求为非概念物、非同一物、特殊者、个别者、他者等被边缘化者正名，并用"星丛""力场"等隐喻来描述主客体之间"和平"的理想关系，这种关系是"反体系""非同一""去中心"的，用不被同一性控制的事物的观念来替代同一性原则，替代处于最顶层的概念的至上性。① 因此，在阿多诺那里，思想与存在是异质的，是非同一的，二者之间"不可通约"，但又并非截然不同，毫无共同之处。在阿多诺看来，思想与存在之间的非同一性是贯穿于同一性之中的非同一性。

阿多诺的非同一哲学和否定辩证法对同一性思维的批判，对异质性、个体性、特殊性、差异性等非同一性的强调，是对传统辩证法的积极的革新，他剔除传统辩证法中的同一性、整体性等观念，撕裂了传统辩证法的核心内容，他否认思维与存在的同一性，拆除了西方形而上学的根基，因而构成了传统辩证法、形而上学乃至根本思维方式的革命性变革。他的非同一哲学和否定辩证法体现了一种理论上的不妥协，在西方现代性思想内部以一种特别的方式捍卫现代性，反对时髦哲学思潮，绝不屈从于所谓的主流，绝不媚俗。就这一点而言，阿多诺继承了马克思的批判精神。除了哲学层面的批判，阿多诺还基于马克思对资本主义生产方式的批判，经由对资本主义的商品交换同一性原则的批判，转向对文化及其意识形态的批判，揭示了当代西方主

---

① 特奥多·阿多尔诺：《否定的辩证法》，张峰译，重庆出版社，1993，序言第2页。

流文化及其意识形态对人类自由的压抑。因此，阿多诺"处在了代表那个时代的许多最有创造性思想潮流的强烈的非总体化力量的动力型立场中的关节点上"①。

但是，正如哈贝马斯指出的那样，西方马克思主义和批判理论由于在马克思的资本主义理论传统之中掺入了韦伯合理性理论的内容，因此不可避免地偏离了马克思的逻辑。阿多诺最为彻底地贯彻了这一理论逻辑，从而走向了一种无为的寂静主义。可见，阿多诺的非同一哲学和否定辩证法更多的是一味"解药"，它或许能够帮我们祛除思想中的一些重大的"隐疾"，但我们不能依靠它使思想"成长"。或许因为其超前于它所处的时代，它的作用以及它在西方思想史中的意义，还要等到未来再进一步挖掘。

阿多诺的非同一哲学对同一性、总体性的批判，对非同一性、特殊性、个别性的强调，是20世纪下半叶西方思想界中开始出现的一种普遍倾向的先声。这个倾向可以称为后现代主义的异质化倾向，在阿多诺之后的诸多前沿思想家身上得到了体现。德里达提出解构主义，反对逻辑中心主义、同一性和确定性，要求拆除结构，试图消解一切他称为在场形而上学的固定的东西，以至于瓦解形而上学。福柯反对自我编造的同一性，要求消除同一性的幻象。利奥塔提倡微观叙事，反对总体性和宏大叙事，"向同一性开战"。詹姆逊认为西方当代社会文化的每个方面都"齐一化"成了商品，人丧失了自主性，被消费行为所主宰。在德勒兹看来，各种社会矛盾不可能有最终的解决方案，我们能做的只是斗争中的"让步"，他将克服绝望的希望寄托在精神分裂者、边缘人、游牧民等主体上。马丁·杰伊（马丁·杰）指出，阿多诺的《否定辩证法》等著作预示了后现代的一些要素②。

阿多诺与后现代主义之间的相似性，并不意味着阿多诺要主张一种类似今天后现代思潮般的相对主义。他明确反对哲学理论上的相对主义。

---

① 马丁·杰：《阿多诺》，瞿铁鹏、张赛美译，中国社会科学出版社，1992，第254页。

② 马丁·杰：《法兰克福学派的宗师——阿道尔诺》，胡湘译，湖南人民出版社，1988，第13页。

否定的辩证法既与相对主义严格对立，也与绝对主义对立。阿多诺指出，过去对相对主义的批判还只是偏重于形式，而没能触及它的思维结构，现在，应该旗帜鲜明地反对相对主义。阿多诺认为，相对主义起初是资产阶级个人主义的意识形态。这种个人主义把个人意识当作终极的，使一切个人的意见都获得了平等权利，仿佛其中根本不存在真理的标准。可是，这种看起来平等和民主的观念实际上是一种虚伪的假贫民主义。在阿多诺看来，相对主义的这种激进的批判性外表是抽象的，因为抽象，才从外部来判断一切认识的相对性；同时相对主义又是琐碎的，因为它一方面认为事物是随意的和偶然的，另一方面认为它们是不可还原的。阿多诺反对哲学理论上的相对主义，实际上也就承认了否定的辩证法中并非没有任何稳固的东西，只是"它不再赋予这种东西以第一性"。阿多诺尊重物质、尊重主体、尊重概念，甚至尊重理性和同一性，但不再将这任何一种东西变为至高无上者。

由此看来，能够被阿多诺认为同道的思想家可谓少之又少。《否定辩证法》的英译者阿什顿在该书译序中指出，阿多诺几乎与哲学史上的所有大家为敌，"这些靶子覆盖的范围之大给人以深刻的印象。阿多尔诺既未放过19世纪的唯心主义者，也未放过实证主义者，而且还猛烈打击了20世纪的新本体论者、直觉主义者和存在主义者，秘而不宣地驳斥了20世纪马克思主义的既成体系"①。对于"处处树敌"将会带来的受到四面围攻的境况，阿多诺自己也有心理准备，在《否定的辩证法》（同"《否定辩证法》"）序言的最后部分，阿多诺这样说："作者准备承受《否定的辩证法》给他招来的攻击。他不觉得有任何怨仇，并不妒忌两个阵营中的何种人的喜悦，尽管这些人断定自己一直都了解《否定的辩证法》，断定作者正在忏悔。"②

在1971年出版的《马克思主义与形式》一书中，詹姆逊仍然认为

---

① 特奥多·阿多尔诺：《否定的辩证法》，张峰译，重庆出版社，1993，英译者按语第3页。
② 特奥多·阿多尔诺：《否定的辩证法》，张峰译，重庆出版社，1993，序言第2~3页。

阿多诺"消极防守"①，对未来过于悲观。近 20 年后，詹姆逊对阿多诺的态度出现了反转，在 1990 年出版的《晚期马克思主义：阿多诺，或辩证法的韧性》一书中，詹姆逊称赞《否定辩证法》为"批判理论后期纲领、90 年代辩证法楷模"②。他认为，阿多诺援引马克思对费尔巴哈的批判，指明了资产阶级哲学的核心秘密并不在于其逻辑构造，而在于它无意识地进行翻译的社会生产过程。詹姆逊指出："阿多诺对'总体体系'的预见，最终不折不扣地以出人意料的形式变成了现实……阿多诺的马克思主义虽然在以往的岁月中无甚裨益，却可能正是我们今天所需要的东西。"③ 德勒兹也半认真地说，阿多诺是因为时机不到，暂时悬置了革命目标。等到大家走投无路时，自然会破译阿多诺的密码，将火种传递下去。④ 马丁·杰伊则认为，阿多诺是一只被扔进大海，或许可能被再一次捡回来的漂流瓶。⑤

四　结语

不同解答者展现的思维与存在的"同一"是充满了差异的"同一"。如前所述，思维与存在的同一性在黑格尔那里是贯穿着非同一性的同一性，在海德格尔那里是作为统一性的同一性，而阿多诺直接否定了这种同一性而强调思维与存在的非同一性，但阿多诺本人也并未彻底走出同一性思维，因为坚持同一性与非同一性的区分，本身就是一种同一性的思维习惯在起作用。从同一性到非同一性的转变，从特定角度反映现代

---

① 弗雷德里克·詹姆逊：《语言的牢笼：马克思主义与形式》，百花洲文艺出版社，1995，第 46 页。

② Fredric Jameson, *Late Marxism：Adorno or the Persistence of the Dialectic*, New York：Verso, 1990, p. 5.

③ Fredric Jameson, *Late Marxism：Adorno or the Persistence of the Dialectic*, New York：Verso, 1990, p. 5.

④ 吉尔·德勒兹：《哲学与权力的谈判：德勒兹访谈录》，刘汉全译，商务印书馆，2001，第 175 页。

⑤ 马丁·杰：《阿多诺》，瞿铁鹏、张赛美译，中国社会科学出版社，1992，第 255 页。

性思想向后现代性思想的过渡。不过，直到今天，这个问题也并未有一个定论式的解答。

与西方不同，古代东方思想中没有主体、客体这样的哲学范畴，并不强调"本质"，也不强调判断中主语与谓语严格的逻辑同一关系（中国古代哲人很少用系动词"是"来连接主语和谓语，而更多地使用"有""无"这样的词），因此思维与存在的同一性问题在中国哲学中并没有成为一个真正的问题，也许这可能使中国古代哲学的探讨没有涉及某些重要领域，甚至可能表明在思维方式上中国古代传统智慧与自然科学对严格性的要求之间的隔膜。但反过来说，中国古代思想家不执着于在"是"与"不是"之间做出区分，不执着于做出非此即彼的判断，既走出了同一性思维，也走出了"非同一性"思维。这种东方思想中的"非"同一性思维或许在更高层面上契合了处理复杂问题的一种"混沌思维""模糊思维"，从而与西方哲学以一种相对直白的方式揭示出来的辩证法之间有着某种会通的可能。西方思想与东方智慧的结合，或许能为思维与存在的同一性这个古老的命题开出一片新的天地。

"人的自由而全面发展"与当代中国发展[*]

李双套

中国特色社会主义是当代中国的马克思主义，这一理论判断的前提就是中国特色社会主义对马克思主义理想和价值追求的继承与发展。要将中国特色社会主义具体实践与马克思主义的终极目的和价值追求统一起来，从理想维度和过程维度来理解中国特色社会主义的具体实践，既要看到中国特色社会主义丰富和发展了马克思主义关于人的学说、蕴含了"人的自由而全面发展"这一理想维度，也要看到中国特色社会主义是在特定历史时期、历史条件下对于如何推进"人的自由而全面发展"的具体思考。

一 "人的自由而全面发展"的理论定位

马克思主义的理论魅力在何处？何以能吸引无数人对其追逐，并对人类社会历史产生深远影响？其原因当然在于马克思主义的科学性，马克思曾就理论的科学性指出，"理论只要说服人……就能掌握群众；而理论只要彻底，就能说服人……所谓彻底，就是抓住事物的根本"[①]，抓住事物的根本亦即理论是科学有效的。但是人文社科理论的科学性并不像理工科那样简单明了，通过一次实验就能证明，人文社科的理论有时需要几十年甚至几百年才能证明。所以，除了科学性以外，马克思主义的魅力还源于其价值追求。马克思主义是随着时代和实践的发展而发展

---

[*] 本文原载于《理论视野》2016 年第 3 期，收入本书时有改动。

[①] 《马克思恩格斯文集》第 1 卷，人民出版社，2009，第 11 页。

的，马克思主义不是一成不变的，但是马克思主义的基本立场、观点和方法是不变的，这一不变就源于马克思主义的理想和价值追求，后来的马克思主义者都是在这一追求的指引下不断发展和创新马克思主义。通过消灭产生了剥削和不平等的政治、经济制度及改变建立在这一制度之上的意识形态、文化习俗和思维方式，为最终建立一个"自由人联合体"、实现"人的自由而全面发展"奠定基础，并最终实现"人的自由而全面发展"，这是贯穿马克思主义发展史的一条主线。可以说，"人的自由而全面发展"是马克思主义的根本命题。

马克思主义是以人为出发点、以人为中心、以人为最高目的的理论，人的解放、人的自由、人的发展、人的自主活动和自由个性、每个人的自由而全面发展和由此实现的一切人的自由发展，是贯穿于马克思全部理论的主题、根本思想和始终如一的目标。马克思在不同历史时期都表述了这样的观点。在《〈黑格尔法哲学批判〉导言》中，马克思就说，"人是人的最高本质"，"必须推翻使人成为被侮辱、被奴役、被遗弃和被蔑视的东西的一切关系"①；在《1844 年经济学哲学手稿》中，马克思说，"共产主义是对私有财产即人的自我异化的积极的扬弃，因而是通过人并且为了人而对人的本质的真正占有；因此，它是人向自身、也就是向社会的即合乎人性的人的复归"②；在《德意志意识形态》中，马克思说，"全部人类历史的第一个前提无疑是有生命的个人的存在"③；在《共产党宣言》中，马克思说，"代替那存在着阶级和阶级对立的资产阶级旧社会的，将是这样一个联合体，在那里，每个人的自由发展是一切人的自由发展的条件"④；在《政治经济学批判（1857—1858 年手稿）》中，马克思将人的发展分为三个阶段，"建立在个人全面发展和他们共同的、社会的生产能力成为从属于他们的社会财富这一基础上的自由个性，是第三个阶段"⑤；在《资本论》第一卷中，马克思将"自由"和

---

① 《马克思恩格斯文集》第 1 卷，人民出版社，2009，第 11 页。
② 《马克思恩格斯文集》第 1 卷，人民出版社，2009，第 185 页。
③ 《马克思恩格斯文集》第 1 卷，人民出版社，2009，第 519 页。
④ 《马克思恩格斯文集》第 2 卷，人民出版社，2009，第 53 页。
⑤ 《马克思恩格斯文集》第 8 卷，人民出版社，2009，第 52 页。

"全面"联系起来，形成对未来共产主义社会的新判断，认为共产主义社会是"每一个个人的全面而自由的发展为基本原则的社会形式"①。综观马克思关于人的解放的学说，可以看出对人的解放、人的发展、人的自由、人的自由而全面发展的研究，一以贯之地贯彻于马克思的整体研究之中，从这个方面来说，马克思的思想并不是如西方某些学者所言发生转向，也无所谓"认识论断裂"，恰恰相反，在关于人的解放上面，表现出马克思思想的一致性和彻底性。

需要指出的是，阶级斗争也是马克思主义的重要内容之一，那么阶级斗争与马克思主义对人的重视是不是冲突的呢？对此，马克思是这样说的："无论是发现现代社会中有阶级存在或发现各阶级间的斗争，都不是我的功劳。在我以前很久，资产阶级历史编纂学家就已经叙述过阶级斗争的历史发展……我所加上的新内容就是证明了下列几点：（1）阶级的存在仅仅同生产发展的一定历史阶段相联系……"② 由此可见，马克思和资产阶级学者观点的区别不在于是否用阶级斗争来看待社会历史的发展，而在于马克思认为只有在生产发展的一定阶段，阶级斗争才出现。马克思认为劳动是人类历史发展的动因，他将劳动区分为"必要劳动"和"剩余劳动"。"必要劳动"是生产满足人类生存必需的产品的劳动，"剩余劳动"则是在必要劳动时间以外的劳动。只要剩余劳动一出现，人类便会陷入对剩余劳动进行分配的争夺之中，由此产生人类社会关系的合作与冲突，冲突的极端形式就是阶级斗争。19世纪40~50年代，资本主义尚处于发展期，资本主义制度尚未完全确立，资本主义自我调整能力不足，阶级矛盾极为尖锐，马克思认为革命的高潮即将到来，所以他得出以暴力革命为主要形式的阶级斗争是促使资本主义灭亡的重要形式。而阶级斗争恰恰是无产阶级的解放形式，在马克思看来，无产阶级的存在"表明人的完全丧失"，因此只有无产阶级解放成为人，才有人的普遍解放。作为无产阶级解放的学说，马克思主义是关于人的解放，也就是实现人的自由而全面发展的理论。在马克思那里，"历史不

---

① 《马克思恩格斯文集》第5卷，人民出版社，2009，第683页。
② 《马克思恩格斯文集》第10卷，人民出版社，2009，第106页。

外是各个世代的依次交替。每一代都利用以前各代遗留下来的材料、资金和生产力；由于这个缘故，每一代一方面在完全改变了的环境下继续从事所继承的活动，另一方面又通过完全改变了的活动来变更旧的环境"①。但是贯穿于历史发展的目的则是为"人的自由而全面发展"提供条件，正是在这个意义上，马克思所追求的共产主义，是"完成了的人道主义"。这种共产主义的实现，是以劳动为基础的，阶级斗争只是实现过程中的局部的、阶段性的方式，与马克思主义对人的重视并不矛盾。

二 "人的自由而全面发展"的理论内涵

人的自由而全面发展涉及两个既有区别又有联系的范畴：人的自由发展和人的全面发展。人的全面发展是指人的综合素质的提升，而不是成为"单向度的人"，这种综合素质提升既包括知识、情感、意志的均衡发展，也包括人的道德、智力、体力、个性的共同提高，还包括人的政治权利、经济权利和社会权利的有效保证。人的自由发展是指人可以在不受外在力量压迫的前提下，根据自己的兴趣发展自己的体力、智力、个性与品质等，当人因谋生所迫（劳动是谋生劳动而不是第一需要）和为旧式分工所限时，人就无法自由发展。全面和自由两者统一起来回答了"发展人的什么，在什么样的状态下实现人的发展"这个问题：一方面，全面发展是自由发展的前提，人越全面发展就会越自由，片面发展的人是不可能自由的，因为人的能力、个性越得到全面发展，则在同等条件下，就可以获得更多选择机会，人越能按照自己的兴趣和能力在诸多机会中自由选择。另一方面，自由发展是全面发展的条件，在资本主义社会中，人处于异化的生存状态下，屈从于旧式分工，这种分工是被迫的，每个人都有一个"特殊的活动范围"，不可能"随自己的兴趣今天干这事，明天干那事"，这是"社会活动的……固定化"②，人的全面发展与人的活动是紧密相连的，能力是在活动中锻炼出来的，没有从事

---

① 《马克思恩格斯文集》第1卷，人民出版社，2009，第540页。
② 《马克思恩格斯文集》第1卷，人民出版社，2009，第537页。

多种劳动的机会自然无法获得全面发展，正是这种固定化的劳动造成人的片面发展。

当然，人的自由而全面发展并不是说每个人获得同样的发展，都发展出同样的能力和个性，都按照一个统一的模式进行发展，也不是说劳动已经没有分工。而是说，在个体有限的生命里，每个人都可以按照自己的兴趣和特长发展出自己的个性和能力，同时，随着必要劳动时间的缩短、终身学习的实现，人类学习能力不断提高，人可以自由选择、转换职业，人类多样性发展的可能性大大提高，所以，人的自由而全面发展是尊重人的个性和创造性的发展。

要弄懂"人的自由而全面发展"的现实意义，必须用条件思维和过程思维来理解。作为马克思主义的理想和价值追求，"人的自由而全面发展"是在生产力高度发达的基础之上才能实现的，"在保证社会劳动生产力极高度发展的同时又保证每个生产者个人最全面的发展"①，但是要到生产力多发达才能实现，马克思也没有给出确切的答案。但无论是生产力的发展还是人的自由而全面发展都不是一蹴而就的，不是在未来某一个时刻突然出现的，其所需条件、因素都是在当代社会中逐步形成的，这是一个漫长、复杂的过程。

对于中国而言，由于当前处于社会主义初级阶段，经济文化总体落后且发展不均衡，"人的自由而全面发展"是一种理想和价值追求，中国离实现这一理想还有很长一段路要走，所以不能将此作为当下即刻可以实现的目标来追求。但是"人的自由而全面发展"的实现是有一个过程的，是需要一定条件和前提的，而这些条件和前提是需要积累的，是需要在共产主义社会之前逐渐发展起来的，"人类始终只提出自己能够解决的任务……任务本身，只有在解决它的物质条件已经存在或者至少是在生成过程中的时候，才会产生"②，所以，当实现"人的自由而全面发展"的条件成熟时，自然而然会达到这种状态。当下中国的发展就是为这些条件做准备，就是在培育"人的自由而全面发展"所需的条件和

---

① 《马克思恩格斯文集》第 3 卷，人民出版社，2009，第 466 页。
② 《马克思恩格斯文集》第 2 卷，人民出版社，2009，第 592 页。

因素。作为制度的社会主义的建立，就是为了消灭经济剥削和政治压迫，从而为"人的自由而全面发展"培育基础。也就是说，在社会主义条件下，执政党的执政行为是为"人的自由而全面发展"提供政治、经济、文化和社会保障，最大限度地有利于实现"人的自由而全面发展"。换言之，就是通过具体的政治、经济、文化和社会制度来增进最广大人民群众的政治、经济、文化和社会权益，这是执政党将执政理想与执政现实相结合、相统一。

党中央提出的"四个全面"战略布局将稳步推进"人的自由而全面发展"。全面建成小康社会包括经济的持续健康发展、人民民主的不断扩大、人民文化生活日益丰富、人民生活水平全面提升等一系列要求，这些要求都是围绕促进人的自由而全面发展这一核心；全面深化改革针对当下中国人的依赖的残留与物的依赖的出现而导致两者"弊端叠加"，进而阻碍了"人的自由而全面发展"的实现，进一步推动改革，并将改革的出发点和落脚点定位为"促进社会公平正义、增进人民福祉"；全面推进依法治国的目的在于用制度或者规则来规范人与人、人与组织、组织与组织之间的合作和冲突行为，这也是防止人治给人的发展带来的负面效应；全面从严治党不仅是指要预防腐败，更是指对党的权力要进行约束、规范，防止公权力对公民权利的侵害，这是从执政主体上保证"人的自由而全面发展"的落实。我们既不能因为对马克思主义人的解放这一根本命题的坚持而将"人的自由而全面发展"当作眼下或很短时间内就能彻底实现的目标，也不能因为这一目标的长期性、艰巨性而忽视现实发展对这一目标的促进作用。"四个全面"的战略布局就是在既有条件下对"人的自由而全面发展"的推进，这充分体现出人的自由而全面发展不仅是马克思主义的价值追求，也是中国特色社会主义建设的实践要求。

三 "人的自由而全面发展"的当代实现路径

我国正处在社会主义初级阶段，这个阶段的任务是为向社会主义现代化过渡做准备，创造未来社会所需的政治、经济、文化和社会的因素和条件。当前中国，人的发展状况与社会的发展状况一样，处于并将长期处于初级阶段，这一阶段是为达到人的发展的现代化做准备，是在积极培育和创造"人的自由而全面发展"所需的因素和条件。总体而言，当下中国培育和创造"人的自由而全面发展"的因素和条件既要肃清封建主义的影响，又要通过约束市场行为，最大限度克服资本弊端，吸收其积极的文明成果，坚定理想信念来达成这一目标。

首先，清除封建主义的影响。不可否认，当下中国社会除了占主导地位的社会主义因素以外，还存在处于边缘但是对社会发展有重要影响的封建主义因素。按照马克思的社会形态理论，封建主义应是被资本主义取代的，在取代过程中革命、复辟、革命总是不断出现，直到封建主义被取代，但是封建主义会不断攻击资本主义，而社会主义也会不断述说资本主义的非人道性质，两者在对资本主义的批判上有共同点，这样就可能导致封建主义被误认为是社会主义因素的情况出现。马克思在《共产党宣言》中将这种实质上是封建主义的但被误认为是社会主义的思潮称为"封建的社会主义"，它以过去为标准，立足于过去批判现在，这和科学社会主义立足于未来批判现在是不一样的，马克思认为这是一种"反动的社会主义"。在中国发展实践中，也出现过封建主义因素被误认为是社会主义因素而被强化的情况，所以在"利用资本"的过程中必须反封建主义，否则封建主义极其容易伪装成社会主义，导致不仅不能吸收资本主义的积极成果，还会强化封建主义因素，形成"权钱交易""权力寻租""腐败盛行"等，从而出现用权力控制市场、用金钱控制权力的体制，并因为利益固化产生体制固化的现象，降低经济发展本应具有的活力，破坏透明、公平、有序、规范、法治的市场环境，破坏民主政治的发展，从而消解本就不成熟的社会主义。

当下中国封建因素对人的发展的影响之一就是重人治轻法治。费孝通先生将中国的乡土社会治理归结为"礼治社会"，他认为法治也是离不开人的，是人依法来治，传统社会的人治并不是说无法无天、无需规矩、不依规矩办事，而是依据社会公认的传统来治理，所以"人治和法治之别，不在'人'和'法'这两个字上，而是在维持秩序时所用的力量和所根据的规范的性质"①。但是传统和法律相比，缺乏强制性，完全出于舆论压力和道德敬畏，所以，人治适用于传统中国的"熟人社会"。随着市场经济的发展，当今中国已经从"熟人社会"进入讲规则、讲契约的"陌生人社会"，但是思想观念的转型没有和社会转型同步，社会治理上仍然迷恋人治。随着人治的优势的逐渐减弱，其弊端逐渐显现。当前，要想清除封建主义的影响，必须要促进思想的转型和社会的转型同步，推进治理的现代化，而要推进治理的现代化，必须要全面推进依法治国，因为"法治是国家治理体系和治理能力的重要依托"②。

其次，占有资本所蕴藏的积极文明成果。在对马克思思想的解读中，我们更多地将其理解为资本的反对者和批判者。殊不知，马克思并不是简单地否定资本，他对资本文明作用的阐释同样深刻。在当下中国特色社会主义建设过程中，在全球化交往过程中，在"引进来"和"走出去"的统一过程中，在"一带一路"建设等大战略中，我们更应该认识到资本的文明作用，充分发挥其对于培育和创造"人的自由而全面发展"的因素和条件的价值。

只看到资本的负面作用不利于占有资本所蕴藏的积极文明成果，不利于实现"人的自由而全面发展"，更是对马克思思想的误读。在马克思的理论中，社会主义是资本主义的取代物，马克思基于资本主义不可调和的矛盾，得出"资产阶级的灭亡和无产阶级的胜利是同样不可避免的"③ 结论。既然是取代，那么自然应该是在继承中创新，经济的发展不同于政权的更迭，经济发展更具有继承性，人类一刻也离不开物质资料生产。"人们自己创造自己的历史，但是他们并不是随心所欲地创造，并不是在他们自己选定的条件下创造，而是在直接碰到的、既定的、从过去承继下来的条件下创造。"④ 在《〈政治经济学批判〉序言》中，马克思也说："新的更高的生产关系，在它的物质存在条件在旧社会的

---

① 费孝通：《乡土中国》，人民出版社，2008，第59页。
② 《〈中共中央关于全面推进依法治国若干重大问题的决定〉辅导读本》，人民出版社，2014，第42页。
③ 《马克思恩格斯文集》第2卷，人民出版社，2009，第43页。
④ 《马克思恩格斯文集》第2卷，人民出版社，2009，第470~471页。

胎胞里成熟以前，是决不会出现的。"① 这里非常明确地指出 "新的更高的生产关系" 是要在 "旧社会的胎胞里" 成熟起来的，在成熟以前，不会出现 "新的更高的生产关系"。那么，相对于资本主义，社会主义作为 "新的更高的生产关系" 自然就是在资本主义社会这个 "旧社会的胎胞里" 成熟的，这种继承性一目了然。对于当下中国而言，改革的过程就是对有利于社会主义发展的资本主义因素的重新继承，因为无产阶级夺取政权后，"一切不是于国民经济有害而是于国民经济有利的城乡资本主义成分，都应当容许其存在和发展。这不但是不可避免的，而且是经济上必要的"②。这种继承既是发展经济的要求，也是培育和创造 "人的自由而全面发展" 因素和条件的手段。

最后，坚定共产主义信仰。"人的自由而全面发展" 是共产党人的价值追求，也是共产党人的信仰。过去我们往往将信仰与宗教相联系，事实上，信仰并不是抽象的、虚幻的，而是具体的。信仰包括信以为真和信以为值，它是科学性和价值性的统一。坚信自己做的事业是正义的事业，并愿意为之贡献自己的力量，这就是信仰，共产党人的信仰恰恰符合这点。从科学性上来说，"人的自由而全面发展" 是逐步推进的，它可以被分解为诸多阶段性目标，对于当下中国而言，就是要实现 "两个一百年" 奋斗目标，而要实现这个目标，当下就是要扎实推进 "四个全面"，做到这些就是为 "人的自由而全面发展" 培育和创造条件。从价值性上来说，"人的自由而全面发展" 是共产党人执政的推动力、牵引力和导向，是社会发展的动力机制之一。在当下中国，这两者的统一体现为关于 "人的自由而全面发展" 的远大理想与中国特色社会主义具体实践的结合。

总之，中国社会主义社会中的个人还没有达到 "人的自由而全面发展"，但是现阶段的工作是对构成 "自由而全面发展的个人" 的因素、条件和环节的培育，随着社会的发展，这种培育也将提高到新的阶段，社会也会进入新的发展阶段，两者相互促进。

---

① 《马克思恩格斯文集》第 2 卷，人民出版社，2009，第 592 页。
② 《毛泽东选集》第 4 卷，人民出版社，1991，第 1431 页。

第二编　马克思主义的来源

转让为什么是所有权的最终规定[*]

——黑格尔《法哲学原理》中对占有和所有的区分

王淑娟

近代以来，所有权问题通常被视为关涉到现代市民社会的基本原则与运行机制的核心问题。从凝聚了法国大革命成果的《法国民法典》到近年来我国所进行的关于《物权法》及《民法典》的立法进程，所有权始终是广受关注的核心问题，关系到如何确立现代社会经济生活的基本秩序。在近代以来的思想史上，属于不同国家、不同时期、不同流派的思想家，尽管在如何理解市民社会的思路上存在差异，但是常常绕不开所有权和围绕所有权展开的法（或者说权利）的问题，或者直接把这一问题作为自己整个理论体系的出发点。在黑格尔的法哲学体系里，他将所有权作为人的自由最初定在①，在《法哲学原理》第一篇抽象法第一章中，就详细讨论了所有权问题。其中，黑格尔区分了占有和所有权这两个概念，并将转让这个环节看作所有权概念中必不可少的最后的规定。这与康德在《法的形而上学原理——权利的科学》中将权利三分为物权、对人权与有物权性质的对人权的体系截然不同。而

* 国家社科基金青年项目"马克思与施泰因社会哲学比较研究"（17CZX013）的阶段性成果。本文原载于韩立新、陈浩主编《黑格尔法哲学研究》，北京师范大学出版社，2019，第 103~126 页，收入本书时有改动。

① 本文有关黑格尔的引文，主要引自《法哲学原理》中译本（黑格尔：《法哲学原理》，范扬、张企泰译，商务印书馆，1961），个别地方在译法上参照德文本（G. W. F. Hegel, *Grundlinien der Philosophie des Rechts in Grundrisse*, in *Georg Wilhelm Friedrich Hegel Werke 7*, Suhrkamp Verlag, Frankfurt am Main, 1970）做了改动，正文中的引文采取了直接标出节序号的形式。

且在康德看来，以理性的实践法则为根据的占有才是构成权利的本质环节①。黑格尔为什么区分占有和所有，并将转让环节而不是占有环节视为"真正的占有取得"（第65节附释）？这种以转让为最后规定的所有权概念结构，对于理解人的自由及其最初定在具有什么样的意义？本文将以黑格尔《法哲学原理》所有权章（第41～71节）为主要的文本依据，以当时仍在德意志各邦国作为普通法实行的罗马法概念为基础，对黑格尔的所有权概念，特别是转让这个环节进行解析，来说明黑格尔对于人的自由的独特理解及其对近代社会本质特征的深切洞察。

本文第一部分将回顾以往黑格尔研究者对这一问题的看法，提出值得进一步讨论的线索。第二部分主要分析黑格尔对罗马法所有权规定以及康德将权利分为物权、对人权与有物权性质的对人权的批判。第三部分将考察黑格尔是如何建构自己独特的关于所有权和转让的概念。第四部分则是说明，黑格尔的所有权概念不以个人在共同体中的身份或个人之间的相互承认为前提，个人正是在获得所有权的过程中确立了自己与其他个体之间的关系，实现了个人自由的最初定在。

一 黑格尔为何要区分占有和所有权

黑格尔讲到所有权的三个环节，"所有权（Eigentum）在意志对物（Sache）的关系上具有它更进一步的规定。这种关系是（甲）直接占有（unmittelbar Besitznahme），这里意志是在作为肯定的东西的物内有其定在；（乙）使用（Gebrauch），即物比之于意志是一种否定的东西，这里意志在作为应被否定的东西的物内有其定在；（丙）转让（Veräußerung），即意志由物回到在自身中的反思"②。也就是说，首先，黑格尔区分了占

① 康德：《法的形而上学原理——权利的科学》，沈叔平译，林荣远校，商务印书馆，1991，第59～63页。

② G. W. F. Hegel, *Grundlinien der Philosophie des Rechts in Grundrisse*, in *Georg Wilhelm Friedrich Hegel Werke 7*, Suhrkamp Verlag, Frankfurt am Main, 1970, §53, SS. 117-118；黑格尔：《法哲学原理》，范扬、张企泰译，商务印书馆，1961，第61～62页。

有（Besitz）和所有权（Eigentum）这两个概念，占有是所有权概念中的一个构成环节或者说一个规定性；其次，转让环节能够实现占有和使用这两个环节的统一，构成了黑格尔所有权概念中的最后一个环节，转让环节的实现，意味着所有权的确立。

这里首先涉及如何理解"转让"一词的问题。黑格尔在《法哲学原理》第 65～70 节集中阐述了所有权转让（Entäußerung des Eigentums）。这几节中出现了几个相近或相关的德文词语，即 Äußerung，Entäußerung，Veräußerung。德文的 Entäußerung 来自拉丁语 alienatio，意指成为他者。《法哲学原理》的英译本译为 alienation，商务印书馆版的中译本则译为"转让"。笔者认为，这里将 Entäußerung 一词译为"转让"，主要是在经济生活和法律用语的意义上着眼的，这一译词并非不妥，但是，在黑格尔的哲学语境中，这个概念更重要的含义是外化、异化。

对于黑格尔法哲学体系中的所有权和转让问题，学者们从不同的角度进行了一些讨论。阿维纳瑞分析了黑格尔在不同的文本中对所有权概念的讨论。他以《耶拿实在哲学Ⅰ》和《耶拿实在哲Ⅱ》为文本基础，提出了三个结论。第一，黑格尔将所有权和转让这两个问题分开进行了讨论。阿维纳瑞强调，对于黑格尔来说，"占有关涉个体，所有权则关涉社会：因为占有通过他人的承认而成为所有权，所以所有权是一种社会属性"[1]。"所有权总是以社会共识、意识为前提，而不是以单纯的占有事实为前提。"[2]"所有权构成了人为承认而斗争的一个环节。"[3] 在阿维纳瑞看来，这里黑格尔区分了占有和所有权的概念，并将他人的承认看作个人获得所有权的前提。第二，阿维纳瑞认为，黑格尔对于所有权概念并不满意，因为"在占有中，甚至当占有变成所有权之后，仍然存在一种偶然因素，

---

[1] Avineri, Shlomo, *Hegel's Theory of the Modern State*, Cambridge：Cambridge University Press，1972，p. 88；阿维纳瑞：《黑格尔的现代国家理论》，朱学平、王兴赛译，知识产权出版社，2016，第 109 页。译文有改动。

[2] 阿维纳瑞：《黑格尔的现代国家理论》，朱学平、王兴赛译，知识产权出版社，2016，第 109 页。译文有改动。

[3] 阿维纳瑞：《黑格尔的现代国家理论》，朱学平、王兴赛译，知识产权出版社，2016，第 109 页。译文有改动。

因为所有权的对象以完全任意的方式关系到这个人或那个人"①。正是由于这种不满意，黑格尔将劳动概念引入他的体系当中，并且在他看来，只有通过劳动才能扬弃上述偶然性。在阿维纳瑞看来，黑格尔发现了劳动在历史上的双重意义。一方面，"劳动是人的能力与潜能的外化与对象化"；另一方面，"劳动也创造了阻碍使人自己融入其世界的条件"②。阿维纳瑞认为，对于黑格尔来说，表现为劳动的异化是人类社会结构根本的和内在的因素，异化的不断加剧正是现代社会的特征之一。第三，阿维纳瑞强调，黑格尔对于现代社会中劳动的认识"不是通过对当时德国社会或经济状况的经验研究而获得的……黑格尔这里的观点毋宁是对于提高到哲学范式层面的现代政治经济学所展现的社会模型的一个提炼"③。也就是说黑格尔对于劳动异化的认识，是以亚当·斯密所代表的政治经济学所描绘的社会模型为蓝本的。在阿维纳瑞看来，在法哲学中，黑格尔继续保持着他在《耶拿实在哲学Ⅰ》和《耶拿实在哲学Ⅱ》中形成的对于所有权、劳动和异化的认识，没有实质性的变化。④

伍德没有特别区分黑格尔《法哲学原理》中占有和所有权的概念，在讨论针对人格自身的权利时涉及了转让这一环节。伍德把洛克的所有权概念作为一个参照系，来解读黑格尔的所有权概念，并且认为黑格尔的所有权概念存在混淆和矛盾⑤。具体来看，伍德认为，第一，黑格尔以意志为基础来定义所有权，比洛克以劳动为基础来定义所有权更为抽象。占有是使某物成为我们所有物的意志活动，是将个体的意志置于物

---

① 阿维纳瑞：《黑格尔的现代国家理论》，朱学平、王兴赛译，知识产权出版社，2016，第110页。译文有改动。

② 阿维纳瑞：《黑格尔的现代国家理论》，朱学平、王兴赛译，知识产权出版社，2016，第111页。

③ 阿维纳瑞：《黑格尔的现代国家理论》，朱学平、王兴赛译，知识产权出版社，2016，第111页。

④ 阿维纳瑞：《黑格尔的现代国家理论》，朱学平、王兴赛译，知识产权出版社，2016，第170页。

⑤ Allen W. Wood, *Hegel's Ethical Thought*, Cambridge：Cambridge University Press，1990，pp. 94-107；伍德：《黑格尔的伦理思想》，黄涛译，知识产权出版，2016，第154~176页。

中。在所有权建立之后，赋予个体针对物的三种权利，包括使用物的权利、转让物的权利、使物成为契约标的的权利。也就是说占有是所有权的唯一环节或者说唯一规定，而使用、转让、契约是以所有权为基础而展开的更进一步的权利①。第二，虽然黑格尔将所有权定义为对"物"的权利，并在批判罗马法时强调"物"的范畴不应包括人格自身，但除此之外，他对于什么可以在总体上被视为"物"并成为所有权的对象，并没有做明确的限制。伍德认为，黑格尔与洛克接近，把生命、自由和财产视为个体所有权的三种不同形式②。在伍德看来，对"物"的上述界定导致黑格尔的所有权概念在涉及针对人格自身的权利时，出现混淆和矛盾。个体对于自身身体、对于内在生活和良心的权利，以及作为自由人的社会身份的权利都属于针对人格自身的权利。伍德认为，黑格尔一方面将这种权利纳入所有权中，以便确保其不受侵犯；另一方面，又借助罗马法中的"非常损失原则"（Laesio enormis）——倘若交易价值显失公平，以至其中一方会因交易而遭受过度损失，则契约无效——强调这种针对人格自身的权利与其他的所有权不同，是不可转让、不可失效的，将针对人格自身的权利视为所有权的一个特例。在伍德看来，黑格尔的上述论证不具有说服力，似乎混淆了在逻辑上根据自然不能被侵犯的东西与根据法权不得被侵犯的东西。也就是说，针对人格自身的权利虽然在法权上不得被转让，但是在逻辑上或者根据自然是能够转让的，奴隶制就是这种转让的现实例证。伍德批评黑格尔仅在法权上论证了针对人格自身的权利不能转让，并没有为现实中这种权利的转让设定任何限制③。

上述关于法哲学中黑格尔的占有、所有权和转让概念至少留下了两个值得进一步讨论的问题。其一，学者是在《耶拿实在哲学》的文本和语境中讨论转让（异化）的概念，将劳动的过程视为异化。在法哲学所有权章的语境中，转让常常被看作仅仅是一个法学术语。如果注意到其背后的哲学含义，也许就可以解开伍德所提出的黑格尔所有权概念中存在的矛盾。这是本文希

---

① 伍德：《黑格尔的伦理思想》，黄涛译，知识产权出版，2016，第 157 页。
② 伍德：《黑格尔的伦理思想》，黄涛译，知识产权出版，2016，第 159 页。
③ 伍德：《黑格尔的伦理思想》，黄涛译，知识产权出版，2016，第 164 页。

望完成的一项工作。其二，学者强调黑格尔的所有权和转让（异化）概念来源于他对现代政治经济学的研究。但是本文试图说明黑格尔在讨论抽象法所有权问题时所涉及的对象是当时仍然在德意志各邦国作为普通法指导法律实务的罗马法。罗马法本身的历史演变和概念结构，也提供了理解异化与所有权、异化与人的自由的最初定在之间关系的语境和路径，反映了现代市民社会的诞生历程。笔者认为，黑格尔的所有权概念，可能不仅仅来源于黑格尔对政治经济学的吸纳，也可能受到了罗马法及其历史演变的启发。

二　黑格尔对罗马法所有权制度的批判

罗马法的历史发展体现了远古时期欧洲法律秩序的形成过程，也从一个侧面反映了罗马经济社会生活的变迁。在黑格尔看来，包括罗马和罗马法在内的世界历史演进的过程，就是人的自我意识不断觉醒、逐渐与普遍性达成自在自为的统一的过程，亦即绝对精神展开的过程与人的真正自由臻于达到的过程。对于德国而言，罗马法更是具有特殊的意义。14世纪以来，在尚未形成统一国家的德意志诸邦国，罗马法作为"普通法"适用，这种状况一直延续到1900年。而且有些德国法学者认为1900年施行的《德国民法典》中的许多规定只是以现在的语言重述的罗马法。也就是说，19世纪初当黑格尔在柏林大学的讲堂上讲授"法哲学原理"的时候，罗马法并不是一种历史性的法律遗迹，并不是大学课堂上的纯学问，而是与当时德意志的经济社会生活紧密地联系在一起的、不断变化的基本权利规范。

黑格尔是借用罗马法的概念和术语，并通过批判罗马法对于权利的规定，来建构自己的法权理论的。法学界的研究者对于罗马法中的所有权及其背后的罗马政治、社会、经济生活演变的研究，为我们理解黑格尔对罗马法所有权规定的批判，提供了历史性的根据①。这一部分将结

---

① 汪洋：《罗马法上的土地制度：对罗马法立法及土地归属与利用的历史考察》，中国法制出版社，2012；乔洛维茨、尼古拉斯：《罗马法研究历史导论》，薛军译，商务印书馆，2013；彼德罗·彭梵得：《罗马法教科书》，黄风译，中国政法大学出版社，2005；孟文理：《罗马法史》，迟颖、周梅译，商务印书馆，2016。

合这一类法学和历史学的研究成果，来具体分析黑格尔在《法哲学原理》一书中对罗马法的所有权概念所做的批判。

（一）罗马法中的占有、所有权与转让

在罗马法中，占有、所有权和转让的概念都属于物权的范围，讨论的是主体对于物的权利。所有权（proprietas）可以定义为对物最一般的实际主宰或潜在（in potenza）主宰。所有者的权利是不可能以列举的方式加以确定的。一切其他物权均从属于所有权，并且可以说它们体现所有权。而占有（possessio）则是指对在法律上并不对其拥有所有权的物品行使权利的问题，即法律将其归纳为一定物权并加以保障的、行使权利的事实状态。下面我们逐一对权利所指向的对象（物）、权利主体、权利主体对物形成权利的方式三个方面对占有和所有权的关系进行分析。

在罗马法中，所谓物，可以分为两类，一类是要式物（res mancipi），一类是略式物（res nec mancipi）。这种划分构成了罗马私法的基础。所谓要式物，是指属于罗马市民所有的、位于意大利的土地、房屋、领地、奴隶、马、牛、骡子和驴，即所有用来牵引和负重的牲畜，除这些有形物之外，还有乡村地役权①。除此以外的一切其他物均为略式物。这种区分一直持续到优士丁尼时期（6世纪）才逐渐消失。我们可以看到，就权利的对象来说，最重要的物就是土地。

就权利的主体来看，罗马法中能够享有不受任何定语限制的所有权的主体，仅限于罗马市民，而且不是市民个体，而是由家父代表家庭共

---

① 所谓乡村地役权是指通行役权（iura itinerum）和用水役权（iura aquarum）。通行役权包括三种：个人通行权（iter）是指在未遇到任何反对的情况下个人徒步、乘车或乘轿通过他人土地的权利；负重通行权（actus）是指驾驭驮畜或车辆通过他人土地的权利；道路通行权（via）是最广泛的权利，不但允许通行，而且允许通过固定的成形小路经他人土地运输石头、建筑材料等物。用水役权是指从他人土地上取水或者经他人土地引水的权利。参见彼德罗·彭梵得《罗马法教科书》，黄风译，中国政法大学出版社，2005，第192~193页。

同所有。这种所有权具有几个方面的特点：第一，这种所有权的取得，实际上是以在罗马共同体中的身份为依据的，或者至少是与这种身份密切联系在一起的。如果缺乏在共同体中的特定身份，是不可能获得所有权的。就是说罗马治下的平民和奴隶都不能获得所有权，家庭中的女性成员和除家父本人之外的男性成员也都不能获得所有权。第二，这种所有权的转让需要经过以家父为代表的家庭共同体的许可，而且需要经过极其严格的法定程序，也就是实际上所有权是很难进行转让的。

这种非常狭窄和固化的所有权与罗马帝国的扩张严重不匹配。随着罗马从城邦转变为一个横跨欧亚非的庞大帝国，治下的土地和人口不断增长，权利所能指涉的物远远不再局限于罗马原有的疆域，土地等生产生活资料的实际占有和使用者也绝不可能限于罗马市民。权利的主体，一是经济生活的基本单位，罗马城邦时期的氏族（gens）和共同法家庭（familia communi iure）逐步解体为自有法家庭（familia proprio iure）①；二是非罗马市民，即非家父本人的家庭成员、平民、奴隶、行省人或者说异邦人，都在罗马帝国的治下，进行经济生产和生活。这样就构成了一个严重的矛盾：一方面，占社会成员大多数、数量不断增长的非罗马市民，由于缺乏在共同体中的政治身份，都没有资格获得彻底的所有权；另一方面，现实生活需要对包括土地在内的生产生活资料在这些不同身

---

① 罗马社会早期主要有三种社会组织体，从大到小依次为"氏族"（gens）、"共同法家庭"（familia communi iure）以及"自有法家庭"（familia proprio iure）。关于这三种社会组织体的实际情况和历史变化，研究罗马史和罗马法的学者们做了很多讨论，也存在诸多争议。大体上看，氏族的存在早于城邦，氏族成员之间大体上具有共同血统，或具有亲戚关系。若干氏族的联合构成了最早的罗马城邦。氏族更多地体现为一种主权特性，氏族的土地意味着神圣的边界，排斥任何限制与外来的影响。共同法家庭与氏族之间可能只有逻辑上的区分，而不是历史性的区分。共同法家庭是指家父死后原从属于该家父权力下的自由人仍然维持在一起的一种集合体，在家父死后成为一个集中的经济性质的组织，并带有鲜明的政治性特征。自有法家庭，即小家庭则是围绕在一个家父权力下面的自由人组成的共同体，是氏族瓦解过程的终端组织，它没有政治性。参见汪洋《罗马法上的土地制度：对罗马法立法及土地归属与利用的历史考察》，中国法制出版社，2012，第16~20页。

份的主体之间进行频繁和广泛的占有、使用、转让。于是罗马法演化出一系列的概念来解决上述矛盾：其一，产生了异常复杂的转让方式，而转让所指向的也不是所有权，而是实际占有或使用的权利；其二，产生了异常复杂的所有和占有二元体系。

就转让的方式来看，罗马市民之间主要采用要式买卖/曼兮帕蓄（mancipatio）[①] 仪式和拟诉弃权（in iure cessio）[②] 这两种方式。优士丁尼以前的法，要求转让要式物必须采用这两种方式。实际上，这两种方式都起源于远古的所有权诉讼。在两个程序中，一方都通过声称自己为某物的所有权人来主张该物的返还；如果另一方对其主张提出异议，则启动争讼程序；而如果另一方未就对方的主张提出异议，则问题得到解决，主张自己为所有权人的所有权得到确认。在古罗马时期，作为农业经济基础的重要财产的要式物根本不能出卖，或仅在征得家族长老同意后才能出卖。罗马法的研究者如萨文理等[③]推测，上述虚拟诉讼的仪式实际上是为了使本来无法完成的交易成为可能，所以只能采用虚拟诉讼的程序来规避所有权的转让。略式物可以通过简单交付（traditio）直接进行转让。不过如前文所述，略式物所能够涵盖的物的范围是非常有限的，特别是在以农业经济为主的时期。行省的土地虽然属于略式物，但是由皇帝代表罗马国家或由元老院代表罗马人民握有所有权，所以也无法进行转让。

就所有和占有体系而言，所有权的主体仍然限于罗马市民中的家

---

① 要式买卖或者音译为曼兮帕蓄（mancipatio）仪式，是一种象征性售卖，当着五名作为见证人的罗马成年市民的面进行，另由一位市民担任司秤，手持一把铜秤。购买者递上一块铜，庄严宣布：物是他的，他已经用那块铜和那把秤将其买下。随后司秤以铜击秤，并将铜块递给让与人，好像是交付价金。参见彼德罗·彭梵得《罗马法教科书》，黄风译，中国政法大学出版社，2005，第162页。

② 拟诉弃权（in iure cessio），是在执法官面前进行的转让，它采取要求返还之诉的形式，转让者（虚拟的请求人）在诉讼中不提出异议，因而虚拟的诉讼在"法律审"中完结。参见彼德罗·彭梵得《罗马法教科书》，黄风译，中国政法大学出版社，2005，第163页。

③ 参见孟文理《罗马法史》，迟颖、周梅译，商务印书馆，2016，第15页。

父。在无法获得所有权的情况下，其他主体通过令状占有①、用益权②、永佃权③等方式进行变通，实现对包括土地在内的要式物进行实际占有和有效利用。例如，家子不能独立所有家庭的土地，但是可以通过用益权，在土地上进行耕种，享有获取其孳息的权利；行省土地、市政当局和僧侣团体所有的土地，同样不能转让，但是可以通过永佃权进行实际的占有和使用。

简单地说，转让作为所有权的一个环节只能在罗马市民之间进行。罗马市民可以转让物，就意味着他们享有完整的所有权。市民之外的其他人可以占有或使用物，但是他们几乎不可能转让物，特别是转让土地。

（二）黑格尔对罗马法所有权概念的批判

罗马法中，可以作为权利支配的对象的不仅仅是物，还有各种各样的占有和使用物的权能，甚至人本身。而在黑格尔看来，后两者都不能构成所有权的对象，因为这与所有权的概念本身是相悖的。在《法哲学原理》所有权章中，黑格尔特别批判了几种占有和所有形态。

第一，黑格尔批判了罗马法中对用益权与所有权的区分。"一个 proprietas simper abscendente usufructu［经常不行使用益权的所有权］不仅是 inutilis［无用］，而且不再是 proprietas［所有权］了。"（第 62 节附

---

① 令状占有，包括维持占有令状（interdicta retinendae possessionis）和恢复占有令状（interdicta recuperandae possessionis），前一种令状是当发生对占有人的侵扰或担心发生这种侵扰时所给予的保护，第二种令状是当发生特定程度的剥夺时所给予的保护。两种令状都是通过诉讼，请求令状，来保护占有。参见彼德罗·彭梵得《罗马法教科书》，黄风译，中国政法大学出版社，2005，第 211~212 页。

② 用益权（fructuarius）是指在不毁坏物的实体的情况下使用他人物品并收获其孳息的权利。参见彼德罗·彭梵得《罗马法教科书》，黄风译，中国政法大学出版社，2005，第 195~196 页。

③ 永佃权（emphyteusis）是指一种可以转让的并可转移给继承人的物权，它使人可以充分享用土地同时负担不毁坏土地并交纳年租金的义务。参见彼德罗·彭梵得《罗马法教科书》，黄风译，中国政法大学出版社，2005，第 203~204 页。

释）在黑格尔看来，对于用益权和所有权的区分是空洞的。这里的用益权已经包括对物的全部范围的使用权，意味着个体已经将自己的意志贯穿于物的全部范围，他人的意志已经没有进行支配的对象。所以这种全部范围的用益权和抽象的所有权是"一种绝对矛盾的关系。所以所有权本质上是自由的、完整的所有权"（第62节）。而罗马所有权制度演变史上出现的其他所有权区分，对于黑格尔来说，只是历史性的、描述性的区分，因此不属于他的论述范围，"因为它们同所有权的概念规定根本无关，而只是所有权史上的一些精制珍馐而已"（第62节附释）。

第二，黑格尔批判了永佃权的概念。就罗马公地分配和利用中的占有制度而言，在黑格尔看来，"……领主所有权和臣民所有权的关系，永佃契约，关于采邑同佃租并其他租金、地租、移转税等进一步的关系（如这类负担不能偿付时还有各种各样规定）"中，表面看来设定了两个主人，所有者和实际的占有者，但实际上"不存在着两个真正的主人（zwei Herren）［domini］，而只有一个所有人（Eigentümer）面对着一个空虚的主人（ein leeres Herr）。……可是他们并不处于一种共同所有（gemeinschaftliches Eigentum）的关系中"（第62节附释）。"罗马的土地法包含着关于土地占有的公有和私有之间的斗争。后者是更合乎理性的环节，所以必须把它保持在上风，即使牺牲其他权利在所不惜。"（第46节附释）也就是说个体与物之间的关系，原本的结构是个体先要获得一种特殊人格，或者在共同体中获得某种特殊身份，而对物的所有权是通过这种特殊人格或特殊身份而获得的，也作为这种特殊人格的表征；而随着所有权状况的历史演变以及所有权概念的发展，个体的意志开始与物直接建立关系，个体以物为基础来确定自己的特殊性，并以物为基础来与他人建立交往关系。这种所有权更合乎理性的要求。

第三，黑格尔批判了罗马法关于家父对家子、对奴隶的所有权。按照与黑格尔同时代的法学家萨维尼的分类，在罗马法体系中，家庭中家父所享有的支配权，包含两种大的类型。其一，是作为自然法的家庭法，包括婚姻、父权、亲属三种家庭关系；其二，是人为扩展的家庭法，包括夫权（manus）、奴役权（servitus）、庇主权（patronatus）、受役权（mancipii causa）、监护（tutela）和保佐（curatio），以及优士丁尼时期增加的农奴制度（colonat）①。黑格尔对家父的支配权的批判和对奴隶制、农奴制的批判都是针对罗马法中家庭法的有关问题进行的。

黑格尔首先批判了家父在法律上对家子及其他家庭成员的占有。黑格尔认为：“按照罗马法那种不合法的和不合乎伦理的规定，孩子对父亲来说是物，因而父亲可在法律上占有他的孩子，不过他对孩子仍处于爱这种伦理关系中（自然不能不由于那种不法而大大减弱了）。因之在罗马法中产生了物与非物这两种规定完全不法的结合。”（第43节附释）在这种支配权中，家父并不是作为一个个体而享有支配权，而是作为整个自有法家庭的代表来行使支配权，他必须从自有法家庭整体的利益出发，而不能恣意妄为。而家子和家庭中的女性成员也不具备权利能力，只能作为自有法家庭的成员。也就是说，在这个支配与被支配的关系中，家父和其他家庭成员的关系属于家庭内部的关系，并不把对方看作独立的个体；家父与其他家父代表各自的自有法家庭，对物、对其他家庭成员及其劳动成果享有所有权，这也不是家父本人与另一个家父本人之间的关系，而是两个自有法家庭之间的关系；来自不同自有法家庭的非家父的成员之间不能直接建立关于所有权的关系。其次，黑格尔也多次对有关奴隶制、农奴制的问题进行了讨论。“为奴隶制辩护所提出的论证（包括它最初产生的一切理由，如体力、作战被俘、拯救和维护生命、扶养、教育、慈善以及奴隶自己的同意等等），以及为奴隶主支配权作为一般纯粹支配权所作的辩护，此外，一切关于主奴权利的历史上观点，都从这一点着想：即把人（Mensch）看作一般自然的存在，看作不符合于人的概念的实存（任性亦属于此）。”（第57节附释）前文提到的罗马法中人为扩展的家庭法，大概就是根据上述“为奴隶制度所提出的论证”来设定家父的权利的。

黑格尔在两个层面上讨论了家父对于其他家庭成员和奴隶的所有权。一方面，这种所有权制度将人本身视为所有权的对象当然违背了所有权的概念规定；另一方面，自由的理念不是单纯的概念，而是要求在外在

① 萨维尼：《当代罗马法体系》第1卷，朱虎译，中国法制出版社，2010，第268~284页。

领域中达到实存，这就表现为一个历史的过程。自由的概念必须经过从人的自然性向真正伦理状态的过渡，家父和奴隶制的消亡就体现了这种过渡。在黑格尔看来，奴隶制"产生于尚以不法为法的世界。在这一阶段不法是有效的，因此，它必然是有它的地位的"（第57节补充）。以往自然法的或是康德的法学体系，"认为奴隶制是绝对不法的那种论据，则拘泥于人的概念，把人作为精神，作为某种自在地自由的东西来看；这种主张是片面的，因为它把人看做生而自由，也就是把直接性中的概念本身而不是把理念看做真的东西。……自由的概念和自由的最初纯粹直接的意识之间的辩证法，就引起了承认的斗争和主奴的关系"（第57节附释）。也就是说，家父对于子女的所有权以及奴隶制确实不符合自由的概念，但是通过主奴辩证法，通过为承认而斗争，个体才能摆脱特殊身份的束缚，进而只根据自己的劳动和所有权来确定自己的身份、确定自身与其他个体的关系。随着奴隶制与符合奴隶制需要的法权制度逐步解体，个体开始独立拥有所有物，并建立起抽象的、形式上平等的所有权概念，这既是自由达到其最初定在的历史过程，也是自我意志觉醒和认识自身的过程。

进而，黑格尔认为像康德那样，将权利分为对物权、对人权与有物权性质的对人权是"乖谬而缺乏思辨思想的"（第40节附释）。康德所说的对人权，是指"占有另一人积极的自由意志，即通过我的意志，去规定另一个人自由意志去作出某种行为的力量"[1]，转让属于对人权；而有物权性质的对人权是"把一外在对象作为一物去占有，而这个对象是一个人"[2]，家庭关系和奴隶制度都在此列。在黑格尔看来，康德的这种三分法，把人的积极的自由意志甚至人本身都视为所有权的对象，仍然是对罗马法分类方式的屈从，没有反映出近代社会不同于罗马世界的典型特征。

正如黑格尔所指出的，"从罗马法中所谓人格权来看，一个人

---

[1] 康德：《法的形而上学原理——权利的科学》，沈叔平译，林荣远校，商务印书馆，1999，第87页。

[2] 康德：《法的形而上学原理——权利的科学》，沈叔平译，林荣远校，商务印书馆，1999，第93页。

（Mensch）作为具有一定身份而被考察时，才成为人（Person）。……所以，罗马的人格权不是人本身的权利，至多不过是特殊的人的权利"（第40节附释）。也就是说，在罗马法时代，人之所以为人，首先是作为一个特殊的人而存在的。每个个体都处在共同体内外等级序列或者说政治身份序列上某个点。他与整个共同体的关系、在整个共同体中所处的位置，决定了他与其他个人的关系。或者说某种政治身份构成了他与其他个人之间相互连接的方式。个体与个体之间缺乏人格意义上的平等。直到近代市民社会，个体才有可能摆脱在传统社会中的身份关系，才有可能与另一个个体在人格的意义上获得对等的地位。而这种人格意义上的平等首先就是通过个体平等地享有所有权体现出来的。

三　黑格尔对所有权的建构

黑格尔不仅对罗马法中占有、所有权这样的概念进行了辨析和批判，更重要的是他指出，所有权包含占有、使用和转让三个环节，而且只有完成了转让这个环节，所有权才真正得以完成。为什么转让在所有权中具有这样重要的意义呢？这是本文第三部分分析的重点。

（一）转让环节作为所有权的确证和限度

在第45节中，黑格尔给出了所有权的三个规定性：①"我把某物置于我自己外部力量的支配之下，这样就构成占有"，可以对应后面关于"占有"（Besitz）的部分，在这一环节，我把物置于我的外部力量之下，将自己的意志置于物之中，外在于我的物表现了我的意志；②"同样，我由于自然需要、冲动和任性而把某物变成我的东西，这一特殊方面就是占有的特殊利益"，这层含义大概可以看作"使用"（Gebrauch）所指的含义，即我为了满足我的意志的特殊需要，扬弃了物原本的形态；③"但是，我作为自由意志在占有中成为我自己的对象，从而我初次成为现实的意志，这一方面则构成占有的真实而合法的因素，即构成所有权的规定"，这句话所指向的应该就是转让或"异化"（Entäußerung），即我把已经放进了我的意志的物，与我自己分离开来，使其成为无主物。

契约概念是所有权概念建立起来之后的下一个概念，而不在所有权概念之中。

黑格尔在第53节中用逻辑学的实有判断来阐述所有权概念的三个规定或者说三个环节之间的内在关系。直接占有、使用、转让分别构成意志对物的肯定判断、否定判断和无限判断。按照黑格尔在《逻辑学》概念论中的阐述，"实有判断的主词直接是一个抽象的、有的、个别的东西；宾词是主词的一个直接的规定或特性，是一个抽象的普遍的东西"①。判断是建立起来的、被规定的概念。关于意志对物的关系的判断，就是建立、规定所有权概念的过程。以意志为主词，物作为宾词。肯定判断是指意志是占有某物的。占有、支配某物是意志这个直接、自为存在的主词的一个特性，而意志还具有其他特性。意志使用某物或者扬弃某物构成否定判断，因为通过使用，原来的物已经不复存在，但是说明原来的物可以被意志所支配。转让之所以构成意志对物的无限判断，是因为我的意志的撤出，就使一物成为无主物，反过来说明了在我的意志撤出之前，这一物中只有我的意志而没有其他意志曾置于其中，说明了我曾对这个物拥有排他的、完整的权利，这才完成了对我的意志与这一物的关系的质的判断，完成了所有权的规定。

转让作为所有权的三个环节之一，一方面确证了我的意志对于物的独立的所有权。占有和使用两个规定可以将我的意志放置于物中，可以建立起我的意志对物的权利；但是尚不能保证这种权利是独立的、唯一的。另一方面，转让环节也设定了所有权的对象的范围，维护了意志自身的自由。所有权的对象主要不是单纯的自然物。生命、身体、自我意识、全部的劳动的能力，对于个体来说是直接的，可以占有、可以使用，但是不可以将其转让（异化），所以个体无法对上述对象建立起所有权的全部三个规定，也就无法完成所有权。而所有权所指向的物，虽然其中放入了自我意志，但是对于个体来说并不是直接的，而是可以与自我意志相分离的，不仅可以占有和使用，而且是可以放弃、可以转让给他人的。这样，转让就设定了所有权的限度。所有权只能指向可以转让的

---

① 黑格尔：《逻辑学》（下），杨一之译，商务印书馆，2009，第301页。

物，不能指向人的意志，也不能指向人本身，从而取消了对人权和有物权性质的对人权者两种权利。所有权就是人格对物的权利，这样就取消了康德对权利的三分。第一部分提到的伍德所批评的黑格尔所有权概念的内在矛盾也就可以得到解决。

（二）人格整体不可转让（异化）

在黑格尔看来，在抽象法的范围内，个体的整个人格性、个体的自由意志本身是不能转让（异化）的，以个体的整个人格和自由意志为基础的个体的权利也不会因为时效而丧失。所有权是意志把自己异化出去的最初环节，意志本身是无法自我异化的。斯宾诺莎在《伦理学》第一部分"论神"的"界说"第一条中说："自因（causa sui），我理解为这样的东西，它的本质（essentia）即包含存在（existentia），或者它的本性只能设想为存在着。"① 人的整个人格或自由意志就是"自因"，人的整个人格或自由意志本身只能存在着，没有可以异化出去的物。

个体通过占有、使用、转让外在物建立其所有权，是意志自我认识的过程。"只有通过对他自己身体和精神的培养，本质上说，通过他的自我意识了解自己是自由的，他才占有自己，并成为他本身的所有权以对抗他人。倒过来说，这种占有，就是人把他在概念上存在的东西（即可能性、能力、素质）转变为现实，因而初次把他设定为他自己的东西，同时也是自己的对象而与单纯的自我意识有别，这样一来，他就成为有能力取得物的形式"（第57节），即意志在对物形成所有权的过程中，认识到自己可以将自身内在的、潜在的能力变为实存，拥有将物置于自己的外在力量之下、将自己的意志放进物之中，再将物从自身中异化出去的能力。意志只有在其所有物中才能改变自己无规定性的空虚性、抽象性、直接性而获得真正的现实性和真理性，在与自己相区别的物（对象）中确证自己。意志将自己异化得越彻底，那么也就越有可能实现这一目的。

---

① 斯宾诺莎：《伦理学》，贺麟译，商务印书馆，1955，第3页。

（三）劳动产品和精神产品的转让

在黑格尔看来，劳动产品和精神产品都是可以转让或者说从自身异化出去的。"身体和精神的特殊技能以及活动能力"的全体，或者说"我的劳动中获得具体化的全部时间以及我的全部作品"就等于我的人格，这个全体或者全部就是主体本身，所以是不能从主体中异化出去或者转让给新所有者的。但是，"身体和精神的特殊技能以及活动能力的个别产品"和"这种能力在一定时间上的使用"对于"我的整体和普遍性（Totalität und Allgemeinheit）保持着一种外在关系"，这种个别产品或一定时间限度内劳动能力的使用对于人的整个活动能力来说是可以分离出去的，所以是可以转让的，这种转让之后，主体并没有丧失自身活动能力的整体。这种论述大概是为现代商品交换和雇佣劳动提供哲学证成，二者不违背人格的理念。（第67节）

与其他个别产品相比，精神产品的特殊性在于它是无法完全从主体中异化出去的。对于精神产品来说，异化出去的物是指其他人能够复制这一精神产品的普遍的方式方法。黑格尔举了著作和技术装置的例子。我们如果从具体的例子来看，比如作者把自己的思想写成了书稿，著作中所包含的思想是没有办法直接转让的，当作者把书稿转让给出版社时，书稿与作者相分离，出版社获得了书稿而且获得了将书稿出版发行的权利。对于著作中的思想，当我们引用时，我们仍会注明其属于作者本人，但是作者本人已经无权再出版发行自己的这一书稿了。（第68节）

（四）从所有向契约的过渡

在完成对所有权概念的构建之后，黑格尔阐述了如何从所有权进入契约。从所有权向契约的过渡，实际上描述的是一个个体从自身异化出去的物从个别上升为普遍的进程，或者说将人格放在物之中的个体性如何取得其普遍性的过程，本质上说是一个个体由"孤立人"转变为"社会人"、获得普遍性的进程。"作为外在物的定在"的所有权与其他同样"作为外在物的定在"的所有权之间的关系实质上表征的是"作为意志的定在"的所有权与其他"作为意志的定在"的所有权之间的关系，或者说就是意志与意志的关系。意志与意志无法直接建立关系，必须通过物、通过作为外在物的所有权才能建立起关系。而物、所有权本身不仅包含着个体放进其中的主观意志，而且包含着共同意志。个体与个体之间通过各自从自身异化出去的物的中介建立的关系，就是契约，物所包含的共同意志为契约提供了基础。

四　黑格尔所有权概念的两个特征

黑格尔的所有权理论表现出以下两个方面的特征。

第一，黑格尔对现代制度的思考中包含着对现代制度的参与者的自我理解本身的分析。就所有权概念的历史语境来看，经历了从传统身份社会向近代社会演变的过程。罗马法发展出了一整套理解所有—占有秩序的逻辑，是历史过程留下的遗迹，也是诸多罗马法制定者、诠释者、执行者的自我理解共同构筑的制度体系。黑格尔的所有权概念，不同于之前的政治学，不讨论什么是最好的秩序，而是对具体的现存的所有权制度进行思考。现存的制度可能并不完善，但是构成了精神的展开过程。①

第二，建立了不以在共同体中的身份为前提的个人所有权。罗马法中所有和占有的二元体系是历史产物。黑格尔虽然区分了所有和占有，但并不把二者视为相互独立的概念。换句话说，解决所有和占有二元分离的矛盾的关键环节就是转让。这一环节同时对权利主体和权利对象进行了规定。其一，要求所有权的主体指向单个个人，在一个物上不能同时存在两个权利主体。其二，要求被转让的物是完整的和彻底的，而不是附着在物上的某种或某些权能。这种所有权概念结构符合近代社会的基本要求。主体从身份社会中脱离出来。物的取得不再取决于主体的身

---

① 皮平概括了黑格尔法哲学体系的三个特征，本文的思路与之有契合之处。不过皮平是以《逻辑学》为基础来诠释这些特征的，而本文则是在罗马法所有权概念的语境中展开的。参见罗伯特·B. 皮平《在什么意义上黑格尔的〈法哲学原理〉是以〈逻辑学〉为"基础"的——对正义逻辑的评论》，高来源译，《求是学刊》2017 年第 1 期。

份，而是取决于个人自我意志的决定和行动。黑格尔的所有权概念不需要个体与个体之间某种特定的先在的关系作为前提；个体与个体之间最初的关系就是通过物的所有权，特别是其中的转让（异化）环节而建立起来的。而且个体正是以抽象的平等地位、以所有权和转让的关系作为起点，开始进入近代以来自由的世界。

个体与物之间的这种所有关系、人格与人格之间平等的权利能力、人格与人格之间以其所有物为中介的交往，无论是在历史进程中，还是在法权概念中，都经历了漫长的历史过程。正如黑格尔所说："人的自由由于基督教的传播开始开花，并在人类诚然是一小部分之间成为普遍原则以来，迄今已有 1500 年。但是所有权的自由在这里和那里被承认为原则，可以说还是昨天的事。这是世界史中的一个例子，说明精神在它的自我意识中前进，需要很长时间，也告诫俗见，稍安毋躁。"（第 62 节附释）

德国早期浪漫派的反基础主义
转向和反讽概念*

王淑娟

康德将启蒙时代称为"批判的时代"或者"理性的时代"①。通过启蒙运动，理性取代宗教获得了最高权威。理性要确立这一权威，就必须为所有知识提供新的坚实可靠的基础。经验论传统主张在经验观察中发现这一基础；理性主义传统则主张在唯一的、不证自明的第一原理上形成一个完整的命题体系。这两种传统虽然在基础应该置于何处的问题上存在分歧，但都坚持认为存在在某种基础上推演出整个哲学体系的可能性和必然性。18 世纪末莱因霍尔德和费希特为了解决康德留下的物自体与现象二分的难题，先后提出了典型的理性主义传统的基础主义（foundationalism）解决方案②。施勒

* 国家社科基金青年项目"马克思与施泰因社会哲学比较研究"（17CZX013）的阶段性成果。本文原载于《社会科学》2020 年第 12 期，收入本书时有改动。

① 康德：《纯粹理性批判》，李秋零译注，中国人民大学出版社，2011，第 5 页。

② 从基础主义与反基础主义或者说公理批判（Grundsatzkritik）的角度重新认识 18 世纪 90 年代耶拿哲学的状况，是由亨利希（Dieter Henrich）提出的研究思路。此后弗兰克（Manfred Frank）、拜泽尔（Frederick Beiser）等学者也使用这样的概念来讨论德国早期浪漫派的相关问题。参见 Dieter Henrich, *Konstellationen：Probleme und Debatten am Ursprung der Idealistischen Philosophie（1789-1795）*, Stuttgart：Klett-Cotta, 1991, pp. 7-46；Manfred Frank, *Unendliche Annäherung：Die Anfänge der Philosophischen Frühromantik*, Frankfurt：Suhrkamp, 1997；Frederick Beiser, *The Romantic Imperative：The Concept of Early German Romanticism*, Cambridge, Massachusetts, and London：Harvard University Press, 2003, pp. 1-5, 107；弗雷德里克·拜泽尔《浪漫的律令：早期德国浪漫主义观念》，黄江译，华夏出版社，2019，第 7~15、155 页。

格尔兄弟①、诺瓦利斯、施莱尔马赫等德国早期浪漫派（Frühromantik）学者，都曾一度热衷于康德、费希特的哲学，但是他们很快就背离了这些前辈大师指出的道路，试图同时打破经验论和理性主义两种不同传统的基础主义哲学体系，开出了反基础主义的新道路。反讽（die Ironie）是德国早期浪漫派的核心概念之一，突出体现了这一派别反基础主义的特征。

德国早期浪漫派由于其自身的复杂性、非体系性和富于变化性，从18 世纪 90 年代形成直至今日，常常被认为是难以理解的哲学流派，甚至被贬斥为达不到德国古典哲学一般水准的派别。海涅在 1833 年出版的《浪漫派》一书中以极为生动甚至是戏谑的笔触对德国浪漫派进行了严厉的审判。② 他提出了三大罪状：第一，这个思想派别是反理性的，妄图否定人们通过启蒙运动已经获得的运用自己理性的权利，幻想回到中世纪政治和宗教的权威秩序。第二，这个思想派别主要是在美学领域，特别是在文学艺术的领域中展开讨论的。他们试图躲到古老神话传说、语言考古或宗教教义所营造的虚幻想象之中，逃避社会现实和政治生活。第三，这个派别为德意志各邦国的反动政府背书，提供与世界历史的大势背道而驰的、极端狭隘保守版本的民族主义。海涅的这一判词影响深远，使得在思想史上为德国早期浪漫派翻案变得极为困难。③ 1852 年马克思恩格斯在写作《流亡中的大人物》一文时曾称赞海涅的上述著作用文学方式革除了浪漫主义。④ 马克思恩格斯的赞许进一步增强了海涅这一审判的权威性和影响力。

---

① 即奥古斯特·施勒格尔（August Wilhelm von Schlegel）和弗里德里希·施勒格尔（Friedrich Schlegel）。本文将前者简称为大施勒格尔，后者简称为小施勒格尔。

② 参见海涅《浪漫派》，薛华译，中国法制出版社，2010。

③ 关于大施勒格尔的第一本完整英文传记是由鲍林（Roger Paulin）在 2016 年完成的。在这本书中，鲍林很替大施勒格尔抱不平。他强调，海涅在《浪漫派》一书中的大肆攻击让大施勒格尔的声誉直到今天都没有恢复。参见 Roger Paulin, *The Life of August Wilhelm Schlegel*, *Cosmopolitan of Art and Poetry*, Cambridge：Open Book Publishers, 2016, p.542.

④ 《马克思恩格斯全集》第 11 卷，人民出版社，1995，第 325 页。

德国早期浪漫派在思想史上的重要性也曾受到过高度评价。令人诧异的是，给出最高评价的大概当属作为 20 世纪英国自由主义代表的哲学家以赛亚·伯林（Isaiah Berlin），尽管对于他而言浪漫派思想家应该列入自由主义的敌人，或者至少是背叛者。他认为，18 世纪末 19 世纪初由德国浪漫主义掀起的反"永恒哲学"（Philosophia Perennis）的思想浪潮是一场可与文艺复兴、宗教改革、启蒙运动比肩的划时代的运动。[1] 反"永恒哲学"与反基础主义虽然是不同的术语，但二者的含义大体相同。在伯林看来，从古希腊甚至更早的时间开始，人们就相信，对于人和世界的本质这种根本性的问题，一定有一个正确的、普遍的、永恒的答案。即使我们暂时还不能找到这个答案，但答案本身是存在的，终究是可以为我们所知的。启蒙运动仍然坚持着这种信念，只是用理性取代了上帝作为唯一的答案。但是德国浪漫主义运动却动摇了这种长久不灭的信念。他们提出真理不是一种独立于主体的结构，不是主体的发现，而是主体的创造。既然是创造，那么就可能不止一种方式。任何一种理性哲学体系都无权自称为唯一的、必然的、普遍的真理体系。

实际上，如果沿着基础主义与反基础主义争论的线索观察德国早期浪漫派在哲学史上的特殊位置，我们就很容易看到，其核心特征是从源于费希特的自我意识概念出发，将哲学推进到极端主观主义的向度，甚至要求摆脱理性或者说"永恒哲学"这种信念的束缚。这个派别长期以来所承受的若干罪名值得重新考察。其一，德国早期浪漫派属于现代哲学的派别，至少在其早期仍然秉持着启蒙运动以来对自由、理性、进步的信念。当然他们对于这些概念的理解不同于我们通常所熟知的含义。其二，德国早期浪漫派并不是要到文学、艺术、语言、宗教中寻求避难所，恰恰是因为关注社会政治生活，特别是关注法国大革命的进程和德意志民族自身的命运，才发动了对启蒙理性的反思，才试图寻找理性单一道路之外的可能性。其三，转向保守主义和狭隘民族主义向度的是

---

[1]　以赛亚·伯林：《观念的力量》，胡自信、魏钊凌译，译林出版社，2019，第 294 页。

1815 年之后处于晚期阶段的德国浪漫派。虽然如拜泽尔所说，海涅所述的罪名对于 18 世纪 90 年代处在早期阶段的德国浪漫派来说是时代的错乱，并不公平①，但是笔者认为，早期浪漫派的极端主观主义要为后来浪漫派转向"反动"承担相当一部分责任。

一 德国早期浪漫派的哲学出发点

18 世纪 90 年代的耶拿大学一度成为德意志哲学研究的中心。当时康德年事已高，许茨（Christian Gottfried Schütz）是除康德本人外第一位公开讲授康德哲学的人。他的讲座和《文学总汇报》使耶拿而不是柯尼斯堡成为康德哲学传播的中心。莱因霍尔德 1786 年发表的《关于康德哲学的书信集》引起了轰动，使康德哲学受到了更加广泛的关注，并使他本人成为一时公认的康德哲学的权威阐释者。正是凭借这样的影响力，1787 年他在耶拿大学获得了教职。面对雅可比对康德现象与物自体二分的批判，莱因霍尔德试图以"意识原理"（Satz des Bewußtseins）作为不证自明的第一原理，在此基础上推出一整套"基本元素哲学"（Elementarphilosophie），以此捍卫康德哲学的精神实质。这一尝试失败后，他于 1794 年离开耶拿。之后，费希特开始登上耶拿大学的讲台，成为德意志学术界的新星。他发表了《全部知识学的基础》等著作，提出了自我意识哲学，实际上也是致力于完成莱因霍尔德未能胜任的使命。费希特从自我意识概念出发，推演出为全部知识奠基的哲学体系，彻底消解了康德为物自体留下的空间。费希特的自我意识哲学是典型的理性主义传统的基础主义方案。当时众多青年学者云集耶拿，热衷于聆听最新的费希特哲学。其中包括荷尔德林、谢林、法学家费尔巴哈（Paul Johann Feuerbach）、哲学家兼神学家尼特哈默尔（Immanuel Niethammer）等众多学者，其中也包括施勒格尔兄弟、诺瓦利斯这些早期浪漫

---

① 弗雷德里克·拜泽尔：《浪漫的律令：早期德国浪漫主义观念》，黄江译，华夏出版社，2019，第 238~240 页。

派的代表人物。①

　　研究者们通常会将德国浪漫派发展历程划分为三个阶段。早期浪漫派大体上是指 1797～1802 年，主要以施勒格尔兄弟、诺瓦利斯、施莱尔马赫、蒂克（Ludwig Tieck）、瓦肯罗德尔（Wilhelm Heinrich Wackenroder）为代表，以耶拿和伯林为中心，以《〈雅典娜神殿〉断片集》（Athenaeum）为核心刊物的学派。② 这些代表人物各有所长，彼此保持着紧密的学术交往。小施勒格尔用"协作哲学"（symphilosophie）、"协作诗"（sympoesie）来形容他们共同的学术创作。他和诺瓦利斯也被公

---

① 荷尔德林在耶拿时曾与早期浪漫派有过接触，但他并不是"协作哲学"团体的一员。谢林曾一度与早期浪漫派保持着非常密切的学术往来和私人友谊，但是由于思想观点的差异，以及卡罗琳娜（Caroline Michaelis）与大施勒格尔离婚后改嫁谢林等私人事件，1801 年之后双方决裂。参见特里·平卡德《黑格尔传》，朱进东、朱天幸译，商务印书馆，2015，第 99～107 页。

② 德国浪漫派发展历程通常被分为三个阶段，具体的起止时间各家说法不一，但是划分标准大体一致。早期阶段的起点不早于 1796 年，终点不晚于 1805 年，也被称为耶拿浪漫派阶段。以正文所述诸代表人物脱离费希特在《全部知识学的基础》中提出的基础主义哲学方案，形成独立的认识论为起点；以瓦肯罗德尔、诺瓦利斯英年早逝，施勒格尔兄弟与谢林之间、施勒格尔兄弟之间、小施勒格尔与施莱尔马赫之间的关系先后决裂，纷纷离开耶拿为终点。中期阶段一般认为到 1815 年为止。这个时期施勒格尔兄弟主要从事文学、艺术、历史、东方学等方面的研究，在哲学方面几乎没有新的建树，且宗教和政治立场日趋保守。勃伦塔诺（Clemens Brentano）、阿尔尼姆（Achim von Arnim）、格雷斯（Josef Görres）、米勒（Adam Müller）等人成为浪漫派的主要力量。他们注重历史、神话等传统题材的文学创作，提出了一些较为保守的社会、经济和国家学说。晚期阶段一般认为到 19 世纪 30 年代为止，也有观点认为可以延续到 19 世纪中期，以小施勒格尔、艾辛多夫（Joseph von Eichendorff）、霍夫曼（Ernst Hoffmann）等为代表。也有学者把格林兄弟、萨维尼、晚期谢林等列入其中。这个阶段"浪漫派"通常推崇较为保守的宗教观念和民族主义，甚至为君主专制背书，具有浓重的政治色彩。"浪漫派"一词几乎被等同于反动派，愈加成为众矢之的。参见 Paul Kluckhohn, *Das Ideengut der deutschen Romantik*, Tübingen：Max Niemeyer Verlag, 1961, SS. 8-9；恩斯特·贝勒尔《德国浪漫主义文学理论》，李棠佳、穆雷译，南京大学出版社，2017，第 23～32 页。

认为早期浪漫派思想的核心建构者。① 这一时期是德国浪漫派在哲学上最生机勃勃、最富有创造性的阶段。

作为德国早期浪漫派的思想领袖，小施勒格尔继承和超越费希特的自我意识哲学的过程，鲜明地展现了德国早期浪漫派的反基础主义转向。小施勒格尔与费希特保持了长久的友谊，他也始终高度评价费希特的自我意识哲学。他曾说，"法国大革命、费希特的《知识学》和歌德的《迈斯特》，是这个时代最伟大的倾向"②。1795 年完成的《论希腊诗研究》（*Über das Studium der griechischen Poesie*）是小施勒格尔早期的著作③。在这篇文章中，他基本上遵循着费希特的基础主义道路，借助了费希特的自我意识哲学来刻画现代文化的根本特征。当时他为自己的研究工作所设定的目标，就是要像费希特为批判哲学提出第一原理一样，为现代艺术和文化提出第一原理。

小施勒格尔通过区分两种自然（natur）来凸显现代文化的特征。在他看来，人类面临着两种自然：一种是经过文化教养的自然，也可称为自由；另一种是由各种事件和外在因素构成的自然。后一种自然将引发和修正、促进和阻碍前一种自然。无论是人作为个体的一生，还是人类历史，都是这两种自然之间永不休止的生死搏斗的结果。这场永不休止的搏斗有其方向，即"文化教养或曰自由的促进，是人类一切行动和苦难的必然结果，是自由和自然每一个相互作用的最终

---

① 这一时期，施勒格尔兄弟除担任大学教职之外，主要从事文学评论和翻译工作。诺瓦利斯的公开身份是诗人和主管盐务的官员。他的哲学手稿是在其辞世之后由蒂克和小施勒格尔编辑出版的。施莱尔马赫的工作集中在神学领域，蒂克是在文学领域，瓦肯罗德尔则是在文学、绘画和音乐领域。参见恩斯特·贝勒《弗·施勒格尔》，李伯杰译，生活·读书·新知三联书店，1991；恩斯特·贝勒尔《德国浪漫主义文学理论》，李棠佳、穆雷译，南京大学出版社，2017，第 32~53 页。

② 施勒格尔：《浪漫派风格：施勒格尔批评文集》，李伯杰译，华夏出版社，2005，第 78 页。

③ 这篇论文实际写于 1795 年，1797 年被纳入《希腊人和罗马人》一书公开出版。

结局"①。也就是说，在自由与自然的永恒搏斗中，经过教化的自然即自由终将占据优势，这是人类历史的必然趋势。不过这种终局的出现必须经历一个历史过程，小施勒格尔将这个过程划分为古代文化和现代文化。在自由与自然的搏斗中，首先占据优势的是自然，自由始于自然。古代文化就是自然原则占优势的时代。"在那边，理智无论多么训练有素，充其量也不过是欲求的帮手和译员；而由多种成分构成的冲动才是文化教养不受限制的立法者和领袖。"② 即在古代文化中，自然的欲求和冲动决定了行动的目的，理智只是实现上述目的的手段。现代文化则是自由压倒自然，成为新的核心原则。"在这边，起推动作用的、施事的力量虽然也是冲动，但起引导作用的、立法的力量则是理智：可以说，理智是最高的、起控制作用的原则，它领导并引导着任意性的力量，决定它的方向，规定整体的安排，随心所欲地把各个部分分开或是合起来。"③ 也就是说在现代文化中，虽然直接推动行动的力量仍然是欲求和冲动，却不再是出于本能，而是根源于我们的理智，根源于我们内在的自发性活动，自然成为自由实现其目的的手段。

　　但是在小施勒格尔看来，摆脱了自然、经验因素的约束，完全由自由的理性原则所主导的现代文化马上就陷入"双重性格"的困境。"所谓双重性格，是指现代理论一方面是现代趣味的忠实写照，是误入歧途的抽象实践，以及未开化状态的规律；另一方面则是持之以恒的可嘉追

----

① 施勒格尔：《浪漫派风格：施勒格尔批评文集》，李伯杰译，华夏出版社，2005，第 11 页。

② 施勒格尔：《浪漫派风格：施勒格尔批评文集》，李伯杰译，华夏出版社，2005，第 11 页。译文参照德文版有所改动，参见 Friedrich von Schlegel, *Sämmtliche Werke*, fünfter Band, Zweite Original-Ausgabe, Wien, L. Klang, 1816, S. 35。

③ 施勒格尔：《浪漫派风格：施勒格尔批评文集》，李伯杰译，华夏出版社，2005，第 11 页。译文参照德文版有所改动，参见 Friedrich von Schlegel, *Sämmtliche Werke*, fünfter Band, Zweite Original-Ausgabe, Wien, L. Klang, 1816, S. 35。

求，其目的是成为一种放之四海而皆准的科学。"① 在小施勒格尔看来，刚刚征服了自然的自由或者说人的理性还不那么完善。他对于现代文化双重性格的描述，正是对于启蒙理性的反思。现代文化的第一重性格有两个方面：一方面，表现为各种的纯粹抽象理论的出现及其实践。1793~1794 年法国大革命经历了雅各宾派专政以自由之名实行的恐怖统治，促使德意志的学者们重新审视大革命的意义。虽然直到 1798 年小施勒格尔仍然认为法国大革命是"时代最伟大的倾向"，但是在他看来，大革命的政局一再动荡甚至出现恐怖统治，就是各个党派提出了各种纯粹抽象的理论，脱离法国社会历史发展的实际状况，宣称自身具有绝对权威，强迫个体服从所导致的暴政。现代文化第一重性格的另一方面则表现为不成熟的、任意性的自由意志追求单纯的感官刺激，追求标新立异，伤害自然，把自然的整体任意肢解为碎块，使现代人处在"未开化的状态"。这两个方面的表现突出了启蒙运动之后，现代人所遭遇的理性与感性、主观与客观、人与自然的分裂的状态。大施勒格尔在《启蒙运动批判》一文中对上述问题讲得更为明确："他们使理性成为感官的奴隶，而依照他们的看法，感官却又不是感性的，而是理性的，……这样的人并非因为自然的饥饿感或因味道鲜美才饮食！他们吃喝是因为这是有用的。"② 大施勒格尔批评启蒙运动者虽然追求真理，却半途而废，仅仅停留在追求有用或者适用的阶段。启蒙运动者不仅将人的全部幸福等同于功利或者说感性的享受，将理性仅仅看作获取更多感性享受的工具，甚至将感性享受设计成一种抽象的价值追求，获得感性享受本身远远超出了满足人本身的自然需要的限度。虽然与后来黑格尔和马克思对于现代社会异化状态的批判并不完全相同，但是在法国大革命还没有落下帷幕之时，早期浪漫派就已经开启了对现代性问题的最初反思。

---

① 施勒格尔：《浪漫派风格：施勒格尔批评文集》，李伯杰译，华夏出版社，2005，第 14 页。

② 施勒格尔：《论启蒙理性》，载霍夫曼等《德国浪漫主义作品选》，孙凤城等译，人民文学出版社，1997，第 376 页。

而现代文化的第二重性格在于个体对重回统一性的渴望。"整个现代诗里含有过量的个性化、性格化和哲理化的东西。"① 个体自由的任意性所引发的无限制的混乱越是严重，个体就越是渴望重新统一，越是意识到"只有普遍有效的、持久的和必然的——即客观的东西才能填补这个巨大的空白，只有美才能满足这个热切的渴望"②。所以现代理论的伟大使命就是"把丧失了的合法性还给被败坏了的趣味，给迷惘的艺术重新指出真正的道路"③。在这个阶段，小施勒格尔仍然处在费希特基础主义方案的阵营中，他只是把自己的工作范围限定在文化艺术领域。小施勒格尔认为，能够拯救自身的科学的现代理论必须满足两个方面的要求：第一，必须实现理性与感性的统一，即"理智与情感必须时刻双方都迈步跨过它们之间的种种界限"④。也就是说理论不能只是抽象的概念演绎，必须与感性因素相结合，必须实现自由与自然的统一。即在与自然的搏斗中，自由和理性虽然占据了主导地位，但是不能完全脱离自然和感性。第二，人的自主性或者人的自由意志是产生现代诗所有特性的原因，也是现代诗的发展方向和最终目标。现代理论即便要寻找普遍的客观的最高标准，也不能放弃自由的原则，必须构建由自由来立法的新的规范。

在小施勒格尔看来，在理性和自由开始掌握统治权的初期，欧洲之所以掀起了模仿古希腊罗马文化的浪潮，就是为了重新找回能够提供一种具有普遍性和客观性的理论，解决现代理论的第一重性格所带来的种种问题。但是包括古希腊罗马文化在内的古代文化终究只是现代自由原则加以取用的自然素材。"我们时代的真正的趣味，既不是自然的馈赠，

---

① 施勒格尔：《浪漫派风格：施勒格尔批评文集》，李伯杰译，华夏出版社，2005，第 16 页。
② 施勒格尔：《浪漫派风格：施勒格尔批评文集》，李伯杰译，华夏出版社，2005，第 22 页。
③ 施勒格尔：《浪漫派风格：施勒格尔批评文集》，李伯杰译，华夏出版社，2005，第 14 页。
④ 施勒格尔：《浪漫派风格：施勒格尔批评文集》，李伯杰译，华夏出版社，2005，第 14 页。

也不是文化单独结出的果实，而只是在巨大的道德力量和坚实的自主性条件下才有可能产生。"① 小施勒格尔始终坚持，人的自由和自主性是现代文化不能放弃的首要原则。从上述分析中可以看到，这一阶段小施勒格尔对于现代社会基本特征的认识大体上遵循着费希特的思路。现代是自由设定自然、自我设定非我的时代。现代文化最迫切的需要是以人的自我意识和自主性为起点，重新确立一整套具有普遍性、客观性、必然性的理性原则。

二　反基础主义转向与反讽概念

小施勒格尔在实际完成他自己的基础主义方案之前，就放弃了基础主义的道路。从 1796 年开始，他在《〈美艺术学苑〉断片集》《〈雅典娜神殿〉断片集》《断想集》等一系列著作中质疑在第一原理的基础上构建批判哲学体系的可能性，提出了反讽的概念。他曾回顾说："我那篇关于希腊研究的论文，是一首用散文写成的、歌颂诗中客观性的、做作的颂歌。我觉得其中最糟糕的是完全没有不可或缺的反讽，而最优秀的则是那个信心十足的假设，即诗的价值是无限的。"②

在小施勒格尔看来，无论是理性主义的道路，还是经验论的道路都无法使我们建立对于第一原理的信念。理性主义的道路并不可靠。"或者该说的不说，或者不该说的多说：每一个作家都受到这两种正流行的旨趣之中一种的制约。前者是综合作家的原罪，后者是分析作家与生俱来的罪过。"③ 第一原理要么是综合判断，要么是分析判断。如果是综合判断，那么就需要确立作为判断前提的先验范畴，而这样的范畴本身恰恰是最应受到质疑的，而哲学家们却对这些最"该说的"东西不做论

---

① 施勒格尔：《浪漫派风格：施勒格尔批评文集》，李伯杰译，华夏出版社，2005，第 23 页。
② 施勒格尔：《浪漫派风格：施勒格尔批评文集》，李伯杰译，华夏出版社，2005，第 45~46 页。
③ 施勒格尔：《浪漫派风格：施勒格尔批评文集》，李伯杰译，华夏出版社，2005，第 48 页。

证；如果是分析判断，它将是琐碎而无结果的，即"不该说的"说得太多。经验论的方案同样会陷入失败。"在人们思考事实时，已经使事实与概念产生了联系，……不愿意承认这一点，那么选择就听凭直觉、偶然性或任意的摆布，人们就自欺欺人，以为完全从经验中得到了纯净坚实的经验，而实际上只是先验地得到一个极为片面的、极端教条和超验的观点。"① 这段话表明了小施勒格尔对概念与经验关系的基本看法，即完全摆脱概念的主观性而诉诸直接经验是不可能的。第一，没有概念作为连接和依据，单纯经验只是偶然的、任意的、不确定的因素的堆积，自我意识无法形成。第二，更为重要的是，否认概念实际上意味着个体放弃了自身对于概念的选择权和主导权，放弃了内在的自发性。个体以为自己诉诸的是单纯经验，实际上往往是在未经自我主体性检验的情况下非自觉地接受了某种先在的概念。

小施勒格尔提出用反讽式的批判来代替对哲学第一原理的追求："批判乃是那些为某些哲人徒然寻找、然而不可能存在的合适的道德数学和科学惟一的替代物。"② 那么，何为反讽式的批判？"一个理念就是一个完善到反讽境界的概念，就是绝对反题的绝对综合、两个争论不休的思想之间不停的自我创造着的转换。"③ 在小施勒格尔看来，反讽就是自我的永不休止、不受任何限制的创造行动，在各种对立之间任意转换。诺瓦利斯更喜欢使用幽默这个术语，他明确说这个术语与小施勒格尔的反讽概念含义相同。"幽默是有限物与绝对物的自由融合。……理智与任意性交合则产生幽默。"④ 在《论希腊诗研究》中，小施勒格尔还批判

① 施勒格尔：《浪漫派风格：施勒格尔批评文集》，李伯杰译，华夏出版社，2005，第 80 页。
② 施勒格尔：《浪漫派风格：施勒格尔批评文集》，李伯杰译，华夏出版社，2005，第 69 页。
③ 施勒格尔：《浪漫派风格：施勒格尔批评文集》，李伯杰译，华夏出版社，2005，第 72 页。
④ 诺瓦利斯：《夜颂中的革命和宗教：诺瓦利斯选集卷一》，林克等译，华夏出版社，2007，第 83 页。译文参照德文版有所改动，参见 Novalis, "Blüthenstaub", in *Athenaeum*, Ersten Bandes Erstes Stück, hrsg. von August Schlegel und Friedrich Schlegel, Berlin, Friedrich Vieweg dem älteren, 1798, S. 79。

现代文化包含过多的个体性和任意性，要求寻找能超越和统合它们的普遍性；到讨论反讽概念时，个体性和任意性则成了推崇的因素。

小施勒格尔所倡导的作为个体自我创造行动的反讽具有鲜明的特点。首先，自我通过为自身设限来彰显无限力量和绝对自由。"……自我限制的价值和尊严，而这对于艺术家及每个人来说，正是首要和至关重要的、最必须和最高的。之所以是最必须的，是因为无论何处，只要人们不对自己进行限制，世界就限制人们；从而人们就变成了奴隶。之所以是最高的，是因为人们只能在人们具有无限的力量，即自我创造和自我毁灭的问题和方面中，才能实施自我限制。"① 自我要在经验世界里显现自己，就必须将无限转变为有限，就要自己主动为自己设限。随心所欲地将无限转化为有限，在这个意义上自我才能免受外部世界的限制，才能体现自己的无限力量和绝对自由。为自身设限，不是贬低而是体现了自我的最高价值和尊严。其次，自我并不是要完全抛弃理性，而只是不再承认启蒙运动所坚持的理性的最高权威。理性成为反讽的工具而非根据，而且并非唯一的工具。"人们按照自己的理念生活，只有在这个程度上才称得上在生活。原则只不过是手段，使命才是目的。"② 也就是说，自我可以按照理念为自身设限；如果不遵循任何理念，自我就无法行动，无法为自身设限。但理性并不再是具有必然性、普遍性、权威性的第一原理，而是自我作为主体根据自身的意志为自己选定的、假设的原则。再次，自我只有按照某种理性、哲学、观念为自己设限，才能形成知识并在此基础上发现未知的领域，通过不断地自我设限而又不断地超越自我设定的限制，从而不断地理解自身的无限性。小施勒格尔强调"理解（对于一门特殊的艺术、科学、一个不寻常的人，等等）乃是分解了的精神，也就是自我限制——即自我创造与自我毁灭——的结果"③。最后，既然逻

---

① 施勒格尔：《浪漫派风格：施勒格尔批评文集》，李伯杰译，华夏出版社，2005，第 48~49 页。

② 施勒格尔：《浪漫派风格：施勒格尔批评文集》，李伯杰译，华夏出版社，2005，第 115 页。

③ 施勒格尔：《浪漫派风格：施勒格尔批评文集》，李伯杰译，华夏出版社，2005，第 47 页。

辑体系、哲学体系是自我作为主体的假设和限定，那么即便逻辑体系和哲学体系是完整的，相对于自我本身的无限性而言，这些体系仍然是有限的、不完整的。在这个意义上，小施勒格尔才反复地陈述这些令人费解的观念："一切完整的亦可是不完整的，而一切不完整的其实可能就是完整的"①，"有体系和没有体系，对于精神都是同样致命的。精神应当下定决心把二者结合起来"②。诺瓦利斯更是直接确认了自我原则的地位，"自我等于非我——一切科学和艺术的最高定律"③。他用吹笛子的比喻生动地描述了自我与有限、无限之间的关系，呼应了小施勒格尔的阐释："某些阻碍好比吹笛者的指法，他时而按住这个笛孔，时而按住那个笛孔，以便奏出不同的音符，他仿佛任意性地串通了发音和不发音的笛孔。"④ 吹笛者正是通过对笛孔的限制，才创造出乐曲无限的变化。吹笛者在设定这些限制之时，可以遵循一定的乐理知识，也可以完全随意发挥，完全依赖自身的主观性和特殊偏好。音乐史上也出现过完全不识乐谱的音乐家，创作的美妙乐曲犹如神来之笔。

小施勒格尔和诺瓦利斯所讨论的反讽，实际上是在内心世界与外部世界、有限与无限、理性与感性、逻辑与非逻辑、体系化与非体系化、完满与不完满、可理解与不可理解诸种对立之间的任意转换或者说任意徘徊。对立的两端都具有绝对的地位，任何一端都不容放弃。浪漫诗就是反讽的一种实践。"只有浪漫诗能够替史诗充当一面映照周围整个世界的镜子，一幅时代的画卷。也只有它最能够在被表现者和表现者之间

---

① 施勒格尔：《浪漫派风格：施勒格尔批评文集》，李伯杰译，华夏出版社，2005，第 46 页。

② 施勒格尔：《浪漫派风格：施勒格尔批评文集》，李伯杰译，华夏出版社，2005，第 66 页。

③ 诺瓦利斯：《夜颂中的革命和宗教：诺瓦利斯选集一》，林克等译，华夏出版社，2007，第 131 页。

④ 诺瓦利斯：《夜颂中的革命和宗教：诺瓦利斯选集一》，林克等译，华夏出版社，2007，第 78 页。译文参照德文版有所改动，参见 Novalis, "Blüthenstaub", in *Athenaeum*, Ersten Bandes Erstes Stück, hrsg. von August Schlegel und Friedrich Schlegel, Berlin, Friedrich Vieweg dem älteren, 1798, S. 71。

不受任何现实的和理想的兴趣的约束，乘着诗意反思的翅膀翱翔在二者之间，并且持续不断地使这个反思成倍增长，就像在一排无穷无尽的镜子里那样对这个反思进行复制。"① "一排无穷无尽的镜子"实在是一个精妙的比喻。前述诸种对立就是一排排镜子，个体的自我意识站在诸多镜子中间，可以选择任意的角度观察镜子中互相映照的影像。摆在个体的自我意识面前的，不是必然的普遍的理性的道路，而是前述对立环节的无限多样化的复制或者说再现。在这个意义上，浪漫派反讽式的对立与黑格尔否定的辩证法有很大的不同：浪漫派的反讽保持着对立的状态，但是这种对立并不消解自身，也不意味着导向某种最终目的。对于这一差别本雅明做了准确的概括："对施勒格尔和诺瓦利斯来说，反思的无限性首先指的不是过程的无限性，而是关联的无限性。"②

虽然早期浪漫派的"自我"和"行动"概念都脱胎于费希特哲学，但是正如平卡德所说，浪漫派对费希特的概念作了存在主义式的"歪曲"③。费希特在《全部知识学的基础》中所说的自我是"绝对自我"，是纯粹一般化的自我意识，它先于人的个别经验而存在，并且是这些个别经验的基础；作为绝对纯粹的自我，既非现实存在的意识事实，也非由他物规定的意识事实，而是自己设定自己的一种行动。但即便是这样的自我意识，在自我设定自己受非我所规定的时候，也必将依照理性的方式，遵循诸理性范畴为非我设限。黑格尔认为费希特超越康德的地方就在于以自我意识概念作为一种行动的概念，将康德的先验知性范畴纳入了一种推演的体系。也就是说，遵循理性的方式是自我意识从自身推演出来的必然要求。④

小施勒格尔所讨论的作为反讽的主体的自我，在两个关键层面上

---

① 施勒格尔：《浪漫派风格：施勒格尔批评文集》，李伯杰译，华夏出版社，2005，第 71 页。

② 本雅明：《德国浪漫派的艺术批评概念》，王炳钧、杨劲译，北京师范大学出版社，2014，第 23 页。

③ 特里·平卡德：《黑格尔传》，朱进东、朱天幸译，商务印书馆，2015，第 104 页。

④ 黑格尔：《小逻辑》，贺麟译，商务印书馆，1980，第 151 页。

与费希特的概念不同。首先，前者的自我直接就是每个人的个体的自我，特别是天才或者诗人的自我，无需绝对自我作为先验的根据。其次，前者的自我在设定非我时，是否要选择遵循诸范畴构成的推演关系这种理性的道路，是可以由自我来决定的。也就是说，虽然费希特的哲学从自我意识的概念出发构造了自我和非我在主观性一侧的统一，但是这种统一仍然遵循由诸范畴构成的推演关系，在达成统一的过程中，理性仍然具有普遍性、必然性和权威性。而小施勒格尔则允许自我意识获得绝对的、无限的自主性，他在主观性的向度上比费希特走得更远。

正是出于上述原因，与康德不同，小施勒格尔对于启蒙的定义诉诸个体的自主性，而不是理性的权威。"启蒙运动到底存不存在？只有当人们在人的精神里即便不是通过艺术创造一个原则，一如我们世界体系中的太阳一样，但却任意地使之自由行动时，才能说启蒙运动是存在的。"① 也就是说，在小施勒格尔看来，个体摆脱非理性因素的约束还不是彻底的启蒙，当个体甚至可以不受特定理性原则约束而任意地行动时，才是真正的启蒙。

三 反讽的成就

德国浪漫派不是反对理性或者要求取消理性，而是反对通过启蒙运动得以确立的理性的绝对权威。他们意在凸显自我意识的主体性。反讽是自我意识的行动，而理性只是可供自我意识自主设限的若干方式之一。德国浪漫派对启蒙理性所进行的反思，在思想史上至少做了五个方面的贡献。

第一，在绝对物面前恢复了有限物的地位。个体与绝对物之间的关系，必须通过由自我意识所设定的有限物作为中介，才能建立起来。诺瓦利斯曾讲道："我们到处寻找绝对物（das Unbedingte），却始终只找到

---

① 施勒格尔：《浪漫派风格：施勒格尔批评文集》，李伯杰译，华夏出版社，2005，第 109 页。

常物（Dinge）。"① 拜泽尔曾强调，浪漫派的形而上学是费希特的自我意识哲学与斯宾诺莎的实体论的结合。绝对物不能直接出场，必须通过将作为感性材料的有限物"浪漫化"，即通过自我意识的反讽这种行动，才能昭示自身。②

第二，在理性面前恢复了感性因素的地位。诺瓦利斯的诗歌形象地说明了理性之光与感性之影之间的关系。"如果数字和圆形不再是一切造物的钥匙，如果歌唱或亲吻的人们学识比大师还精深，如果有一天世界必定回归到自由的生命，如果那时光与影重新合为纯粹的澄明，如果人们从童话和诗句认识真实的世界历史，于是整个颠倒的存在随一句密语飞逝。"③ 在诺瓦利斯看来，启蒙理性是一道光，它照亮了世界，同时也投下了阴影，也就是说，上帝造物中的一部分是在人的理性之光的照射之外的，或者说正是因为人的理性之光的照射，世界的一部分才被遮蔽在阴影中。感性因素（歌唱、亲吻、童话、诗句、上帝赐予的密语）不是理性支配的对象，而是理性使人错失的东西。所以，要把理性之光和感性之影结合起来，才能达到澄明，才能把上帝造就而被人的理性整个颠倒的存在重新颠倒过来，使我们有可能接触到整个世界。

第三，在普遍性面前确立了个体性不可替代、不可消解的独立地位。浪漫派的普遍性概念不同于康德、费希特和后来的黑格尔所强调的理性的普遍性，浪漫派的个体性无须纳入理性的、必然且统一的秩序之中。④

---

① 诺瓦利斯：《夜颂中的革命和宗教：诺瓦利斯选集一》，林克等译，华夏出版社，2007，第77页。

② 弗雷德里克·拜泽尔：《浪漫的律令：早期的德国浪漫主义观念》，黄江译，华夏出版社，第188～124页。

③ 诺瓦利斯：《夜颂中的革命和宗教：诺瓦利斯选集一》，林克等译，华夏出版社，2007，第22页。

④ 费希特1800年8月16日写给小施勒格尔的信突出表现了二者观点的差异。小施勒格尔在《谈诗》开篇提到，世人对诗有无数个性化的视角，我们应尽量抓住诗歌的每一种独立的形式从而刺激我们自己的想象力。费希特写信回应《谈诗》，强调"我会表达与你相反的观点：因为只有一种理性，因此只有一种真正的诗"。转引自恩斯特·贝勒尔《德国浪漫主义文学理论》，李棠佳、穆雷译，南京大学出版社，2017，第172页。

对于小施勒格尔来说，"普遍性（Universalität）就是所有的形式和所有的材料交替地得到满足。……普遍精神的生命（das Leben des universellen Geistes）乃是一连串不间断的内在革命；所有个体，即最本质、永恒的个体就生活于其间。普遍精神是真正的多神论者，它胸怀整座奥林匹斯山上的全部神祇"①。而"错误的普遍性，就是那种把所有个别的文化教养类型的棱角磨平，并立足于中庸之上的普遍性"②。浪漫派对于个体性与普遍性关系的建构具有两个方面的特点：其一，个体性并不只是普遍性显现自身的中介。每个个体都是形式和质料的统一，都构成独立的目的，其存在都应该得到承认。其二，没有哪一个个体拥有高于其他个体的普遍性意义。个体越是多样，就越能汇集成普遍性。

第四，在普遍历史的意义上理解德意志的民族精神。早期浪漫派对于个人与社会之间、各个民族与世界历史之间关系的理解，采取前述理解个体性与普遍性关系的方式。如诺瓦利斯所说，"民族（Volk）是一个理念。我们应该成为民族。一个完美的人就是一个小民族"③，即当多个人分别设定了自己的统摄感性材料的抽象原则，那么由这些个人所组成的共同体就转变为一个进入了现代文化的民族，构成了世界历史多样性的一部分。

以对德意志民族及其民族精神的阐释为例，可以看到至少早期浪漫派

---

① 施勒格尔：《浪漫派风格：施勒格尔批评文集》，李伯杰译，华夏出版社，2005，第 107 页。译文参照德文版有所改动，参见 Friedrich Schlegel, "Fragmente", in *Athenaeum*, Ersten Bandes Zweites Stück, hrsg. von August Schlegel und Friedrich Schlegel, Berlin, Friedrich Vieweg dem älteren, 1798, S. 146。

② 施勒格尔：《浪漫派风格：施勒格尔批评文集》，李伯杰译，华夏出版社，2005，第 119 页。译文参照德文版有所改动，参见 Friedrich Schlegel, "Ideen", in *Athenaeum*, Dritter Band, hrsg. von August Schlegel und Friedrich Schlegel, Berlin, Heinrich Frölich, 1800, S. 26。

③ 诺瓦利斯：《夜颂中的革命和宗教：诺瓦利斯选集一》，林克等译，华夏出版社，2007，第 86 页。译文参照德文版有所改动，参见 Novalis, "Blüthenstaub", in *Athenaeum*, Ersten Bandes Erstes Stück, hrsg. von August Schlegel und Friedrich Schlegel, Berlin, Friedrich Vieweg dem älteren, 1798, SS. 83–84。

仍然坚持在普遍历史的意义上理解德意志民族的个体性。小施勒格尔明确指出：“德国人的民族之神不是赫尔曼（Herrmann）和沃丹（Vodan），而是艺术和科学。……美德不仅适用于伦理，它对于自有其权利和义务的艺术和科学也同样有效。正是美德的这个精神、这种力量在艺术和科学的处理中把德国人区别于其他民族。”① 也就是说，德意志人区别于其他民族之处，不是对于打败罗马强敌的日耳曼解放者赫尔曼与日耳曼神话中的主神沃丹的崇拜，而是在于自我意识的高度发达，在于自我意识敢于按照自己设定的法则，在伦理、艺术、科学各个领域中追求至善。而且德意志人的这种优越性并非由德意志人所独享，而是人类的普遍特性。如诺瓦利斯所说：“德国人到处都有。日耳曼特性很少局限于一个特定的国家，这与古罗马特性、古希腊特性或不列颠特性是一样的——这些都是普遍的人类特性，不过在此地或彼地变得格外普遍。德意志特性已经真正普及，因此堪称典范。”② 早期浪漫派对于德意志民族精神的理解采取了非常开放的态度，远非海涅所批判的极端狭隘的民族主义③。在他们看来，德意志民族的个体性和人类的普遍性都指向自我意识的高度发达，即自我意识敢于为自身选定法则来支配整个世界。

第五，艺术不只关乎美，更关乎教化和社会政治生活。对于早期浪漫派来说，艺术、科学、哲学、宗教都是个体自我教化的途径，或者说是自我意识主动为自己设限的过程，是自我意识往复在有限与无限之间的自主的反讽式行动，也是对法国大革命后期暴力统治的反思。虽然浪漫派和黑格尔都认为法国大革命后期暴力统治是根据抽象思考重新构筑

---

① 施勒格尔：《浪漫派的风格：施勒格尔批评文集》，李伯杰译，华夏出版社，2005，第 120 页。

② 诺瓦利斯：《夜颂中的革命和宗教：诺瓦利斯选集一》，林克等译，华夏出版社，2007，第 105 页。

③ 早期浪漫派的几位代表人物也为德意志学术界广泛了解当时世界各地区各民族的状况做了很大的贡献。大施勒格尔是梵语和印度文化的专家，他翻译的《莎士比亚全集》时至今日仍属经典德文译本；小施勒格尔也从事过梵语和印度文化研究，后来在为梅特涅政府工作期间，因其为犹太人、匈牙利民族声言，并未得到长期重用；施莱尔马赫完成了《柏拉图著作集》的德语翻译工作；蒂克则提供了塞万提斯《堂·吉诃德》的经典德文译本。

国家的恶果，但二者对于这种恶果的根源却有不同的理解。浪漫派认为，任何一种理性法则都只是某个或者某些个体的抽象思考，一旦被赋予至高权威，就会自封为绝对真理，强制其他个体、其他民族放弃从自身的自我意识出发的权利，甚至不惜采取暴力手段；将启蒙进行到底，就是要将个体的自主性从自以为是的理性权威的强制之下解放出来；德意志民族要在世界历史中赢得自己的地位，就要摆脱法兰西民族冒绝对真理之名而实行的压迫。黑格尔则认为卢梭式的社会契约论诉诸在单个人意志的基础上形成的共同意志，远远达不到普遍意志的要求，没有表达合乎绝对理性的东西，伤害了国家这种神物的绝对权威和尊严；将启蒙进行到底，是要把个体的自我意识纳入理性的辩证法之中①。

四　自我意识极端主观性的重重悖论

德国浪漫派在其早期阶段敏锐地洞悉了启蒙运动的基础主义方案所导致的理性的专制，提出了反讽的概念，以作为反基础主义的方案，旨在恢复个体自我意识。但是他们在个体自我意识主观性的方向上走得太远，试图完全摆脱客观性因素的限制。到浪漫派中后期，这种极端的主观性使得浪漫派从开放转向了保守。个体自我意识难以承担绝对自由和绝对自主性的重任，没有为自己设定走向进步的法则，甚至试图退回到中世纪封建秩序和宗教秩序、神秘主义的民族神话当中，去寻找确定性和客观性的根据。晚期浪漫派既错失了启蒙理性的遗产，也自行放弃了个体自我意识所享有的绝对自由。这种危险表现为如下几个悖论。

（一）个体对有限世界的绝对主宰与在无限彼岸面前的绝对臣服

浪漫派将居于个体自我意识的自由推到了任意性这样一个极端。如何能够保证由这些任意的个体性所汇集而成的不是相互戕害的恶果，而

———

①　黑格尔：《法哲学原理》，范扬、张企泰译，商务印书馆，1961，第254～255页。

是朝向至善的渐进的普遍性呢？对于浪漫派而言，这恐怕是一个关键性的挑战。在他们看来，法国大革命是将启蒙理性的权威直接付诸政治实践的行动。人们提供的某一种理性方案一旦掌握了权威就自视为真理的化身和通向至善的唯一途径，不允许不同于自身的理性和不服从自身的个体有容身之地。法国大革命的暴政就是人对自身理性能力盲目自信、僭越上帝而得到的恶果。既然人的理性的道路行不通，那就不得不承认人的理性的有限性和相对性，将到达至善彼岸的希望重新寄托于对上帝的信仰之上。

在此岸世界、个体和上帝（或者至善）三者之间，浪漫派将个体的自我意识同时置于绝对权力和绝对无权的位置上。一方面，在此岸世界，唯有个体的自我意识才能行动。自我意识可以不断为自我和非我设定限制，然后再不断地突破限制，以此塑造了整个有限世界，无限地向上帝或者说至善靠近。这是个体在此岸世界的绝对的权力。另一方面，个体自我与上帝之间存在着从个体一侧出发永远不可逾越的鸿沟。个体自我不能穷尽上帝所赋予的无限能力，不能理解和达到上帝绝对和完满的至善。也就是说，在上帝面前，个体是自身和非我的祭司，这个位置不能由国王、教会或者任何声称掌握了真理的他人所取代，但无论祭司是多么不可或缺的中介，在尘世间享有何等设定自我和非我的权力，却也只是中介而已，永远不能等同、取代或者逾越上帝的位置。在浪漫派看来，科学和哲学都属于人借助自身的理性、从人自身一侧出发，靠近上帝绝对和完满的至善的行动，这种行动永不停歇，却永远不能到达上帝和至善所在的彼岸；而文学艺术、语言、宗教都是上帝的启示，虽然也需要借助个体自我意识设定自我和非我而显示出来，但本质上是从上帝一侧出发赐予个体的奇迹，使个体有机会完整地感受到上帝、与上帝达到完全统一。并不是每个人都能得到上帝直接的启示，某个天才在某个时刻某个地点创造出来的绝世佳作，表面看来是天才个体性的充分彰显，实际上是上帝执天才之手的神秘造物，是上帝赐予的启示。

康德、费希特、自然神论、黑格尔在各自的体系中，都为上帝留下了位置，但是在这些体系中理性都是沟通人与上帝的必然方式。对于康德、费希特来说，上帝是道德背后不可或缺的根据；对于自然神论而言，上帝为整个世界提供了第一推动力；对于黑格尔来讲，唯有理解上帝而不是盲目地信仰上帝才是对上帝的真正服膺。在浪漫派看来，康德、费希特、自然神论看似把上帝放在了最高、最根本的位置上，实际上却是出于功利的目的，而且上帝的出场与他们各自整个哲学体系所遵循的理性原则相悖，与其说上帝出现在体系最高或者最根本的位置上，不如说是处在最边缘的位置上。而在黑格尔的体系中，虽然有限理性要经过一番教化才能最终达到与绝对精神（上帝）自在自为的统一，但这种统一毕竟是有可能达成的。如果人凭借自身的理性最终能够完全理解上帝的意志，那也就意味着上帝只能按照人的理性能够理解的方式行动，也就意味着上帝受到了限制。施莱尔马赫在1799年发表的《论宗教》中明确提出，以上述方式信仰上帝，比无神论还不能原谅。无神论在信与不信之间直接做出了选择，至少是真诚的，而康德、费希特、自然神论却因为上帝的出场对他们的体系有用而信仰上帝，这是最不可谅解的对上帝的亵渎①。从这个角度出发，费希特因为反宗教而被耶拿大学解职，就不完全是当权者对他的误解。施莱尔马赫提出的启示高于理性的观点，也预先对黑格尔进行了批判。施莱尔马赫的这篇论文立刻赢得了浪漫派的广泛推崇。小施勒格尔称其为对最高者最清楚的解释。② 诺瓦利斯则深受触动，写下了饱受争议的《基督世界或欧洲》。

（二）追求至善与虚无主义

早期浪漫派虽然追求至善，却也往往陷入虚无主义的深渊。至善、真理在彼岸的上帝一侧，而人出于自我的主观性所能提供的各种方案都不具有最终的真理性，不是通向至善的必然道路。小施勒格尔明确提出："在真理的问题上，如同人们所说，追求比结果更有价值。"③ 小施勒格尔强调："永远只在变化生成，永远不会完结，这正是浪漫诗的真正本

---

① 施莱尔马赫：《论宗教》，邓安庆译，人民出版社，2011，第18~22页。

② 施勒格尔：《浪漫派的风格：施勒格尔批评文集》，李伯杰译，华夏出版社，2005，第119页。

③ 施勒格尔：《浪漫派的风格：施勒格尔批评文集》，李伯杰译，华夏出版社，2005，第67页。

质。浪漫诗不会为任何一种理论所穷尽，只有预言式的批评才敢于刻画浪漫诗的理想。"① 诺瓦利斯也提出："一切限制只因超越而存在。"② 浪漫主义是一种永不满足的渴望，一种永恒的追逐。这是它的活力所在，也是它的困境所在。它不允许自己停留在任何形式或者原则上。它长于否定和批判，却难以进行建设，没有最终的目标。在《哲学史讲演录》中，黑格尔将浪漫派看作是从费希特哲学中引申出来的倾向。他对于费希特自我意识哲学的批判也包含了对浪漫派上述困境的批判。他认为，因为费希特的自我"被认为最初是由于受外界的刺激而激励起来的，对于外界的刺激，自我就要反抗，唯有由于反抗外界刺激，自我才会达到对自身的意识——同时，刺激的性质永远是一个异己的外力，而自我便永远是一个有限的存在，永远有一个'他物'和它对立。因此费希特也仍然停滞在康德哲学的结论里，认为只有有限的东西才可认识，而无限便超出思维的范围"。弗兰克也指出浪漫派的反讽与黑格尔思想的不同之处是"这种否定不涉入绝对的空间，只处于对绝对的永久渴念之中"③。

（三）无限变化与寂静主义

在变化与静止的问题上，对浪漫派的评价似乎也出现了两极。海涅批评德国浪漫派的要点之一就是其寂静主义的倾向，即只是强调有限与无限之间的无限联系、无限转化，却无法说明从有限到无限的必然性和过程性④。而施密特（施米特）则将德国浪漫派概括为主体化的机缘论（subjektivierter Occasionalismus）。在他看来，浪漫派所构想的无限变化的世界，实际上"永远是一个只有机缘的世界，一个没有实质和功能性约

---

① 施勒格尔：《浪漫派的风格：施勒格尔批评文集》，李伯杰译，华夏出版社，2005，第71~72页。

② 诺瓦利斯：《夜颂中的革命和宗教：诺瓦利斯选集一》，林克等译，华夏出版社，2007，第165页。

③ 曼弗雷德·弗兰克：《德国早期浪漫主义美学导论》（下），聂军等译，吉林人民出版社，2011，第306页。

④ 海涅：《浪漫派》，薛华译，中国法制出版社，2010，第34~35页。

束、没有固定方向、没有持续性和规定性、没有决断、没有终审法庭的世界，它不停地遁入无限，只受机遇这只魔手摆布"①。这样的机缘论只有一种"摒弃全部一贯性上的彻底一贯性"②。实际上，海涅与施密特的评价是一个硬币的两面。诺瓦利斯曾讲道："每次相识、每个偶然事件也许是一个无限的序列的第一项，或是一部无限的小说的开端。"③ 即每个时刻都可能是通向无限的那个开端，但终究无法确定哪个时刻必将成为开端。个体随时可以行动，但是在任何时刻都不是必须行动。这也意味着历史上的任何一个时刻都不具有特殊性或必然性，时间这个维度就不再具有过程性、阶段性的意义。

（四）革命性与保守主义

德国浪漫派为个体的自我意识主张无限的权力，同时也就要求个体必须为自己承担全部的责任。虽然他们相信上帝将会为人类赐福，但从人的眼光去看，至善终究是可望而不可即。在此岸世界，个体仍然必须反求诸己。也正是由于这个缘故，浪漫主义可能是最革命的，要求废除一切既有的形式和原则，突破所有现存的界限，在文学艺术领域是如此，在社会政治领域也是如此。英国的拜伦、雪莱，法国的雨果、乔治桑，匈牙利的裴多菲等批判社会现实、要求激进变革的人物常常被称为浪漫主义者，甚至浪漫派的批评者海涅也被贴上浪漫主义的标签。

浪漫派也可能是最保守的。个体既然有权力自我设限，那么他就有可能为自己选择社会生活中既存的因素，特别是非理性的因素，赋予其最高的权威，并将其视为上帝赐予的、高于人的理性的、通向至善的途径。这些既存的因素，可能是语言文字，可能是神话传说，可能是共同

---

① 施米特：《政治的浪漫派》，冯克利、刘锋译，上海人民出版社，2004，第17页。

② 施米特：《政治的浪漫派》，冯克利、刘锋译，上海人民出版社，2004，第16页。

③ 诺瓦利斯：《夜颂中的革命和宗教：诺瓦利斯选集一》，林克等译，华夏出版社，2007，第90页。

的历史经历，可能是风俗传统，可能是宗教教义，也可能是既有的法律制度——这些因素本身被认为包含着上帝的赐福，本身就可以作为最后的根据。在这些因素面前，人的理性不仅没有进行批判的权威，而且仅仅是人理解这些因素时可供采用的工具。而对民族以及民族精神的个体性地位的强调，也最终完全放弃了本应作为对立面出现的普遍性的维度，完全滑落到狭隘的民族主义甚至是种族优越性的论调之中。这种狭隘的民族主义到处寻找证明德意志民族不同于其他民族甚至优于其他民族的因素或者特征。

　　早期浪漫主义就是这样一场充满了内在复杂性的轰轰烈烈的运动，如其词根（Roman，德文义为小说）所指，写就了一部动人心魄且尚未完结的小说。洛夫乔伊在 1924 年发表的研究浪漫主义的经典著作《论诸种浪漫主义的区别》中疾言厉色地声讨"浪漫主义"这个概念，认为任何对浪漫主义的定义都是徒劳无功的，似乎这是一个应该被放弃的研究主题①，而伯林却一再警告我们浪漫主义并非单单具有思想史的意义。今天我们所亲见的民族主义、存在主义、极权主义等都深受浪漫主义潮流的影响，浪漫主义"并非一个与我们时代毫无干系的主题"②。

---

① 　洛夫乔伊：《论诸种浪漫主义的区别》，载洛夫乔伊《观念史论文集》，吴相译，江苏教育出版社，2005，第 227 页。
② 　伯林：《浪漫主义的根源》，吕梁、洪丽娟、孙易译，译林出版社，2011，第 3 页。

贫困如何产生：马克思与黑格尔的认知差异[*]
——从《法哲学讲义》到《哲学的贫困》

田书为

贫困，是迄今为止人类尚未解决的重大难题，近代以来，人们一直苦苦思索贫困产生的原因。阿马蒂亚·森认为，"贫困产生的直接原因往往比较清楚，无需做太多分析，但其最终原因却是模糊不清的，是一个还远远没有定论的问题"[①]。黑格尔是启蒙时代之后的大哲学家，对贫困问题有着持续的探讨[②]。马克思更是思想史上的伟人，终其一生关心贫困者的境遇。所以，分析他们对贫困成因的认知及其差异，对于理解当时甚至当代社会的贫困问题、寻找摆脱贫困的路径，具有无可替代的重要意义。

一 黑格尔对贫困成因的认知

黑格尔认为，在劳动所有权和等价交换的基础上，市民社会由两个原则构成：第一，"特殊性原则"，"具体的人作为特殊的人本身就是目的"[③]；第二，"形式普遍性原则"，"每一个特殊的人都是通过他人的中

---

　* 本文原载于《教学与研究》2021 年第 11 期，收入本书时有改动。
　① 阿马蒂亚·森：《贫困与饥荒》，王宇、王文玉译，商务印书馆，2001，第 1 页。
　② 梁燕晓：《黑格尔：个体与共同体冲突的成功和解者？——基于市民社会中贫困问题的考察》，《哲学分析》2018 年第 4 期。
　③ 黑格尔：《法哲学原理》，范扬、张企泰译，商务印书馆，1961，第 197 页。

介，同时也无条件地通过普遍性的形式的中介，而肯定自己并得到满足"①。所以，个体都以满足自身需要为劳动目的，不过，这却要通过与他人劳动产品的等价交换才能实现。

在市民社会中，"人们的秉赋是不同的，即特殊方面，他们发展起来，并且通过这种发展呈现出差异"②，而"秉赋"来源于"自然"，"自然就是不平等的始基"③。所以，"不平等"随即被赋予了天然的合法性。在"秉赋"存在差异的自然前提下，"每个人都可以分享现存的普遍财富，但这是有条件的"④。"第一，通过他直接拥有的，即资本，它可能来自继承或者积累……第二，通过技能和才干……第三，通过他人的任性。"⑤ 这说明，当他人没有"任性"地在与劳动者交换劳动产品时破坏市民社会原则，劳动者分得财富的不平等，就是源自其自然条件的不平等，因而是合法的。这样，认为"一切人应该有足够的收入以满足他的需要……象一般单纯的善意愿望一样，它缺乏客观性"⑥。个体获得财富的不平等反而体现出市民社会充分尊重了个体的自然属性，包容了个体的差异，使每个人都按照其自身特点各尽所能，为整个社会劳动继而满足自身的需要。但是，即便财富分配多寡不等，我们似乎也不必过于担心，因为按照市民社会的"形式普遍性原则"，个体即便获得较少的财富，也仍旧能够从社会中获得生活必需品。在"抽象法"阶段中，黑格尔曾指出，"人们当然是平等的，但他们仅仅作为人，即在他们的占有来源上，是平等的。从这意义说，每个人必需拥有财产"⑦。的确，人格的实现必须要以私有财产为中介，且以得到市民社会的承认与

---

① 黑格尔：《法哲学原理》，范扬、张企泰译，商务印书馆，1961，第197页。

② *G. W. F. Hegel-Gesammelte Werke*，Band 26，3，Felix Meiner Verlag，2015，p. 1328.

③ 黑格尔：《法哲学原理》，范扬、张企泰译，商务印书馆，1961，第211页。

④ *G. W. F. Hegel-Gesammelte Werke*，Band 26，3，Felix Meiner Verlag，2015，p. 1328.

⑤ *G. W. F. Hegel-Gesammelte Werke*，Band 26，3，Felix Meiner Verlag，2015，p. 1328.

⑥ 黑格尔：《法哲学原理》，范扬、张企泰译，商务印书馆，1961，第58页。

⑦ 黑格尔：《法哲学原理》，范扬、张企泰译，商务印书馆，1961，第58页。

肯定为重要标志，因为"市民社会是个人与群体的特殊性被承认的领域"①。所以，个体所依赖的私有财产必须存在一个"最小限额"②，使个体能够在一定程度上充实完善自身，以至于有能力融入市民社会的分工体系，过有"尊严"的生活。由此观之，黑格尔一方面承认财富分配不平等的合法性，另一方面也为市民社会财富分配的不平等，即相对贫困，划定了底线。可以说，个体只有具备一定数量的财产，才有能力融入市民社会；当个体处于市民社会的分工体系之中时，意味着他拥有一定数量的财产。

但是，黑格尔马上发现，相对贫困的成因不仅在于主观因素，社会分工同样引发相对贫困。"当初产生分工……有个善于制造弓矢的人，他往往以自己制成的弓矢，与他人交换家畜或兽肉……于是他便成为一种武器制造者。"③ 通过分工，市民社会创造了大量财富，并远远超越了自然的最初给予。黑格尔声称："自然是富饶的，但却是有局限的……与之相对……人类通过劳动生产的财富，能够无止境地增加。"④ 但是日久年深，"人们从事越抽象的劳动，他们就越被一种严格的纽带紧紧地束缚在一起……开始，分工似乎从优势出发，即通过对具体的分解，劳动获得了普遍的形式，才智在这种抽象中得以保存。但是，人的依赖性增强了，在这种片面性中的技能，对一个具体事物而言则是笨拙的"⑤。

的确，在市民社会中，每个人都无法单独通过自己的劳动满足自身的需要，只能通过交换的手段满足自身的需要，所以个体只能从事一种劳动，随着分工的细化，必然存在相当一部分群体从事着越来越单一、越来越抽象的劳动，这使得他们对其他领域的劳动愈发无知，对于理解、

---

① Sybol Cook Anderson, *Hegel's Theory of Recognition: From Oppression to Ethical Liberal Modernity*, Continuum, 2009, p. 8.

② Dudley Knowles, *Hegel and the Philosophy of Right*, Routledge, 2002, p. 126.

③ 亚当·斯密：《国富论》，郭大力、王亚南译，商务印书馆，1972，第14页。

④ *G. W. F. Hegel-Gesammelte Werke*, Band 26, 3, Felix Meiner Verlag, 2015, p. 1328.

⑤ *G. W. F. Hegel-Gesammelte Werke*, Band 26, 3, Felix Meiner Verlag, 2015, p. 961.

把握、生产某种更加具体的事物愈发无能为力。于是，个体带入市民社会中的诸多自然要素在市民社会分工体系的作用下走向了"匮乏"，而以"匮乏"为条件分得的"特殊财富"势必日益减少。这样，相对贫困产生，社会贫富差距逐渐拉大，"贫困"① 问题逐渐凸显出来。黑格尔的这一思想与以弗格森为代表的市民社会思想存在着明显差异。弗格森看到了在分工条件下，个体所从事劳动的局限性与片面性，"商人的民族由那些除了自己的特殊贸易以外，对全人类事务一窍不通的人组成。……士兵除了服兵役以外，并不关心其他事务"②。但是，他并不强调社会分工能够使人堕入"匮乏"这一负面意义，而基本关注社会分工能够增加普遍财富、完善劳动产品这一积极作用。"通过技艺和专业的分工，财富的源泉被打开了…… 每种商品都在最丰富的意义上被生产。"③ 依据这样的观念，弗格森认为市民社会中的贫富差距，是"商业发展的结果和基础"④，并将之归因于"天赋与性情的差异""个人在不同工作中养成的习惯"⑤ 等主观因素。所以，相比于弗格森，贫困问题对于黑格尔而言更成为一个社会问题。

实际上，贫困问题之所以重要，是因为它与"贫困贱民"问题密切相关，而"贫困贱民"标志着市民社会原则在现实领域中的崩溃。在《法哲学原理》中，黑格尔认为，当"广大群众的生活降到一定水

---

① 在商务版（商务印书馆出版）的《法哲学原理》中，"Noth"被译为"匮乏"，"Armuth"被译为"贫困"，"Mangel"被译为"缺乏"或"匮乏"等。实际上，这三个词都有"不足""缺失""贫穷"之意。不过在黑格尔那里，"Noth"总体上指个体的能力、素质、情感、意志等主观因素的相对缺失；"Armuth"包含"Noth"的内涵，并侧重指个体参与普遍财富分配后，私人所得的相对缺失；"Mangel"指更一般意义的"缺乏"。

② Adam Ferguson, *An Essay on the History of Civil Society*, Cambridge University Press, 1995, p. 173.

③ Adam Ferguson, *An Essay on the History of Civil Society*, Cambridge University Press, 1995, p. 173.

④ Adam Ferguson, *An Essay on the History of Civil Society*, Cambridge University Press, 1995, p. 179.

⑤ Adam Ferguson, *An Essay on the History of Civil Society*, Cambridge University Press, 1995, p. 175.

平——作为社会成员所必需的自然而然得到调整的水平——之下"①，
"贫困贱民"就会产生。1824～1825 年《法哲学讲义》直接引述了《法哲学原理》中的上述原文②。很明显，"贫困贱民"所具有的贫困特点是绝对的而非相对的，因为他拥有的"特殊财富"数量已经低于"社会成员所必需"的水平之下，他已经没有物质能力进行自我完善以融入社会的分工体系，而被抛出市民社会之外，成为市民社会原则的对立面。美国人类学家刘易斯（Oscar Lewis）发现，"长期的失业和不充分就业导致了：低收入，缺乏财产所有权，没有储蓄，家里没有食物储备，并且长期缺乏现款。这些条件减少了他们有效参与到更大的经济体系的可能性"③。刘易斯这里指出的贫困现象，实际就是黑格尔"贫困贱民"思想反映出的社会现实，二者所处的时代虽然相隔久远，但得出的结论具有高度一致性。

按照《法哲学原理》和 1824～1825 年《法哲学讲义》的行文表述，黑格尔在讨论社会分工造成相对贫困这一问题以后，直接把讨论聚焦在"贫困贱民"的绝对贫困问题上。这样的文本安排似乎表明，绝对贫困是相对贫困的加剧导致的，因此，市民社会分工体系的发展就要为"贫困贱民"的产生直接负责。但实际上，在市民社会分工体系的条件下，相对贫困逐渐加剧这一量变过程，无法发生向绝对贫困转化这一质变结果。因为，在黑格尔看来，在贫富差距逐渐拉大的过程中，劳动所有权原则和等价交换原则在现实中并没有发生改变。处于相对贫困状态中的个体，始终是市民社会的一员，为市民社会贡献劳动，同时从市民社会中获得自身所需，市民社会与个体之间一直处于一种相互承认的状态。个体始终具有一定数量的财富，以满足他融入市民社会的需要。所以，即便由于分工的发展，"广大群众"的私人所得越来越少，但它就是个

---

① 黑格尔：《法哲学原理》，范扬、张企泰译，商务印书馆，1961，第 244 页。
② *G. W. F. Hegel-Gesammelte Werke*，Band 26，3，Felix Meiner Verlag，2015，p. 1390.
③ Oscar Lewis，"The Culture of Poverty"，in Daniel P. Moynihan（ed.），*On Understanding of Poverty：Perspectives from the Social Sciences*，New York：Basic Books，1969，pp. 189-190.

体成为社会成员实际需要的最小值（"社会成员所必需"），单纯从市民社会分工体系出发，绝对贫困不会产生。

那么，如果从客观性出发理解"贫困贱民"成因的道路行不通，就只有从主观性出发了。黑格尔在论及相对贫困时指出，它使贫困者的精神世界发生了变化。因为，相对贫困发生以后，贫困者会生发出一种渴望"技能和财富"得到"平等"分配、"理智教养"和"道德教养"得到"平等"提升的情感。但是，贫困者的这种渴望无法得到满足，因为，市民社会"不但不扬弃人的自然不平等……反而从精神中产生它"①。贫困者的这种诉求，在黑格尔看来因此只是"任性的特殊性"，而且这种"任性"在持续蔓延。随着相对贫困的加剧，贫困者"丧失了……受教育和学技能的一般机会，以及司法、保健，有时甚至于宗教的慰藉"②。这时，贫困者的情绪从渴望平等逐渐转变为"嫌恶劳动……邪僻乖戾"，与市民社会原则的对抗性日趋尖锐，而更可怕的是这种情绪现实化以后所产生的"其他罪恶"，即逃避劳动，不再通过劳动获得生活所需，正面与市民社会原则对抗。贫困者本来已经处于市民社会的边缘，当他"主动"脱离市民社会分工体系以后，便无法从市民社会中获得生活所需，他的生活就更加得不到保障，绝对贫困也就这样产生了。如黑格尔所言，"贫困自身并不使人就成为贱民，贱民只是决定于跟贫困相结合的情绪"③。这一句中的两处"贫困"都是指相对贫困而非绝对贫困，至于那种"对富人、对社会、对政府等的内心反抗"情绪，在贫困者还是市民社会成员、面对相对贫困时就已经内在地形成了。

二 黑格尔贫困成因思想的特点及其困境

黑格尔的贫困思想呈现出两个基本特点：第一个特点是，认为相对贫困是个体的自然差异与社会分工共同作用的结果。恩格斯曾在《英国

① 黑格尔：《法哲学原理》，范扬、张企泰译，商务印书馆，1961，第211页。
② 黑格尔：《法哲学原理》，范扬、张企泰译，商务印书馆，1961，第243页。
③ 黑格尔：《法哲学原理》，范扬、张企泰译，商务印书馆，1961，第244页。

工人阶级状况》中，用一系列真实的数据与案例，为世人呈现了工人阶级的悲惨境遇。工人阶级"骨瘦如柴，毫无气力……或多或少地患着忧郁症……老得快，死得早"①。针对英国利物浦各阶级平均寿命情况的调查显示，"工人、短工和一般雇佣劳动者只有 15 岁"，曼彻斯特郊区"三等街，二等房屋：死亡率是 1：35"②。而且，"英国医生收费很高，工人是出不起这笔费用的。因此，他们只好根本不看病，或者不得不求助于收费低廉的江湖医生，服用那些从长远看来弊大于利的假药"③。如果把这一事实拉回到黑格尔的思想语境，那么工人阶级的遭遇则是工人自身的自然要素以及社会分工共同造成的，并且这会使"财富更容易集中在少数人手中"④。所以，黑格尔清楚地看到了分工的负面意义乃至整个社会的阶级分化。伊尔廷（Ilting）在编辑《法哲学讲义》时，甚至将《法哲学原理》第 243、244 节，直接分别命名为"阶级对立"和"工人与资本家"⑤。蒲鲁东曾宣称，"从亚当·斯密以来，所有的经济学家都提到了分工规律的益处和害处，但是他们过分强调了前者而忽视后者……什么是财富增长与劳动者熟练程度提高的首要原因呢？就是分工。造成精神衰退和文化贫乏的首要原因又是什么呢？……也是分工"⑥，并认为只有萨伊和自己认真对待了分工的消极因素，这显然低估了黑格尔的贫困思想。

黑格尔贫困思想的第二个特点是，认为"贫困贱民"是贫困者的"任性"直接造成的，黑格尔将之称为"贫困者的不法"⑦。商务版《法哲学原理》将第 241 节中的"ihres Unrechts"译为"他们所遭受的不法待遇"，这是一处不小的错误。因为若按此理解，黑格尔似乎认为社会

---

① 《马克思恩格斯文集》第 1 卷，人民出版社，2009，第 418 页。
② 《马克思恩格斯文集》第 1 卷，人民出版社，2009，第 420 页。
③ 《马克思恩格斯文集》第 1 卷，人民出版社，2009，第 417 页。
④ 黑格尔：《法哲学原理》，范扬、张企泰译，商务印书馆，1961，第 244 页。
⑤ *G. W. F. Hegel-Vorlesungen über Rechtsphilosophie 1818-1831*，Band 2，Frommann Holzboog，1974，pp. 682-683.
⑥ 蒲鲁东：《贫困的哲学》（上），余叔通、王雪华译，商务印书馆，1998，第 114 页。
⑦ *G. W. F. Hegel-Gesammelte Werke*，Band 14，1，Felix Meiner Verlag，2009，p. 192.

分工成为一种"不法"，贫困者的负面情绪反而具有了合法性，这恰恰与黑格尔的原意背道而驰。英译版《法哲学原理》将"gefühl ihres unrechts"译为"sense of wrong"，更符合黑格尔本义①。虽然，黑格尔很清楚，相对贫困不仅来自贫困者的自然要素，同时也来自社会分工。他甚至承认，"这种不法是强加于这个或那个阶级的"②。不过即便如此，黑格尔也仍旧坚定地声称，"没有人能主张权利与自然相违背"③。在商务版《法哲学原理》第244节补充中，"gegen die Natur"被译为"对自然界"，语法上虽然无误，不过依据《法哲学原理》第200节，译为"违背自然"其实更妥。因为贫困者无视自然这个"不平等始基"（市民社会维护并发展了这个"不平等"），"任性"地提出了"平等"的诉求（违背自然），以致堕入"不法"，沦为"贫困贱民"（第241节的"ihres Unrechts"也表达此意）。若把"gegen"译为"对"，则无法凸显这个内涵。英译版《法哲学原理》将"gegen die Natur"译为"against nature"，更符合黑格尔本义④。不难发现，黑格尔极大淡化了社会分工摧残贫困者这一客观事实，而把贫困者沦为"贫困贱民"主要归因于他的主观"任性"。所以，相对贫困是黑格尔默许甚至支持的，但"任性"及其造成的绝对贫困（"贫困贱民"）是黑格尔坚决反对的。

可以说，黑格尔并没有真正超出弗格森等人对贫困成因的理解方式。弗格森认为，"在每一个商业国，尽管人人都要求得到平等权利，但是，抬举了少数人肯定会压制多数人"。而贫困者"是很无知的。对于尚未得手的财富的向往成了嫉妒或奴性之源。……实现贪欲而犯下的罪孽都不是无知的例证，而是堕落和卑鄙的例证"⑤。弗格森虽然没有明确区分

---

① Hegel, *Elements of the Philosophy of Right*, Allen W. Wood（ed.），H. B. Nisbet（trans.），Cambridge University Press, 1991, p.265.

② 黑格尔：《法哲学原理》，范扬、张企泰译，商务印书馆，1961，第245页。

③ Hegel, *Grundlinien der Philosophie des Rechts*, Suhrkamp Verlag, 1970, p.390.

④ Hegel, *Elements of the Philosophy of Right*, Allen W. Wood（ed.），H. B. Nisbet（trans.），Cambridge University Press, 1991, p.265.

⑤ 弗格森：《文明社会史论》，林本椿、王绍祥译，辽宁教育出版社，1990，第203页。

相对贫困与绝对贫困，但是，他在很大程度上把"罪孽""堕落"等贫困者的不幸境遇，归因于"嫉妒""奴性"等贫困者的主观"任性"。黑格尔呈现出了与之非常接近的思路。如果把这种理解贫困成因的态度推向极端，那么马尔萨斯的人口理论必然产生。马尔萨斯认为，"第一，食物为人类生存所必需。第二，两性间的情欲是必然的。……这两条法则……一直是有关人类本性的固定法则"①。另外，"人口若不受到抑制，会按几何比率增加，而人类所需的生活资料则是按算数比率增加的"②。所以，物质财富的供给远小于对它的需求，贫困及由之引发的"苦难与罪恶"必然产生。这时，理性"出面加以干预，向他提出这样的问题，即若无力供养子女，是否可以不生育"③。现在，连人最基本的生理需求，即繁衍，都成了一种需要被限制的"任性"。很明显，马尔萨斯对现代社会贫困成因的判断是错误的，蒲鲁东曾专门对此予以说明："50年来，法国的国民财富增长了五倍，而人口却只增加不到一半……可是，为什么贫困并没有成正比地下降，却反而增长了呢？"④ 黑格尔也认为，"尽管财富过剩，市民社会总是不够富足的……用来防止过分贫困和贱民的产生，总是不够的"⑤。所以，黑格尔不会同意马尔萨斯的想法，但不可否认的是，二者理解贫困成因的思路高度契合。

其实，黑格尔面临的更大挑战来自现实，他无法解释这样的现象：资本家把市民社会原则"置之度外"，不从事劳动却与工人进行着"以无换有"的交换，"寄生在生产阶级身上"⑥。在 1821~1822 年的《法哲

---

① 马尔萨斯：《人口原理》，朱泱、胡企林、朱和中译，商务印书馆，1992，第 6~7 页。

② 马尔萨斯：《人口原理》，朱泱、胡企林、朱和中译，商务印书馆，1992，第 10 页。

③ 马尔萨斯：《人口原理》，朱泱、胡企林、朱和中译，商务印书馆，1992，第 13 页。

④ 蒲鲁东：《贫困的哲学》（下），余叔通、王雪华译，商务印书馆，1998，第 741 页。

⑤ 黑格尔：《法哲学原理》，范扬、张企泰译，商务印书馆，1961，第 245 页。

⑥ 约翰·勃雷：《对劳动的迫害及其救治方案》，袁贤能译，商务印书馆，1959，第 53~54 页。

学讲义》中，黑格尔认为，"富裕贱民同样存在"①。当大部分劳动者随着分工发展愈发严重地陷入相对贫困时，整个社会的"普遍财富"便会更多地向"少数人"聚集，贫困者（工人）与富人（资本家）的阶级分化逐步形成。资本家分得的"特殊财富"与整个社会创造的"普遍财富"在量上越来越接近。于是，他狂妄地认为，他的"特殊财富"就是"普遍财富"，工人所应得的"特殊财富"成了他的给予。因此，资本家"视大部分人的生活资料为他的掌中之物，将自身视为他们的匮乏及其诸多权利的主人"②；认为自身是"凌驾于法之上的……通过这种情绪的存在……在自身中随即采取了一种无法无天的状态……人们亦可将之称为堕落，即富人认为一切都是被允许的"③。当这种情绪外化以后，资本家必然会在没有交换对等劳动产品的基础上，剥夺工人的"特殊财富"，破坏以劳动所有权和等价交换为基础的市民社会原则。鲁达（Frank Ruda）认为，贫困贱民的形成"取决于他是否使自己成为贫困贱民"，不过，"如果制度之外存在财富的偶然性力量，那么富裕贱民不得不产生"④。可是，根据黑格尔的论述可知，财富之所以具有偶然性力量，恰恰是资本家"任性"的结果，所以鲁达在判断"富裕贱民"的形成根据时倒果为因了。看上去，黑格尔似乎解释了前述社会现象，但事实并非如此。因为，如果资本家与工人进行不对等交换，工人所得的"特殊财富"将少于他维持自身工人身份所需的财富，况且工人本身已经处于市民社会的边缘，资本家的掠夺将使工人的财富低于"社会成员所必需"，工人将随之失去融入市民社会分工体系的客观条件，沦为"贫困贱民"。因此，资本家的"任性"掠夺，带来的不会是以阶级压迫为基础的"有

---

① *G. W. F. Hegel-Gesammelte Werke*, Band 26, 2, Felix Meiner Verlag, 2015, p. 754.

② *G. W. F. Hegel-Gesammelte Werke*, Band 26, 2, Felix Meiner Verlag, 2015, p. 754.

③ *G. W. F. Hegel-Gesammelte Werke*, Band 26, 2, Felix Meiner Verlag, 2015, p. 754.

④ Frank Ruda, *Hegel's Rabble*: *An Investigation into Hegel's Philosophy of Right*, Continuum, 2011, p. 54.

序"生产，而是整个社会的混乱无序。虽然黑格尔对此没有过多说明，但能够从他的整体思路中得出上述结论。

在《〈黑格尔法哲学批判〉导言》（以下简称《导言》）中，马克思这样概述黑格尔遭遇的难题：从市民社会中"形成一个被戴上彻底的锁链的阶级，一个并非市民社会阶级的市民社会阶级……这个领域不要求享有任何特殊的权利，因为威胁着这个领域的不是特殊的不公正，而是普遍的不公正……社会解体的这个结果，就是无产阶级这个特殊等级"①。按照市民社会原则，无产阶级仍旧从属于分工体系，本应享有相应的权利、发展自身的特殊性，但事实恰恰相反，这是黑格尔的逻辑无法解释的。所以，马克思发现市民社会原则在现实中逐步走向了自我矛盾。哈德曼（Michael O. Hardimon）指出："认为黑格尔比马克思更早地意识到贫困是一个异化问题，已经成为了一个常识。"② 其中一个原因是，"在黑格尔看来，贫困是生发于市民社会结构自身的罪恶……贫困导致人们失去有意义地融入社会的市民和政治生活的必需方式"③。在此，哈德曼忽视了相对贫困与绝对贫困的逻辑界限。相对贫困虽然来自"市民社会结构"，但不会导致绝对贫困，所以黑格尔不会认为它能够引发"贱民"乃至"无产阶级"等"异化"问题。哈德曼此举虽然拉近了黑格尔与马克思贫困思想的距离，却高估了黑格尔贫困思想的理论水平，与事实不相符合。

三　马克思对贫困成因的认知及其超越

市民社会如何产生出一个不享有"任何特殊权利"的工人阶级？这是《巴黎手稿》急于回答的问题之一。首先，马克思延续《导言》中的思路，仍旧从市民社会原则出发考察现实社会。"人的本质是人的真正

---

① 《马克思恩格斯文集》第 1 卷，人民出版社，2009，第 16~17 页。

② Michael O. Hardimon, *Hegel's Social Philosophy*: *The Project of Reconciliation*, Cambridge University Press, 1994, p. 246.

③ Michael O. Hardimon, *Hegel's Social Philosophy*: *The Project of Reconciliation*, Cambridge University Press, 1994, p. 236.

的社会联系，所以人在积极实现自己本质的过程中创造、生产人的社会联系、社会本质。"① 而这种联系，依赖于"交换"，因为"不论是生产本身中人的活动的交换，还是人的产品的交换……它们的现实的、有意识的、真正的存在是社会的活动和社会的享受"②。当然，以上种种，是由于有了个人的需要和利己主义才实现的。所以，"每个主体都依赖于一种特定的补充，这样所有的主体就都相互通过承认的关系而连接在一起，他们各自都在他们的劳动中相互得到证实"③。很明显，马克思这里坚持的正是黑格尔的市民社会原则。其次，工人阶级之所以不享有"任何特殊权利"，是因为存在"异化劳动"。"劳动产品不是属于工人，而是作为一种异己的力量同工人相对立，那么这只能是由于产品属于工人之外的他人"④，即资本家。这样，工人就无法通过劳动从社会中换得自身所需。所以，工人遭受的"不公正"不在于个体间自然要素的差异，而在于被彻底排除在市民社会原则之外，处于普遍的无权利状态。最后，即便如此，为了"利己的需要"，即"维持工人的个人生存"⑤，工人不得不屈从于整个社会的奴役。

不过，黑格尔已经表明：第一，工人与资本家的阶级对立在"异化劳动"发生以前就存在了；第二，在这样的前提下，资本家掠夺工人合法所得，只能使工人失去维持其阶级身份的必要财富。所以，工人虽然主观上要维持生存，但客观上不具备继续成为工人的能力。因此，马克思的《巴黎手稿》一直不能从逻辑和历史两个维度澄清"异化劳动"究竟如何从市民社会中产生，无法解决黑格尔遗留的难题。这里的马克思与布雷（又译为"勃雷"）的观点很相似，布雷也承认市民社会原则对社会发展的作用，"1. 必须要有劳动。2. 必须要有过去劳动的积累，或资本。3. 必须要有交换"⑥。

---

① 马克思：《1844 年经济学哲学手稿》，人民出版社，2000，第 170 页。
② 马克思：《1844 年经济学哲学手稿》，人民出版社，2000，第 170 页。
③ 霍耐特：《自由的权利》，王旭译，社会科学文献出版社，2013，第 83~84 页。
④ 《马克思恩格斯文集》第 1 卷，人民出版社，2009，第 165 页。
⑤ 马克思：《1844 年经济学哲学手稿》，人民出版社，2000，第 175 页。
⑥ 约翰·勃雷：《对劳动的迫害及其救治方案》，袁贤能译，商务印书馆，1959，第 45 页。

而资本家"凭着骗人的不平等交换制度，天天在工人身上榨取"①。至于这种榨取如何历史地形成，他也只能含混地说一句，"我们姑且不管我们的社会何以会有了现在这样的状态……只管它在被发觉时就已如此，并且是可以改造和修正的就好了"②。所以，马克思与布雷、弗雷格、马尔萨斯等人的差异在于，放弃从贫困者"任性"的角度出发解释贫困成因。但是，他们又误判了"富裕贱民"（资本家）"任性"所能产生的现实影响，继而面临难以克服的理论障碍。

很快，马克思认识到，要想真正理解现实社会为何存在阶级压迫、为何源源不断地制造贫困，必须放弃市民社会原则式的历史解读路径。在《哲学的贫困》中，他找到了推动历史演进的真正物质基础，即"阶级对抗"。马克思指出，迄今为止，人类社会是依据"阶级对抗的规律而发展起来的"③，并把黑格尔意义上"一切人相互依赖全面交织"的市民社会，称为"资产阶级社会"，指出无产阶级和资产阶级的对抗，是资产阶级社会发展所依托的基本经济结构。早在《德意志意识形态》中，马克思就已持这样的观点："'市民社会'这一用语是在18世纪产生的，当时财产关系已经摆脱了古典古代的和中世纪的共同体。作为这样的市民社会，市民社会只是随同资产阶级发展起来的。"④ 在本句中，前两个"市民社会"指黑格尔意义上的市民社会，第三个"市民社会"指一个社会的经济基础。所以在马克思看来，黑格尔意义上的市民社会，仅实现了资产阶级而非全体市民成员的发展。

这时，马克思真正超越了黑格尔解读贫困成因的基本范式，并与蒲

---

① 约翰·勃雷：《对劳动的迫害及其救治方案》，袁贤能译，商务印书馆，1959，第53页。

② 约翰·勃雷：《对劳动的迫害及其救治方案》，袁贤能译，商务印书馆，1959，第23页。

③ 《马克思恩格斯全集》第4卷，人民出版社，1958，第104页。

④ *Marx-Engels-Gesamtausgabe*, Erste Abteilung, Band 5, De Gruyter Akademie Forschung, 2017, p. 115. 本文将"als solche"译为"作为这样的市民社会"，与《马克思恩格斯文集》译法不同。参见《马克思恩格斯文集》第1卷，人民出版社，2009，第582~583页。

鲁东、布雷等人划清了界限。蒲鲁东认为，"'这个阶级（消费阶级）是由一切阶级组成的，它的幸福就是公众的幸福，就是一个国家的繁荣。'不过，萨伊应该加上一句，就是生产阶级也是由一切阶级组成的，它的幸福也是公众的幸福"①。而整个社会则是通过分工与交换发展起来的，个体在市民社会原则的作用下，彼此都是互相独立却又相互关联的个体，不存在经济关系层面的结构性对抗。按照这样的理解，蒲鲁东的确可以"把一切生产者化为一个唯一的生产者，把一切消费者化为一个唯一的消费者"②，将社会抽象成一个"普罗米修斯"。整个社会就表现出这样一种发展路径："普罗米修斯开始劳动了……第一天，他的产品，即他的财富和福利便等于10。第二天，普罗米修斯实行了分工，他的产品便增加到100。从第三天起，普罗米修斯每天都发明一些机器……"③ 能够看出，他与布雷和早期马克思一样，都接受了黑格尔的市民社会原则。若延续这样的逻辑，资产阶级社会内部的阶级矛盾，必将最终被还原为个体间矛盾，而对工人阶级现实境遇的把握，亦将回到黑格尔的理论困境中无法自拔。所以，马克思犀利地指出："蒲鲁东先生使之复活的这个普罗米修斯究竟是什么东西呢？这就是社会，是建立在阶级对抗上的社会关系。这不是个人和个人的关系，而是工人和资本家、农民和地主的关系。"④ 那么黑格尔、蒲鲁东、布雷的市民社会原则从何而来？或者说"为什么该原理出现在11世纪或者18世纪，而不出现在其他某一世纪"⑤？在《〈政治经济学批判〉导言》中，马克思清楚地指出，该原理来自思想家对资产阶级社会运行方式的误解，是"18世纪的缺乏想象力的虚构"⑥。

---

① 蒲鲁东：《贫困的哲学》（上），余叔通、王雪华译，商务印书馆，1998，第84页。
② 《马克思恩格斯全集》第4卷，人民出版社，1958，第87页。
③ 蒲鲁东：《贫困的哲学》（上），余叔通、王雪华译，商务印书馆，1998，第100页。
④ 《马克思恩格斯全集》第4卷，人民出版社，1958，第135页。
⑤ 《马克思恩格斯全集》第4卷，人民出版社，1958，第148页。
⑥ 《马克思恩格斯文集》第8卷，人民出版社，2009，第5页。

到此，马克思终于成功地解决了黑格尔遗留下来的理论难题。因为，当"阶级对抗"成为这个社会的主导性原则并主宰着全部个体的意志与行为时，"压迫"便不是资本家以"任性"的方式施于工人的，"被压迫"也不是工人以"任性"的方式能够摆脱的。"压迫"使资本家成为资本家，是资产阶级的本质；"被压迫"使工人成为工人，是工人阶级的本质。如果用马克思《1861—1863年经济学手稿》中的语言概括，那就是，"工人本身，按其概念是赤贫者，是这种自为存在的、与自己的对象性相脱离的能力的化身和承担者"①；"与自己的对象性相脱离"指劳动能力与劳动资料的分离，是工人"被压迫"的经济条件，是"工人"概念的核心内涵；"赤贫"则是"工人"概念的直观表达。黑格尔的逻辑无法解释资产阶级社会如何从市民社会中产生，而马克思则宣告，市民社会其实不曾实现过，有的只是从古至今的阶级对抗，资产阶级社会也是从前一个阶级社会演变而来，它"分为两个阶段：第一是资产阶级在封建主义和君主专制的统治下形成为阶级；第二是形成阶级之后，推翻封建主义和君主制度，把旧社会改造成资产阶级社会"②，"封建主义也有过自己的无产阶级，即包含着资产阶级的一切萌芽的农奴等级"③。望月清司曾尝试在马克思的资产阶级社会之前，加入一个市民社会阶段："促使共同体发生变化的是共同体内部的分工和交往体系，它们却在'市民社会'中披上了私人所有的外衣，转变成普遍的社会关系，在资本家社会（市民社会的转变形态）又以'广泛的分工'即'大工业'的形式开花结果。"④ 即便暂且不对马克思的复杂文本进行细致讨论，单从黑格尔的理论困境及马克思对他的扬弃便可发现，望月清司的判断值得商榷。

那么，资产阶级社会中的"压迫"如何发生呢？马克思发现，"利润"和"工资"分别是资本家和工人取得收入的方式，不过它们共同地

---

① 《马克思恩格斯全集》第32卷，人民出版社，1998，第44页。
② 《马克思恩格斯全集》第4卷，人民出版社，1958，第196~197页。
③ 《马克思恩格斯全集》第4卷，人民出版社，1958，第154页。
④ 望月清司：《马克思历史理论的研究》，韩立新译，北京师范大学出版社，2009，第500页。

来自工人的劳动，这正是资本家可以在不付出劳动的情况下就获得财富（"压迫"）的经济原因。布雷认为，在交易中，"资本家和业主们对于工人的一星期的劳动，只付出了资本家从工人身上在一星期中所获得的财富的一部分"。① 从字面上看，布雷似乎与马克思得到了非常类似的结论。在他们看来，工人付出了一周的劳动却没有获得对等的回报，而只得到了其中的"一部分"，因为工人的部分劳动成果，以"利润"的形式被资本家据为己有。当然，到了《资本论》中，马克思更清晰地指出，工资实际是工人劳动力的价值，即"用来生产或再生产工人本身的费用"②，而"资本家总是使劳动力执行职能的时间超过再生产劳动力本身的价值所需要的时间"③，超过的部分成了资本家的私有财产。不过，与马克思不同，布雷意义上的剥削仍旧立足于资本家的"任性"，而非对资本家阶级身份的揭示，所以他没有达到《哲学的贫困》的水平，更无法企及《资本论》的高度。

当马克思以"阶级对抗"的立场认知贫困问题时，贫困者精神意识的变化，便不再如黑格尔所言，经历从"正直、自尊"到"贱民精神"④ 的过程，而发生着从"利己主义"到"阶级意识"的演进。马克思认为："经济条件首先把大批的居民变成工人。资本的统治为这批人创造了同等的地位和共同的利害关系。所以，这批人对资本说来已经形成一个阶级，但还不是自为的阶级。"⑤ 因为，"竞争把他们的利害关系分开"，工人只关心各自的私利，反抗资本家的"最初目的只是为了维护工资"⑥，他们仍旧被"利己主义"精神支配，在资产阶级的压迫下委曲求全。但是很快，工人在大工业的发展中逐渐联合起来，面对资产阶

---

① 约翰·勃雷：《对劳动的迫害及其救治方案》，袁贤能译，商务印书馆，1959，第52页。

② 《马克思恩格斯文集》第5卷，人民出版社，2009，第617页。

③ 《马克思恩格斯文集》第5卷，人民出版社，2009，第618页。

④ *G. W. F. Hegel-Gesammelte Werke*, Band 26, 2, Felix Meiner Verlag, 2015, p. 994.

⑤ 《马克思恩格斯全集》第4卷，人民出版社，1958，第196页。

⑥ 《马克思恩格斯全集》第4卷，人民出版社，1958，第196页。

级日益深重的压迫，"维护自己的联盟，就比维护工资更为必要……维护的利益变成阶级的利益"①。工人把斗争的矛头自觉指向了资产阶级，形成了"阶级意识"②，成为"自为的阶级"。对这一历史进程，马克思曾在《1857—1858年经济学手稿》中予以清晰概括："否定雇佣劳动和资本的那些物质条件和精神条件本身则是资本的生产过程的结果。"③

黑格尔之所以把贫困者对市民社会原则的反叛情绪称为"任性"，究其根本在于，他认为贫困者没有看到市民社会承认并发展着他的个人利益，误解了市民社会原则的本质。在1821~1822年的《法哲学讲义》中，黑格尔指出，社会成员"不可或缺的"要素，"可以在医院中找到。……如果大量群体低于这一尺度，贱民就会产生"④。黑格尔或许认为他已经把"社会成员所必需"这一标准降得很低，不过亦如他所言，"为特异化了的需要服务的手段和满足这些需要的方法也细分而繁复起来了……至于无穷"⑤。所以分工的发展是没有界限的，贫困者的私人所得在持续降低的过程中势必要低于医院所能给予的财富值。基于生理、心理等正常的生物学反应，贫困者沦为"贱民"具有很大程度的必然性，"贱民精神"也因而真实呈现出市民社会分工体系对劳动者的摧残。维尔·埃克（Wilfried Ver Eecke）认为，黑格尔其实已经看到了"这个事实，即贫困大量存在，并且来自个体能掌控范围之外的偶然现象"⑥。不过，恐怕是出于保护市民社会原则的需要，作为对市民社会的反叛，"贱民精神"的合理性始终没有被黑格尔承认。

---

① 《马克思恩格斯全集》第4卷，人民出版社，1958，第196页。

② 卢卡奇认为，工人阶级的阶级意识是对自身历史生成和时代使命的客观把握。参见卢卡奇《历史与阶级意识——关于马克思主义辩证法的研究》，杜章智、任立、燕宏远译，商务印书馆，1992，第228页。

③ 《马克思恩格斯全集》第31卷，人民出版社，1998，第149页。

④ *G. W. F. Hegel-Gesammelte Werke*, Band 26, 2, Felix Meiner Verlag, 2015, pp. 753-754.

⑤ 黑格尔：《法哲学原理》，范扬、张企泰译，商务印书馆，1961，第206页。

⑥ Wilfried Ver Eecke, *Ethical Dimensions of the Economy*, Springer Verlag, 2008, p. 172.

可以这样概括：黑格尔虽然声称市民社会尊重人的特殊性差异，承认人的独立地位，但默许了市民社会对贫困者的压榨；马克思虽然宣告资产阶级社会就是建立在对贫困者剥削的基础上，但也因此为工人阶级推翻资产阶级统治、改变人类命运，寻找到坚实的物质根基。事实往往是血淋淋的，令人难以接受，但资产阶级社会的历史终究不是田园诗式的，而是在阶级斗争中诞生、发展，并把所有人裹挟其中。当然，分析贫困成因远不是目的本身，只有在此基础上指明人类摆脱贫困的路径，才能真正以思想引领现实，而那将是一个更复杂且更富现实意义的历史课题。

第三编　马克思恩格斯列宁思想

论马克思哲学的生成性本质[*]

韩庆祥

1978 年以来，我国哲学界就生成论这一论题展开了学术探讨，有些学者提出了一些独到而又有启发性的见解，深化了马克思主义哲学研究。至今，有些学者不大了解马克思主义哲学的生成论思想及其实质，导致在某些重大理论和实践问题上存在一些模糊认识。这表现在：有的从本本主义出发，有的从西方标准和范式出发，来剪裁中国实践，对我国改革开放和社会主义现代化建设实践进行主观裁定，并对我国改革开放和中国特色社会主义产生某种质疑。产生这种模糊认识的深层根源之一，主要在于对马克思所实现的哲学变革及其本质特征缺乏全面深入的理解，没有深刻认识到马克思哲学的生成性本质。

一　马克思实现哲学变革的实质

自从古希腊哲学家苏格拉底提出"认识你自己"这一重大论题以来，西方一些哲学家就一直在追问"人是什么"并给出了诸多答案。答案种种，但有一个共同点，即是按照"是"和"是其所是"的思维方式来回答的：它首先预先抽象地设定人人都具有某种共同的本质，然后认为现实的人都是这种本质的具体体现。这里，人是被预先规定为一种确定性、既成性的存在，人是从某种抽象的共同的"是"来规定的。这实质上是一种预成论或既定论的思维方式。这种思维方式的合理性在于：它注重"确定性""普遍性""共同性""稳定性"。然而，这种思

---

[*]　本文原载于《学术界》2019 年第 2 期，收入本书时有改动。

维方式的根本缺陷，就在于它忽视事物和对象的"不确定性""特殊性""历史性""未完成性""开放性"，要言之，忽视其生成性。它注重"是"却忽视"成为"是；它注重"成"却忽视"生"成，它注重"非此即彼"，即在是与非是之两极对立中进行思考，是就是是，不是就是不是，不能既是又不是，却忽视了"历史生成"；它注重"固定性"却忽视了"发展性"、"未完成性"和"开放性"；它注重"普遍性"却忽视了"特殊性"。大体来说，近代西方的知识论和形而上学大都属于这种思维方式。正如恩格斯所指出的，形而上学的思维方式，"不是从运动的状态，而是从静止的状态去考察；不是把它们看做本质上变化的东西，而是看做固定不变的东西；不是从活的状态，而是从死的状态去考察"①。

德国古典哲学虽然具有"生成性"思维方式的因素，如黑格尔的作为推动原则和创造原则的否定性辩证法的伟大之处，首先在于把人的自我产生看作一个过程，他抓住了劳动的本质，把现实的人因而是真正的人理解为他自己劳动的结果。黑格尔还指出，真理就是它自己的完成过程。但是，他只看到劳动的积极的方面，而没有看到它的消极的方面，他唯一知道并承认的劳动是抽象的精神的劳动。②

在西方，生成性思维是一个哲学范畴，它首要是针对知识论、形而上学所蕴含的既定性思维而出场的。马克思实现哲学变革的实质，就是从预成性思维方式或既成性思维方式转向生成性思维方式。这种变革，实质上就是哲学变革。马克思在继承唯物主义的前提下，把实践、历史和辩证法引入哲学、引入唯物主义，把运动、发展、变化引入哲学思维，注重哲学的实践性、历史性和辩证性，强调事物和对象的实践性、历史性和辩证性，认为不存在永恒不变的共同的普遍的本质，一切事物都处在实践的、历史的、辩证的生成过程之中，并在实践、历史、现实展开的运动发展过程中生成自身。这正是实践唯物主义、历史唯物主义、辩证唯物主义的实质所在和本质特征。就是说，马克思所实现的哲学变革，

① 《马克思恩格斯选集》第 3 卷，人民出版社，2012，第 396 页。
② 《马克思恩格斯全集》第 3 卷，人民出版社，2002，第 320 页。

主要在于在继承唯物主义前提下，把实践原则、历史原则和辩证原则引入唯物主义，所实现的是对唯物主义的哲学变革。这里，实践的本质，就是人类在改造世界中不断推进创新，其实质就是一种"生成性"；历史的本质，就在于它是由一个个连续的"生成"而构成，其实质也是一种"生成性"；辩证法的本质，在于它是批判的、革命的，在于它是在超越、否定现存的事物中不断推进事物的发展、变化，其实质还是一种"生成性"。概言之，"生成性"或"生成性思维"，就是实践唯物主义、历史唯物主义、辩证唯物主义所共有的实质和本质，或者说，实践唯物主义、历史唯物主义、辩证唯物主义的共同实质和本质特征，就是"生成性"或"生成性思维"。

二　马克思哲学的生成性本质之证明

马克思哲学的生成性本质，在他的学说体系中充分地呈现出来了。

（一）哲学：从形而上学走向实践的、历史的、辩证的哲学

马克思哲学的生成性思维，较早呈现于《1844 年经济学哲学手稿》。这主要是通过对"劳动"的阐述来展现的。马克思指出："历史的全部运动，既是它的现实的产生活动——它的经验存在的诞生活动，——同时，对它的思维着的意识来说，又是它的被理解和被认识到的生成运动。"① 这里，"运动""产生""生成"都表达的是历史的生成，尤其是在这里就直接、明白地使用了"生成"的概念。马克思又进一步明确强调指出："对社会主义的人来说，整个所谓世界历史不外是人通过人的劳动而诞生的过程，是自然界对人来说的生成过程。"② 这里，马克思直接且鲜明地使用"劳动诞生过程""生成过程"来更为明确地表达人的活动的生成性与世界历史的生成性。显然，在马克思那里，他明确使用"生成"概念来揭示和表达历史的生成性本质。就是说，在马克思看来，

---

① 《马克思恩格斯全集》第 3 卷，人民出版社，2002，第 297 页。
② 《马克思恩格斯全集》第 3 卷，人民出版社，2002，第 310 页。

历史的全部运动在本质上就是其现实的生成过程，世界历史就是人的劳动的诞生过程，人就是其全部活动和历史的全部运动的结果。

在《关于费尔巴哈的提纲》中，马克思强调："社会生活在本质上是实践的。凡是把理论诱入神秘主义的神秘东西，都能在人的实践中以及对这种实践的理解中得到合理的解决。"① 就是说，要理解和把握社会生活，要从本质上理解和把握人的实践。而人的实践，既是一种感性的、对象化的活动，同时又是一种历史过程，在这种生成性过程中，具有神秘主义性质的神秘的东西能得到合理的解释和解决。这里实际上讲的是"实践的生成"。

在《德意志意识形态》中，马克思对生成性思维作出更为明确而深入的阐述。马克思强调："个人怎样表现自己的生命，他们自己就是怎样。因此，他们是什么样的，这同他们的生产是一致的——既和他们生产什么一致，又和他们怎样生产一致。因而，个人是什么样的，这取决于他们进行生产的物质条件。"② 其中所讲的"生命""生产"，就是一种生成性过程，人就是在这种生成过程中得以表现和实现的。马克思又指出，他研究历史的基本前提是人，"但不是处在某种虚幻的离群索居和固定不变状态中的人，而是处在现实的、可以通过经验观察到的、在一定条件下进行的发展过程中的人。只要描绘出这个能动的生活过程，历史就不再像那些本身还是抽象的经验主义者所认为的那样，是一些僵死的事实的汇集，也不再像唯心主义者所认为的那样，是想象的主体的想象活动。在思辨终止的地方，在现实生活面前，正是描述人们实践活动和实际发展过程的真正的实证科学开始的地方"③。这里，马克思反对"固定不变"和"僵死事实"，"绝不提供可以适用于各个历史时代的药方或公式"④，注重历史的"发展过程"和"生活过程"，这种"发展过程"和"生活过程"，实质上讲的就是历史的生成性本质。在讲到"人"

---

① 《马克思恩格斯选集》第1卷，人民出版社，2012，第139~140页。
② 《马克思恩格斯选集》第1卷，人民出版社，2012，第147页。
③ 《马克思恩格斯选集》第1卷，人民出版社，2012，第153页。
④ 《马克思恩格斯选集》第1卷，人民出版社，2012，第153页。

的时候，马克思强调指出，人的"'解放'是一种历史活动"①。这是从"历史活动"角度来理解人的解放，是一种生成性思维。马克思还指出："哲学家们在不再屈从于分工的个人身上看到了他们名之为'人'的那种理想，他们把我们所阐述的整个发展过程看做是'人'的发展过程，从而把'人'强加于迄今每一历史阶段中所存在的个人，并把'人'描述成历史的动力。这样，整个历史过程就被看成是'人'的自我异化过程，实质上这是因为，他们总是把后来阶段的一般化的个人强加于先前阶段的个人，并且把后来的意识强加于先前的个人。借助于这种从一开始就撇开现实条件的本末倒置的做法，他们就可以把整个历史变成意识的发展过程了。"② 这里，马克思用"历史发展阶段"来理解人的生成性本质，体现的也是一种生成性思维方式。在讲到共产主义的时候，马克思又强调："共产主义对我们来说不是应当确立的状况，不是现实应当与之相适应的理想。我们所称为共产主义的是那种消灭现存状况的现实的运动。这个运动的条件是由现有的前提产生的。"③ 这里讲的是共产主义的生成性。概言之，这里马克思运用生成性思维，揭示了历史发展、人的发展、共产主义运动的生成性本质。关于历史的"生成"，他强调历史发展的过程性；关于"人的生成"，他反对固定不变状态中的人，反对把整个发展过程看作是"人"的发展过程，主张把人看作是通过其进行生产的物质条件而生成的；关于"共产主义的生成"，他把共产主义看作是由现实的运动而生成的，强调共产主义是由现有的前提产生的现实的运动。总之，马克思要建立的唯物主义历史观，就是一种注重实践活动和实际发展过程的科学，这种科学反对可以提供适用于各个历史时代的药方或公式，认为一切从人类历史发展的考察中抽象出来的最一般的思想观念，若离开了现实的历史就没有任何价值。可以说《德意志意识形态》是马克思恩格斯关于生成性思维的一部代表性著作。

---

① 《马克思恩格斯选集》第 1 卷，人民出版社，2012，第 154 页。
② 《马克思恩格斯选集》第 1 卷，人民出版社，2012，第 210~211 页。
③ 《马克思恩格斯选集》第 1 卷，人民出版社，2012，第 166 页。

（二）经济学：从抽象公式到具体过程

马克思在经济领域创立政治经济学，同样确立的是生成性思维，运用的是生成论。在《1844年经济学哲学手稿》中，马克思明确指出，国民经济学"把私有财产在现实中所经历的物质过程，放进一般的、抽象的公式，然后把这些公式当做规律。它不理解这些规律，就是说，它没有指明这些规律是怎样从私有财产的本质中产生出来的"①。显然，这里，马克思明确反对的是"削足适履"，即用一般的、抽象的、永恒不变的公式来剪裁私有财产在现实中所经历的物质过程，鲜明地强调要"根据脚选择合适的鞋"，即建立一种从经济事实出发说明"私有财产在现实中所经历的物质过程"，再从私有财产在现实中所经历的物质过程来揭示私有财产的运动规律的经济学，进一步说明私有财产的运动规律是从私有财产的本质中产生出来的。显然，这里，马克思强调私有财产在现实中的物质过程生成了私有财产的运动规律。

在《德意志意识形态》中，马克思恩格斯把历史的生成原则引入经济学，从历史生成角度，分析了生产、生产力、交往形式、分工、所有制形式等经济学的基本问题。马克思恩格斯强调，生产、生产力、交往形式、分工、所有制形式等，都是从现实个人的物质生活过程中产生或生成的，都要到现实个人的生活过程中得到说明。他们说，他们所确立的历史观的前提是现实的个人，现实的个人是有生命的个人，有生命的个人是具有肉体组织需要的个人，为了满足个人肉体组织的"衣食住行"等物质生活需要，人们才去从事物质生产，物质生产不仅是有分工的，而且物质生产蕴含着生产力和交往形式（后来确定为生产关系）。因此，分工不过是现实个人的活动的社会形式，社会结构是从一定的个人的生活过程中产生的。这里，马克思恩格斯是从现实个人的物质活动的生成过程来说明经济学的一些基本事实和基本范畴的。

在《共产党宣言》中，马克思恩格斯运用唯物史观的历史原则和历史生成思维，解释和分析了资本和劳动内在矛盾的历史发展过程，揭示

---

① 《马克思恩格斯选集》第1卷，人民出版社，2012，第49~50页。

了资本占有劳动并控制社会的现实逻辑和历史逻辑，揭示了人类历史发展的一般规律和资本主义社会发展的规律，得出了资本主义必然灭亡、社会主义必然胜利的结论。

马克思的《资本论》，首先是揭示历史的逻辑，是从历史的逻辑来把握经济学问题与经济学范畴。其总体思路，就是从具体的、历史的经济活动发展过程中抽象出经济学范畴、理论，而不是相反。这就是说，在马克思的政治经济学中，一切经济问题及其反映经济问题的经济学范畴、理论，都要放在历史发展过程中来理解和把握，而不是相反，即用某种固定不变的经济学范畴和理论来裁定经济发展过程。首先，马克思从"商品"这一资本主义社会最基本的细胞出发，历史地和逻辑地揭示出商品的使用价值和价值的矛盾，这是商品"生成"出来的。其次，马克思从商品的使用价值和价值的矛盾中，历史地和逻辑地揭示出具体劳动和抽象劳动的矛盾，认为使用价值和价值的矛盾是由劳动"生成"出来的，具体劳动"生成"使用价值，抽象劳动"生成"价值。最后，马克思从具体劳动和抽象劳动的矛盾中，历史地和逻辑地揭示出私人劳动和社会劳动的矛盾，再从私人劳动和社会劳动的矛盾运动中，揭示出生产资料私人占有和生产的社会化之间的矛盾，进一步揭示出无产阶级和资产阶级的矛盾。显然，在这里，马克思运用的是历史生成和逻辑生成，来分析和揭示资本主义社会的内在矛盾运动过程。正因如此，恩格斯说："历史从哪里开始，思想进程也应当从哪里开始。"[①]

（三）社会主义学说：把社会主义建立在现实的基础上

空想社会主义之所以是空想，主要在于它既不是根据对现实社会和历史发展进程的考察提出"理想目标"，也不是根据现实社会和历史发展规律来提出理想目标的"实现路径"，而是从抽象的人性出发设定社会主义的一般原则，再用这种抽象的一般原则来剪裁具体的历史，把历史看作是这种抽象的一般原则发展的历史。要言之，空想社会主义之所以是"空想"，就在于它提出的理想目标和实现路径不是基于"历史的

---

① 《马克思恩格斯选集》第2卷，人民出版社，2012，第14页。

生成"，而主要是基于"抽象人性"。马克思恩格斯把生成性原则和生成性思维引入对社会主义的考察、理解和把握，力求克服空想社会主义的历史局限，把社会主义建立在"现实"的基础上。恩格斯指出："为了使社会主义变为科学，就必须首先把它置于现实的基础之上。"① 这里的"现实"，就是现实的人、现实的物质生产、当时资本主义社会发展的现实境况、人类历史发展的进程和规律。显然，这里的"现实"是生成性的现实，而不是抽象的现实。恩格斯在1890年8月写给奥托·伯尼克的信中指出："所谓'社会主义社会'不是一种一成不变的东西，而应当和任何其他社会制度一样，把它看成是经常变化和改革的社会。"② 这就是说，社会主义并非"某个天才头脑的偶然发现"，而是"无产阶级和资产阶级之间斗争的必然产物"；社会主义的任务不仅是构想完美的社会体系，社会主义者还要"研究必然产生这两个阶级及其相互斗争的那种历史的经济的过程；并在由此造成的经济状况中找出解决冲突的手段"③；社会主义不是一成不变的社会，而是经常变化和改革的社会。这就是说，社会主义社会是处在"不断生成过程"中的社会。恩格斯批评形而上学那种"既成性"的思维方式，指出："他们在绝对不相容的对立中思维；他们的说法是：'是就是，不是就不是；除此以外，都是鬼话。'在他们看来，一个事物要么存在，要么就不存在；同样，一个事物不能同时是自身又是别的东西。"④ 这种思维方式看到事物的固定不变的"存在"，却忘记它们在"生成和消逝"。就是说，形而上学的思维方式是排斥"生成性"思维的，而与之对立的辩证思维是在本质上确立"生成性"思维的。恩格斯强调，辩证法在考察事物时，本质上是从它们的产生和消逝方面去考察的，它不断地注视生成和消逝之间、前进的变化和后退的变化之间的普遍相互作用，它把整个自然的、历史的和精神的世界描写为一个过程。现代唯物主义也把历史看作是人类的发展过程。⑤

---

① 《马克思恩格斯选集》第3卷，人民出版社，2012，第394页。
② 《马克思恩格斯选集》第4卷，人民出版社，2012，第601页。
③ 《马克思恩格斯选集》第3卷，人民出版社，2012，第796页。
④ 《马克思恩格斯选集》第3卷，人民出版社，2012，第791页。
⑤ 《马克思恩格斯选集》第3卷，人民出版社，2012，第397~399页。

这里所讲的"产生和消逝""生成和消逝""前进的变化和后退的变化""过程",本质上就是"生成性"思维。为说明这一点,恩格斯引用赫拉克利特的观点:一切都存在,而又不存在,因为一切都在流动,都在不断地变化,不断地生成和消逝。① "既在又不在""流动""变化""生成和消逝",实质上讲的就是事物的"生成性"过程,甚至恩格斯就直接使用了"生成"这一概念,而且多次使用这一概念。显然,恩格斯是从生成性思维来理解和把握社会主义的。

晚年马克思着重思考关于跨越"卡夫丁峡谷"的问题时所提出的东方社会道路理论,也充分且鲜明地运用了生成性思维。1867年,在《资本论》第1卷出版后,俄国学者正在考虑俄国废除奴隶制后向何处去的问题。他们对《资本论》中所提出的由封建生产方式向资本主义生产方式转变的历史必然性与俄国农村公社的命运,以及俄国社会的发展道路等问题,展开了激烈争论。1881年初,俄国革命民主主义者查苏利奇致信马克思,希望马克思能说明对俄国农村公社的发展命运,以及对世界各国由于历史必然性,都应经过资本主义生产各阶段的理论的看法。马克思为给查苏利奇回信,先后写了一稿、二稿、三稿和四稿,最后把第四稿作为给查苏利奇的正式回信。在第三稿中,马克思对能否不通过资本主义制度的"卡夫丁峡谷",基本上作出了"肯定性"回答,即可以不通过资本主义制度的"卡夫丁峡谷"。但这种肯定是有前提条件的,即"暂且不谈俄国公社所遭遇的灾难,只来考察一下它的可能的发展"②。"可以不通过"只是一种可能性,这表明马克思在该问题上还没有作出最后的肯定性结论。再经过认真深入的思考,马克思在正式回信的最后一稿中,就根本没有提及"可以不通过资本主义制度的卡夫丁峡谷",而只是根据俄国农村公社当时的公有制基础,作出了"这种农村公社是俄国社会新生的支点"的判断。③ 这就表明:第一,马克思对俄国农村公社是否可以不通过资本主义制度的"卡夫丁峡谷"问题确实进

---

① 《马克思恩格斯文集》第9卷,人民出版社,2009,第23页。
② 《马克思恩格斯选集》第3卷,人民出版社,2012,第837页。
③ 《马克思恩格斯选集》第3卷,人民出版社,2012,第840页。

行过认真思考，但在最后一稿并没有作出俄国农村公社可以不通过"卡夫丁峡谷"的判断。应当说，最后一稿，是马克思所形成的最终思想的真实表达。这说明马克思对该问题的考虑是特别慎重的。马克思逝世后，针对"跨越论"者、俄国农民社会主义的代表人物赫尔岑所提出的"俄国公社可以使腐朽的、衰老的西方返老还童和得到新生"的观点，恩格斯指出："较低的经济发展阶段解决只有高得多的发展阶段才产生了的和才能产生的问题和冲突，这在历史上是不可能的。……每一种特定的经济形态都应当解决它自己的、从它本身产生的问题；如果要去解决另一种完全不同的经济形态的问题，那是十分荒谬的。"① 恩格斯的论述蕴含着深刻的历史生成性思维。第二，根据马克思致查苏利奇的四封信可以看出，马克思所思考的不通过资本主义制度的"卡夫丁峡谷"思想是有前提条件的：一是俄国农村公社土地公有制的存在。即俄国农村公社"可以通过发展它的基础即土地公有制和消灭它也包含着的私有制原则来保存自己；它能够成为现代社会所趋向的那种经济制度的直接出发点，不必自杀就可以获得新的生命"②。这是"可以不通过卡夫丁峡谷"的基础和前提。二是资本主义现代化大生产的存在。即俄国农村公社"和资本主义生产的同时存在为它提供了集体劳动的一切条件。它有可能不通过资本主义制度的卡夫丁峡谷，而占有资本主义制度所创造的一切积极的成果"③。这是"可以不通过卡夫丁峡谷"的充分且必要的直接条件。这两个条件十分重要，没有土地公有制的前提条件，没有资本主义现代化大生产所提供的集体劳动的充分且必要条件，所谓的"不通过"就无从谈起。这实际上就是说，俄国农村公社不具备跨越资本主义"卡夫丁峡谷"的历史生成性条件。因为这两个条件是基于历史生成性思维提出的，是历史生成出来的条件，是历史生成性条件。这充分表明：关于俄国农村公社能否跨越资本主义的"卡夫丁峡谷"问题，马克思是直接运用生成性思维来进行思考分析并得出结论的。

----

① 《马克思恩格斯选集》第 4 卷，人民出版社，2012，第 312~313 页。
② 《马克思恩格斯选集》第 3 卷，人民出版社，2012，第 826 页。
③ 《马克思恩格斯选集》第 3 卷，人民出版社，2012，第 828~829 页。

三　马克思哲学的生成性本质之基本内涵

那么，究竟什么是"生成性思维"？生成性思维的基本内涵是什么？我们先从本体论谈起。

要理解和把握生成性思维，首先要理解和把握任何事物和对象所具有的基本规定。任何事物和对象都具有三种基本规定：自在规定、关系规定和过程规定。事物的"自在规定"，是指任何事物和对象都具有其原初的质的规定或本质规定，离开这一质或本质，这一事物就不成其为这一事物了。本质，就是一个事物之所以成其为这一事物的根据，这一根据存在了，这一事物就存在了，这一根据不复存在，这一事物也就不存在了。但这种本质只是抽象的设定，它既是在具体的历史发展过程中抽象出来的（从具体到抽象），又要在具体的历史发展过程中得以展现和实现（从抽象到具体）。如一个人是"人"，他既然是"人"，就具有作为"人"的原初规定性，如从事生产劳动，是一切活动的主体或主体承担者，进行思考，有思想等等。这就是他作为"人"的自在规定。这样的人，实质上一种抽象的人，其规定性是从具体的人的历史发展过程中抽象出来的，离开具体人的历史发展过程，这些抽象毫无意义。不仅如此，这种规定性都是抽象的一般，都只有在具体的人的历史发展过程中才能实现。其实现方式、实现程度和实现状态，取决于具体的历史发展过程及其实现条件。本质，只规定存在发展的方向，但"存在"却决定着本质的实现方式、实现道路与实现程度、实现状态。事物也具有"关系规定"。任何事物和对象都处在这样或那样的关系中，在不同的关系中，便具有不同的规定性。关于人，马克思认为，就其现实性来讲，是一切社会关系的总和。就是说，社会关系是什么样的，人就是什么样的，人处在什么样的社会关系中，就是什么样的人。因为人在不同的社会关系中，便承担不同的社会角色，具有不同的社会身份。你处在与上级领导的关系中，你就是下属，就要服从领导安排；你处在与下属的关系中，你是领导，就要发挥"领导"作用；你是父亲，就要带好孩子；你是丈夫，就要关爱妻子。关系规定实质上是一种"现实性"规定，表明你是现实的人，你作为现实的人，受各种社会关系规定，被各种社会关系制约。事物还具有"过程规定"。"过程规定"是指任何事物都是未完成的、开放性的，都处在历史发展变化过程中，都是在其历史发展过程中获得其规定性的，历史方位和历史阶段不同，其规定性就有所不同。比如同一个"人"，他具有"人"的规定性，不管多大岁数，他都是"人"，但2岁的这个人、20岁的这个人、50多岁的这个人、70多岁的这个人，是具有不同历史内涵的这个人。70多岁的这个人是一位著名专家，而2岁多的这个人还在牙牙学语。

生成性思维注重事物的过程规定，事物的过程规定，是生成性思维存在的本体论依据。

具体展开来说，生成性思维具有七个层面内涵。

第一，生成性思维关注现实生活世界及其现实发展逻辑，反对主观主义和本本主义。生成性思维不忽视理想的世界，但首要注重现实生活世界及其现实发展逻辑。理想的世界难以用时间、空间来把握，具有不可视性，而现实生活世界是可以用时间、空间、条件来理解和把握的，是可以看得见的。生成之"生"为出现和发展过程，生成之"成"为结果，因而生成是在现实生活世界及其现实逻辑中的生成，可以用时间、空间和条件来衡量。一切生成，首先是在现实生活世界及其现实发展逻辑中的生成。关注现实生活世界及其现实发展逻辑，便使生成性思维建立在坚实的现实的基础上。其实质，就是遵循事物发展的现实逻辑，强调现实是研究事物的出发点，原则只是研究事物的结果，注重生活公式高于书本公式，注重从现实出发，即从时间、空间、条件出发规定事物。

第二，生成性思维注重实践进程及其实践发展逻辑，反对以抽象设定理解和把握事物发展。社会生活在本质上是实践的，现实生活世界在本质上也是实践的。生成性思维绝不轻视理论发展进程，但首要重视实践进程及其实践发展逻辑。现实生活世界具有自身的现实进程及其发展逻辑，不过这是自发的，人的实践活动参与其中，现实生活世界的现实进程及其发展逻辑就显示出自觉性。因为现实生活世界是人的实践活动的人化、外化、对象化。人的实践活动是一种感性活动，因而实践发展进程便具有感性直观性；人的实践是一种活动，它总是在推动事物发展，因而实践发展进程便具有生成性。生成，是实践发展进程的生成，理解和把握了实践发展逻辑，也就找到了生成的逻辑。生成性思维注重实践进程及其实践发展逻辑，其实质，就是遵循事物发展的实践逻辑，强调事物是在人的实践发展过程中生成的，要注重从人的实践出发规定事物，要用实践生成规律取代所谓预定的先验规律。

第三，注重历史进程及其历史发展逻辑，反对历史虚无主义。人类历史是人类活动的历史，人是历史的剧作者。注重人类实践活动，就必然重视人类历史。"历史"本身就是一种生成，是生成而形成的历史，没有生成便没有历史。历史是可以衡量和把握的，它可以从"时间"（如历史时间，即历史阶段、历史方位、历史时期等）、"空间"（如中国、西方等）来衡量和把握。历史发展进程是连续性和阶段性的统一，其连续性和阶段性蕴含着"生成"。历史发展进程蕴含着历史发展的逻辑即历史逻辑，生成性思维的核心，就是要理解和把握历史发展进程所蕴含的历史逻辑。其实质，就是遵循事物发展的历史逻辑，注重从历史出发规定事物。

第四，注重事物存在发展的现实条件，反对脱离现实条件抽象地谈论事物的存在发展。注重事物的现实性、实践性、历史性，实际上是说事物的存在和发展都是有现实条件的，是受现实条件制约的，是以现实条件为转移的。事物不仅在时间、空间中存在和发展，也在条件中存在和发展，"时间""空间""条件"的存在，才使事物的存在和发展具有了现实性、实践性和历史性，才使事物具有具体性而不是抽象性。条件，是研究事物的生成性所必须考虑的。我们讲生成性思维，其实质，就是要注重事物存在、发展的现实条件。

第五，注重实现理想的现实基础、现实条件和现实运动，反对空想主义和先验主义。理想和现实是一对范畴，谈现实定会联系理想。生成性思维谈论理想，注重的是实现理想的现实基础和现实运动，注重的是理想的生成、理想的规定和理想的实现。不谈理想的生成、理想的规定和理想的实现，理想就是空想。要谈理想的生成、规定和实现，就必须把它置于现实发展的内在必然性之中，要实现理想，就必须把它建立在现实的基础上，依靠现实的运动来推动和实现理想。要言之，理想属于"应然"，只规定"实然"所应达至的应然方向，并不具体确定"实然"所走的具体道路，"实然"的具体道路是根据现实条件、实践条件和历史条件确定的。因而，要把"应然"建立在"实然"的基础上。空想社会主义之所以是空想，就在于它离开了现实基础。马克思恩格斯之所以把社会主义由空想变为科学，就在于他们把理想以及共产主义理想建立在现实的基础上，在于把共产主义看作是由现实条件决定的现实的运动，在于根据现实条件、实践发展和历史进程确定理想目标和实现路径。注重实现理想的现实基础、现实条件和现实运动，其实质，就是要注重基于现实逻辑和现实基础来理解和把握理想的生成和实现。

第六，注重事物在其历史发展进程中的内在的自我生成，反对教条主义。形而上学强调"是"，马克思哲学的生成性思维也注重"是"，但更注重"成为是"，注重"是"的成为和"是"的发展。形而上学强调"是"，强调"是"就是"是"，"不是"就是"不是"，不能说既"是"又"不是"。这种既定性或既成性思维方式否认事物的存在和发展有一个生成过程，否定事物作为过程而存在。这样来看待事物，事物就永远是静止的、永恒的、一成不变的。生成性思维对事物的理解，是从运动和静止、连续性和阶段性的统一进行的。它既从相对确定性、阶段性角度理解和把握事物，认为事物有相对静止的一面，有其质的规定性，同时又从不确定、连续性角度理解和把握事物，认为事物又具有运动的一面，任何事物时时刻刻都处在运动、发展、变化过程之中，没有绝对静止不动和永恒不变的事物。生成性思维甚至认为，事物的静止是运动中的静止，"人不能同时踏进同一条河流"。生成性思维认为，事物的相对"静止"的"质"的规定性，都是在过程中被确定并赋予新的内涵的，离开历史过程，事物的"静止"的"质"的规定性都是抽象的，是不可具体感知和不可捉摸的。因而，生成性思维注重事物的自我"生成性"，它不否认"是"，但更注重事物自身"成为是"，即注重事物自身如何成其为或生成为"是"。

第七，注重事物之间的环环紧扣、因果关联和内在生成。生成性思维注重实践、现实、历史发展过程中各个环节在生成性上的"环环相扣"或环环相扣的生成性，这种环环相扣的内核是因果关联，因果关联的内核是内在生成。如注重教育有助于促进就业，促进就业有助于解决吃饭、住房和看病等问题。

从总体来讲，生成性思维所主张的"生成"，主要包括实践生成、历史生成、辩证性生成、自我生成和因果生成。由此，生成性思维可从五个层面来理解：一是实践生成，即在实践过程中生成，可称为"实践即生成"；二是历史生成，即在历史过程中生成，可称为"历史即生成"；三是辩证性生成，即在超越现实、交互作用、发展过程中的生成，可称为"辩证即生成"；四是自我生成，即事物自身是在自我超越、自我发展过程中的生成，可称为"自我生成"；五是因果生成，即事物因必生果的生成，可称为"因果即生成"。实践、历史、辩证法、自我发展、因果，都属于生成性思维的核心范畴。生成性思维强调事物的实践性存在、历史性存在、辩证性存在、自我发展的存在和因果性存在，把实践、历史、辩证法、自我发展、因果当作解释原则，用实践原则、历史原则、辩证原则、自我发展原则和因果原则解释事物、解释存在、解释发展，把事物的存在作为实践中的生成、历史中的生成、辩证性的生成、自我发展的生成和因果性的生成，尤其强调实践地、历史地、辩证地、自我发展地、因果联系地看待历史。其实质，就是将实践原则、历史原则、辩证原则、自我发展原则、因果关系原则引入世界观和方法论。其核心和精髓，就是要在特定的具体的时间、空间和条件中理解具体的实践、具体的现实、具体的历史的内生性，理解事物和对象的历史内在逻辑；它强调并注重具体的存在先于抽象的本质，抽象的本质都是在具体存在之发展过程中内在提炼出来的，是从实践发展逻辑、历史发展逻辑、现实发展逻辑中得到确定的，更是在具体存在之内、在发展过程中实现的；它不否定"是"，但更注重"成为是"；它不反对抽象，但更注重具体的历史发展规律；它注重现实基础、环环紧扣、因果关联、历史过程和内在生成，把任何事物自身的发展看作是一个具有现实基础、环环紧扣、因果关联和内在生成的自然历史过程。

论马克思恩格斯唯物主义辩证法的总体性*

——兼谈辩证法、世界观和历史观的逻辑关系

韩庆祥

　　马克思在《〈科隆日报〉第 179 号的社论》中，对哲学作了最早的论述，表达了他从事理论研究初期的"哲学观"，使人倾耳注目。之后，在《〈黑格尔法哲学批判〉导言》《1844 年经济学哲学手稿》《关于费尔巴哈的提纲》《德意志意识形态》《路德维希·费尔巴哈和德国古典哲学的终结》《反杜林论》《自然辩证法》等著作中，马克思恩格斯对哲学也作了阐述。然而，1845 年以后，马克思恩格斯没有明确地称其理论为"哲学"，而多称为"世界观""现代唯物主义""唯物主义历史观"。恩格斯在《路德维希·费尔巴哈和德国古典哲学的终结》《反杜林论》《自然辩证法》等著作中强调，随着"旧哲学"的终结，留下的只有逻辑和辩证法。这就提出了本文深切追问的重要问题：马克思恩格斯如何看待哲学？他们为什么没有明确地把其理论称为哲学，而多称为唯物主义辩证法、现代唯物主义世界观、唯物主义历史观？他们的理论究竟属不属于哲学？若属于哲学，是不是介于"超验"和"经验"之间的哲学？若不属于哲学，那又是什么？唯物主义辩证法、现代唯物主义世界观、唯物主义历史观三者的含义及其关系是什么？唯物主义辩证法在马克思恩格斯那里是否具有总体性？这些问题最终涉及马克思恩格斯究竟要构建一种什么样的哲学观，因而需要从学理上加以理清。

　　* 国家社会科学基金项目"21 世纪马克思主义基础性问题研究"（21ZDA002）的阶段性成果。本文原载于《哲学研究》2022 年第 2 期，收入本书时有改动。

一 马克思恩格斯关于"旧哲学"终结的含义

在马克思恩格斯以前，历史领域都被唯心主义笼罩着。之所以如此，是因为历史领域从事活动的人，具有利益、情感、意志、观念与动机，会用"有色眼镜"看历史，即用头脑中臆造的人为联系代替事物自身的现实联系。马克思恩格斯在理论上毕生秉持的本心，就是把唯心主义从自然领域和历史领域中赶出去，确立唯物主义在历史领域的权威（在此意义上，也基于我国学术界较为关注历史观，本文着重谈论历史观，暂不涉及自然观）。由此，他们对费尔巴哈"不满意抽象的思维"① 给予高度评价，认为费尔巴哈唯物主义使人看到历史领域的"客观性"，使人透过被纷繁复杂的意识形态掩盖的种种假象，看到历史领域"事物自身"的现实联系。

然而，他们又批判费尔巴哈仅"诉诸感性的直观"，"把感性不是看做实践的、人的感性的活动"② 的缺陷。如果仅满足于"感性的直观"，就难以真正揭示历史领域的现实联系与发展过程，也难以确立唯物主义在历史领域的权威。若在历史领域揭示其现实联系与发展过程，进而确立唯物主义权威，就必须借助辩证法。辩证法能透过历史现象理解历史本质，透过历史偶然性把握历史必然性，透过臆想的人为联系把握历史的现实联系。在此意义上，恩格斯高度评价黑格尔辩证法的历史贡献：它"把整个自然的、历史的和精神的世界描写为一个过程，即把它描写为处在不断的运动、变化、转变和发展中，并企图揭示这种运动和发展的内在联系"③。恩格斯洞隐烛微，明确指出："辩证法在考察事物及其在观念上的反映时，本质上是从它们的联系、它们的联结、它们的运动、它们的产生和消逝方面去考察的。"④ "只有辩证法才为自然界中出现的

---

① 《马克思恩格斯选集》第 1 卷，人民出版社，2012，第 139 页。
② 《马克思恩格斯选集》第 1 卷，人民出版社，2012，第 139 页。
③ 《马克思恩格斯文集》第 9 卷，人民出版社，2009，第 26 页。
④ 《马克思恩格斯文集》第 9 卷，人民出版社，2009，第 25 页。

发展过程，为各种普遍的联系"，"提供说明方法"①。于是，马克思恩格斯汲取黑格尔辩证法的"合理内核"和费尔巴哈唯物主义的"基本内核"，创造性地提出唯物主义辩证法，并将其运用于历史领域以相互构建——既运用辩证法确立唯物主义在历史领域的权威，又运用唯物主义确立辩证法在历史领域的权威，进而创立了现代唯物主义世界观和唯物主义历史观。恩格斯指出："马克思和我，可以说是唯一把自觉的辩证法从德国唯心主义哲学中拯救出来并运用于唯物主义的自然观和历史观的人。"②

正是在这个意义上，恩格斯多次断言唯物主义历史观"结束了历史领域内的哲学"③，即历史哲学，唯物主义自然观终结了自然领域的哲学，即自然哲学，使自然领域和历史领域的哲学成为不必要和不可能了。"现在无论在哪一个领域，都不再是从头脑中想出联系，而是从事实中发现联系了。这样，对于已经从自然界和历史中被驱逐出去的哲学来说，要是还留下什么的话，那就只留下一个纯粹思想的领域：关于思维过程本身的规律的学说，即逻辑和辩证法。"④ 又指出："现代唯物主义本质上都是辩证的，而且不再需要任何凌驾于其他科学之上的哲学了。一旦对每一门科学都提出要求，要它们弄清它们自己在事物以及关于事物的知识的总联系中的地位，关于总联系的任何特殊科学就是多余的了。于是，在以往的全部哲学中仍然独立存在的，就只有关于思维及其规律的学说——形式逻辑和辩证法。其他一切都归到关于自然和历史的实证科学中去了。"⑤ 于是就形成了这样一种逻辑清晰的格局：实证科学—事物、知识之间的总联系进入理论领域并依靠理论思维—把自然哲学、历史哲学从自然领域和历史领域中驱逐出去—在思维领域存在的作为解释世界之辩证思维方法的辩证哲学—通达并确立现代唯物主义世界观—唯物主义自然观、唯物主义历史观。也就是说，"哲学"依然存在，但首

---

① 《马克思恩格斯文集》第 9 卷，人民出版社，2009，第 436 页。
② 《马克思恩格斯文集》第 9 卷，人民出版社，2009，第 13 页。
③ 《马克思恩格斯选集》第 4 卷，人民出版社，2012，第 264 页。
④ 《马克思恩格斯选集》第 4 卷，人民出版社，2012，第 264 页。
⑤ 《马克思恩格斯文集》第 9 卷，人民出版社，2009，第 28 页。

要在思维领域存在，它是从总体上解释世界的辩证思维（理论思维）方法，是关于人的思维的历史发展的科学，它对"总联系"进行系统研究卓有成效。在马克思恩格斯那里，这种"哲学"发展成为唯物主义辩证法。唯物主义辩证法有两层内涵：一是作为辩证思维方法的唯物主义辩证法，它在本质上首先是从总体上解释世界的辩证思维方法，是区别于思辨哲学的辩证哲学；二是它用于解释说明自然领域和历史领域即外部现实世界的普遍联系、矛盾运动、发展过程及其一般规律。也就是说，唯物主义辩证法是"关于外部世界和人类思维的运动的一般规律的科学"①。这样的唯物主义辩证法具有总体性，即具有批判性、现实性、实践生成性和历史性，它直接通达、走向自然领域和历史领域，不具有独立性的外观，只有用于解释说明自然领域和历史领域的普遍联系、矛盾运动、发展过程及其一般规律，尤其是改造世界，才得以确证和表达"离开了现实的历史就没有任何价值"②。由于不再是从"头脑"中臆想出联系，而是从"事实"中发现总联系，所以，哲学就被驱逐出自然领域和历史领域，不能称为"自然哲学""历史哲学"，而应称为唯物主义自然观和唯物主义历史观。唯物主义自然观和唯物主义历史观，是唯物主义辩证法、现代唯物主义世界观在自然领域和历史领域实现的变革及其理论成果；世界观是关于人的感性生活世界即自然的、历史的和精神的世界之普遍联系、矛盾运动、发展过程的根本观点；马克思恩格斯在历史领域确立的是唯物主义历史观，它蕴含着历史领域的唯物主义辩证法和现代唯物主义世界观。

在上述意义上，依据其他相关论述，马克思恩格斯强调以下意义上的哲学终结。一是不能满足国家与群众需要的，抓不住事物本质的，不能说服人、不能被群众掌握的哲学（《〈黑格尔法哲学批判〉导言》《1844 年经济学哲学手稿》）；二是满足于感性直观，看不到人的感性实践活动的直观唯物主义哲学（《关于费尔巴哈的提纲》）；三是不关注人的感性实践活动和现实生活实际发展过程（不使哲学现实化），只注重

---

① 《马克思恩格斯文集》第 4 卷，人民出版社，2009，第 298 页。
② 《马克思恩格斯选集》第 1 卷，人民出版社，2012，第 153 页。

抽象思维、只讲意识形态空话、只注重自我意识想象的纯粹思辨哲学（《关于费尔巴哈的提纲》《德意志意识形态》）；四是在历史领域，用头脑中臆想的联系代替现实的普遍联系，以观念构建世界的历史唯心主义哲学（《路德维希·费尔巴哈与德国古典哲学的终结》《反杜林论》）；五是"凌驾于其他科学之上"的哲学（《反杜林论》）；六是把马克思恩格斯的世界观当作教义而不是当作方法的教条主义哲学。

以上六种意义上的哲学之终结，乃是以哲学危机的形式宣告传统形而上学、抽象思辨哲学和旧唯物主义哲学的衰落，同时呼唤新哲学的诞生。这种新哲学，在马克思恩格斯尤其是恩格斯那里，首要是作为解释世界的思维方法——唯物主义辩证法，即解释说明外部世界和人类思维运动一般规律的辩证哲学。

二 唯物主义辩证法、现代唯物主义世界观、唯物主义历史观三者的逻辑关系

1845 年以后，马克思恩格斯没有明确地把他们的理论称为哲学。这不意味着他们断然否定哲学，而是否定旧哲学，期望创立一种超越形而上学、思辨哲学、旧唯物主义的哲学，即以辩证思维方法解释说明世界之普遍联系、矛盾运动、发展过程及其一般规律的辩证哲学。这种辩证哲学，首要是唯物主义辩证法。当谈到面向人的感性生活世界及其实践活动和历史发展过程的理论时，马克思恩格斯不明确将其称为哲学，而明确称为"新世界观"，即现代唯物主义世界观；当谈到历史领域变革的成果时，马克思恩格斯也不明确将其称为哲学，而明确称为"唯物主义历史观"。这究竟是为什么？窃以为，其深意不在于否定什么，而在于注重什么。

首先，要理清唯物主义辩证法、现代唯物主义世界观、唯物主义历史观三者之间的逻辑递进关系。

在"整理资料"阶段，马克思恩格斯首先面临的是如何解释说明各个事物、知识之间的"总联系"。旧形而上学、思辨哲学、直观唯物主义不能科学解释说明这一"总联系"。马克思恩格斯把黑格尔辩证法的"合理内核"和费尔巴哈唯物主义的"基本内核"拯救出来，将二者在

人的实践活动的基础上实现创新性发展，创立了以人的感性实践活动为基础的唯物主义辩证法，即辩证哲学。唯物主义辩证法的本质功能是科学解释说明这种"总联系"，解释说明人的感性生活世界之普遍联系、矛盾运动、发展过程及其一般规律，因而具有总体性。这种总体性包括批判性、现实性、实践生成性和历史性。它在本性上内在通达并走向此岸的现实世界、实践生成和历史发展，以事物的现实联系代替哲学家头脑中臆造的联系，形成了关于人的感性生活世界之普遍联系、矛盾运动、发展过程及其一般规律的根本观点，进而通达并走向改造资本逻辑所统治的世界，形成具有"生成性"特质的新世界观。恩格斯指出，"要精确地描绘宇宙、宇宙的发展和人类的发展，以及这种发展在人们头脑中的反映，就只有用辩证的方法"①；又强调，辩证"思维的任务现在就是要透过一切迷乱现象探索这一过程的逐步发展的阶段，并且透过一切表面的偶然性揭示这一过程的内在规律性"②。也就是说，只有借助辩证的方法，才能揭示现实世界的普遍联系、矛盾运动、发展过程及其内在规律。这种新世界观蕴含着"改造世界"的辩证生成、历史生成和实践生成，因而是新（或现代）唯物主义世界观。这种现代唯物主义世界观在本质上是"唯物的""辩证的""历史的""实践的"，人的感性实践活动及其现实生活过程之展开就是历史，它既能在历史领域确立唯物主义和辩证法的权威，又必然在历史领域实现变革，创立唯物主义历史观，从而终结历史领域的历史哲学。显然，唯物主义历史观的基础和前提是现代唯物主义世界观，而现代唯物主义世界观的前提是唯物主义辩证法，因为它在本质上首先是辩证的，解释现实世界的方法首先必须是唯物主义辩证法；唯物主义辩证法、现代唯物主义世界观确立了辩证法和唯物主义在历史领域的权威。这种以唯物主义辩证法、现代唯物主义世界观为前提的唯物主义历史观，是马克思恩格斯历史观变革之所在。

在此基础上，可解释唯物主义辩证法、现代唯物主义世界观、唯物主义历史观之间的关系。

①　《马克思恩格斯文集》第 9 卷，人民出版社，2009，第 26 页。
②　《马克思恩格斯文集》第 9 卷，人民出版社，2009，第 27 页。

它们之间具有本质联系。在马克思恩格斯那里，逻辑在先的首要范畴是作为解释与把握具有"总联系"的世界（认识和改造的世界）的总体方法的辩证思维方法，或作为辩证哲学的唯物主义辩证法。唯物主义辩证法在本质上就是摆脱"主观臆想"（彼岸）进而通达"事物自身"（此岸），解释说明客观事物的普遍联系、矛盾运动、发展过程及其内在规律的范畴。事物之"存在"，马克思恩格斯把它明确规定为人的感性生活世界，亦即与改造世界相关的人化世界。现代唯物主义世界观，就是运用唯物主义辩证法解释说明人的感性生活世界而生成的范畴。唯物主义历史观，就是唯物主义辩证法和现代唯物主义世界观在历史领域解释说明人的现实生活过程而生成的范畴。人的现实生活过程，用马克思恩格斯的话说，就是人们的社会存在，即现实的人及其历史发展。只有当在历史领域内生长出唯物主义和辩证法因素时，才会创立唯物主义历史观。这可从《德意志意识形态》《反杜林论》对现实的人及其感性生活世界的分析中看出来。恩格斯指出："现代唯物主义把历史看做人类的发展过程，而它的任务就在于发现这个过程的运动规律。"① 就把握世界的总体方法及其逻辑而言，只有确立唯物主义辩证法，才会确立现代唯物主义世界观，只有确立唯物主义辩证法和现代唯物主义世界观，才会进一步确立唯物主义历史观。概言之，没有唯物主义辩证法，就没有现代唯物主义世界观，新世界观包含现代唯物主义的一切要素，而唯物主义历史观，是唯物主义辩证法、现代唯物主义世界观在历史领域实现变革之所在。

由此，唯物主义辩证法、现代唯物主义世界观、唯物主义历史观三者具有统一性。第一，三者统一于唯物主义辩证法，是唯物主义辩证法在逻辑递进中的不同存在形式。就解释说明整个世界的辩证思维方法而言，可把唯物主义辩证法称为辩证哲学，这是作为方法论的唯物主义辩证法；就存在基础和落脚点而言，可把马克思恩格斯的理论称为现代唯物主义世界观，这是作为世界观的唯物主义辩证法；就历史（社会存在）领域实现变革的理论成果而言，可把马克思恩格斯的理论称为唯物

---

① 《马克思恩格斯文集》第9卷，人民出版社，2009，第28页。

主义历史观，这是作为历史观的唯物主义辩证法。这里，唯物主义辩证法、现代唯物主义世界观、唯物主义历史观是彼此联结的关系：理解唯物主义辩证法，须结合现代唯物主义世界观、唯物主义历史观，唯物主义辩证法存在于现实和历史深处，现代唯物主义世界观和唯物主义历史观都是唯物主义辩证法的存在形式，唯物主义辩证法只有在现代唯物主义世界观和唯物主义历史观中才能获得存在的意义，否则，这种辩证法就只是一种抽象的"外在反思"或"形式方法"①；理解现代唯物主义世界观，须结合唯物主义辩证法和唯物主义历史观，否则，这种世界观就属于"无头无尾"的世界观，既不"顶天"（哲学的辩证思维），也不"立地"（历史）；理解唯物主义历史观，也必须结合唯物主义辩证法、现代唯物主义世界观，否则，这种历史观就失去了基础和前提。第二，三者统一于对自然、历史和人类思维的普遍联系、矛盾运动、发展过程及其一般规律的把握中，即分别从方法论、世界观和历史观不同角度，共同把握自然、历史和人类思维的普遍联系、矛盾运动、发展过程及其一般规律。第三，三者统一于认识世界和改造世界，都是为认识世界和改造世界服务的。

在逻辑顺序上把唯物主义辩证法置于世界观之前，除上述所讲的逻辑递进关系外，还有三个根据。其一，马克思恩格斯创立的唯物主义辩证法是辩证哲学，是从总体上解释与把握具有"总联系"的整个世界的辩证思维方法，是关于外部世界和人类思维运动一般规律的科学。它具有总体性，即批判性、现实性、实践生成性和历史性，不仅逻辑在先，而且在本质上能直接通达、走向现实世界，注重认识世界和改造世界。其二，正是借助这种总体性方法解释与把握世界，旧世界观才转变成现代唯物主义世界观。其三，马克思恩格斯创立的唯物主义辩证法具有总体性，不能像传统哲学教科书那样，只把它看作马克思主义哲学的一个组成部分。

其次，要在确定三者具有统一性的前提下，廓清三者之间的相对区别。

---

① 参见吴晓明《论马克思辩证法的"实在主体"》，《哲学研究》2020年第8期。

一是指向对象相对不同。唯物主义辩证法是"关于思维及其规律的学说"①，是一种以人的感性实践活动、感性生活世界为客观基础的辩证思维方法，它以"思维"为首要对象。恩格斯大多是在"思维"意义上讲辩证哲学的。他指出，"对于现今的自然科学来说，辩证法恰好是最重要的思维形式"②，是"最高的思维形式"③；自然科学家还得受哲学支配，即"受某种建立在通晓思维历史及其成就的基础上的理论思维形式的支配"④。

现代唯物主义世界观是关于人的感性生活世界之"存在"的普遍联系、矛盾运动、发展过程及其一般规律的根本观点，它以人的感性生活世界之"存在"为首要对象。这里的世界观有三层含义。①世界指什么。世界指"整个自然的、历史的和精神的世界"⑤。②世界是什么存在。世界是物质的存在还是精神的存在？恩格斯强调："唯心主义和唯物主义这两个用语本来没有任何别的意思，它们在这里也不是在别的意义上使用的。"⑥ 恩格斯认为"存在"（自然）是本原，"存在"决定"思维"，自然决定精神；指出费尔巴哈"把唯物主义这种建立在对物质和精神关系的特定理解上的一般世界观同这一世界观在特定的历史阶段即 18 世纪所表现的特殊形式混为一谈了"⑦。显然，恩格斯是明确在"存在"意义上使用唯物主义概念并阐述世界观的。因此，恩格斯一语中地指出，现代唯物主义"已经根本不再是哲学，而只是世界观"⑧。③世界怎样存在。是静止的、片面的、孤立的抽象存在，或是发展的、全面的、联系的具体存在，抑或是辩证的、实践的、历史的生成性存在？显然，现代唯物主义世界观认为世界是辩证的、实践的和历史的。

---

① 《马克思恩格斯文集》第 9 卷，人民出版社，2009，第 28 页。
② 《马克思恩格斯文集》第 9 卷，人民出版社，2009，第 436 页。
③ 《马克思恩格斯文集》第 9 卷，人民出版社，2009，第 22 页。
④ 《马克思恩格斯文集》第 9 卷，人民出版社，2009，第 460 页。
⑤ 《马克思恩格斯文集》第 9 卷，人民出版社，2009，第 26 页。
⑥ 《马克思恩格斯文集》第 4 卷，人民出版社，2009，第 278 页。
⑦ 《马克思恩格斯文集》第 4 卷，人民出版社，2009，第 281 页。
⑧ 《马克思恩格斯文集》第 9 卷，人民出版社，2009，第 146 页。

唯物主义历史观是关于历史领域"现实的人及其历史发展的科学"①，它以"人们的存在就是他们的现实生活过程"② 为对象。唯物主义辩证法的对象相对侧重于"思维"，当然不排斥"存在"，没有离开存在的思维；现代唯物主义世界观的对象相对侧重于人的感性生活世界之"存在"，当然不排斥"思维"，没有离开思维的存在；唯物主义历史观的对象相对侧重于"社会存在"，当然也不排斥思维和存在，没有离开思维和存在的历史。

二是针对性相对不同。马克思恩格斯创立的唯物主义辩证法——"辩证哲学"，主要是针对黑格尔等以"思辨哲学"解释世界的抽象"超验"方式而言的。这种方式"从天国降到人间"，用主观臆想联系替代客观现实联系，辩证哲学则"从人间升到天国"，注重事物的客观现实联系。

现代唯物主义世界观，主要是针对旧世界观，即黑格尔唯心主义和费尔巴哈直观唯物主义而言的。这种旧世界观要么注重"抽象思辨""抽象思维"，要么反对"抽象思维"，仅满足于"感性直观"，未看到人的感性实践活动。针对旧世界观，现代唯物主义世界观注重人的感性实践活动，既注重对象的客观性，也注重实践活动主体的能动性，注重感性实践活动对改造世界的"'革命的'、'实践批判的'活动的意义"③。它是关于人的感性生活世界及其生成性的根本观点，是基于唯物主义辩证法与人的感性实践活动、感性生活世界而建构起来的；它旨在以新世界观认识世界和改造世界，旨在对唯物主义、认识论、教育、宗教、人类社会、哲学家与世界的关系等，作出实践唯物主义的洞彻事理的理解。新唯物主义在《关于费尔巴哈的提纲》中首次被提出，是针对旧唯物主义而言的。旧唯物主义世界观的特征是非辩证性、非实践性、非历史性，新唯物主义世界观的本质特征是注重实践性、辩证性、历史性。新唯物主义是"实践的"唯物主义、"辩证的"唯物主义、"历史的"唯物主

---

① 《马克思恩格斯文集》第 4 卷，人民出版社，2009，第 295 页。
② 《马克思恩格斯选集》第 1 卷，人民出版社，2012，第 152 页。
③ 《马克思恩格斯选集》第 1 卷，人民出版社，2012，第 137 页。

义，因而在总体上是现代唯物主义。

唯物主义历史观，是恩格斯在《路德维希·费尔巴哈与德国古典哲学的终结》《反杜林论》等著作中经常使用的概念范畴，主要针对唯心主义历史观。它既注重历史内部的"唯物主义"基础，着眼于解释历史的物质本原，此即历史唯物主义或唯物史观，又注重历史自身的"辩证"本性，揭示历史发展过程的本质联系与发展规律，此即历史辩证法或辩证史观，还注重历史的实践生成性，强调历史是人的实践活动创造的，注重改变世界，使现存世界革命化，此即实践唯物主义或实践史观。

三是着眼点相对不同。唯物主义辩证法在思维领域独立存在，是着眼于运用辩证思维方法为世界的普遍联系和发展过程提供说明的"方法论"；现代唯物主义世界观主要存在于人的感性生活世界，是着眼于观察现实的人的感性生活世界之存在的视界、本原和方式的"存在论"；唯物主义历史观主要存在于历史领域，是着眼于历史领域之现实的人及其历史发展的"历史观"。

四是任务和把握世界的方式相对不同。唯物主义辩证法的任务既是以辩证思维方式"透过一切表面的偶然性"[1] 揭示世界的普遍联系和发展过程的内在规律性，说明整个世界是怎样存在的，又是以其"批判的、革命的"生成性指向改造世界。它在哲学方法论上具有相对独立性和总体性，在现实和实践上具有生成性，因而在整个世界之"存在"问题上不再保留独立性的外观；它虽然说明"世界怎样存在"，但不直接回答"世界指什么""世界是什么存在"，在严格且精准的意义上，它不"完全""直接"等于"世界观"，首要属于"哲学方法论"。这样，唯物主义辩证法实质上是哲学把握整个世界的一种总体方法。恩格斯也曾把他和马克思之前的辩证法看作世界观，把共产主义也看作世界观，这主要是就关于"世界怎样存在和发展"的意义而言的。后来恩格斯明确强调，《关于费尔巴哈的提纲》是"包含着新世界观的天才萌芽的第一个文献"[2]。这里讲的新世界观，主要指以人的感性实践活动为基础的关

---

[1] 《马克思恩格斯文集》第9卷，人民出版社，2009，第27页。
[2] 《马克思恩格斯文集》第4卷，人民出版社，2009，第266页。

于感性生活世界及其普遍联系、矛盾运动、发展过程的根本观点，实质就是现代唯物主义世界观。之后，恩格斯就把唯物主义辩证法和世界观相对区分开来，指出对杜林的论战"转变成对马克思和我所主张的辩证方法和共产主义世界观的比较连贯的阐述"①。列宁曾笼而统之地把马克思恩格斯创立的所有理论包括唯物主义辩证法都看作世界观。这既是从"世界怎样存在"意义上讲的，也是为了突出新世界观的意义。

现代唯物主义世界观的任务是揭示人的感性生活世界之普遍联系、矛盾运动和发展过程，这可以从《关于费尔巴哈的提纲》中看出来。现代唯物主义体现了新世界观的本质，这种"新"体现在对"存在"所具有的现实性、辩证性、历史性、实践性的深刻理解上，体现在其既区别于"超验"的形而上学和思辨哲学，又超越于"经验"的实证科学上，介于"超验"和"经验"之间②。现代唯物主义属于新世界观，它以回答"世界是什么存在""世界怎样存在"的方式把握人的感性生活世界。从"世界怎样存在"来说，现代唯物主义世界观体现了辩证哲学，它主要是回答世界之"存在"的世界观意义上的哲学，是辩证哲学在人的感性生活世界的一种存在方式，但不"完全""直接"等同于本来意义上以"辩证思维方法"为核心内容的辩证哲学。马克思恩格斯为了同以往那种在自然领域和历史领域以哲学家头脑中臆造的人为联系来代替现实的必然联系，把历史发展过程看作抽象意识、观念的发展过程的旧哲学划清界限，特别强调人的感性生活世界中的唯物主义及其"新"的本质特征。也因为现代唯物主义体现了特定的辩证哲学意蕴，他们便将现代唯物主义直接称为新世界观，而不直接称为哲学。恩格斯明确指出："这里第一次对唯物主义世界观采取了真正严肃的态度。"③

唯物主义历史观的任务，体现为马克思恩格斯运用唯物主义辩证法，立足于现代唯物主义世界观，揭示历史领域的内在联系、矛盾运动、发展过程及其一般规律，在历史领域中实现"变革"。它以理解历史领域

---

① 《马克思恩格斯文集》第 9 卷，人民出版社，2009，第 11 页。
② 参见《马克思恩格斯选集》第 1 卷，人民出版社，2012，第 153 页。
③ 《马克思恩格斯文集》第 4 卷，人民出版社，2009，第 297 页。

中现实的人及其历史发展来把握世界，因而是唯物主义辩证法和现代唯物主义世界观在历史领域的存在方式。

三　重新理解马克思主义哲学、唯物主义辩证法和世界观

厘清唯物主义辩证法、现代唯物主义世界观、唯物主义历史观的逻辑关系，对重新理解马克思主义哲学、唯物主义辩证法和世界观具有重要的学理价值。

（一）精准理解马克思恩格斯理论中的边界与逻辑

在现代唯物主义世界观、唯物主义历史观、作为辩证哲学的唯物主义辩证法三者之间的逻辑关系方面，我国学术研究往往关注它们之间的贯通性，对其边界与逻辑关注相对不够。一种观点认为，马克思恩格斯的辩证哲学就是世界观，现代唯物主义是哲学，唯物主义历史观既是哲学也是世界观。

就三者具有统一性而言，笼统这么说并不为过。如果尊重马克思恩格斯的本义，就应在坚持它们之间具有统一性的前提下，厘清它们之间的相对区别及边界。精准来讲，马克思恩格斯把他们所有的创新成果统称为"理论"，但对"理论"也作相对区分。马克思恩格斯的辩证哲学能生长出现代唯物主义世界观，但不完全等同于世界观本身，它不直接回答世界存在——"世界存在指什么""世界是什么存在"——之存在论意义上的问题，这是世界观应直接回答的问题。马克思尤其是恩格斯常常在狭义的辩证思维方法上使用哲学概念，即哲学主要指作为辩证哲学的唯物主义辩证法。这可以从《路德维希·费尔巴哈与德国古典哲学的终结》《反杜林论》《自然辩证法》等著作中看出来。当然，从广义上来说，就唯物主义辩证法、现代唯物主义世界观、唯物主义历史观都回答"思维和存在的关系"这一哲学基本问题而言，它们都是哲学，但就思维和存在的相对区别而言，唯物主义辩证法才是本来意义上的哲学，现代唯物主义世界观是辩证哲学在人的感性生活世界的一种存在形式，

它不完全、直接等同于辩证哲学本身。从本质上看，现代唯物主义主要是世界观，因为它摒弃了形而上学和"抽象思辨"，注重现实世界的感性对象、感性活动和感性生活过程之存在。恩格斯对辩证思维方式和世界观的边界作了相对划分，指出以往全部哲学"留下的是辩证的思维方式以及关于自然的、历史的和精神的世界是一个无止境地运动着和转变着的、处在不断的生成和消逝过程中的世界的观点"①。在思维和存在关系的意义上，唯物主义历史观既是哲学也是世界观，但只是辩证哲学和现代唯物主义世界观在历史领域的一种特殊存在形式。唯物主义辩证法、现代唯物主义世界观、唯物主义历史观三者具有相对区别。

马克思恩格斯确实常在同一问题上有多种表述，如历史理论、唯物史观、历史唯物主义、唯物主义历史观等。这些表述具有共同点，都是马克思恩格斯在历史领域创立的理论成果，但也有一定区别：一是语境不同；二是内涵侧重不同。"历史理论"是通称，具有最大通约性，历史唯物主义、唯物主义历史观、唯物史观都可看作马克思恩格斯的历史理论。由于翻译问题，唯物史观常被看作唯物主义历史观的简称。历史唯物主义与唯物主义历史观虽相差无几，但也有一定区别。二者都强调历史领域的唯物主义，这是共性。然而，历史唯物主义相对注重历史领域的"唯物主义"，是现代唯物主义的一种形式，与"辩证的"唯物主义、"实践的"唯物主义是类似概念；唯物主义历史观相对侧重于把唯物主义辩证法和现代唯物主义世界观贯彻到历史领域，注重历史领域唯物主义的辩证性、实践性、生成性等本质特征，注重在历史领域终结历史哲学，实现历史观变革，与唯物主义辩证法、唯物主义认识论、唯物主义实践观是同类概念。

进一步讲，马克思恩格斯的理论可从三个层次及其内在联系进行完整理解。第一个层次是作为哲学方法论的唯物主义辩证法。它是区别于思辨哲学的辩证哲学，是哲学把握整个世界的一种总体性的辩证思维方法。第二个层次是现代唯物主义世界观。它主要是世界观，是关于人的感性生活世界之存在的视界、本原、方式的理论。这种世界

---

① 《马克思恩格斯文集》第 9 卷，人民出版社，2009，第 26 页。

观从不能感性直观的"东西"中寻求对可感知的东西——人的感性生活世界——的解释。人的感性生活世界，在存在视界上包括自然的、历史的和精神的世界，在本原上是"唯物主义"，在存在方式上强调世界自身的普遍联系、矛盾运动和发展过程。第三个层次是唯物主义历史观。现代唯物主义注重唯物性、辩证性、实践性、历史性、社会性，必然在历史领域透过人的感性实践活动及其实际历史发展过程，揭示人的主观行为背后的物质动因，发现历史领域的客观普遍联系、矛盾运动与发展规律，进而创立唯物主义历史观。唯物主义历史观不是"历史哲学"，不是凌驾于其他科学之上的特殊科学，不是实证科学所提供的具体科学知识，而是对从人类历史发展的考察中抽象出来的最一般的结果的概括。

由此，在相应、合适的场域和语境中，应当正本清源，尊重马克思恩格斯的本义，不宜把后人的理解强加给马克思恩格斯。

（二）在"超验"和"经验"间重新把握马克思恩格斯的哲学、现代唯物主义世界观和唯物主义历史观

以往的哲学研究存在两种倾向，要么把马克思恩格斯的哲学、现代唯物主义世界观、唯物主义历史观看作一种具有"超验性"的哲学，满足于抽象思辨，要么把马克思恩格斯的哲学、现代唯物主义世界观、唯物主义历史观当作一种具有"经验性"的具体科学，满足于感性直观和感性经验。由前文分析可以看出，马克思恩格斯的哲学、现代唯物主义世界观和唯物主义历史观共有的本质特征，介于"超验"和"经验"之间，它们既"依靠经验自然科学所提供的事实"解释与把握"总联系"，以区别于"超验"，又对经验自然科学所提供的事实作出抽象概括从而得出一般的结果，以区别于"经验"。

在以辩证思维方法解释与把握世界的意义上，马克思恩格斯的哲学就是辩证哲学。它既区别于仅注重"超验"的抽象思辨哲学，强调辩证哲学的现实性、实践生成性特质，也区别于仅满足于感性"经验"且注重分门别类研究的具体实证科学，强调以辩证思维方式对事物、知识之间的"总联系"进行系统研究和抽象概括。由此，恩格斯把唯物主义辩

证法看作马克思和他自己的"最好的工具和最锐利的武器"①。

在把握人的感性生活世界的意义上，现代唯物主义世界观不同于具体经验科学提供的实证知识。它是对世界的本质性、逻辑性、概括性的理解，即寻求非经验的东西，力求从"可见的东西中寻求不可见的本质"，因而是立足于实践、"从人间升到天国"的新世界观。这种世界观又具有非"超验"的现实性，可以"用纯粹经验的方法来确认"②。它注重"立地"，立足于人的感性实践活动和现实生活世界，立足于"人类社会"③。它不是满足于仅具有经验科学性质的"立地"，而是注重揭示人的感性生活世界之本质与规律的"立地"。它也注重"顶天"，通过唯物主义辩证法把握人的感性生活世界之普遍联系、矛盾运动、发展过程及其一般规律。它不是脱离现实和实践的"顶天"，而是建立在现实和实践基础上的"顶天"。因而，这种世界观是介于"人间"和"天国"之间的世界观。它直面人的感性生活世界，扬弃形而上学、思辨哲学的超验性，在这种意义上亲近实证科学；它扬弃以经验为基础的实证科学，在这种意义上又高于以经验为基础的实证科学。这就是新世界观的特质。马克思恩格斯强调这种特质，所以，一般不将这种新世界观称为作为辩证思维方式的哲学。如果一定要从本义且从本质特征上称呼马克思恩格斯的理论，那就是"现代唯物主义世界观"。这种世界观"扬弃"了哲学，既保留了哲学的内容，即以辩证思维方法把握现实世界的普遍联系、矛盾运动和发展过程，又克服了以往哲学那种抽象思辨的形式。

在注重揭示历史领域的普遍联系、矛盾运动、发展过程及其一般规律的意义上，唯物主义历史观既相对于具体历史科学的实证知识具有超验性，是对从具体历史科学的实证知识、历史经验、人类历史发展的考察中抽象出来的一般结果的概括（不提供可以适用于各个历史时代的药方或公式），又相对于"超验"的形而上学、抽象思辨哲学具有经验性，强调经验观察。它来自"经验"又高于"经验"，拒斥"超验"又超越"经验"。

① 《马克思恩格斯选集》第4卷，人民出版社，2012，第250页。
② 《马克思恩格斯选集》第1卷，人民出版社，2012，第146页。
③ 《马克思恩格斯选集》第1卷，人民出版社，2012，第140页。

所以，需要遵循"从人间升到天国"的路径，来理解马克思恩格斯的辩证哲学、现代唯物主义世界观和唯物主义历史观。当代中国马克思主义哲学研究既不宜将其等同于超验性的纯粹抽象思辨，也不能把它等同于以经验为基础的具体实证科学——它既不提供实证科学知识，也不对人的感性生活世界作超验的抽象思辨的主观臆想，而是以哲学方法论和现代唯物主义世界观切入人的感性生活世界，对实证科学知识的一般结果做出抽象概括。

（三）从总体性上重新理解唯物主义辩证法，它关乎马克思恩格斯学说的整体性质

有些哲学教科书把唯物主义辩证法看作马克思主义哲学中与辩证唯物论、实践认识论、唯物史观相提并论的内容。这不大符合马克思恩格斯对唯物主义辩证法原有的理解。

在马克思恩格斯的理论逻辑中，处于第一层次的是作为辩证哲学的唯物主义辩证法，它具有融合为一的总体性与前提性。这体现在：在马克思恩格斯所谓的"整理材料"阶段，以辩证思维方法解释与把握世界为核心内容的唯物主义辩证法，注重对各个事物、知识之间的"总联系"进行系统研究；它是关于外部世界和人类思维运动的一般规律的科学；它"包含着更广泛的世界观的萌芽"[①]。就唯物主义辩证法表达的是"事物的辩证法"，是对"自然界和人类历史中进行的并服从于辩证形式的现实发展的反映"[②] 而言的，现代唯物主义世界观和唯物主义历史观都体现唯物主义辩证法，是唯物主义辩证法的存在形式。唯物主义辩证法贯穿于马克思恩格斯的整个学说中，既与唯物主义相互建构，使唯物主义成为现代唯物主义，在本质上是辩证的，又以辩证思维方式把握存在、认识存在。正如列宁所说，辩证法也就是马克思主义的认识论[③]，他还把唯物主义历史观看作辩证法的存在形式。正如吴晓明指出的，马

---

① 《马克思恩格斯文集》第 9 卷，人民出版社，2009，第 142 页。
② 《马克思恩格斯选集》第 4 卷，人民出版社，2012，第 625 页。
③ 《列宁全集》第 55 卷，人民出版社，2017，第 308 页。

克思是把辩证法作为一种普遍的方法来把握的，即将辩证法贯彻到任何"历史科学、社会科学"的研究中，贯穿于他的整个学说中。马克思的学说，毫无疑问是以具有并运用辩证法为本质特征的。因而，对辩证法的理解和把握，本质地涉及马克思学说的整体性质。①

深入来说，贯穿于马克思恩格斯所有学说且作为具有总体性的唯物主义辩证法，以三种形式出现，它既是方法论，也是世界观，还是历史观。作为方法论的唯物主义辩证法是以辩证思维方式把握整个世界的辩证哲学。作为世界观的唯物主义辩证法在人的感性生活世界存在，意在揭示人的感性生活世界的普遍联系、矛盾运动和发展过程。唯物主义辩证法具有现实性、实践生成性，它既走向并反映现实发展，还为改造世界服务，在现实和实践中得到确证。离开现实、历史和实践，它没有任何价值。马克思指出："人的思维是否具有客观的〔gegenständliche〕真理性，这不是一个理论的问题，而是一个实践的问题。人应该在实践中证明自己思维的真理性，即自己思维的现实性和力量，自己思维的此岸性。关于思维——离开实践的思维——的现实性或非现实性的争论，是一个纯粹经院哲学的问题。"② 作为历史观的唯物主义辩证法存在于历史领域深处，力在揭示现实的人及其历史发展规律，能内在生长出唯物主义历史观。

据此，需要对唯物主义辩证法作重新理解，把它的总体性呈现出来，既从总体上理解唯物主义辩证法，也从总体上理解马克思恩格斯的整个学说。

（四）重新把握马克思恩格斯哲学的生成逻辑与完整图景

作为唯物主义辩证法的辩证哲学之生成逻辑是什么？对此学术界有所关注，但有浅尝辄止之感。

在童年时期，哲学是"一切知识的总汇"，"一切知识"都在哲学的框架内和影像下。这样的哲学具有综合性，面对的是整个世界，是在"与整个世界的关系"框架中界定的。

---

① 参见吴晓明《论马克思辩证法的"实在主体"》，《哲学研究》2020 年第 8 期。
② 《马克思恩格斯选集》第 1 卷，人民出版社，2012，第 134 页。

后来，一些认识世界所形成的具体实证科学逐渐从哲学中分离出去。此时，一些哲学家把哲学看作"科学之科学"。这样的哲学面对的是具体科学，是在"与具体科学的关系"框架中定义的，哲学的实证化倾向得以呈现。

其后，自然领域和历史领域及各种事物、知识、科学间的联系越来越具有综合性，它们之间的"总联系"整体地呈现出来了。这时，哲学把握世界主要有两种方式：一是用主观臆想的联系代替事物自身的现实联系，这是形而上学或抽象思辨哲学；二是注重解释客观事物自身的普遍联系、矛盾运动、发展过程及其一般规律，这是辩证哲学。马克思恩格斯坚持第二种方式，实现了哲学变革，把用主观臆想的人为联系代替事物的现实联系的"自然哲学""历史哲学"从自然领域和历史领域中驱逐出去，摒弃了形而上学仅满足于抽象思辨的"超验性"，直面由具有"总联系"的综合性科学所关涉的人化世界。面对人化世界，马克思恩格斯不满足于"感性直观"和"感性对象"，使"思维"走向此岸，关切人的感性实践活动及其所生成的感性生活世界。于是，马克思恩格斯就用唯物主义辩证法把握以人的感性活动为基础的感性生活世界（存在），形成了现代唯物主义世界观。马克思恩格斯又运用唯物主义辩证法研究人的现实生活过程，建立起唯物主义辩证法与历史的本质联系，使唯物主义辩证法在历史领域得以开启，创立了唯物主义历史观。这样，哲学直面的是"存在"和"社会存在"，是在"思维和存在关系"框架中定义的，唯物主义辩证法实际上就是思维辩证地把握存在的哲学。其逻辑是：首先，在"思维"领域确立唯物主义辩证法，这是作为方法论的唯物主义辩证法；其次，为使思维走向"此岸"的现实世界，确定其"存在"的物质基础——人的感性生活世界和现实生活过程，这样的辩证哲学已经不是形而上学，而是世界观、历史观，这种世界观、历史观所讲的世界，是与"存在"直接相关的人化世界。

（五）廓清马克思恩格斯把其理论多称为世界观和方法论的缘由

对这一问题，我国哲学界已有一些有价值的学术成果，但还需要潜精研思，作深入思考。

马克思恩格斯往往不把他们的理论明确称为哲学，多称为世界观和方法论，如恩格斯往往称"马克思的世界观"①，很少称"马克思的哲学"。

一是当时形而上学或抽象思辨哲学在自然领域和历史领域总是以主观臆想的人为联系代替现实的必然联系，不能为自然和历史提供说明方法，从而在历史领域走向唯心主义。马克思恩格斯则十分注重现实世界存在的普遍联系、矛盾运动和发展过程。

二是马克思恩格斯依然需要哲学，但这种哲学存在的领域、方式和功能转变了。它是一种新的辩证哲学，在思维领域存在；在自然领域和历史领域，其存在方式不再具有独立性外观，需要通过现代唯物主义世界观和唯物主义历史观体现和确证；在功能上，它必须运用于解释说明人的感性生活世界和现实生活过程，揭示其普遍联系、矛盾运动、发展过程及其一般规律。这种哲学，显然区别于远离现实世界之"感性活动"的抽象思辨的旧哲学。

三是辩证哲学方法论运用之创新成果是现代唯物主义世界观。这一新世界观不仅表达了作为辩证哲学的唯物主义辩证法，而且侧重于把握"现实世界之存在"。

四是基于存在决定思维的唯物主义逻辑，马克思恩格斯注重在历史领域建立唯物主义的权威，这种唯物主义本质上是辩证的，即现代唯物主义。具有辩证本质的现代唯物主义，是针对形而上学、抽象思辨哲学和直观唯物主义世界观等旧哲学出场的。旧哲学的主观致命缺陷，就是在历史领域强调人为臆想的联系，陷入唯心主义。马克思恩格斯断然与这种旧哲学世界观决裂，以建立一种新的理论——马克思恩格斯称其为新世界观，即以现代唯物主义及唯物主义历史观为核心内容的新世界观。这里，辩证哲学表现为现代唯物主义世界观和唯物主义历史观。

五是为走出旧哲学"超验性"的泥潭，超越实证科学的"经验性"，注重表达其创新理论的特质与辩证哲学通达、走向世界观、历史观的实质，马克思恩格斯大多称其创新理论为世界观。

---

① 《马克思恩格斯文集》第 4 卷，人民出版社，2009，第 265 页。

马克思与俄国民粹派书信研究[*]

牛先锋　肖　遥

19 世纪 40~80 年代，俄国民粹主义思潮兴起。当时，俄国不少历史学家、经济学家甚至文学家等都深受民粹主义影响，具有一定的民粹主义思想倾向，我们统称其为俄国民粹派。马克思希望通过俄国民粹派，了解不同于西欧的俄国社会发展情况，而俄国民粹派希望从马克思那里求证自己对俄国非资本主义发展道路的可行性看法。特殊的历史机缘，促成了马克思与俄国民粹派思想家之间的长期书信交流。系统梳理这些书信，对于全面理解唯物史观、研究俄国民粹主义、澄清"跨越卡夫丁峡谷"的争论，有着重要的学术价值和理论意义。

一　书信研究的文本依据以及"俄国民粹派"词义

20 世纪 60 年代，苏共中央整理了马克思恩格斯论述俄国问题的相关文章和书信，并将之汇集成册，以《马克思恩格斯和革命俄国》为书名，于 1967 年在苏联公开出版。该书第二部分收录了马克思恩格斯与 19 世纪俄国思想家往来的信件。1967 年底，苏共中央马克思列宁主义研究院将这本书赠予我国，后经相关人员翻译编纂，原书第二部分于 1987 年出版成册，名为《马克思恩格斯与俄国政治活动家通信集》（以下简称《通信集》）。

《通信集》载明，马克思与俄国民粹派从 19 世纪 40 年代就开始有了通信往来，从 1846 年 3 月俄国自由派地主格·米·托尔斯泰给马克思写

＊　本文原载于《山东社会科学》2022 年第 2 期，收入本书时有改动。

的第一封信开始，到 1882 年俄国民粹主义经济学家尼·弗·丹尼尔逊于圣彼得堡寄到伦敦的信件为止，双方一共通信 143 封。其中，俄国民粹派给马克思写了 96 封，马克思回了 47 封（其中一封由马克思的幼女爱琳娜代笔）。从马克思与俄国民粹派长达 36 年的通信联络中可以看出，马克思对俄国情况的关注，并非在其晚年时才开始。国内学界有观点称，马克思在生命的最后十年才开始研究俄国问题，这显然是不准确的。本文将《通信集》作为查找资料的线索，凡新版《马克思恩格斯选集》或《马克思恩格斯全集》中没有收录的书信，都以《通信集》为依据。

需要交代的是，马克思并没有明确使用过"民粹""民粹派""俄国民粹派""民粹主义"这些术语，但这并不妨碍本文用"俄国民粹派"这个术语。原因有两个。

第一，虽然通信者成分复杂，但在当时他们大都受到民粹主义的影响，甚至公开支持民粹派观点。在与马克思有过书信往来的 29 位思想家中，有些人是革命民主主义者，如尼·伊·萨宗诺夫、亚·亚·谢尔诺-索罗维也维奇等；有些人是具有民粹倾向的学者，如尼·弗·丹尼尔逊、恩·弗列罗夫斯基等；有些人同时具有无政府主义和民粹主义的信仰，如米·亚·巴枯宁、尼·伊·吴亭等；还有些人专门从事革命活动，而后成为流亡者，如伊·鲁·托马诺夫斯卡娅、安·达威多夫等；还有些受到民粹主义和马克思主义影响的俄国地主，如格·米·托尔斯泰、巴·瓦·安年柯夫等；还有部分文学家和新闻工作者；等等。这些人要么直接就是民粹主义者，要么受到民粹主义的影响，支持民粹派的观点。因此，把他们统称为俄国民粹派并无不可。

第二，马克思曾使用"泛斯拉夫主义者"来称俄国民粹派。列宁指出，"人们公认赫尔岑和车尔尼雪夫斯基是民粹主义的创始人"[1]，而马克思把赫尔岑称为"泛斯拉夫主义者"[2]。"民粹主义"这一术语最早出现于 19 世纪 60 年代中期的俄国文献中，当时它所表达的含义只是"企

---

[1] 《列宁全集》第 22 卷，人民出版社，1990，第 326 页。

[2] 李伟：《关于国内民粹主义研究的几点讨论》，《马克思主义研究》2003 年第 1 期。

图研究人民生活制度，用以减轻民众（首先是农民）苦难的一种愿望和努力"①。到了 70 年代后期，土地自由派称呼自己为"民粹主义者"，这时"民粹主义"具有平民主义的含义，强调平民群众的价值和理想，倡导平民大众进行激进的社会改革。而"泛斯拉夫主义"强调斯拉夫民族文化的独特性，倡导民族团结、平等和自由发展。"泛斯拉夫主义"与"民粹主义"两个术语的含义有相近之处，以至于人们习惯于把"泛斯拉夫主义"看作是民粹主义的思想来源之一。

正是基于上述的认识，本文把那些民粹主义者或者受民粹主义影响的政治活动家统称为俄国民粹派，将他们的观点统归为俄国民粹主义进行研究。

二 马克思与民粹派通信的缘由

俄国民粹派提出要通过对俄国农村公社进行改造，直接进入社会主义，他们以为自己的追求与马克思的社会主义目标相一致。因此，俄国民粹派热切希望得到马克思的直接肯定与指导，从马克思那里来验证自己的想法。与此同时，马克思也非常希望了解俄国社会发展情况，进而检验或者完善其政治经济学和唯物史观。这是两者通信的深层次原因。

首先，马克思希望通过研究俄国问题来写作和完善《资本论》，而与俄国民粹派通信是获取俄国相关材料的重要方式。《资本论》是马克思耗费毕生心血留给世人的鸿篇巨制，"为了《资本论》，马克思一直工作到生命的最后一息"②。在写作《资本论》第二卷时，马克思十分关注俄国的土地关系问题。为此，马克思广泛收集了关于俄国土地制度的相关文献，在与俄国民粹派的书信往来中，马克思曾数次提出希望对方将有关俄国问题的文献资料寄到伦敦。马克思的这一请求，得到了民粹派思想家的热情回应。通过俄国民粹派寄给马克思的相关资料，马克思了

---

① 马龙闪、刘建国：《俄国民粹主义及其跨世纪影响》，广西师范大学出版社，2013，第 3 页。

② 奚兆永：《评所谓马克思晚年认识转变论》，《哲学研究》1992 年第 1 期。

解了车尔尼雪夫斯基撰写的研究俄国问题的经济学著作，如《论土地所有制》《赎买土地困难吗?》等。马克思还通过民粹派的拉甫罗夫、洛帕廷等人，得到了大量关于俄国的资料。在整个 70 年代，马克思详细研读了这些资料，并做了相关摘抄和详细批注。在整理和分析这些资料的过程中，马克思留下了大量笔记和手稿，以至于恩格斯后来感慨道："我不知道有谁能象他那样清楚地了解俄国，了解俄国的国内事务和国外事务。"① 可见，民粹派提供的资料为马克思写作和完善《资本论》提供了重要帮助，大大提升了《资本论》的解释力和科学性。

其次，俄国民粹派期望从马克思那里得到解决俄国问题的答案，至少想得到马克思的一些建议或意见。马克思主义最先是由民粹派引入俄国的。在俄国民粹派中，有些人早在 19 世纪 40 年代就读过马克思的著作，并通过书信往来与马克思结下了友谊。到了六七十年代，民粹主义运动在俄国愈演愈烈，俄国思想界也掀起了研究和翻译马克思著作的热潮。如 1869 年，俄国无政府主义和民粹派思想家米·亚·巴枯宁将《共产党宣言》译成了俄文，并同时从事《资本论》的翻译工作。民粹主义者格尔曼·洛帕廷也在 1970 年开始投入极大的热情翻译《资本论》第一卷。《资本论》第一卷的首个外文版本，就是俄国民粹派翻译出版的俄文版。它是 1872 年在俄国面世的，而此时距离《资本论》第一卷公开发行也仅过去两年时间，由此可见俄国民粹派对马克思著作的重视程度。随着马克思主义在俄国的传播，民粹派也在一定程度上接受了马克思主义，"他们发现马克思的《资本论》是他们主要观点的理论基础"②。俄国民粹派在探索适合俄国发展的道路时，认为公社是通往社会主义的"捷径"，俄国可以走上一条非资本主义道路，直接从公社过渡到社会主义。由于马克思曾在书信中表现出对俄国问题的强烈兴趣，民粹派思想家也向马克思请教了有关公社前途和命运，以及资本主义在俄国的发展前景等问题，并得到了马克思的一一回应。所以，俄国民粹主义者曾在60~70 年代高度赞扬马克思，称马克思为"同时代的政治经济学家中最

---

① 《马克思恩格斯全集》第 36 卷，人民出版社，1975，第 516 页。
② 夏银平：《俄国民粹主义再认识》，中山大学出版社，2005，第 155 页。

天才和最诚实的人"①。

最后，1848 年欧洲革命以后，国际工人运动形势发生了重大变化，这促使马克思把目光转向俄国，开始密切关注俄国革命的前途问题。1848 年 2 月，《共产党宣言》在伦敦出版。马克思恩格斯在《共产党宣言》中描绘了未来社会的理想蓝图，讴歌了无产阶级的先进性。在那时，对西欧各国爆发革命的可能性，马克思是深信不疑的。1848 年欧洲也确实爆发了革命，尽管这个革命是资产阶级革命，但无产阶级在同资产阶级一道反对"自己敌人的敌人"的革命中受到了锻炼，并逐步在阶级意识、政治地位、历史使命的认识上有了提升。1848 年欧洲革命以后，工人运动沉寂下来，进入了一个力量积蓄阶段。1871 年，巴黎公社革命爆发，这是无产阶级建立自己政权的第一次尝试，展现了法国无产阶级和第一国际的力量。巴黎公社失败后，西欧各国无产阶级革命陷入了低潮，资本主义也进入了一个相对稳定的发展阶段。但此时，资本主义制度内在的矛盾在生产力较为落后的东方国家逐渐暴露，俄国 1861 年农奴制改革后，不少农奴获得了人身自由，他们纷纷去往城市，成为手工业生产线上的工人，然而，资本家对工人的剥削和压榨亦十分残酷，他们的生活状况未能因为离开农村不受农奴制的剥削而根本好转。由于看到封建主义的落后性和资本主义的虚伪性，俄国社会内部产生了一批反叛者，这批人走向了民粹主义。正是这批民粹主义者，在 19 世纪 70 年代的俄国掀起了轰轰烈烈的革命运动。这时革命的俄国，相对于工人运动处于低潮的西欧，大有"风景这边独好"的形势。俄国革命运动引起了马克思的高度重视，在 1870 年致日内瓦的俄国支部委员会委员的信中，马克思指出，俄国社会主义者应当"担负起消除军事统治的崇高任务，而消除军事统治乃是欧洲无产阶级共同解放的一个十分必要的先决条件"②。这封信件说明，马克思已开始将俄国发展纳入世界历史进程中进行研究，期待着俄国革命能够成为西欧无产阶级革命的信号，在此基础上双方互相配合、互相补充。

---

① 夏银平：《俄国民粹主义再认识》，中山大学出版社，2005，第 156 页。
② 《马克思恩格斯全集》第 16 卷，人民出版社，1964，第 463 页。

三　书信的主要内容

在马克思与俄国民粹派思想家的通信中，双方主要就唯物史观和经济问题、俄国土地公社问题、俄国发展前景问题以及《资本论》在俄国的传播与影响问题进行了深入探讨。

（一）关于唯物史观和经济问题

根据现有资料，马克思与俄国具有民粹倾向的思想家们的最早通信可追溯到 19 世纪 40 年代。1846 年，法国政论家蒲鲁东出版了《经济矛盾的体系、或贫困的哲学》一书，该书宣扬唯心主义历史观和改良主义的社会经济理论。1846 年 11 月 1 日，俄国作家安年柯夫（具有民粹主义倾向）在阅读此书后给马克思写了一封信，信中写道："作者有关上帝、天命、实际上并不存在的精神和物质的对抗等思想是极其混乱的，不过，我觉得经济部分确是非常有份量。还从未有过一本著作如此清晰地给我指明：文明不能拒绝它通过分工、机器、竞争等等所获得的一切，而这一切已永远为人类所赢得了。"[1] 随后，安年柯夫将蒲鲁东的这本书推荐给了马克思，并希望得到马克思对该书的评价。

马克思于 1846 年 12 月 28 日给安年柯夫（安年科夫）的回信，严厉批判了蒲鲁东的唯心史观和经济思想，并在批判中阐述了自己的历史观，为唯物史观的创立和政治经济学的研究奠定了理论基础。在信中，马克思讲："我必须坦白地对您说，我认为它整个说来是一本坏书，是一本很坏的书。"[2] 马克思认为，这本书暴露了蒲鲁东在哲学和经济学上的双重错误。

第一，从哲学方法论上看，蒲鲁东将社会发展归因于人的"普遍理性"，从唯心主义的视角去看问题，完全不了解人类社会的发展规律。马克思指出，生活于一定社会形态中的人必然要受到社会发展规律的制

---

[1]　《马克思恩格斯与俄国政治活动家通信集》，人民出版社，1987，第 5 页。

[2]　《马克思恩格斯文集》第 10 卷，人民出版社，2009，第 41~42 页。

约，人们无法自由地选择某一社会形式，必须遵照当时生产力发展的程度。生产力是人类全部历史的基础，是促进社会发展的根本动力。人是一切社会关系的总和，前一代人在生产力的制约下所创立的社会形式，成为后来人的生产原料，为后一代人从事新生产而服务，这就是历史过程。马克思在阐述自己的历史观后，总结性地写道："人们的社会历史始终只是他们的个体发展的历史，而不管他们是否意识到这一点。他们的物质关系形成他们的一切关系的基础。这种物质关系不过是他们的物质的和个体的活动所借以实现的必然形式罢了。"① 蒲鲁东没能看到生产力的决定性意义，而他所持的唯心史观也决定了他根本不可能看到这一点。

第二，蒲鲁东对经济的分析"离真理很遥远"。蒲鲁东认为"永恒理性的一系列经济进化是从分工开始的"②，而对于分工的认识，蒲鲁东是这样说明的，"没有分工就没有进步，没有财富，没有平等，可是分工的结果却使工人处于从属地位，使智力无用武之地，使财富危害于人，使平等无从实现"③。马克思反驳了蒲鲁东的这一论述，指出蒲鲁东实际上"不懂得分工问题，甚至没有提到例如在德国从 9 世纪到 12 世纪发生的城市和乡村的分离。这样，在蒲鲁东先生看来，这种分离必然成为永恒的规律，因为他既不知道这种分离的来源，也不知道这种分离的发展"④。紧接着，马克思进一步指出，分工是人类社会出现的经济范畴，而蒲鲁东却将机器和分工联系起来，认为机器也是一种经济范畴，这种认识本身是十分荒谬的，而且蒲鲁东对机器产生和发展的历史也很无知。

随后，马克思还论述了蒲鲁东经济学体系中的最后一个范畴——所有制。在对所有制的认识中，蒲鲁东犯了唯心主义的错误，不了解某一社会形态中的所有制是在该社会条件下、在社会关系的作用下发展起来的。由于对人类社会的历史缺乏深层次认识，蒲鲁东没有看到："人们

---

① 《马克思恩格斯文集》第 10 卷，人民出版社，2009，第 43 页。
② 《马克思恩格斯文集》第 10 卷，人民出版社，2009，第 45 页。
③ 蒲鲁东：《贫困的哲学》（上），余叔通、王雪华译，商务印书馆，2000，第 113~114 页。
④ 《马克思恩格斯文集》第 10 卷，人民出版社，2009，第 45 页。

在发展其生产力时，即在生活时，也发展着一定的相互关系；这些关系的形式必然随着这些生产力的改变和发展而改变。"① 任何经济范畴，都是一定的历史发展阶段和生产力发展阶段共同作用下的产物，而蒲鲁东对这一点毫无所知。因此，马克思认为蒲鲁东"彻头彻尾是个小资产阶级的哲学家和经济学家"②，"他自己只不过是社会矛盾的体现"③，蒲鲁东的观点既经不起推敲，又站不住脚，必然流于空论。

这封马克思寄给安年柯夫的书信，既简短阐述了马克思的经济思想，又阐明了生产力、生产关系在历史中的决定性作用。该信件是马克思《哲学的贫困》一书的思想发微，蕴含着马克思主义唯物史观和政治经济学思想的元素。安年柯夫在收到马克思的回信后感到十分振奋，并表示十分期待马克思对问题的进一步解答。

（二）关于俄国土地公社问题

19 世纪 60 年代以后，对于俄国来说，是一个颇不平常的时期。一方面，随着资本主义的发展和农民革命意识的觉醒，传统的农奴制与沙皇专制已出现层层危机；另一方面，一些接受了先进思想、从原有体制中反叛出来的有识之士，试图寻找一条适合俄国发展的道路。他们既强烈地批判农奴制和封建专制，又看到资本主义给俄国社会带来的种种弊端。因此，他们希望俄国能够走上一条不同于西欧资本主义发展的道路。在对俄国社会基本形态进行研究后，一些思想家和革命者对俄国的农村公社产生了浓厚的兴趣，认为公社是俄国发展社会主义的起点，通过大力发展公社经济，俄国既可以摆脱封建专制的痛苦，又可以免遭资本主义发展带来的种种灾难。持这一观点的思想家和革命者，后来成为俄国民粹派。

在俄国民粹派中，不少人了解、熟悉马克思主义，并且结合俄国实践对马克思主义有了自己的理解。在那一时期，马克思对民粹主义知识

---

① 《马克思恩格斯文集》第 10 卷，人民出版社，2009，第 47 页。
② 《马克思恩格斯文集》第 10 卷，人民出版社，2009，第 52 页。
③ 《马克思恩格斯文集》第 10 卷，人民出版社，2009，第 53 页。

分子的影响是巨大的。一方面，"民粹主义理论较薄弱，然而马克思在那个时代是公认的代表了科学社会主义，可以为社会主义提供理论基础，民粹主义思想家于是就从马克思那里采用了与他们的信念和目标相一致的思想"；另一方面，马克思"所描述的工业革命相伴而生的资本的原始积累，震惊了民粹主义者，使他们坚定地相信资本主义在前进的过程中所付出的价值太高，他们应该努力使俄国绕过资本主义"①。因此，俄国民粹派思想家在与马克思的书信交流中，多次向马克思请教，询问马克思对俄国土地公社的看法。

1873 年，丹尼尔逊在致马克思的信中，详细讲述了公社在俄国发展的历史和现状，并分析了公社在俄国社会中的作用。信中提到，公社起源于人们对无法解释的自然力的恐惧，以及安居乐业的农民对山贼、强盗的畏惧。这些强烈的畏惧感促使人们成立公社，用集体的力量去应对自然灾害和外部危机。公社成员"由于团结一致的关系，必须用自己私有的钱财来促进社会的秩序和福利"②，而公社"为了对成员负责，应该'挺身而出'，保护其成员免遭攻击和欺侮"③。在分析公社起源之后，丹尼尔逊接着讲，在沙皇专制时期，公社存在的经济基础遭到了一定程度的破坏。1861 年农奴制改革后，农民得到了一定的解放，而"法律本身使公社的富裕成员有可能在原有的和新的不利环境的压力下向公社赎回土地，并退出公社。当然，这会对多数农民产生极其不利的影响。但是，正在到来的资本主义时代（具有充分的经济科学和西欧工业的经验）更加降低了他们的经济地位"④。在俄国民粹派看来，农民退出公社、进入资本主义生产体系，只会让自身境况变得更糟，而公社在俄国依旧有存在下去的必要。正因为如此，他们在与马克思的通信中忧心忡忡地向马克思请教，希望马克思能够对俄国公社的前途命运进行预测。

其中，查苏利奇与马克思的通信最能反映出双方对这个问题的认识。1881 年 2 月 16 日，俄国女革命家维·伊·查苏利奇通过书信向马克思询

---

① 夏银平：《俄国民粹主义再认识》，中山大学出版社，2005，第 154 页。
② 《马克思恩格斯与俄国政治活动家通信集》，人民出版社，1987，第 202 页。
③ 《马克思恩格斯与俄国政治活动家通信集》，人民出版社，1987，第 202 页。
④ 《马克思恩格斯与俄国政治活动家通信集》，人民出版社，1987，第 210 页。

问俄国公社会走向何方的问题。查苏利奇认为，俄国土地问题和农村公社问题是关系俄国的大事，一旦公社在俄国走向衰亡，腐朽落后的封建势力和蛮横专断的资本主义必定会侵蚀俄国的经济基础，俄国并不会因公社的衰亡而获得资本主义的繁荣发展。相反，资本主义要在几百年后才能达到西欧那样的发展水平，而这对国家发展是不利的。然而，当时俄国的马克思主义者认为公社的衰亡不可避免，俄国摆脱不了世界历史发展一般规律的支配，也有不少人对公社的前景持悲观态度，认为俄国必然走上资本主义道路。查苏利奇在信中讲："宣扬这一论点的人，都自称是您（马克思）的真正的门徒，是'马克思主义者'。他们经常挂在嘴上的最有力的论据是：'马克思是这样说的'。"① 查苏利奇在信中表达出这样一种意愿：希望得到马克思的建议，以挽救公社的衰亡。

马克思对这一问题的回答十分慎重，他写给查苏利奇的回信曾四易其稿。在前三稿中，马克思回顾了俄国公社从"原始公社"到"农业公社"的演变历程，信写得比较详细。但是，最终作为定稿的回信，却只有两页文字。在定稿中，马克思所得出的结论是："这种农村公社是俄国社会新生的支点；可是要使它能发挥这种作用，首先必须排除从各方面向它袭来的破坏性影响，然后保证它具备自然发展的正常条件。"②

马克思寄出的书信比较简短，现在学界对这封书信也有不同的解读。从马克思写信时俄国公社的情况和后来发展变化的事实出发，我们可以推测出如下几层意思。①马克思肯定了公社能够成为"俄国社会新生的支点"，这一肯定也是查苏利奇希望得到的答案。②马克思给出的肯定回答是有前提的，这可以看作是对查苏利奇的建议。③马克思给出的第一个前提是公社不受"破坏性影响"。当时对公社的"破坏性影响"主要来自封建专制和资本主义制度两方面，要想消除"破坏性影响"、最大限度地保存公社，就需要先推翻沙皇统治、后肃清资本主义影响。但是，要做到这一点在实践上比较难，在理论上与马克思的世界历史理论

① 《马克思恩格斯与俄国政治活动家通信集》，人民出版社，1987，第378页。
② 《马克思恩格斯文集》第3卷，人民出版社，2009，第590页。

也不一致。④马克思给出的第二个前提是公社"具备自然发展的正常条件"，但是这个"正常条件"由谁来保证呢？沙皇和新生的资产阶级是破坏者，那希望只能是民粹主义者和新生的无产阶级了。但是从现实来看，民粹主义者难当重任，而俄国无产阶级是否具备通过革命来挽救公社的能力，这值得怀疑。⑤既然"这两个前提"都很难具备，那么，民粹主义者把农村公社作为"俄国社会新生的支点"的希望就难以成真了。

通过对书信的分析，我们可以看出马克思虽然承认俄国公社有继续存在下去的必要，也希望它能够变为"优于其他还处在资本主义制度奴役下的国家的因素"①，但是他知道，俄国公社要存在下去是不可能的。因此，马克思的回信在形式上是对查苏利奇的一种肯定，但实质上是一种否定，是一种不愿意让民粹派过于失望的婉转否定。

（三）关于俄国发展前景问题

在预测俄国公社命运的基础上，探索俄国革命的发展前景，回答俄国是否能够不通过资本主义的"卡夫丁峡谷"直接走向社会主义，这是俄国民粹派和马克思通信讨论的一个重要问题。

1877年10月，俄国民粹派思想家米海诺夫斯基在《祖国纪事》杂志上发表了《卡尔·马克思在尤·茹科夫斯基的法庭上》一文。在文章中，米海诺夫斯基将马克思《资本论》中对于西欧资本主义制度的描绘上升为一般理论，认为西欧所走过的道路是所有国家和民族都必须经历的历史阶段，俄国也同样不例外。

为了回应这一观点，1877年11月，马克思给俄国《祖国纪事》杂志编辑部写了一封信。在这封信中，马克思谈到了俄国民粹派车尔尼雪夫斯基，并阐述了这位思想家的观点，即"俄国是应当像它的自由派经济学家们所希望的那样，首先摧毁农村公社以过渡到资本主义制度呢，还是与此相反，俄国可以在发展它所特有的历史条件的同时取得资本主义制度的全部成果，而又可以不经受资本主义制度的苦难。他表示赞成

---

① 《马克思恩格斯文集》第3卷，人民出版社，2009，第571页。

后一种解决办法"①。俄国是否能够按照车尔尼雪夫斯基的预测发展呢？为了"不留下一些东西让人去揣测"，马克思直截了当地回答："如果俄国继续走它在 1861 年所开始走的道路，那它将会失去当时历史所能提供给一个民族的最好的机会，而遭受资本主义制度所带来的一切灾难性的波折。"② 马克思在这里直接表达了对车尔尼雪夫斯基观点的不赞同，因为自 1861 年农奴制改革后，资本主义在俄国获得了发展，并进一步摧毁了公社的土地所有制，这是一个基本事实。在铁的事实面前，车尔尼雪夫斯基还假装事实不存在，一厢情愿地希望不通过资本主义制度的"卡夫丁峡谷"，而直接过渡到社会主义。所以，车尔尼雪夫斯基的观点只是一种幻想，充其量也只能是一种理论假设。

在这封信中，马克思还指出了米海诺夫斯基对《资本论》第一卷中"资本在西欧的原始积累"这一问题的错误认知。马克思明确表示，"关于原始积累的那一章只不过想描述西欧的资本主义经济制度从封建主义经济制度内部产生出来的途径"③，而米海诺夫斯基却将它直接上升为一般历史哲学理论。马克思批判地指出："使用一般历史哲学理论这一把万能钥匙，那是永远达不到这种目的的，这种历史哲学理论的最大长处就在于它是超历史的。"④ 然而，在解读马克思这句话时，却出现了歧义。有观点认为，马克思在这里否认有"一般历史哲学理论"的存在，甚至认为西欧资本主义的发展历程对俄国并无多大参考价值；还有观点认为，既然"一般历史哲学理论"不存在，那么像俄国这样经济文化水平较低的国家不经过资本主义发展阶段而直接过渡到社会主义的论断是成立的，也就是说，马克思有一个独立于世界历史发展规律之外的"跨越卡夫丁峡谷"思想。我们认为这些观点是对马克思的误读，如果结合马克思这封信上下文的逻辑，就可以十分清晰地看出，马克思否认的并不是"一般历史哲学理论"，他否认的是用"一般历史哲学理论"去剪

---

① 《马克思恩格斯文集》第 3 卷，人民出版社，2009，第 464 页。
② 《马克思恩格斯文集》第 3 卷，人民出版社，2009，第 464 页。
③ 《马克思恩格斯文集》第 3 卷，人民出版社，2009，第 465 页。
④ 《马克思恩格斯文集》第 3 卷，人民出版社，2009，第 467 页。

裁俄国的实际。所谓"一般历史哲学理论"，就是人类社会发展的一般规律。我们既不能用世界历史发展的一般性去抹杀每个民族发展的特殊性，也不能用特殊性去否定一般性的存在。

在关于俄国发展前景这个问题上，马克思与俄国民粹派有多封书信往来，通过研究这些书信我们得出如下两个结论。

第一，马克思和民粹派共同关注俄国发展前景，都认为俄国并非必须走与西欧资本主义发展相一致的道路。对于1861年农奴制改革后俄国经济社会发展状况，马克思一直予以高度关注，并以极大的理论热情阅读研究了大量有关俄国社会发展的资料，留下了大量笔记。而在同一时期，俄国民粹派思想家也在苦苦思索社会主义在俄国发展前景的问题，他们在寄给马克思的信件中，曾多次请求马克思给出建议。在俄国民粹派看来，马克思主义与民粹主义有着同样的政治目标和政治理想，他们对马克思有一种政治上的亲近感，在彼此的信件往来中，不少思想家都多次称呼马克思为"亲爱的朋友"或"尊敬的先生"。而马克思对封建专制制度的批判和对社会主义原则的阐述，还有对未来美好社会的描绘，都使得俄国民粹派认定马克思是同时代思想家中最为公正和杰出的人，对俄国发展前景最有发言权。因此，民粹派希望从马克思那里得到支持他们观点的回答，希望马克思帮助他们指明一条"俄国人为他们的祖国寻找一条不同于西欧已经走过而且正在走着的发展道路"，并论证出俄国从公社直接过渡到社会主义的合理性。

第二，马克思并未形成"跨越卡夫丁峡谷"的完整思想，俄国以及后来经济文化落后国家走上社会主义道路，更不是对"跨越卡夫丁峡谷"思想的佐证。马克思了解俄国民粹派思想家的意图，但是对俄国能否跨越资本主义"卡夫丁峡谷"来信的回应慎之又慎。在公开发表的、阐释这个问题的每一封信中，马克思对民粹派所预想的社会主义道路都加上了必要的附加条件，而没有直接下判断。可以看出，一方面，马克思在主观意愿上希望俄国人民少受资本主义剥削带来的苦难，希望俄国早日爆发无产阶级革命，进而引发世界革命，利用俄国土地公社的形式，直接进入没有剥削和压迫的社会主义社会；另一方面，马克思又保持着理论上的高度清醒，充分认识到"跨越卡夫丁峡谷"需要一些条件，条件不具备就无法避免资本主义制度所带来的一切灾难。因此，从书信来看，马克思虽然看到了俄国社会发展的特殊性，但并未形成跨越资本主义"卡夫丁峡谷"的完整思想。

（四）关于《资本论》在俄国的传播与影响问题

在马克思与俄国民粹派的书信往来中，对《资本论》的讨论占据了相当大的篇幅。从 1868 年俄国民粹主义者丹尼尔逊和柳巴文致马克思的书信起，到 1882 年丹尼尔逊写给马克思的信件止，双方联系长达 14 年之久，与《资本论》相关的书信多达 62 篇，这些书信涉及如下三个基本问题。

一是《资本论》在俄国的翻译与出版情况。在得知马克思出版《资本论》第一卷后，俄国民粹派立即怀着极大的热情投入《资本论》的翻译当中，在他们看来，《资本论》是帮助俄国人了解西欧资本主义发展状况的最可靠的文献。1867 年，在《资本论》第一卷首次公开发行不久，彼得堡书籍出版商尼·波利亚科夫就买下了《资本论》俄文版的版权。1869 年底，俄国民粹主义者、无政府主义者巴枯宁开始着手翻译《资本论》第一卷，在翻译完第一章后，由洛帕廷于 1870 年初继续翻译第二至第五章。但由于当年民粹主义理论创始人车尔尼雪夫斯基被俄国当局逮捕，并被流放至西伯利亚，为营救车尔尼雪夫斯基，洛帕廷中断了《资本论》的翻译工作，改由丹尼尔逊继续翻译。1871 年 10 月，《资本论》第一卷翻译完成，随即着手出版。当时正值俄国当局颁布书报检查令，译稿受到了严格检查，印刷被迫中断了好几次。最后，该书因被检查委员会判定为不够通俗易懂而不会有人去读它而允许发行①，于是，在 1872 年 3 月底，《资本论》第一卷俄文版在彼得堡出版，这是《资本论》的首个外文版本。不难看出，《资本论》第一卷在俄国的问世，是多位民粹主义思想家共同努力的结果。

马克思在《资本论》第一卷德文版序言中提到，整个《资本论》一共有三卷。俄国民粹派思想家对后续卷本也非常感兴趣，在《资本论》

---

① 《马克思恩格斯与俄国政治活动家通信集》，人民出版社，1987，第 142 页。

第一卷尚未全部译出时，洛帕廷就写信向马克思表达了继续引进《资本论》的强烈愿望，马克思回信讲："说到续写我的著作，我们的朋友的消息是出于误会。"① 不过，马克思在 1872 年给丹尼尔逊的信中明确表达了继续写作《资本论》第二卷的想法，信中讲道："在《资本论》第二卷关于土地所有制那一篇中，我打算非常详尽地探讨俄国的土地所有制形式。"② 之后，丹尼尔逊多次询问马克思《资本论》第二卷的写作情况，马克思亦多次表达希望尽快完成该书的意愿，但可惜的是，直到马克思逝世，《资本论》第二卷也未能公开出版。

二是马克思对《资本论》部分修改的情况。在《资本论》第一卷发行后，马克思与俄国民粹派思想家之间的书信往来开始增多，这期间，丹尼尔逊、洛帕廷、吴亭、拉甫罗夫等人给马克思寄去了大量有关俄国农村公社、财政、历史、工业、土地关系的书籍，马克思全部认真阅读，并做了大量笔记。在此过程中，俄国土地公社的情况、资本主义发展的情况引起了马克思的高度关注。大约在 1872 年后，马克思将其主要精力放在了对俄国问题的研究上。在马克思看来，研究俄国问题有助于验证《资本论》中对资本主义生产起源的分析，并希望俄国的经验能够充实和完善《资本论》的创作。随后，马克思在寄给俄国民粹派的书信中，多次表示希望能够看到俄国人对《资本论》第一卷的相关评论、车尔尼雪夫斯基论述俄国土地制度的经济学著作，有关俄国公社土地占有制的历史发展、俄国金融业现状的材料，以及介绍俄国信贷和银行业的相关专著。为此，丹尼尔逊多次给马克思回信，在信中一一回答了马克思的询问，并将《资本论》的评论稿件以及相关书籍寄给了马克思。马克思认真分析研究了这些材料，吸收了其中的一些观点，在《资本论》德文第二版、1875 年的法文版中，马克思对《资本论》第一卷进行了部分修改。

三是《资本论》对俄国思想界的重大影响。俄国当局原本以为《资本论》会因其"晦涩难懂"而不会产生多大的社会影响，结果事与愿

---

① 《马克思恩格斯全集》第 33 卷，人民出版社，1973，第 230 页。
② 《马克思恩格斯全集》第 33 卷，人民出版社，1973，第 549 页。

违，在该书首版发行 900 本后，收到的反馈是"大多数杂志和报纸刊登了对该书的评论。它们都毫无例外地对该书大加赞扬"①。这说明，《资本论》一经传入俄国就引起知识界较大反响，随即在俄国思想界掀起了一股研究《资本论》的潮流，这场潮流至少持续了十年。1880 年，俄国的哥尔布诺娃在给恩格斯的信中提到，"《资本论》在俄国广泛传播，不仅在学者中间，而且更多是在对社会科学和人民的处境多少有点兴趣的人们中间传播；很多男教师和女教师都在读《资本论》，就是说，那些对自己的职业持严肃认真态度的人在读《资本论》……对我们来说，这部书是一位亲爱而又深受尊敬的老师"②。同年，俄国社会革命党执行委员会在给马克思的信中谈到，"俄国生活中各种美好的意图，在您的学术著作中都得到了科学的论证。《资本论》已经成了受过教育的人手中必备的书籍"③。

俄国民粹派思想家还高度重视对《资本论》的阅读和研究。他们在自己文章中反复引用《资本论》中的观点，尤其是马克思批判资本主义的语句；他们试图从《资本论》中找到支撑"俄国能够不通过资本主义，直接过渡到社会主义"这一观点的论据。此外，《资本论》在俄国所引发的研究热，还促进了马克思主义在俄国的传播，随着对《资本论》以及马克思政治经济学思想研究的深入，不少人都因此转向并接受了马克思主义，将马克思主义作为自己的信仰。这其中也包含一些原先的民粹派思想家，如普列汉诺夫等。

四　余论

马克思与俄国民粹派长达 36 年的通信联系足以表明两个事实：一是马克思以高尚的人格赢得了民粹派的认同，以其深邃的思想影响着当时俄国社会精英对本国发展道路的思考；二是马克思在影响俄国的同时，

---

① 《马克思恩格斯与俄国政治活动家通信集》，人民出版社，1987，第 142～143 页。

② 《马克思恩格斯与俄国政治活动家通信集》，人民出版社，1987，第 349 页。

③ 《马克思恩格斯与俄国政治活动家通信集》，人民出版社，1987，第 368 页。

也从俄国汲取了思想营养，其研究的视野扩展到了以俄国为代表的东方社会。

由于唯物史观首先是一般的历史哲学理论，因此马克思高度重视唯物史观的解释力和指导实践、改造世界的能力。如果从通信对马克思唯物史观的影响视角来看，我们可以得出如下两个结论。

（一）马克思与俄国民粹派的书信丰富和发展了唯物史观

马克思恩格斯于 1845 年秋至 1846 年 5 月共同写作的《德意志意识形态》是唯物史观创立的标志，但这时的唯物史观还只是研究西欧社会历史得出的结论，是对以往旧历史观的扬弃。虽然马克思把唯物史观看作是一般的历史哲学理论，但是唯物史观是否对西欧以外采用其他生产方式的社会的历史具有解释力，马克思恩格斯并没有作更多的论述。1848 年问世的《共产党宣言》是对唯物史观的运用，但这种运用是以西欧资本主义生产方式下无产阶级斗争为对象展开的，是唯物史观的理论推演，"每个人的自由发展，是一切人自由发展的条件"只是唯物史观的逻辑结论，是一种预测性判断。对 1871 年巴黎公社这一历史事件的分析，展现了唯物史观的科学性、预见性和说服力，但分析的样本仍然是资本主义生产关系下的西欧经济发展状况和阶级斗争状况。唯物史观对于还没有被纳入西欧资本主义体系的俄国社会的解释力如何？俄国发展是否也要严格遵循唯物史观的逻辑，走与西欧社会同样的道路呢？在这些问题上，马克思与俄国民粹派之间产生了共鸣。

自 19 世纪 70 年代后期开始，俄国公社的前途命运与俄国资本主义的发展前景问题成为马克思研究的重要对象。从 1877 年马克思致俄国《祖国纪事》杂志社编辑部的信，到 1881 年马克思给查苏利奇的回信，可以看出马克思在反复思考研究这一问题，而研究问题的直接材料大多来自俄国民粹派。马克思从民粹派那里获得关于俄国的材料、获得民粹派对问题的认识，而民粹派也希望了解马克思对问题的看法。从双方的通信来看，民粹派的态度显得非常热情，对问题的看法表达得直截了当，而马克思的回信却显得十分谨慎。

学界常把马克思这种谨慎态度作两方面解释：一方面担心打击民粹

派的热情，另一方面又担心得出的结论过于草率。本文认为，马克思之所以态度谨慎，最深层的原因是他在唯物史观适用范围问题上面临着两难抉择：如果俄国能走出一条不同于西欧社会发展的道路，唯物史观不能解释俄国历史的发展，那么唯物史观就不具有普遍意义，就不是一般历史哲学理论了；如果俄国必须走与西欧同样的资本主义道路，然后再通过无产阶级与资产阶级的斗争走向共产主义，那么就陷入了"历史宿命论"（事实上随后出现的"经济决定论"，就是这样攻击唯物史观的），这同样是对唯物史观的否定。正是因为面临这样两难的选择，马克思才表现出谨慎的态度。

自唯物史观创立以来，马克思对唯物史观的普遍适用性都非常自信。在 1859 年《〈政治经济学批判〉序言》中，马克思还十分肯定地指出："无论哪一个社会形态，在它所能容纳的全部生产力发挥出来以前，是决不会灭亡的；而新的更高的生产关系，在它的物质存在条件在旧社会的胎胞里成熟以前，是决不会出现的。"[①] 然而，在了解俄国社会发展状况之后，特别是了解民粹派对俄国发展前途的看法之后，马克思在 1877 年给《祖国纪事》杂志编辑部的回信中讲："我的批评家……一定要把我关于西欧资本主义起源的历史概述彻底变成一般发展道路的历史哲学理论，一切民族，不管它们所处的历史环境如何，都注定要走这条道路，——以便最后都达到在保证社会劳动生产力极高度发展的同时又保证每个生产者个人最全面的发展的这样一种经济形态。但是我要请他原谅（他这样做，会给我过多的荣誉，同时也会给我过多的侮辱）。"[②] 可见，马克思在与民粹派的通信过程中确实受到了民粹主义思想的影响，开始对唯物史观的适用范围问题展开进一步思考。

有学者讲："从马克思给查苏利奇的复信及其草稿对村社问题的阐述来看，马克思……远离了 1873 年之前的马克思。这种远离是因为晚年马克思自觉地向民粹主义靠近了。"[③] 虽然我们很难确认马克思晚年是否

---

① 《马克思恩格斯文集》第 2 卷，人民出版社，2009，第 592 页。
② 《马克思恩格斯文集》第 3 卷，人民出版社，2009，第 466 页。
③ 周凡：《马克思与俄国民粹主义问题》，《马克思主义与现实》2007 年第 4 期。

"自觉地向民粹主义靠近了"，但可以肯定，马克思在深入了解俄国农村公社之后，发现了俄国公社所有制的特殊性，对民粹派"公社是俄国获得新生的起点"的观点不再完全拒斥，并得出了"极为相似的事变发生在不同的历史环境中就引起了完全不同的结果"① 的结论。也就是说，俄国有可能以公社为支点，避免走上西欧那样的资本主义道路，而直接获得社会主义的新生。马克思的这一认识结果，可以看作是对唯物史观的补充和丰富，它表明历史发展并不是只有西欧的单一方式，在特定的条件下可以呈现出多元性。

（二）马克思始终没有动摇唯物史观具有普遍解释力的看法

俄国作为欧洲社会的一股强大的力量，早就出现在马克思的视域中。在 19 世纪 40 年代，由于俄国经济发展形态落后于西欧社会发展序列，沙皇俄国极力维护封建专治，既阻碍资本主义在俄国的发展，又反对欧洲无产阶级运动，还吞并别国领土。此时，马克思把沙皇俄国当作反动势力来看待。例如，在 1848 年发表的《共产党宣言》中，马克思恩格斯把沙皇与教皇、梅特涅、基佐、法国的激进派、德国的警察一并当作旧欧洲的反动势力进行批判。

到了 19 世纪 70 年代，一些俄国社会主义者（其中一些原本是民粹主义者）在西欧成立组织，并加入马克思恩格斯领导的国际工人协会，成立第一国际的俄国支部。这时，马克思开始把俄国发展前景与欧洲无产阶级运动联系起来，希望俄国社会主义者能够与西欧各国的无产阶级运动配合，先争取社会主义在西欧的胜利。但是，在这里，马克思关注的重点仍然是西欧，强调俄国的历史顺序仍然是推翻封建专制—资本主义发展—无产阶级革命—无产阶级解放，展开的还是唯物史观的理论逻辑，是一般历史哲学阐释。显然，马克思的这一看法与俄国民粹派主张的不经过资本主义的发展，直接从俄国公社进入社会主义的观点是不相同的。

在 1881 年马克思写给查苏利奇的回信及其草稿中，马克思"既没有

---

① 《马克思恩格斯文集》第 3 卷，人民出版社，2009，第 466 页。

提供肯定俄国农村公社有生命力的论据，也没有提供否定农村公社有生命力的论据"①，而只是明确地把对西欧资本主义生产的起源的认识限定在西欧各国的范围内，承认了俄国发展道路有其特殊性。至于俄国能否"跨越卡夫丁峡谷"，马克思并没有给出明确的回答。在复信的三个草稿中，马克思反复分析了实现直接跨越的可能性：一方面，农村公社要在俄国全国范围内保存下来；另一方面，俄国农村公社"和控制着世界市场的西方生产同时存在，就使俄国可以不通过资本主义制度的卡夫丁峡谷，而把资本主义制度所创造的一切积极的成果用到公社中来"②。但马克思也清醒地认识到，这些可能性只是"从理论上说"的，"我们必须从纯理论回到俄国现实中来"③，而现实是俄国农村公社正受到"国家的财政搜刮"，"商业、地产、高利贷随意剥削"，"公社内部原来已经产生的各种利益的冲突，并加速了公社的各种瓦解因素的发展"④。在国家和"社会新栋梁"的破坏性影响共同作用下，"就必然会导致农村公社的灭亡"⑤。要使农村公社成为俄国新生的起点，首先是农村公社必须生存，"可是任何人都不能否认，'农村公社'目前正处于危险境地"⑥，而"要挽救俄国公社，就必须有俄国革命"⑦。但是"那些掌握着各种政治力量和社会力量的人正在尽一切可能"⑧瓦解公社存在的基础，要挽救俄国公社，根本没有现实的革命力量。因此，从马克思的回信中读出的结论只能是这样的："跨越卡夫丁峡谷"只有理论上的可能，而在现实中是不可能的。

在1882年，即马克思去世的前一年，马克思恩格斯在为《共产党宣言》俄文版所作的序言中指出："在俄国，我们看见，除了迅速盛行起

---

① 《马克思恩格斯文集》第3卷，人民出版社，2009，第590页。
② 《马克思恩格斯文集》第3卷，人民出版社，2009，第575页。
③ 《马克思恩格斯文集》第3卷，人民出版社，2009，第576页。
④ 《马克思恩格斯文集》第3卷，人民出版社，2009，第577页。
⑤ 《马克思恩格斯文集》第3卷，人民出版社，2009，第577页。
⑥ 《马克思恩格斯文集》第3卷，人民出版社，2009，第580页。
⑦ 《马克思恩格斯文集》第3卷，人民出版社，2009，第579页。
⑧ 《马克思恩格斯文集》第3卷，人民出版社，2009，第579页。

来的资本主义狂热和刚开始发展的资产阶级土地所有制外，大半土地仍归农民公共占有。那么试问：俄国公社，这一固然已经大遭破坏的原始土地公共占有形式，是能够直接过渡到高级的共产主义的公共占有形式呢？或者相反，它还必须先经历西方的历史发展所经历的那个瓦解过程呢？对于这个问题，目前唯一可能的答复是：假如俄国革命将成为西方无产阶级革命的信号而双方互相补充的话，那么现今的俄国土地公有制便能成为共产主义发展的起点。"① 可见，直到去世，马克思认为"跨越卡夫丁峡谷"的可能性，还是建立在俄国发生革命的理论假设之上。

梳理马克思与民粹派的书信可以看出：第一，从俄国现实出发，俄国农村公社正在不可避免地遭到破坏，不可能成为俄国社会新生的起点，"跨越卡夫丁峡谷"是不可能的。第二，马克思的理论假设是这样的，俄国农村公社土地公有制—联合起来的协作劳动—利用资本主义文明成果—"跨越卡夫丁峡谷"。从理论假设来看，这里的"理论"仍然是马克思的一般历史哲学，即唯物史观。马克思是通过对历史条件的设定，把俄国发展的前景以特殊的方式纳入唯物史观的解释范畴。

① 《马克思恩格斯文集》第 2 卷，人民出版社，2009，第 8 页。

恩格斯对马克思主义国家学说的原创性贡献[*]

王中汝

一 问题的提出

根据现有的资料，马克思没有写出关于国家问题的专著，尽管他曾多次谈到相关打算。1858年，马克思在致恩格斯的信中，提出《政治经济学批判》"六个分册"的写作计划，其中之一就是国家。① 1859年，在《〈政治经济学批判〉序言》中，他再次指出了这一点。② 遗憾的是，马克思最终没有完成上述计划。在一系列著作中，马克思仅仅提出关于国家问题的若干思考。在《路易·波拿巴的雾月十八日》《法兰西阶级斗争》《法兰西内战》等著作中，马克思比较集中地揭示过法国中央集权国家机器的实质。在《哥达纲领批判》中，马克思批判了所谓的"自由国家"，提出由资本主义社会向共产主义社会过渡时期的无产阶级专政问题。

马克思没有留下关于国家问题的专著，与他的研究重点的转移和研究计划远远超出了个人身体与精力上的物理限制有关。在大学及毕业之初，马克思倾向于青年黑格尔派，受到黑格尔的影响，渴望发现一种理想的国家制度。在一定程度上，这依然属于远离现实的象牙塔中的思辨。"1842—1843年间，我作为《莱茵报》的编辑，第一次遇到要对所谓物

---

* 本文原载于《理论视野》2021年第1期，收入本书时有改动。
① 《马克思恩格斯全集》第29卷，人民出版社，1972，第299页。
② 《马克思恩格斯文集》第2卷，人民出版社，2009，第588页。

质利益发表意见的难事。莱茵省议会关于林木盗窃和地产析分的讨论，当时的莱茵省总督冯·沙培尔先生就摩泽尔农民状况同《莱茵报》展开的官方论战，最后，关于自由贸易和保护关税的辩论，是促使我去研究经济问题的最初动因。"① 在这里，既有以国家政权为核心的政治问题——议会、总督、关税、官方论战等，也有经济问题——林木、地产、自由贸易等。"为了解决使我苦恼的疑问，我写的第一部著作是对黑格尔法哲学的批判性的分析，……我的研究得出这样一个结果：法的关系正像国家的形式一样，既不能从它们本身来理解，也不能从所谓人类精神的一般发展来理解，相反，它们根源于物质的生活关系，这种物质的生活关系的总和，黑格尔按照 18 世纪的英国人和法国人的先例，概括为'市民社会'，而对市民社会的解剖应该到政治经济学中去寻求。"② 自此，马克思开始把研究重点，从青年黑格尔时期关于理想国家制度的法哲学，转向政治经济学，终其一生。1848 年革命的失败，更是坚定了他从经济层面探索阶级政治统治的经济基础的信念。也正因为如此，在 1858 年的研究计划中，马克思打算把"国家"作为"资产阶级经济制度"的组成部分来研究，因而放在"政治经济学研究"总框架之中。

与马克思不同，恩格斯关于国家问题的论述很多。不管是与理论对手的论战性著作如《反杜林论》，还是谦称的执行亡友遗嘱的著作如《家庭、私有制和国家的起源》，以及晚年因应时代变化而提出的涉及无产阶级革命历史进程的对待国家的新战略、策略，恩格斯在马克思的若干思考的基础上，更就马克思没有关注或涉足的问题，提出了大量的关于国家问题的新思想、新观点，为马克思主义国家学说的创立，做出了不可或缺的原创性贡献。尤其是《家庭、私有制和国家的起源》，本身就是一部最具代表性的系统阐述马克思主义国家学说的经典著作。可以说，如果没有恩格斯的贡献，就没有我们现在所看到的和所言说的马克思主义国家学说。

---

① 《马克思恩格斯文集》第 2 卷，人民出版社，2009，第 588 页。
② 《马克思恩格斯文集》第 2 卷，人民出版社，2009，第 591 页。

二　关于打碎国家机器

马克思提出，无产阶级革命要"打碎"国家机器。恩格斯在1891年为《法兰西内战》写的导言中，提出要废除旧国家机器中带有压迫性质的部分，保留带有社会服务性质的职能，而不是全部"打碎"。

一般认为，"打碎"国家机器思想，是马克思在1871年5月巴黎公社起义失败后写就的《法兰西内战》中提出来的。实际上，《法兰西内战》并没有直接提出"打碎"问题，而是说"工人阶级不能简单地掌握现成的国家机器，并运用它来达到自己的目的"①。马克思使用"打碎"这个词，是在1871年4月12日即巴黎公社存续时期的一封私人信件中："如果你查阅一下我的《雾月十八日》的最后一章，你就会看到，我认为法国革命的下一次尝试不应该再像以前那样把官僚军事机器从一些人的手里转到另一些人的手里，而应该把它打碎，这正是大陆上任何一次真正的人民革命的先决条件。"② 在这之后，马克思把巴黎工人的"仁慈""讲良心"而不愿意使用武装暴力，作为巴黎公社失败的首要教训。马克思的"打碎"思想，是基于欧洲大陆特别是法国的历史传统与现状。封建专制传统、军事官僚性质的国家机器，在欧洲大陆最强大，是任何革命的最直接、最凶险的敌人。无论是法国还是德国，都是这样。在1848年的《共产党宣言》中，马克思恩格斯就阐发过工人阶级通过直接革命暴力取得政权的思想。在1875年的《哥达纲领批判》中，马克思批评党内一些人的幻想，表达了同样的意思："居然向一个以议会形式粉饰门面、混杂着封建残余、同时已经受到资产阶级影响、按官僚制度组成、以警察来保护的军事专制国家，要求只有在民主共和国里才有意义的东西，并且还向这个国家庄严地保证，他们认为能够'用合法手段'从它那里争得这类东西！"③

---

① 《马克思恩格斯文集》第3卷，人民出版社，2009，第151页。
② 《马克思恩格斯文集》第10卷，人民出版社，2009，第352页。
③ 《马克思恩格斯文集》第3卷，人民出版社，2009，第446页。

1848 年欧洲革命失败后，马克思恩格斯流亡英国。他们发现，英国的状况，与法德等国有很大区别，由此对"打碎"思想加上一个限制条件，即只适用于欧洲"大陆"。美国也是这样。在这些国家里，社会力量比较强大，国家机器的军事官僚性质尚不明显。这使得马克思恩格斯认为，工人阶级可以通过普选权等政治途径，和平过渡到社会主义——"至少在欧洲，英国是唯一可以完全通过和平的和合法的手段来实现不可避免的社会革命的国家。"与此同时，他们并没有从根本上否定暴力革命，所以就提出了"并不指望英国的统治阶级会不经过'维护奴隶制的叛乱'而屈服于这种和平的和合法的革命"的问题①。这个问题，在马克思去世之后，恩格斯进行了持续的探索与回答。1883 年，恩格斯指出："马克思和我从 1845 年起就持有这样的观点：……我们始终认为，为了达到未来社会革命的这一目的以及其他更重要得多的目的，工人阶级应当首先掌握有组织的国家政权并依靠这个政权镇压资本家阶级的反抗和按新的方式组织社会。"② 因为，"无产阶级在取得胜利以后遇到的惟一现成的组织正是国家。这个国家或许需要作一些改变，才能完成自己的新职能"③。1884 年，恩格斯提出："胜利了的无产阶级在能够利用旧的官僚的、行政集中的国家机构来达到自己的目的之前，必须把它加以改造。"④ 1891 年，恩格斯提出，《法兰西内战》描述了"打碎旧的国家政权而以新的真正民主的国家政权来代替的情形"，"国家无非是一个阶级镇压另一个阶级的机器，……国家再好也不过是在争取阶级统治的斗争中获胜的无产阶级所继承下来的一个祸害；胜利了的无产阶级也将同公社一样，不得不立即尽量除去这个祸害的最坏方面，直到在新的自由的社会条件下成长起来的一代有能力把这国家废物全部抛掉"⑤。1895 年，恩格斯提出："人们发现，在资产阶级用来组织其统治的国家机构中，也有一些东西是工人阶级能够用来对这些机构本身作斗争的。……

---

① 《马克思恩格斯文集》第 5 卷，人民出版社，2009，第 35 页。
② 《马克思恩格斯全集》第 25 卷，人民出版社，2001，第 609 页。
③ 《马克思恩格斯全集》第 25 卷，人民出版社，2001，第 609~610 页。
④ 《马克思恩格斯全集》第 36 卷，人民出版社，1975，第 81 页。
⑤ 《马克思恩格斯文集》第 3 卷，人民出版社，2009，第 111 页。

结果弄得资产阶级和政府害怕工人政党的合法活动更甚于害怕它的不合法活动，害怕选举成就更甚于害怕起义成就。"① 普选权的实施，工人阶级有效利用普选权取得的成就，表明完全"打碎"不再符合无产阶级革命的利益。

国家这个"祸害"，包含着"最坏方面"和其他方面。所谓"最坏方面"，即纯粹属于压迫性质的方面。"最坏方面"之外的其他方面，尚需要存在，也是无产阶级政治统治所需要的。这个关于国家职能的简便划分，恩格斯在《反杜林论》中讲得很清楚："政治统治到处都是以执行某种社会职能为基础，而且政治统治只有在它执行了它的这种社会职能时才能持续下去。"② 当无产阶级取得政权之时，"打碎"或废除的是旧政权的反人民职能，留下的是它的社会职能。连同国家的社会职能一起全部"打碎"，是共产主义社会的事情。在共产主义社会，自然不存在国家的"最坏方面"了，其他方面因社会自我管理也不需要国家了，这个时候的国家才成为"废物"，才具备了"全部抛掉"或消亡的条件。

"打碎"思想，在列宁那里得到强调。1918 年，列宁指出："马克思和恩格斯在最后一次合写《共产党宣言》序言时（这是在 1872 年），认为必须特别提醒工人注意，无产阶级不能简单地掌握现成的（即资产阶级的）国家机器，并运用它来达到自己的目的，无产阶级应该摧毁和打碎这个机器。"③ 马克思恩格斯在《共产党宣言》1872 年德文版序言中，强调了"工人阶级不能简单地掌握现成的国家机器，并运用它来达到自己的目的"④，却没有列宁所说的"无产阶级应该摧毁和打碎这个机器"，后者是列宁加上去的。俄共（布）取得政权后，在"打碎"思想的支配下，新政权采取了"苏维埃"的形式。但出于保卫国家、应对来自内外部挑战的需要，保留了常备军、警察、法院等按照"打碎"思想应该废除的事物。在新政权中，旧的东西依然存在，特别是相当严重的官僚主义现象，因此列宁很不满意："我们的国家机关，除了外交人民委员部，

---

① 《马克思恩格斯文集》第 4 卷，人民出版社，2009，第 545 页。
② 《马克思恩格斯文集》第 9 卷，人民出版社，2009，第 187 页。
③ 《列宁选集》第 3 卷，人民出版社，2012，第 684 页。
④ 《马克思恩格斯选集》第 3 卷，人民出版社，2012，第 95 页。

在很大程度上是旧事物的残余，极少有重大的改变。……仍然是一些最典型的旧式国家机关。"① 显然，这样的问题，不是"打碎"能够解决的。官僚主义、贪污腐败等旧事物，即使在某种形式上"打碎"了，如果存在滋生的土壤和条件，依然会以其他形式改头换面地重生。因而，需要新的思路解决国家政权中存在的弊病。

三　关于无产阶级专政

在《哥达纲领批判》中，马克思提出，从资本主义社会向共产主义社会过渡，政治上需要建立无产阶级专政。但无产阶级专政，是什么样子？与当时已经萌芽、在不同国度完善程度不同的民主制度，又是什么关系？无产阶级专政，是不是全面废止旧体制中的民主、法治要素，包括普选权等？马克思没有展开论述。对这个问题的论述，由恩格斯完成了。

恩格斯的观点主要有两个。一个观点是无产阶级专政就是巴黎公社那样的新型政权。依照通常的理解，专政意味着依靠暴力、排斥法律的政治统治。因而，德国社会民主党的部分领导人，尤其是具有改良思想者，在通过选举不断扩大群众支持、取得议会席位越来越多的情形下，担心谈论专政会影响到党的发展（实际上，恩格斯晚年，也在探索新形势下的革命策略问题，也反对在"决战时刻"到来之前因轻举妄动而引发反动政权的屠杀，但恩格斯始终坚持暴力革命思想）。为了消除党内不良思潮的影响，恩格斯1891年强调："社会民主党的庸人又是一听到无产阶级专政这个词就吓出一身冷汗。好吧，先生们，你们想知道无产阶级专政是什么样子吗？请看巴黎公社。这就是无产阶级专政。"② 在政治上，巴黎公社实行了普遍选举、政教分离等举措。在经济社会方面，实行了生产资料社会占有、限制工人的劳动时间、公务人员领取熟练工人的平均工资等措施。毫无疑问，巴黎公社是高度民主的。只是，在马克思看来，对敌人太仁慈、太讲良心，亦即是在敌我斗争最剧烈时强调

① 《列宁选集》第4卷，人民出版社，2012，第779页。
② 《马克思恩格斯文集》第3卷，人民出版社，2009，第111~112页。

民主，恰恰是巴黎公社犯下的错误，尽管马克思在《法兰西内战》初稿中也提出过公社使阶级斗争"人道化"的设想："公社并不取消阶级斗争，……但是，公社提供合理的环境，使阶级斗争能够以最合理、最人道的方式经历它的几个不同阶段。"①

恩格斯的另一个观点是民主共和国是无产阶级专政的现成形式。对于民主共和国或共和制，马克思恩格斯在不同历史时期的不同著作中，给予了异常复杂的评价。马克思指出，共和制是"资产阶级社会的政治变革形式，而不是资产阶级社会的保守的存在形式"②（1851～1852年）。恩格斯讲，共和制是"资产阶级统治的典型形式，同时也是即将到来的资产阶级统治瓦解的典型形式"③（1877年）；是"资产阶级统治的彻底的形式"，也是"资产阶级统治的最后形式：资产阶级统治将在这种形式下走向灭亡"④（1884年）；是"无产阶级和资产阶级能够在其中进行决战的唯一的政治形式"⑤（1894年）。1891年，恩格斯在《1891年社会民主党纲领草案批判》中，把民主共和国与无产阶级专政联系了起来："如果说有什么是毋庸置疑的，那就是，我们的党和工人阶级只有在民主共和国这种形式下，才能取得统治。民主共和国甚至是无产阶级专政的特殊形式，法国大革命已经证明了这一点。"⑥ 1894年，恩格斯指出："共和国是无产阶级将来进行统治的现成的政治形式。……但是，共和国像其他任何政体一样，是由它的内容决定的；只要它是资产阶级的统治形式，它就同任何君主国一样敌视我们（撇开敌视的形式不谈）。因此，无论把它看做本质上是一种社会主义的形式，还是当它还被资产阶级掌握时，就把社会主义的使命委托给它，都是毫无根据的幻想。"⑦在这里，恩格斯使用的是"无产阶级将来进行统治"而非"无产阶级专

---

① 《马克思恩格斯文集》第3卷，人民出版社，2009，第198页。
② 《马克思恩格斯文集》第2卷，人民出版社，2009，第479页。
③ 《马克思恩格斯全集》第34卷，人民出版社，1972，第260页。
④ 《马克思恩格斯全集》第36卷，人民出版社，1975，第131页。
⑤ 《马克思恩格斯文集》第4卷，人民出版社，2009，第470页。
⑥ 《马克思恩格斯文集》第4卷，人民出版社，2009，第415页。
⑦ 《马克思恩格斯文集》第10卷，人民出版社，2009，第671页。

政"。作为"无产阶级专政的特殊形式"，既然称为"民主共和国"，显然是不能排斥宪法和法律的政治统治形式。这个思想，与恩格斯主张的"从某一阶级的共同利益中产生的要求，只有通过下述办法才能实现，即由这一阶级夺取政权，并用法律的形式赋予这些要求以普遍的效力"①，是一致的。

本来意义上的专政，是一种源于法律、合乎法律规定、暂时中止宪法和法律适用、单纯依靠暴力的政治统治形式。马克思曾多次在这个意义上使用过专政概念，如赞扬 1793 年法国国民公会的"革命专政"②，批评 1848 年德国法兰克福国民议会没有"以专政的办法反对腐朽政府的反动企图"③。恩格斯在总结 1848 年革命经验教训时也提出，德国统治阶级"消灭最后一点伪善的'宪法保证'，办法是实行最无限制的，最专横恣肆的军刀专政，停止旧的甚至 3 月以前的法律和法院的效力"④。他说，"暂时的革命秩序正在于，分权暂时被废除了，立法机关暂时攫取了行政权或者行政机关攫取了立法权"，这就是"革命的专政"⑤。他还指出："在革命之后，任何临时性的国家机构都需要专政，并且需要强有力的专政。"⑥ 从上述论述看，专政具有两个基本特点：专政是暂时的、非常态的政治统治形式；专政权力不受宪法和法律限制。但是，恩格斯晚年关于无产阶级专政的看法，改变了专政的本初含义，是在阶级政治统治的意义上使用专政概念的。在无产阶级掌握政权的条件下，片面地强调专政的暴力方面，而忽略政权的民主属性，是不准确的。

四　关于国家的作用

马克思在论述历史唯物主义基本原理时，讲了经济基础对于上层建

---

①　《马克思恩格斯全集》第 21 卷，人民出版社，1965，第 567~568 页。

②　《马克思恩格斯全集》第 11 卷，人民出版社，1962，第 40 页。

③　《马克思恩格斯全集》第 5 卷，人民出版社，1958，第 46 页。

④　《马克思恩格斯全集》第 6 卷，人民出版社，1961，第 589 页。

⑤　《马克思恩格斯全集》第 5 卷，人民出版社，1958，第 226 页。

⑥　《马克思恩格斯全集》第 5 卷，人民出版社，1958，第 475 页。

筑的决定性作用。但对这两者之间互动的细节，特别是以国家政权为核心的政治上层建筑，如何影响经济基础，没有展开说明。最著名的是1859 年《〈政治经济学批判〉序言》中的那段经典论述："人们在自己生活的社会生产中发生一定的、必然的、不以他们的意志为转移的关系，即同他们的物质生产力的一定发展阶段相适合的生产关系。这些生产关系的总和构成社会的经济结构，即有法律的和政治的上层建筑竖立其上并有一定的社会意识形式与之相适应的现实基础。物质生活的生产方式制约着整个社会生活、政治生活和精神生活的过程。……随着经济基础的变更，全部庞大的上层建筑也或慢或快地发生变革。"① 毋庸置疑，经济的作用是决定性的、主动的，但政治等上层建筑的作用，也不是消极被动的。经济基础与政治上层建筑之间的辩证关系，特别是国家政权的积极作用，在恩格斯那里得到充分论证。

1890 年 9 月，恩格斯在给约瑟夫·布洛赫的信中指出："根据唯物史观，历史过程中的决定性因素归根到底是现实生活的生产和再生产。……经济状况是基础，但是对历史斗争的进程发生影响并且在许多情况下主要是决定着这一斗争的形式的，还有上层建筑的各种因素：阶级斗争的各种政治形式及其成果——由胜利了的阶级在获胜以后确立的宪法等等……这里表现出这一切因素间的相互作用。""经济的前提和条件归根到底是决定性的。但是政治等等的前提和条件，……也起着一定的作用，虽然不是决定性的作用。"② 恩格斯的这段话，明确指出包括政治在内的上层建筑，非但影响历史进程，甚至"在许多情况下主要是决定着""历史斗争"的"形式"。以国家为核心的政治上层建筑的作用，不是可有可无的。历史唯物主义，不是经济决定论。

紧接着，在 10 月写给康拉德·施米特的信中，恩格斯进一步阐述了"决定性的作用""相互作用"等思想，提出了"反作用"的问题。他说，社会生产与国家亦即经济与政治之间，"是两种不相等的力量的相互作用：一方面是经济运动，另一方面是追求尽可能大的独立性并且一

① 《马克思恩格斯文集》第 2 卷，人民出版社，2009，第 591~592 页。
② 《马克思恩格斯文集》第 10 卷，人民出版社，2009，第 591~592 页。

经确立也就有了自己的运动的新的政治权力。总的说来，经济运动会为自己开辟道路，但是它也必定要经受它自己所确立的并且具有相对独立性的政治运动的反作用，即国家权力的以及和它同时产生的反对派的运动的反作用"①。"国家权力对于经济发展的反作用可以有三种：它可以沿着同一方向起作用，在这种情况下就会发展得比较快，它可以沿着相反方向起作用，在这种情况下，像现在每个大民族的情况那样，它经过一定的时期都要崩溃；或者是它可以阻止经济发展沿着某些方向走，而给它规定另外的方向——这种情况归根到底还是归结为前两种情况中的一种。但是很明显，在第二和第三种情况下，政治权力会给经济发展带来巨大的损害，并造成大量人力和物力的浪费。"② 恩格斯的结论是："如果政治权力在经济上是无能为力的，那么我们何必要为无产阶级的政治专政而斗争呢？暴力（即国家权力）也是一种经济力量！"③

一般认为，恩格斯在晚年书信中丰富和发展了历史唯物主义。他的相关著作，是关于历史唯物主义的经典著作。其实，就国家及政治的作用而言，这些著作也是马克思主义国家学说的重要著作。经济与政治的关系，尤其是国家政权对经济社会发展的能动的反作用，已经为马克思恩格斯身后人类社会实践所充分证明，尤其是在中国的实践中。习近平的下述论断，就是对以国家政权为核心的政治上层建筑作用的正确揭示。"一个国家的政治制度决定于这个国家的经济社会基础，同时又反作用于这个国家的经济社会基础，乃至于起到决定性作用。在一个国家的各种制度中，政治制度处于关键环节。"④

五　关于国家所有制

求助于剥削性质的国家政权，在这种国家政权的帮助下实现社会主义，是包括拉萨尔主义在内的形形色色的非科学的社会主义的鲜明特点，

---

① 《马克思恩格斯文集》第 10 卷，人民出版社，2009，第 596~597 页。
② 《马克思恩格斯文集》第 10 卷，人民出版社，2009，第 597 页。
③ 《马克思恩格斯文集》第 10 卷，人民出版社，2009，第 600~601 页。
④ 《十八大以来重要文献选编》（中），中央文献出版社，2016，第 62 页。

马克思对此向来持反对态度。《哥达纲领批判》中的一段话，就是传世经典。"自由就在于把国家由一个高踞社会之上的机关变成完全服从这个社会的机关；而且就在今天，各种国家形式比较自由或比较不自由，也取决于这些国家形式把'国家的自由'限制到什么程度。"① 这里的"在今天"，当然是马克思恩格斯生活的那个时代。然而，对于19世纪后期在经济社会进程中作用越来越大的国家政权及其行为，对于从资本主义社会向共产主义社会过渡的"革命转变时期"即"无产阶级的革命专政时期"的国家行为，马克思没有给予太多的关注。这当然与历史条件的剧烈变化有关。

一个现象是，在马克思去世之后，经济领域内的生产资料国有化、社会领域内的国家社会立法等迅速发展起来，这好像是对拉萨尔观点的证实。恩格斯必须做出科学的回答。早在1881年，恩格斯就指出："把国家对自由竞争的每一种干涉——保护关税、同业公会、烟草专卖、个别工业部门的国有化、海外贸易公司、皇家陶瓷厂——都叫做'社会主义'，纯粹是曼彻斯特的资产者为了自己的利益而在胡说。对这种胡说我们应当批判，而不应当相信。……此类所谓的社会主义一方面不过是封建的反动，另一方面不过是榨取金钱的借口，而它的间接目的则是使尽可能多的无产者变成依赖国家的公务员和领养老金者，即除了一支有纪律的士兵和公务员大军以外，再组织一支类似的工人大军。在国家长官，而不是在工厂监工的监视下举行强制性的选举——好一个美妙的社会主义！但是，如果相信资产阶级这一套连他们自己都不相信、而只是假装相信的说法，那就会得出结论：国家等于社会主义……"② 恩格斯的这段论述，澄清了剥削阶级统治条件下包括生产资料国有化在内的国家干预的实质——统治阶级维护阶级利益的举措，与主张消灭阶级剥削和统治从而促使国家消亡的科学社会主义，风马牛不相及。就此而言，新自由主义的代表人物哈耶克，尽管是马克思主义的敌人，但在国家与社会主义问题上，对马克思主义的评价却是相对公允的："在马克思主义式的理论的社会主义指导着德国劳工运动的时期，极权主义和国家主

---

① 《马克思恩格斯文集》第3卷，人民出版社，2009，第444页。

② 《马克思恩格斯文集》第10卷，人民出版社，2009，第460页。

义的因素一度隐入幕后。但这为时不久。1914 年以来，马克思主义的社会主义队伍中接二连三地出现了一些导师，它们……领导了勤劳的劳动者和理想主义青年，使他们成为国家社会主义的信徒，只是在这之后，国家社会主义的浪潮才达到了重要的地位。"①

十余年后，恩格斯的观点有了些许变化。他认为，在为"社会本身占有一切生产力作准备"意义上，资本主义条件下的国有化是进步的，但绝不是社会主义性质的。"自从俾斯麦致力于国有化以来，出现了一种冒牌的社会主义，它有时甚至堕落为某些奴才气，无条件地把任何一种国有化，甚至俾斯麦的国有化，都说成社会主义的。"② 这段话，是恩格斯在 1890 年之后修订出版的《社会主义从空想到科学的发展》中的注释中说的。在这篇马克思在世时首次发表的著作中，恩格斯指出："现代国家，不管它的形式如何，本质上都是资本主义的机器，资本家的国家，理想的总资本家。它越是把更多的生产力据为己有，就越是成为真正的总资本家，越是剥削更多的公民。……生产力归国家所有不是冲突的解决，但是这里包含着解决冲突的形式上的手段，解决冲突的线索。"③ 至于国家社会主义的产生，恩格斯 1894 年解释说："国家社会主义是无产阶级社会主义的一种幼稚病，十二年以前，在非常法制度下曾流行于德国，当时它是政府许可（甚至鼓励）的唯一形式。虽然如此，党内只有很少人一度上了圈套；维登代表大会以后，这种情况完全消失了。"④ 这里的问题，关键是国家政权的性质和工人阶级创造的剩余劳动的归属。只要国家政权依然是资本主义性质的，工人阶级创造的新价值（在资本主义条件下是剩余价值）依然归生产资料所有者及其代表国家政权所有，任何性质的国有化，都解决不了无产阶级解放问题。

但是，资本主义条件下的国有化"包含着解决冲突的形式上的手段、解决冲突的线索"的判断，为未来社会的生产资料所有制问题，提

---

① 弗雷德里希·奥古斯特·哈耶克：《通往奴役之路》，王明毅等译，中国社会科学出版社，1997，第 160~161 页。
② 《马克思恩格斯文集》第 3 卷，人民出版社，2009，第 558 页。
③ 《马克思恩格斯文集》第 3 卷，人民出版社，2009，第 559~560 页。
④ 《马克思恩格斯全集》第 39 卷，人民出版社，1974，第 209 页。

供了启示。恩格斯在《社会主义从空想到科学的发展》中指出："国家真正作为整个社会的代表所采取的第一个行动，即以社会的名义占有生产资料，同时也是它作为国家所采取的最后一个独立行动。那时，国家政权对社会关系的干预在各个领域中将先后成为多余的事情而自行停止下来。那时，对人的统治将由对物的管理和对生产过程的领导所代替。国家不是'被废除'的，它是自行消亡的。"① 也就是说，无产阶级夺取政权后，要全面实行生产资料国家所有制，且是"以社会的名义"实施的。那么，问题来了：生产资料社会占有，是社会生产力发展的内在要求和趋势，"整个社会"为什么自己不去占有，非要通过国家这个"代表"？国家政权对社会关系的干预的自行停止，是否意味着"社会"自己具有了占有生产资料的能力和有效途径？国有制在生产资料公有制中占据什么样的地位？诸如此类的问题，恩格斯没有回答。但他提出的无产阶级夺取政权、实行生产资料国有制的思路，无疑为社会主义革命与建设的实践，提出了切实可行的思路。他提出的"把生产资料转交到整个社会的手里"②，同样是社会主义国家需要努力实现的目标。至于探索国有制之外的生产资料公有制的更加有效的实现形式问题，在国家消亡的情况下社会如何实现对物的管理和对生产过程的领导问题，乃至国家如何退出历史舞台问题，则是后人的事情了。

公有制的实现形式问题，本质上是恩格斯所讲的在国家政权代表社会占有生产资料之后，"把生产资料转交到整个社会的手里"的问题。改革开放以来，无论在认识上还是在实践中，中国在公有制的实现形式方面，进行了积极、大胆的探索，取得了重要成就。党的十五大提出："公有制经济不仅包括国有经济和集体经济，还包括混合所有制经济中的国有成分和集体成分。"③ "公有制实现形式可以而且应当多样化。一切反映社会化生产规律的经营方式和组织形式都可以大胆利用。要努力寻找能够极大促进生产力发展的公有制实现形式。"④ 2013 年，习近平指出：

---

① 《马克思恩格斯文集》第 3 卷，人民出版社，2009，第 562 页。
② 《马克思恩格斯文集》第 4 卷，人民出版社，2009，第 562 页。
③ 《十五大以来重要文献选编》（上），人民出版社，2000，第 21 页。
④ 《十五大以来重要文献选编》（上），人民出版社，2000，第 21~22 页。

"要积极发展混合所有制经济，强调国有资本、集体资本、非公有资本等交叉持股、相互融合的混合所有制经济，是基本经济制度的重要实现形式。"① 2018 年，他强调"民营经济是我国经济制度的内在要素"②。这里的"基本经济制度"或"经济制度"，当然是中国特色社会主义性质的经济制度。在传统的国有制之外，积极探索包括股份制、混合所有制在内的中国特色的公有制或社会所有制实现形式，是科学社会主义基本原则在当代中国的创造性运用和创新性发展。

马克思主义国家学说，特别是恩格斯在国家问题上的一系列思想观点，对于现阶段我们完善中国特色社会主义制度、推进国家治理体系和治理能力现代化，具有非常重要的指导意义。习近平指出："怎样治理社会主义社会这样全新的社会，在以往的世界社会主义中没有解决得很好。马克思、恩格斯没有遇到全面治理一个社会主义国家的实践……列宁……没来得及深入探索这个问题；苏联……没有解决这个问题。"③ 恩格斯的观点，即"工人阶级应当首先掌握有组织的国家政权并依靠这个政权镇压资本家阶级的反抗和按新的方式组织社会"④，或者"在生产者自由平等的联合体的基础上按新方式来组织生产"⑤，为我国国家治理现代化指明了方向。在实践中探索"组织社会"与"组织生产"的"新方式"，是中国共产党人必须完成的历史使命。

① 《十八大以来重要文献选编》（上），中央文献出版社，2014，第 500 页。
② 《十九大以来重要文献选编》（上），中央文献出版社，2019，第 674 页。
③ 《十八大以来重要文献选编》（上），中央文献出版社，2014，第 548 页。
④ 《马克思恩格斯文集》第 10 卷，人民出版社，2009，第 506 页。
⑤ 《马克思恩格斯文集》第 4 卷，人民出版社，2009，第 193 页。

卢森堡对俄国革命的评述及列宁的回应[*]

王中汝

2021 年是著名国际共产主义运动领袖罗莎·卢森堡诞辰 150 周年。值此重大节点，研读她在狱中完成的《论俄国革命》，虽说不上感慨万千，但也百感交集。在卢森堡的著作中，《论俄国革命》是一部既备受争议又闪耀着真理光辉的著作。站在新的历史制高点上，结合世界社会主义历史进程中的经验教训，重新审视《论俄国革命》一书所表述的观点，对于增强人们的社会主义信念、走符合本国国情的社会主义道路，具有重要的理论价值和现实意义。

一　强有力地为十月革命辩护

卢森堡出生在波兰，18 岁之后因革命而长期流亡瑞士、德国。她的工作重心，是研究、领导德国的无产阶级运动和革命事业。1918 年，身陷囹圄的卢森堡写就《论俄国革命》一书，一方面是为俄国十月革命的合理性、必然性进行辩护，另一方面提出了她所认为的严重瑕疵，提醒国际（尤其是德国）革命者保持警惕。卢森堡这种以查找问题、总结经验教训的方式进行的辩护（不是一味地颂扬），充分体现了一个真正的马克思主义者的优秀品质——批判精神与求真务实精神。

卢森堡的辩护，是从批判第二国际尤其是德国社会民主党的"教条主义理论"开始的。"按照这种理论，俄国作为一个经济落后、农业为主的国家，对于实行社会革命和无产阶级专政还是不成熟的。这一理论

＊　本文原载于《理论视野》2021 年第 9 期，收入本书时有改动。

认为俄国只适合进行一次资产阶级革命……俄国革命应当停留在推翻沙皇制度的阶段……如果俄国革命越出了这一阶段，如果它把无产阶级专政当成自己的任务，那么按照这一学说，这完全是俄国工人运动激进一翼即布尔什维克的错误，而革命在进一步向前发展中发生的一切坏事，使革命遭受损失的一切混乱，无非是这一致命的错误的结果。"① 这种教条理论更是"议会痴呆症已经深入骨髓"② 的结果，即简单地把议会育儿室的平庸真理搬用到革命中，认为先取得多数议会选票，才能有所作为。卢森堡对于"教条主义理论"的批判和为十月革命所做的辩护，着力于以下几点。

（一）十月革命，有其历史的必然性

"它按照内在逻辑的必然性顺理成章地从第一阶段即资产阶级共和国阶段向前推进到更加深入的各个阶段——推翻沙皇制度在其中只是一个短短的插曲，简直是一件微不足道的小事……在自己的国土里有着深厚的根源，并且内部已经完全成熟了。"③ 这种历史必然性，是由俄国所处的国际环境和面临的迫切问题决定的。"俄国革命是国际发展和土地问题的结果，它是不能在资产阶级社会的范围内解决的。"④ 在沙皇专制制度被推翻之后，革命的主要问题是和平和土地问题，解决前者是城市无产阶级和士兵的迫切要求，解决后者是广大农民参加革命的主要动力。"立即实现和平和得到土地——在这两个目标上，革命阵营的内部分裂是确定无疑的了。立即实现和平的要求同……自由资产阶级的帝国主义倾向发生了非常尖锐的矛盾；土地问题起初是让资产阶级的另一翼即土地贵族害怕的妖怪，但立刻就由于侵犯了整个神圣的私有制而成为使各资产阶级恼恨的问题了。"⑤ 资产阶级先是采取拖延和逃避的策略，而后便"向后退寻找支持并且悄悄组织反革命"。如果反革命得逞，"那么不

---

① 罗莎·卢森堡：《卢森堡文选》，人民出版社，2012，第 377 页。
② 罗莎·卢森堡：《卢森堡文选》，人民出版社，2012，第 384 页。
③ 罗莎·卢森堡：《卢森堡文选》，人民出版社，2012，第 376~377 页。
④ 罗莎·卢森堡：《卢森堡文选》，人民出版社，2012，第 378 页。
⑤ 罗莎·卢森堡：《卢森堡文选》，人民出版社，2012，第 380 页。

仅和平问题和土地问题，而且民主共和国本身的命运也就决定了。建立军事专政以及对无产阶级实行恐怖统治，然后回到君主制，将会是不可避免的后果"①。

（二）十月革命，符合革命的一般规律

在《共产主义者同盟中央委员会告同盟书》中，马克思恩格斯曾提出"不断革命"这个无产阶级革命的一般规律。《论俄国革命》进一步对此作了阐明："革命的生存规律是：它必须非常迅速和坚决地向前猛进，用铁腕克服一切障碍，日益扩大自己的目标，否则它就会很快地倒退到它的软弱无力的出发点后面，并且被反革命扼杀。"② 英法资产阶级革命的历史经验表明，"任何一次革命中都无法保持'中庸之道'，革命的自然规律要求迅速作出决断：要就是火车头沿着历史的上行线全速前进，直到顶点，要就是它由于本身的重力重新退回到出发时的洼地上，并且把那些在半路上想凭自己微弱的力量使它停下的人无可挽救地一同带下深渊"③。

（三）十月革命，符合革命的辩证法

对于大多数德国社会民主党人和俄国孟什维克的主张，即通过议会多数取得政权、反对布尔什维克的武装起义，卢森堡斥为"鼠目寸光的议会真理"，并认为"革命的真正的辩证法""不是通过多数实行革命策略，而是通过革命策略达到多数。只有一个懂得领导也就是懂得向前推进的党才能在风暴中争取到追随者。列宁和同志们在决定性时刻提出了唯一能向前推进的口号即全部权力归无产阶级和农民！他们的坚决态度使他们几乎在一夜之间就从受迫害、受毁谤的'非法的'少数（其领袖不得不像马拉那样藏在地窖里）成为形势的绝对主宰"④。作为辩证法大师，列宁也从辩证法的角度为俄国革命作出精彩的辩护："他们都自称

---

① 罗莎·卢森堡：《卢森堡文选》，人民出版社，2012，第 381 页。
② 罗莎·卢森堡：《卢森堡文选》，人民出版社，2012，第 382 页。
③ 罗莎·卢森堡：《卢森堡文选》，人民出版社，2012，第 383 页。
④ 罗莎·卢森堡：《卢森堡文选》，人民出版社，2012，第 384 页。

马克思主义者，但是……马克思主义中有决定意义的东西，即马克思主义的革命辩证法，他们一点也不理解。"① "既然建立社会主义需要有一定的文化水平……我们为什么不能首先用革命手段取得达到这个一定水平的前提，然后在工农政权和苏维埃制度的基础上赶上别国人民呢?"②

　　总的来说，十月革命的爆发，主要是俄国经济社会发展和政治形势的产物。第二国际修正主义者的"教条主义理论"及对国际无产阶级运动的背叛，给十月革命及革命后的无产阶级政权带来了沉重灾难，同时也说明德国无产阶级的不成熟，不能完成它的历史任务。复杂的国内外条件，使得"全部权力由工人和农民群众单独掌握，由苏维埃单独掌握——这实际上是使革命摆脱困境的唯一出路"。"因此列宁的党是俄国唯一在那最初时期就理解革命的真正利益的党，它是革命的向前推进的因素，因此在这一意义上说它是唯一真正实行社会主义政策的党。"③ 正因为如此，布尔什维克"树立了不朽的历史功勋"，"他们的十月起义不仅确实挽救了俄国革命，而且也挽救了国际社会主义的荣誉"④。

二　对俄共（布）政策的"批判性检验"

　　在充分肯定历史功绩和意义的前提下，卢森堡对十月革命后布尔什维克政策进行了"详细的、深思熟虑的批判"。她认为，由于缺乏必要的历史和物质前提，俄国的"民主制和社会主义"，从一开始就是"软弱无力的、歪曲的"，不能认为"俄国所做的一切正好就是完善的顶峰"⑤。卢森堡的批判性研究，主要围绕着土地政策、民族政策和政权建设政策三个方面展开。

　　在土地政策上，卢森堡批评了十月革命初布尔什维克采取的由农民

---

① 《列宁选集》第4卷，人民出版社，2012，第775页。
② 《列宁选集》第4卷，人民出版社，2012，第777页。
③ 罗莎·卢森堡：《卢森堡文选》，人民出版社，2012，第382页。
④ 罗莎·卢森堡：《卢森堡文选》，人民出版社，2012，第384页。
⑤ 罗莎·卢森堡：《卢森堡文选》，人民出版社，2012，第378页。

占有土地的做法。她承认，"为了达到摧毁大地产和使农民立刻依附革命政府这两个目的，由农民立即直接剥夺和分配土地的口号是最简短、最简单、最简练的公式"，这种"作为巩固无产阶级社会主义政府的政治措施"是"一个良好的策略"。与此同时，她也指出了这个策略的"两面"性："由农民直接夺取土地几乎是同社会主义经营毫无共同之处的"，且"为按社会主义精神改造土地关系制造了一大堆不可克服的困难"；"在'占有'以后，要对农业实行任何社会主义的社会化，遇到的敌人就是人数大大增加、力量大大加强的有产农民群众了，他们将拼命保卫自己新获得的财产，反对一切社会主义的侵犯"①。卢森堡的理论依据，是一个纯粹的马克思主义常识："大地产集中了技术上最先进的农业生产资料和方法，因此恰恰只有对大地产实行国有化才能成为农村社会主义经营方式的出发点。当然不需要剥夺小农的小块土地，可以……依靠社会经营的优越性争取……自愿地赞成……自愿地纳入社会的总经营，因此不言而喻，农村的任何社会主义经济改革必须从大地产和中等地产开始。"② 颇为矛盾的是，卢森堡充分估计到刚刚取得胜利的新政权实施土地改革的难度，并强调："俄国的苏维埃政府没有实行这一重大的改革——谁能为此责备它呢！"③

在民族政策上，卢森堡批评了布尔什维克的民族自决权理论和实践。她指出："社会主义政策反对一个民族压迫另一个民族，正如它反对任何一种压迫一样，这是对社会主义政策的起码知识。"但布尔什维克的民族自决权政策，却属于"空洞的小资产阶级废话和胡说"或"空想主义的废话"，尽管她猜度这是布尔什维克拉拢"俄罗斯帝国内部的许多非俄罗斯民族""支持社会主义无产阶级的事业""拥护革命和无产阶级的旗帜"的"一种随机应变的政策"④。民族自决权的理论和实践，产生了两个极其严重的结果。一个结果是，"这些'民族'一个接一个地利用刚刚赠送给他们的自由，作为俄国革命的死敌同德帝国主义联合起来

---

① 罗莎·卢森堡：《卢森堡文选》，人民出版社，2012，第385~387页。
② 罗莎·卢森堡：《卢森堡文选》，人民出版社，2012，第385页。
③ 罗莎·卢森堡：《卢森堡文选》，人民出版社，2012，第386页。
④ 罗莎·卢森堡：《卢森堡文选》，人民出版社，2012，第389页。

反对俄国革命"，更准确地说是"变成了资产阶级统治的一个手段"①。作为民族自决重要举措的人民投票，在激烈的阶级斗争形势下也不能扭转资产阶级用它来反对俄国革命的现实。另一个结果是，"加强了资产阶级的地位，削弱了无产阶级的地位"②。在"即将发生的国际社会主义同资产阶级世界的清算"的形势下，这"应当成为国际无产阶级的鉴戒"③。

在政权建设政策上，卢森堡认为，布尔什维克的诸多政治措施是违反社会主义民主精神和要求的。卢森堡认为，俄共（布）不应该因"任何由普遍的人民选举产生的人民代议机构在一切革命期间都是无效的"④认识而取缔代议机构，尽管"任何民主机构都有它的局限性和缺陷，……只不过托洛茨基和列宁找到的纠正办法即取消一切民主制却比这一办法应当制止的坏事更坏，因为它堵塞了唯一能够纠正社会机构的一切天生缺陷的那一生机勃勃的源泉本身，这就是最广大人民群众的积极的、不受限制的、朝气蓬勃的政治生活"⑤。卢森堡特别批评说，"取消出版自由、结社和集会的权利，苏维埃政府的一切反对者都被剥夺了这些自由和权利"，实质上是"取消健康的公共生活和工人群众政治积极性的一个最重要的民主保证"⑥。她认为："社会主义……就其本性来说就是不能钦定的，不能通过敕令来引进……消极的东西，即废除，是可以用命令实行的，积极的东西，即建设，却不行。……自由受到了限制，国家的公共生活就是枯燥的，贫乏的，公式化的，没有成效的，这正是因为它通过取消民主而堵塞了一切精神财富和进步的生动活泼的泉源。……全体人民群众必须参加国家的公共生活。否则社会主义就将是十几个知识分子从办公桌下令实行的，钦定的。"⑦ 在这种情况下，无产

---

① 罗莎·卢森堡：《卢森堡文选》，人民出版社，2012，第390页。
② 罗莎·卢森堡：《卢森堡文选》，人民出版社，2012，第392页。
③ 罗莎·卢森堡：《卢森堡文选》，人民出版社，2012，第393页。
④ 罗莎·卢森堡：《卢森堡文选》，人民出版社，2012，第395页。
⑤ 罗莎·卢森堡：《卢森堡文选》，人民出版社，2012，第397页。
⑥ 罗莎·卢森堡：《卢森堡文选》，人民出版社，2012，第399页。
⑦ 罗莎·卢森堡：《卢森堡文选》，人民出版社，2012，第401页。

阶级专政会堕落成"一小撮政治家的专政"并"引起公共生活的野蛮化","这是一条极其强大的客观的规律，任何党派都摆脱不了它"①。

在民主问题上，卢森堡主张："我们始终把资产阶级民主制的社会内核同它的政治形式区别开来，我们始终揭露形式上的平等和自由的甜蜜外壳所掩盖着的社会不平等和不自由的酸涩内核——不是为了抛弃这个外壳，而是为了激励工人阶级，叫他们不要满足于外壳，却去夺取政权，以便用新的社会内容去充实这一外壳。如果无产阶级取得了政权，它应当创造社会主义民主制去代替资产阶级民主制，而不是取消一切民主制，这是无产阶级的历史使命。"②

卢森堡的批评，无疑有不少自相矛盾的地方。例如，在选举问题上，她一方面批评布尔什维克"对于立宪会议、普选权、言论和集会自由、总之对于人民群众的民主主义基本自由的全部设施……明显地采取十分冷漠的蔑视态度"③，另一方面却批评民族自决权是"希望通过一次'人民投票'"，"依靠革命的人民群众取得赞成加入俄国革命的多数票，这是不可理解的乐观主义"④。再如，她一方面批评苏维埃政权的土地、民族、政权建设方面的措施，另一方面又表示"俄国发生的一切都是可以理解的"，承认"布尔什维克表明他们能做到一个真正的革命政党在历史可能性的限度内所能做到的一切"⑤。即便如此，她从社会主义的长远或正常发展角度提出的警告却是有价值的："把他们被这些致命条件所迫而采取的策略的一切部分都从理论上确定下来并且打算把它当作社会主义策略的样板推荐给国际〔无产阶级〕，要他们加以模仿，从这时起危险就开始了。"⑥ 卢森堡、列宁身后世界社会主义的历史，不幸被卢森堡言中了。把特殊条件下形成的模式，当作具有普遍适用性的真理加以推广，成为苏联模式社会主义的噩梦。

---

① 罗莎·卢森堡：《卢森堡文选》，人民出版社，2012，第 403 页。
② 罗莎·卢森堡：《卢森堡文选》，人民出版社，2012，第 404 页。
③ 罗莎·卢森堡：《卢森堡文选》，人民出版社，2012，第 389 页。
④ 罗莎·卢森堡：《卢森堡文选》，人民出版社，2012，第 390 页。
⑤ 罗莎·卢森堡：《卢森堡文选》，人民出版社，2012，第 405 页。
⑥ 罗莎·卢森堡：《卢森堡文选》，人民出版社，2012，第 405 页。

《论俄国革命》的主旨，是为布尔什维克及其领导的十月革命的合理性进行辩护。因此，卢森堡的总结论是非常明确的："重要的事情在于，把布尔什维克的政策中本质的东西同非本质的东西、核心同偶然事件区别开来。我们在全世界都面临着最后的决战……社会主义的最重要的问题（而且这简直就是迫切的当前问题）过去和现在都不是这个或那个具体的策略问题，而是：无产阶级的行动能力，群众的革命毅力，社会主义本身的取得政权的意志。""这是布尔什维克政策中本质的和持久性的东西。""在这一意义上说，未来是到处都属于'布尔什维主义'的。"①

三 列宁对卢森堡"批判性检验"的理论回应

在狱中，卢森堡了解信息的渠道非常有限。十月革命成功后不久，她在给朋友的信中写道："整个一周以来，我的心系彼得堡。每天早晨，我的手就急不可耐地去抢新来的报纸。然而不幸的是，报上的消息，不仅寥若晨星，而且还颠倒黑白。持久的成功，虽然没有可能；但是无论如何，夺权的开始，已经给了我们的社会民主党和整个昏睡的国际劈头一拳。除了用统计数字来证明，俄国的社会条件还不成熟，不能实行无产阶级专政以外，考茨基显然狗屁不懂！……幸运的是，历史不是按照考茨基的理论推断来发展的。所以，我们要怀抱最好的希望。"② 这意味着，她对十月革命后俄共（布）和苏维埃政权的政策的分析，在材料不充分、与现实有着极大隔膜的条件下，主要依据只能是马克思主义相关理论。然而，正如列宁所说："马克思主义者必须考虑生动的实际生活，必须考虑现实的确切事实，而不应当抱住昨天的理论不放，因为这种理论和任何理论一样，至多只能指出基本的、一般的东西，只能大体上概括实际生活中的复杂情况。"③ 现在，我们就按照列宁阐明的这个道理，结合列宁在相关问题上的论述，并用卢森堡使用的方法，来检验卢森堡的批判性观点。

---

① 罗莎·卢森堡：《卢森堡文选》，人民出版社，2012，第 406 页。
② 罗莎·卢森堡：《论俄国革命·书信集》，殷叙彝、傅惟慈、郭颐顿译，贵州人民出版社，2001，第 304 页。
③ 《列宁全集》第 29 卷，人民出版社，2017，第 139 页。

在土地政策上，卢森堡坚持土地国有化、社会主义大农业的观点，认为苏维埃政权把土地平均分给农民是错误的。土地国有化的一般原理无疑是正确的，但身陷囹圄之中的卢森堡，能否据此否定苏俄在十月革命胜利之初的土地政策呢？显然不能。十月革命前，土地国有化是布尔什维克解决土地问题的根本主张。但在十月革命后，为了巩固工人阶级同农民阶级的革命联盟、满足农民的土地要求，布尔什维克采取了社会革命党人的主张，主导通过了《土地法令》，实行差异化的土地政策——在废除土地私有制的前提下，宣布土地或者国有即全民所有，或者公社所有，或者由地方政权支配，并分配给农民使用。列宁强调，这纵然"从社会民主党人的纲领后退了一步"，"然而，这恰恰证明人民政权不愿意把自己的意志强加于人民，而是竭力照顾到人民的意志"。"既然农民世世代代都坚决要求废除土地私有制，那就应该加以废除，这才是重要的事情。"① 走向社会主义的道路，所要采纳的形式，"在很多方面将取决于占优势的是小私有制还是大私有制，是小农业还是大农业。……一个人人识字和全国都是大农业的小国家向社会主义过渡，和俄国这样一个小资产阶级占优势的国家向社会主义过渡，情况不可能是相同的"②。鉴于俄国是一个小农国家的基本国情，在"实行工人监督和银行国有化等等条件下，土地平均使用不过是达到完全的社会主义的一种过渡办法。……必须向被剥削劳动农民小农让步，因为这些办法不会危害社会主义事业"③。至于在平均使用土地之后，怎么过渡到社会主义，列宁强调："不能强迫农民接受社会主义，而只能靠榜样的力量，靠农民群众对日常实际生活的认识。"④

在世界无产阶级革命进程中，民族问题往往和阶级问题纠缠在一起。卢森堡对列宁民族自决权理论和实践的批评，明显是基于以下理论依据：劳动阶级的解放问题，反对资本主义问题，要优先于民族问题。这个道理，从社会主义世界革命的角度看，是完全正确的。然而，在资本主义

① 《列宁全集》第33卷，人民出版社，2017，第115页。
② 《列宁全集》第33卷，人民出版社，2017，第268页。
③ 《列宁全集》第33卷，人民出版社，2017，第103页。
④ 《列宁全集》第33卷，人民出版社，2017，第269页。

向全球扩展的时代，在世界被划分为压迫民族与被压迫民族的情况下，一国（特别是发达资本主义国家）之内阶级压迫问题的解决，与世界范围内民族压迫问题的解决，有着千丝万缕的联系。可以说，没有世界范围内被压迫民族的解放，就没有压迫民族内部的阶级解放，就没有世界范围内的劳动阶级的解放。在民族问题上，尤其是在民族自决权问题上，列宁的基本观点有以下几个。首先，"把各民族无产者和半无产者联合起来共同进行推翻地主和资产阶级的革命斗争的政策提到首要地位"①。在这个方面，卢森堡和列宁是高度一致的。其次，不同民族处于不同的发展阶段，压迫民族对被压迫民族的统治及其感情伤害，决定了"必须特别慎重地对待民族感情，认真地实行各民族的真正的平等和分离的自由，以便消除这种不信任的基础，而使各民族的苏维埃共和国结成一个自愿的最紧密的联盟"②。再次，在"民族就是资产阶级和无产阶级混在一起"③ 的现实条件下，民族自决权能够推进一个民族内部的阶级分化。最后，民族自决的最终归宿，是全世界各民族劳动者的联合。民族自决，是各民族劳动者自由联合的前提。反过来说，凡是能够促进各民族无产者和劳动群众联合的政策，包括民族自决政策，都是适合无产阶级世界革命的政策。列宁的上述思想，成为世界共产党人制定民族政策的基本依据。

较之土地政策、民族政策，卢森堡对苏维埃俄国政治和政权建设的批评，最受世人瞩目。列宁是怎么看待卢森堡所批评的问题呢？

第一，和卢森堡一样，列宁同样认为，没有民主就没有社会主义。他说："社会主义不是按上面的命令创立的。它和官场中的官僚机械主义根本不能相容；生气勃勃的创造性的社会主义是由人民群众自己创立的。"④ 既然如此，民主就是社会主义的内在要求，就"必须反对知识分子所爱好的一切死套公式和由上面规定划一办法的企图"⑤。在共产党已

---

① 《列宁全集》第 36 卷，人民出版社，2017，第 409 页。
② 《列宁全集》第 36 卷，人民出版社，2017，第 86 页。
③ 《列宁全集》第 36 卷，人民出版社，2017，第 142 页。
④ 《列宁全集》第 33 卷，人民出版社，2017，第 57 页。
⑤ 《列宁全集》第 33 卷，人民出版社，2017，第 213 页。

经掌握政权的条件下，最重要的不是扭曲马克思主义地"实施社会主义"①，而是在人民群众的伟大实践中建设社会主义。"我们应当跟随着实际生活前进，我们应当让人民群众享有发挥创造精神的充分自由。"②

第二，问题在于民主的形式。列宁认为，与资产阶级民主制的政治形式包括立宪会议、代议制相比，"苏维埃是民主制的最高形式"③。从其产生来看，苏维埃"不是由某个人发起的，而是根据人民群众的意志从下面建立起来"④ 的。就其性质和功能来看，"苏维埃是被剥削劳动群众自己的直接的组织，它便于这些群众自己用一切可能的办法来建设国家和管理国家"⑤。至于限制剥削者的选举权，列宁强调，这"是纯粹俄国的问题"⑥，"究竟在哪些国家里，由于某个资本主义的哪些民族特点，对剥削者的民主要实行（彻底实行或基本上实行）某种限制和破坏，这是关于某个资本主义和某个革命的民族特点问题。这不是理论问题，理论问题在于：不破坏对剥削者阶级的民主，无产阶级专政是否可能呢"⑦？需要指出的是，列宁认为，社会主义民主具有无限多的形式，苏维埃只是其中的一种。⑧

第三，出版、结社和集会等自由和权利，是有阶级性的。"在全世界，凡是有资本家的地方，所谓出版自由，就是收买报纸、收买作家的自由，就是买通、收买和炮制'舆论'帮助资产阶级的自由。"苏维埃俄国还处在战争条件下，出版自由"就是让资产阶级及其最忠实的奴仆孟什维克和社会革命党人有建立政治组织的自由"，"就是为敌人的活动开方便之门，就是帮助阶级敌人"⑨。对于人民内部的问题，最重要的是

---

① 《列宁全集》第 33 卷，人民出版社，2017，第 201 页。
② 《列宁全集》第 33 卷，人民出版社，2017，第 20 页。
③ 《列宁全集》第 33 卷，人民出版社，2017，第 286 页。
④ 《列宁全集》第 33 卷，人民出版社，2017，第 140 页。
⑤ 《列宁选集》第 3 卷，人民出版社，2012，第 606 页。
⑥ 《列宁选集》第 3 卷，人民出版社，2012，第 613 页。
⑦ 《列宁选集》第 3 卷，人民出版社，2012，第 614 页。
⑧ 《列宁选集》第 3 卷，人民出版社，2012，第 605 页。
⑨ 《列宁选集》第 4 卷，人民出版社，2012，第 546 页。

通过种种创造性途径解决，"'出版自由'不会用来祛除俄国共产党的许多弱点、错误、偏差、毛病"①，"不应当用'自由'（给资产阶级的）来医治，而应当用无产阶级的和党的办法来医治"，如"通过中央监察委员会、通过党的报刊、通过《真理报》来讨伐营私舞弊行为"等"吃力的工作"②，通过"帮助建立同党外群众的联系，帮助党外群众来检查党员的工作"③，等等。

第四，在战争条件下，不能靠选举、投票等民主形式解决革命问题。"普选制有时产生小资产阶级的议会，有时产生反动的反革命的议会。……选举形式、民主形式是一回事，这个机构的阶级内容却是另一回事。"④ 农民等小资产阶级，不稳定的阶级地位，导致了缺乏明确的、稳固的政治立场，或者向无产阶级靠拢，或者倒向资产阶级。鉴于俄国还处在战争状态，鉴于无产阶级势力的弱小，鉴于农民等小资产阶级在数量上的压倒性优势，如果普遍采用卢森堡所说的"资产阶级民主制"的"政治形式"，所产生的政治机构，在很大程度上会走向劳动者的反面。因此，列宁强调，"革命的利益高于立宪会议形式上的权利"，不能"着眼于形式上的民主"，"无产阶级的利益和无产阶级阶级斗争的利益高于一切"⑤。

四　启示

在形势瞬息万变的革命时期，革命者对于某些革命政策产生异议，是非常正常的。卢森堡所提出的观点，并不是她一个人的观点，带有一定的普遍性。有些观点，比如关于民主问题的观点，不仅为被卢森堡和列宁批判过的考茨基所持有，在布尔什维克内部也存在。这充分体现了历史进程的复杂性。卢森堡的辩护与批评，列宁在一系列著作中的理论

---

① 《列宁选集》第4卷，人民出版社，2012，第547页。
② 《列宁选集》第4卷，人民出版社，2012，第549页。
③ 《列宁选集》第4卷，人民出版社，2012，第550页。
④ 《列宁选集》第3卷，人民出版社，2012，第627页。
⑤ 《列宁选集》第3卷，人民出版社，2012，第626页。

回应，既是社会主义思想史上的精彩篇章，又是社会主义建设中的宝贵财富。

（一） 不能用理论来套现实

土地国有化，无疑是社会主义的主张。土地国有化的经济前提，是资本主义条件下对于土地的规模化利用，是资本主义大农业。在俄国，既缺乏大农业组织，也缺乏相应的科学技术，更缺乏必要的群众基础。工农联盟，又是社会主义胜利的必要条件和政治支柱。这种状况，决定了农民平均使用土地、家庭农业生产的合理性，决定了"我们将主要是从小农经济的观点来公平地分配土地"，当然"在西欧将会有另外的做法"①。不经过种种符合俄国国情的过渡形式和中间环节，是不能从小农经济直接跨越到国有化大生产的。即使靠行政手段这样做了，也缺乏经济上的合理性。正因为如此，列宁对作为工农联盟经济形式的新经济政策，给予了高度评价。在列宁看来，"新经济政策的全部意义就在于而且仅仅在于：找到了我们花很大力量所建立的新经济同农民经济的结合"②，在"绝大多数农民都经营着小个体经济"条件下"建设社会主义经济、建立社会主义经济基础"的"唯一办法"③。20 世纪 30 年代苏联农业集体化后农业长期发展停滞，中国改革开放以后农村家庭联产承包责任制的巨大成功，充分证明了实践永远比理论重要这个真理。

（二） 不能照搬他国经验

卢森堡对苏维埃俄国民主政治建设的批评，既存在理论上的片面性，在很大程度上也是以西欧经验评判俄国实际的产物。在俄国，议会制等民主形式本来就没有深厚的根基。苏维埃制度已经牢固确立，但还面临反动势力颠覆的危险。在这种条件下，重新走议会制的老路，无疑是错误的。在德国这样的国家，情况就不同了。"同罗莎·卢森堡和卡尔·

---

① 《列宁全集》第 34 卷，人民出版社，2017，第 52 页。
② 《列宁全集》第 43 卷，人民出版社，2017，第 78 页。
③ 《列宁全集》第 43 卷，人民出版社，2017，第 77 页。

李卜克内西这样一些卓越的政治领导者的见解相反，德国'左派'早在1919 年 1 月就认为议会制'在政治上已经过时了'。大家知道，'左派'是错了。"① 鉴于"西欧工人中的落后群众，尤其是小农中的落后群众，受资产阶级民主偏见和议会制偏见的熏染比俄国的要厉害得多，所以共产党人只有从资产阶级议会这种机构内部，才能（并且应该）进行长期的、顽强的、百折不挠的斗争，来揭露、消除和克服这些偏见"②。当代中国，提供了更典型的实例。"当代中国的伟大社会变革，不是简单延续我国历史文化的母版，不是简单套用马克思主义经典作家设想的模板，不是其他国家社会主义实践的再版，也不是国外现代化发展的翻版。社会主义并没有定于一尊、一成不变的套路，只有把科学社会主义基本原则同本国具体实际、历史文化传统、时代要求紧密结合起来，在实践中不断探索总结，才能把蓝图变为美好现实。"③

（三）勇于从历史中吸取教训

历史是无情的、公正的裁判。卢森堡批评的问题，有的已经被历史本身解决而不复存在，有的却得到历史的验证而留下长久的回声，且极大地启发着后来者。在民主问题上，卢森堡尽管有着明显的历史局限性，但她的许多担心，如缺乏民主、缺乏人民群众对公共生活的广泛参与，必将窒息社会主义，导致社会主义和无产阶级专政的畸变等，后来都被曲折的国际共产主义运动证实了。实际上，在俄国这样的经济文化落后、缺乏民主法治传统的国家，发展任何形式的民主，都是一个难题。这个卢森堡没有谈到的问题，列宁充分估计认为："苏维埃政权在原则上实行了高得无比的无产阶级民主，对全世界作出实行这种民主的榜样，可是这种文化上的落后却限制了苏维埃政权的作用并使官僚制度复活。说起来苏维埃机构是全体劳动者都可以参加的，做起来却远不是人人都能参加，这是我们大家都知道的。"④ 准确地说，"由于文化水平这样低，

① 《列宁选集》第 4 卷，人民出版社，2012，第 166 页。
② 《列宁选集》第 4 卷，人民出版社，2012，第 174 页。
③ 《十九大以来重要文献选编》（上），中央文献出版社，2019，第 434 页。
④ 《列宁全集》第 36 卷，人民出版社，2017，第 150 页。

苏维埃虽然按党纲规定是通过劳动者来实行管理的机关，而实际上却是通过无产阶级先进阶层来为劳动者实行管理而不是通过劳动群众来实行管理的机关"①。列宁提出了问题，却最终没有解决问题。列宁之后的苏联，在这个问题上犯了极大的错误。僵化的、严重窒息人民群众创造性、积极性的体制，最终葬送了列宁开创的社会主义事业。与此相反，人民群众在经济、政治各个领域广泛、有效的参与，则成就了伟大的中国特色社会主义。

1922年，列宁在评价卢森堡时指出，罗莎·卢森堡"1918年在监狱里所写的著作中也犯有错误（不过她已在1918年底1919年初即出狱以后纠正了自己的很大一部分错误）"，"虽然犯了这些错误，但她始终是一只鹰，不仅永远值得全世界的共产党人怀念，而且她的生平和她的全部著作（德国共产党人延缓她的全集的出版太久了，他们在艰苦斗争中遭到空前惨重的牺牲也只能使他们在某种程度情有可原）对教育全世界好几代共产党人来说都将是极其有益的"②。卢森堡在《论俄国革命》中提出的思想观点，尤其是她关于民主、人民积极参与公共生活与社会主义关系的思考，应该成为丰富和发展中国特色社会主义的宝贵思想资源。

---

① 《列宁全集》第36卷，人民出版社，2017，第155页。
② 《列宁选集》第4卷，人民出版社，2012，第643~644页。

青年马克思政治批判的两种理论效应[*]

唐爱军

政治批判是青年马克思思想中的重要主题，其所处的主要时期是1843 年夏至 1844 年 2 月，即《德法年鉴》时期（当然也包括克罗茨纳赫时期）。相关的政治哲学著作主要有《黑格尔法哲学批判》（以下简称"《批判》"）、《论犹太人问题》以及《〈黑格尔法哲学批判〉导言》（以下简称"《导言》"）。这些作品的主题都是政治批判，主要对政治现象和相关理论进行探讨分析。遗憾的是，学界对该问题研究不足，政治批判思想长期以来处在"空场"状态。原因有二：一是《1844 年经济学哲学手稿》（以下简称"《手稿》"）强势地位遮蔽了政治批判的本有意义。西方马克思主义传统一直高度肯定《手稿》的哲学人类学维度，进而将青年马克思思想主题归结为人道主义，由此青年马克思思想发展过程中的政治批判思想，特别是激进政治主题不得不被归结为枝节性的、过渡性的思想片段。二是绝大部分学者过于在"黑格尔—费尔巴哈"理论隐喻中考察政治批判思想，这实际上是把马克思的政治批判思想仅仅归结为费尔巴哈式的，从而认为马克思对黑格尔法哲学批判所能达及的最高水平就是费尔巴哈的一般唯物主义和人本学。阿尔都塞说过："在 1843 年手稿（《批判》）中，马克思的自我意识是费尔巴哈式的意识。"① 其实，政治批判主题与《手稿》中的哲学人类学思想并行不悖，并且前者是后者得以形成的前提。与此同时，政治批判思想的丰富性也不是"黑格尔—费尔巴哈—马克思"的线索所能涵盖的。

---

* 本文原载于《哲学动态》2013 年第 8 期，收入本书时有改动。
① 阿尔都塞：《保卫马克思》，顾良译，商务印书馆，2006，第 47 页。

近年来，青年马克思的政治批判思想日益受到人们的关注和重视。牛津大学教授大卫·列奥波尔德（David Leopold）在 2007 年出版的《青年马克思》中，围绕政治、现代性和人性之间关系的线索来研究马克思关于现代国家、政治解放以及人性等方面的理论，实际上是冲破传统强势的人本主义解释模式，突出了政治批判的思想主题。国内学者邹诗鹏教授也强调马克思在《德法年鉴》时期的政治批判主题，特别是马克思在激进民主主义上的有意逗留①。在相关研究基础上，本文的主要任务是探寻青年马克思政治批判所形成的两种理论效应：一是它实现了马克思研究重心由"国家"到"市民社会"的转变（以及法哲学研究到经济学研究的转变），这是促成唯物史观形成的不可或缺的因素；二是它导致了青年马克思与自由主义政治传统的切割，推动马克思走入激进民主主义，并最终通向了社会主义和共产主义。

一　研究重心的转变

列宁曾说过，马克思在《德法年鉴》时期实现了从唯心主义向唯物主义、从革命民主主义向共产主义的转变。但对于转变的具体细节却未进行仔细论证。我们认为，政治批判是青年马克思实现转变的重要环节。马克思围绕黑格尔法哲学和国家哲学展开的政治批判，是马克思迈向唯物史观的重要节点，在唯物史观的形成过程中起着不可或缺的作用。此种促成作用体现在两个方面：一是通过政治批判，实现了研究重心由"国家"向"市民社会"的转变，得出了"市民社会决定国家"

---

① 参见 David Leopold, *The Young Karl Marx*, Cambridge University Press, 2007。对该书的中文介绍有以下文章。谢礼圣、吕增奎：《青年马克思理论视域中的现代国家——评〈青年马克思：德国哲学、现代政治和人类繁荣〉》，《当代世界与社会主义》2009 年第 6 期。邹诗鹏：《还原青年马克思的政治批判主题——〈青年马克思〉读后》，《哲学分析》2010 年第 2 期。邹诗鹏教授对"政治批判"的研究成果有：《马克思何以在激进民主主义上逗留？——再现马克思〈德法年鉴〉时期的政治哲学思想》，《哲学研究》2012 年第 5 期。

的结论；二是通过政治批判，实现了从法哲学研究到经济学分析、从政治批判到政治经济学批判的转变，促使马克思从经济的角度研究市民社会。

市民社会和国家的关系的确是《批判》的中心问题，该问题的正确解答也是马克思迈向唯物史观的关键节点。但真正使马克思初步意识到市民社会重要性的是"物质利益难题"的困惑，它向青年马克思的理性主义的国家观和世界观发起了挑战，而政治批判则成为马克思解决困惑的基本路径。"为了解决使我苦恼的疑问，我写的第一部著作是对黑格尔法哲学的批判性的分析。"① 可见，反思并批判黑格尔法哲学和国家哲学是马克思最终能够触及市民社会与国家关系、发现市民社会重要性的真正起点。不仅如此，政治批判也是马克思正确解答市民社会与国家关系的基本方法和路径。传统观点强调费尔巴哈在马克思批判黑格尔法哲学中的作用，但是费尔巴哈的缺陷马克思在当时早已知晓。在1842年给卢格的信中，马克思强调应"更多地联系对政治状况的批判来批判宗教，而不是联系对宗教的批判来批判政治状况"②，并批评费尔巴哈"过多地强调自然而过少地强调政治"③。马克思意识到费尔巴哈宗教批判的直观唯物主义和人本学的缺陷，"政治维度"成为二人的分界点。青年马克思对"政治维度"的重视，决定了《批判》的最重要的主题仍然是批判黑格尔的国家哲学。马克思也正是在对黑格尔国家哲学的政治批判过程中，不断厘清市民社会与国家之间的关系，不断从国家转向市民社会。由此可见，我们绝不能将马克思对市民社会与国家的关系的探索完全倒向费尔巴哈的"主谓颠倒"，而将政治批判一笔勾销，忽视政治批判的重要性。

正是由于政治批判，马克思才能从国家的层层"包裹"中剥离出市民社会，洞悉到市民社会的重要性。

第一，反对黑格尔将市民社会消融到国家之中，坚持市民社会与政

---

① 《马克思恩格斯选集》第2卷，人民出版社，1995，第32页。
② 《马克思恩格斯选集》第4卷，人民出版社，1995，第528页。
③ 《马克思恩格斯全集》第27卷，人民出版社，1972，第443页。

治国家的二分。黑格尔在批判性分析古典经济学和启蒙政治思想基础上已然洞悉到现代世界的危机，其法哲学表达的就是市民社会与国家的分裂。马克思不无赞誉地指出："黑格尔觉得市民社会和政治社会的分离是一种矛盾，这是他的著作中比较深刻的地方。"① 然而黑格尔的错误在于他试图借助于以古代城邦为原型的"伦理国家"来扬弃抽象的、利己的需要体系，解决市民社会与政治国家的二元对立问题。"他（黑格尔——引者注）的愿望是市民生活和政治生活不分离。"②"黑格尔知道市民社会和政治国家的分离，但他打算使国家的统一能表现在国家内部。"③ 黑格尔坚持"国家高于市民社会"、将市民社会消融于抽象国家中，的确有其唯心主义方法论根源。马克思肯定意识到了这一点，但他并不拘泥于此，而是从政治批判的角度加以理解。在中世纪，物质的经济生活与公共的政治生活、私人等级与政治等级、市民社会与政治社会是同一的，国家的原则就是市民社会的原则。黑格尔实际上是借助中世纪的共同体来解决现代世界市民社会与国家的分裂问题，其政治立场是维护君主专制的保守主义。马克思显然是不满意这样的"中世纪精神"的，他激烈批判了黑格尔在市民社会与国家分离问题上的保守主义立场，指出市民社会与国家分离的"政治意义"：它使等级制转变为代表制；它使权力的分立（权力制衡）成为必要；它确立了人权和公民权的原则。包括政治批判在内的诸多因素促使马克思坚持市民社会与国家的二分，对马克思思想的发展起着重要作用：坚持市民社会与国家二分就是坚持经济与政治的二分，要揭示市民社会的结构，就必须从国民经济学角度研究，这为马克思发现作为唯物史观基础的"物质的经济关系"起到了决定性作用；它使马克思将研究的重心从国家转向市民社会，并意识到依靠国家不能解决市民社会的矛盾，而只有依靠市民社会本身的物质力量。④

---

① 《马克思恩格斯全集》第3卷，人民出版社，2002，第94页。
② 《马克思恩格斯全集》第3卷，人民出版社，2002，第93页。
③ 《马克思恩格斯全集》第3卷，人民出版社，2002，第93页。
④ 韩立新：《从国家到市民社会：马克思思想的重要转变——以马克思〈黑格尔法哲学批判〉为研究中心》，《河北学刊》2009年第1期。

第二，批判君主主权，提出人民主权和民主制，从人的现实活动和社会存在方式来理解国家制度。在国家问题上，黑格尔意识到卢梭、费希特等人的契约论思想的缺陷，对自由主义展开了批判。但他的方案走向了君主制。在某种意义上，马克思绕过了黑格尔而返回到卢梭等人所开创的契约论传统。马克思用人民主权理论对抗黑格尔的君主主权理论，用民主制对抗君主制。通过围绕国家主权展开的政治批判，马克思逐步从人民的现实生活和活动方式出发来看待国家和国家制度。"黑格尔从国家出发，把人变成主体化的国家。民主制从人出发，把国家变成客体化的人。"① 马克思把国家和国家制度理解为人民现实活动的产物，它们不过是人的社会特质的存在方式。"国家制度不仅自在地，不仅就其本质来说，而且就其存在、就其现实性来说，也在不断地被引回到自己的现实的基础、现实的人、现实的人民，并被设定为人民自己的作品。"②

第三，批判官僚政治，揭示其背后的特殊利益。黑格尔认为官僚机构代表着国家精神和普遍利益。马克思打破了黑格尔在官僚政治上的幻想，揭示出官僚政治的实质：国家形式主义。官僚政治的精神只是"形式的国家精神"，它真正的精神是市民社会的同业公会精神，是物质利益精神；官僚政治是"粗陋的唯物论"。马克思意识到官僚政治不是由国家理性和普遍利益所规定的，而是由市民社会及其特殊物质利益所决定的；意识到市民社会物质利益对官僚政治的决定性支配作用。

第四，在立法权分析过程中，洞察到私有财产对法和立法权的制约作用。马克思在《批判》手稿后半部分论述到长子继承制和私有财产。马克思认识到，私有财产是国家的本质意义之所在，是国家法权的真正主体。一方面，私有财产决定了国家与法（特别是立法权）；另一方面，国家法律和立法权的任务在于确认和保护私有财产，是为私有财产服务的。地产所有者的所有权是通过国家的立法形式而加以确立的，并得到

---

① 《马克思恩格斯全集》第3卷，人民出版社，2002，第40页。
② 《马克思恩格斯全集》第3卷，人民出版社，2002，第39~40页。

社会的普遍认可。作为自由意志的体现，立法权"除了私有财产的内容外缺乏任何其他的内容"①。

"市民社会决定国家"显然不能等同于唯物史观的经典表述"经济基础决定上层建筑"。马克思之所以能创建唯物史观，不仅仅在于哲学唯物主义原则的确立，更在于通过政治经济学批判充实唯物史观的坚实基础。而马克思在《德法年鉴》时期的政治批判为他从事经济学研究和政治经济学批判提供了内在前提和基础。我们可以从两个方面来说明。

一方面，通过对黑格尔法哲学的政治分析及批判，马克思接触到作为经济学范畴的市民社会概念，引导着他从事经济学研究。马克思将黑格尔法哲学作为研究的出发点，除了"物质利益难题"和恩格斯论文的影响，一个重要的原因在于：马克思通过对黑格尔法哲学的政治批判直接触及德国的"当代现实"。在《导言》，马克思说道，"德国的法哲学和国家哲学是惟一与正式的当代现实保持在同等水平上［al pari］的德国历史"②，而"德国的国家哲学和法哲学在黑格尔的著作中得到了最系统、最丰富和最终的表述"③。马克思的分析是深刻的。黑格尔以其独特的国家哲学的形式表达出那个时代的经济生活和社会现实。系统研究过青年黑格尔的卢卡奇指出，黑格尔的法哲学"乃是从他研究资本主义社会问题，研究经济学问题里生长出来的"④。在当时，黑格尔是认真研究过英国工业革命，并将英国古典经济学问题与哲学问题结合起来的唯一的德国思想家。可见，在黑格尔那里，市民社会是一个经济学概念，或者说是以古典经济学为背景的法哲学范畴。尽管马克思运用了费尔巴哈的批判方法实现了市民社会与国家的关系的"颠倒"，但实际上马克思接受了黑格尔的市民社会概念，马克思在《批判》《论犹太人问题》《导言》等著作中，没有超出特殊性原则、利己主义、私有财产、需要体系等要素来理解市民社会。因此，正是黑格尔法哲学，特别是市民社会概

---

① 《马克思恩格斯全集》第3卷，人民出版社，2002，第127页。

② 《马克思恩格斯全集》第3卷，人民出版社，2002，第205页。

③ 《马克思恩格斯全集》第3卷，人民出版社，2002，第206页。

④ 卢卡奇：《青年黑格尔（选译）》，王玖兴译，商务印书馆，1963，第140页。

念引导着马克思关注国民经济学，开始着手从经济学角度分析作为经济社会的市民社会。

另一方面，在对市民社会批判过程中，马克思发现了法哲学和政治批判的限度，进一步明确了从政治经济学角度剖析市民社会的必要性。马克思批判黑格尔法哲学的一个积极成果，就是实现了从国家到市民社会的转移，意识到导致现代人自我异化的根源在市民社会。但马克思在《论犹太人问题》《导言》中仍然是囿于法哲学框架批判市民社会的。马克思虽然也洞察到市民社会的金钱本质、私有财产是市民社会的基础，但他仍然是在资产阶级法权意义上来论及金钱本质和私有产权的。他也提出无产阶级的概念，指出无产阶级是实现人类解放的担当者。但不可否认，马克思在这里几乎是在黑格尔"普遍等级"意义即政治意义上使用的，根本没有对无产阶级的经济规定做出科学的分析。马克思也坦率承认，当时，他几乎没有经济学方面的知识。但不论怎样，马克思充分意识到，在市民社会中的人们受经济活动的规定，要从他们的实践中寻求市民社会的克服和人的解放，就必须从经济学角度来分析问题。"从法哲学的角度对市民社会所做的分析已经达到了极限，自然而然地要求从其他角度，也就是从经济的角度来分析市民社会。"[1] 一句话，"对市民社会的解剖应该到政治经济学中去寻求"。马克思转入经济学研究对唯物史观的开启至关重要。在这里，我们更为关注的乃是如何领会政治批判的意义。"应从政治经济学批判的'原则高度'研究市民社会"这一点，是通过对市民社会进行法哲学分析和政治批判才明确的；政治批判还使得马克思充分意识到启蒙传统的局限性，进而使得马克思在进行经济学研究的时候避免遁入启蒙实证主义的窠臼中。总而言之，法哲学分析和政治批判是经济学分析和政治经济学批判的前提和基础。日本学者城冢登认为，两者构成了一种"立体结构"[2]。

---

[1]　城冢登：《青年马克思的思想——社会主义思想的创立》，尚晶晶等译，求实出版社，1988，第66页。

[2]　城冢登：《青年马克思的思想——社会主义思想的创立》，尚晶晶等译，求实出版社，1988，第66页。

二　政治立场的转变

我们丝毫不怀疑马克思经历过启蒙主义和自由主义阶段。伯尔基（R. N. Berki）甚至认为自由主义是马克思主义发源的母体。"马克思主义确实发源于自由主义，它采纳并改编了自由主义的价值和总体看法，而且，如果没有自由主义这一广阔背景，马克思主义将是不可思议也不会存在。"① 即便如此，伯尔基也不得不承认，马克思最终从政治、社会和哲学等诸方面出发彻底告别了自由主义世界。马克思在《德法年鉴》时期的一项主要任务就是：对以"政治解放"为核心的资产阶级自由主义主张展开彻底批判。这使马克思脱离了古典自由主义以及启蒙主义传统，确立了激进民主主义方向并最终通向了社会主义和共产主义。

所谓政治解放，简单来讲，就是国家从宗教的束缚中解放出来，成为"自由国家"。自由国家（以及自由民主制度）被资产阶级大为褒扬，被视为人的自由平等载体，是人的普遍性之实现。"国家是以自己的方式废除了出身、等级、文化程度、职业的差别。"② 政治国家成为现代人的"伦理共同体"。"完成了的政治国家，按其本质来说，是人的同自己物质生活相对立的类生活。"③ 马克思揭露了资产阶级政治国家的特殊性和虚假性。国家根本没有消除私有财产、文化程度、职业等实际差别，实际上是依靠它们发挥作用并表现出它们的特殊本质。"在国家中，即在人被看作是类存在物的地方，人是想像的主权中虚构的成员；在这里，他被剥夺了自己现实的个人生活，却充满了非现实的普遍性。"④ 真实的情况是，政治国家的建立与市民社会的形成是同步的，"国家的唯心主

---

① 伯尔基：《马克思主义的起源》，伍庆、王文扬译，华东师范大学出版社，2007，第50~51页。
② 《马克思恩格斯全集》第3卷，人民出版社，2002，第172页。
③ 《马克思恩格斯全集》第3卷，人民出版社，2002，第172页。
④ 《马克思恩格斯全集》第3卷，人民出版社，2002，第173页。

义的完成同时就是市民社会的唯物主义的完成"①。资产阶级革命所建立的政治国家并没有根本上变革市民社会、消灭人的异化生存、实现人的"实质平等"（经济平等）。恰恰相反，"它把市民社会，也就是把需要、劳动、私人利益和私人权利等领域看作自己持续存在的基础，看作无须进一步论证的前提，从而看作自己的自然基础"②。可见，作为政治解放的重要成果的"自由国家"并不是人的"类生活"的实现，它并没有解决现代人的二重性存在问题："政治解放一方面把人归结为市民社会的成员，归结为利己的、独立的个体，另一方面把人归结为公民、归结为法人。"③

人权是政治解放的最重要的成果，也是资产阶级自由主义的核心价值。而在马克思看来，政治解放所承诺的自由、平等、民主等资产阶级人权是抽象的、消极的和虚假的———一句话——是形式的而非实质的。马克思仍然借助于法哲学框架展开说明。现代社会的抽象二元性一方面表现为市民社会与国家的对立，另一方面又表现为人的个体性存在与社会性存在之间的矛盾。马克思立足于这一二元论框架分析了资产阶级核心价值。马克思指出，资产阶级的人权无非是市民社会成员的"自然权利"，是"同其他人并同共同体分离开来的人的权利"④。市民社会成员的权利与政治共同体的权利体现为人权与公民权的对立。自由同样是市民社会意义上的自由，是"人作为孤立的、退居于自身的单子的自由"。"自由这一人权不是建立在人与人相结合的基础上，而是相反，建立在人与人相分隔的基础上。这一权利就是这种分隔的权利，是狭隘的、局限于自身的个人的权利。"⑤ 马克思把资产阶级的自由归结为与共同体自由相对立的私人自由，并且这样的自由是以私有财产为基础的。"自由这一人权的实际应用就是私有财产这一人权。"⑥ 马克思总结道："任何

---

① 《马克思恩格斯全集》第3卷，人民出版社，2002，第187页。
② 《马克思恩格斯全集》第3卷，人民出版社，2002，第188页。
③ 《马克思恩格斯全集》第3卷，人民出版社，2002，第189页。
④ 《马克思恩格斯文集》第1卷，人民出版社，2009，第40页。
⑤ 《马克思恩格斯全集》第3卷，人民出版社，2002，第183页。
⑥ 《马克思恩格斯全集》第3卷，人民出版社，2002，第183页。

一种所谓的人权都没有超出利己的人，没有超出作为市民社会成员的人，即没有超出作为退居于自身，退居于自己的私人利益和自己的私人任意，与共同体分隔开来的个体的人。在这些权利中，人绝对不是类存在物，相反，类生活本身，即社会，显现为诸个体的外部框架，显现为他们原有的独立性的限制。"① 马克思批判资产阶级自由主义，认为其将拥有消极自由、形式自由的人视为"本来意义上的人""真正的人"。

政治批判的规范基础是以"人类解放"为核心的社会主义和共产主义价值。政治解放没有动摇市民社会的基础和克服市民社会的异己性，它所承诺的自由、民主、平等只是私有产权的"自然权利"，掩盖了人们在经济生活中的"实质不平等"。人类解放乃是超越政治解放的限度，把政治革命进一步推进为经济革命和社会革命，给予人们以"真正的自由"和"实质的平等"，实现人的真正类本质。由此可见，人类解放意指的乃是类本质的复归，其核心是"真正的自由"，所以马克思将"真正的民主制"（自由、民主在马克思看来几乎是同一个东西）构想为类本质的建制化。

马克思对自由主义的政治批判在以后的自由主义者那里得到回应。20 世纪自由主义理论乃至整个政治哲学发展的"重要事件"无法避开伯林对自由的两种区分：消极自由和积极自由。有些人（如雷蒙·阿隆）将自由区分为形式自由和实质自由，也有人（如韦尔默）称为个人主义自由和共同体主义自由。现代世界的危机在很大程度上体现为政治哲学的表达：消极自由与积极自由、形式自由与实质自由、个人主义自由与共同体主义自由之间的紧张关系。在此背景下，诸多自由主义者把马克思的政治批判定性为：对任何形式的消极自由以及以消极自由为建制化的市民社会的彻底批判。它的批判的规范基础是积极自由和以积极自由为基本建制的伦理共同体。自由主义者强调的是消极自由的"积极意义"和积极自由的"消极意义"。马克思实际上低估了消极自由（以及普遍人权和法制等）对于现代世界的构成性意义，完全否认了消极自由对于现代人生存和发展的意义。比如，在托克维尔与马克思、形式自由

---

① 《马克思恩格斯全集》第 3 卷，人民出版社，2002，第 184~185 页。

与实质自由之间，阿隆倒向了前者，并批评马克思轻视了形式自由、自由民主制度，以及个人的自由—独立、自由—参与的规范价值。就连哈贝马斯和韦尔默这样的共同体主义者也指出了马克思低估了个体自由对于实现共同体自由所具有的基础性地位。"没有对所有人的平等的消极自由的建制化作为基础，现代世界中的共同体自由就根本是不可想象的。"① 自由主义者对马克思政治批判的回应，除此之外还包括：马克思政治批判所依赖的"真正的自由"、实质民主等概念是抽象的和乌托邦的，这种乌托邦的人道主义在实践过程中会带来灾难性后果。例如，伯林指出积极自由借助于"真实的自我"实现对经验个体的统治，侵蚀了个体的最低限度的自由领域，其现实形态就是苏联的专制主义统治。阿隆指出马克思的"实质自由"是一种乌托邦。"创造所有人都能在其整个生活中真正地实现民主理想的社会，显然就是青年时代的马克思的思想所追求的乌托邦。"② 阿隆同样把形式自由与实质自由的区分运用到西方自由民主制度与苏维埃专制制度之间的对比中。显然，在他看来，马克思的抽象"实质自由"肯定要为苏联社会主义的奴役承担思想上的责任。韦尔默的批评同样如此："在马克思主义理论的乌托邦视界与东方集团的压制性实践之间确实有一种内在的联系。"③ 在他看来，马克思的"真正的自由"、实质民主只是一种抽象的乌托邦，它的实现必然蜕变为社会主义的专制统治。只要仔细区别，我们就可以发现，自由主义者所有的诘难有一个基本前提：马克思将消极自由与积极自由、形式自由与实质自由抽象对立起来。由此，他们把马克思"打扮"成彻底抛弃政治自由和自由民主制度、反自由和反民主的专制辩护者。真实的情况是，马克思从未否认政治解放以及形式自由的历史进步性，"实质自由"绝不是对"形式自由"的抽象否定，而是一种"积极的扬弃"，即批判形式自由的限度，而将其积极的东西占为己有。此外，马克思的"实质自

① 韦尔默：《后形而上学现代性》，应奇、罗亚玲编译，上海译文出版社，2007，第 211 页。
② 雷蒙·阿隆：《论自由》，姜志辉译，上海译文出版社，2009，第 20 页。
③ 韦尔默：《后形而上学现代性》，应奇、罗亚玲编译，上海译文出版社，2007，第 250 页。

由"以及人类解放绝不是建立在伦理主义基础上的抽象道德，而是一种建立在以往一切社会发展的文明成果基础上的现实的社会运动。可见，马克思在对资本主义工业文明和自由民主制度文明的否定理解中包含着肯定的理解，它们为"实质自由"的建制化和人类解放的实现提供了物质基础和基本条件。

我们所阐述的政治批判的两种面相或理论效应，实际上也反证着青年马克思政治批判思想的重要性。完整准确地把握青年马克思思想的发展历程，的确离不开对他的政治思想的把握。其实，正是由于青年马克思政治批判及其两种理论效应的介入，我们才能更好地理解列宁说的"两个转变"。政治批判所引发的从国家到市民社会的重心转移，与"第一个转变"相契合；政治批判导致的马克思与自由主义政治传统的切割，是"第二个转变"的重要说明和补充。正是由于脱离了古典自由主义传统，马克思从革命民主主义转向共产主义才成为可能。

马克思论社会主义过渡的三种模式[*]

李双套

我们对马克思关于向社会主义过渡的理论总是定位在暴力革命的认知框架中，即认为在马克思那里只有通过暴力革命武装夺取政权，建立无产阶级专政，才能过渡到社会主义。事实上，在不同国家，在同一个国家的不同历史时期，向社会主义过渡的模式是不一样的。具体而言，在马克思那里，有三种向社会主义过渡的模式：第一种是发达资本主义国家的暴力革命论，第二种是发达资本主义国家的和平过渡论（自我扬弃），第三种是落后国家的跨越论。

一 暴力革命论

在《共产党宣言》中，马克思公开宣告共产党人的目的"只有用暴力推翻全部现存的社会制度才能达到"①，并认为资本主义即将灭亡，只要一两次大的革命冲击就能摧毁资本主义制度。后来人们根据历史发展状况反思马克思的暴力革命学说，认为马克思高估了当时的革命形势。事实上，马克思之所以得出这样的结论是有理论和现实考量的。马克思在《哲学的贫困》中通过从资产阶级革命中得出社会革命的一般规律，

　＊　国家社科基金青年项目"实践哲学视阈下的中国特色社会主义理论体系研究"（14CKS007）、中央党校校级课题青年项目"国外中国特色社会主义研究述评"的阶段性成果。本文原载于《科学社会主义》2015 年第 6 期，收入本书时有改动。
　①　《马克思恩格斯文集》第 2 卷，人民出版社，2009，第 66 页。

来论证无产阶级革命的必然性。在封建社会向资本主义社会转型的过程中，"资产阶级把它在封建主义统治下发展起来的生产力掌握起来"①，逐步从"自在阶级"成长为"自为阶级"，通过暴力革命推翻封建阶级的统治，建立资本主义社会。马克思通过资产阶级暴力革命的特殊推演出社会暴力革命的一般，并认为在有阶级和阶级对抗的情况下，"在每一次社会全盘改造的前夜，社会科学的结论总是：'不是战斗，就是死亡；不是血战，就是毁灭。问题的提法必然如此'"②。资本主义社会也是一个以阶级和阶级对抗存在为基础的社会，自然应该通过暴力革命来埋葬。在实践上，马克思主要是通过当时的历史条件提出暴力革命学说的。19世纪50年代的时候，资本主义国家的阶级矛盾极为尖锐，时常爆发经济危机，工人运动此起彼伏，资本主义的弊端和基本矛盾充分暴露。同时，资本主义的自我调节能力却没有显露出来，相关改善资本主义非人道状况的法律没有建立，议会民主制度也没有形成，马克思自然会得出资本主义即将灭亡并采取暴力革命来加速这种灭亡的结论。

有学者可能会提出质疑说马克思在1859年提出了著名的"两个决不会"，这是马克思暴力革命论的重大转折。事实上，马克思提出"两个决不会"，想说明的恰恰是当时暴力革命的时机已经到来，新的更高的生产关系已经在旧社会的胎胞里成熟，是需要通过暴力革命来促成新的更高的生产关系的诞生。在分析1848年欧洲革命经验的时候，马克思认识到经济危机是诱发暴力革命的重要原因。在《1848年至1850年的法兰西阶级斗争》中，马克思就说："新的革命，只有在新的危机之后才可能发生。但新的革命正如新的危机一样肯定会来临。"③ 经济危机终于在1857年来临了，这次危机几乎在主要资本主义国家同时爆发，马克思在1857年就发狂似地通宵总结他的经济学研究，"为的是在洪水之前至少把一些基本问题搞清楚"④。所以，1857年经济危机的爆发使马克思更加确信实施暴力革命的条件已经成熟。1867年，马克思直接就说：

---

① 《马克思恩格斯文集》第1卷，人民出版社，2009，第613页。
② 《马克思恩格斯文集》第1卷，人民出版社，2009，第655~656页。
③ 《马克思恩格斯文集》第2卷，人民出版社，2009，第176页。
④ 《马克思恩格斯文集》第10卷，人民出版社，2009，第140页。

"在英国，变革过程已经十分明显。它达到一定程度后，一定会波及大陆。"① 所以，可以说，从 1850 年到 1867 年，马克思一直看好革命形势。据此，可以说 1859 年马克思提出"两个决不会"是对暴力革命学说的证实，而不是证伪。

中国在很长一段时间里将马克思主义等同于暴力革命学说，主要原因有三个。一是受苏联影响，中国人付诸实践的马克思主义主要是通过苏联渠道传播进来的。而苏联是通过暴力革命取得革命胜利、建立政权的，所以苏联在向全世界推广其革命经验的时候自然主张暴力革命，并将承认不承认暴力革命是无产阶级革命的唯一方式作为马克思主义与反马克思主义的唯一标准，认为非暴力革命模式都不是马克思主义。二是中国革命是在暴力革命中取得胜利的，自然对暴力革命学说强调的多一些，忽视了马克思学说的其他方面。中国共产党将苏联的"城市中心论"根据中国实际发展为"农村包围城市"，但是两者的核心都是暴力革命论。三是中国自辛亥革命以来就具有"革命崇拜"倾向。辛亥革命以后，革命成为中国社会转型的主导话语，"辛亥革命前后的留学知识分子把革命说成'至高至尊，独一无二'，把相对抬高到绝对，把'之一'升格到'惟一'，要求人们在一切方面，无条件地进行革命，无异是在制造一种'革命崇拜'"②。这种革命崇拜一直延续到对马克思思想的解读。

二　和平过渡论

1871 年 7 月 3 日，马克思在同《世界报》记者谈话时说："在和平的宣传鼓动能更快更可靠地达到这一目的的地方，举行起义就是发疯。"③ 他认为在不同国家由于制度、风俗和传统不同，采取的过渡方式

---

① 《马克思恩格斯文集》第 5 卷，人民出版社，2009，第 9 页。

② 张海林：《论辛亥革命时期的"革命崇拜"》，《南京大学学报》（哲学·人文科学·社会科学）2002 年第 3 期。

③ 《马克思恩格斯文集》第 3 卷，人民出版社，2009，第 611 页。

也不一样，甚至同一个国家在不同历史阶段可以采取的过渡方式也不一样。1872 年 9 月，马克思就说："工人总有一天必须夺取政权……但是，我们从来没有断言，为了达到这一目的，到处都应该采取同样的手段。我们知道，必须考虑到各国的制度、风俗和传统；我们也不否认，有些国家，像美国、英国……工人可能用和平手段达到自己的目的。"① 值得注意的是，马克思在 19 世纪 40 年代将英国作为有暴力革命可能的典型国家，而到了 1872 年却将英国作为有和平过渡可能的典型国家，看似前后矛盾，事实上，这不是马克思观点的修正，而是因为英国社会本身发生了巨变。那么是什么制度、风俗和传统导致 19 世纪 70 年代以后的英国、美国有了和平过渡的可能性呢？主要还是以普选权为核心的议会制，1871 年，马克思在《纪念国际成立七周年》时就说："英国是唯一的这样一个国家：它的工人阶级的发展和组织程度，使这个阶级能够利用普选权来为自己谋利益。"②

总之，在议会权利能得到有效保证的国家，就有通过民主、选举等形式和平过渡的希望，而在议会权利只具有形式意义而无实质意义，行政权力没有被有效限制的专制国家，则需要通过暴力革命来实现过渡。为什么行政权没有得到限制的国家必须诉诸暴力革命呢？马克思根据法国 1848 年革命经验完成的《路易·波拿巴的雾月十八日》对此作了分析，因为作为资产阶级国家政权基础的"行政权"是在"封建制度崩溃时期产生的"，资产阶级革命以后，不仅没有摧毁行政权，还进一步强化它，进一步加强中央集权，政府权力得到扩大，所以无产阶级必须使行政权"以其最纯粹的形式表现出来，使之孤立，使之成为和自己对立的唯一的对象，以便集中自己的一切破坏力量来反对行政权"③。这就从反面说明，议会权力比较完备的国家是可以不通过暴力革命实现过渡的。

和平过渡的可能性除了与争取议会权力有关以外，与资本主义自身的发展也有关。在《资本论》中，马克思分析股份公司对于资本主义发

---

① 《马克思恩格斯全集》第 18 卷，人民出版社，1964，第 179 页。
② 《马克思恩格斯文集》第 3 卷，人民出版社，2009，第 619 页。
③ 《马克思恩格斯文集》第 2 卷，人民出版社，2009，第 564 页。

展的意义时就说："那种本身建立在社会生产方式的基础上并以生产资料和劳动力的社会集中为前提的资本，在这里直接取得了社会资本（即那些直接联合起来的个人的资本）的形式，而与私人资本相对立，并且它的企业也表现为社会企业，而与私人企业相对立。这是作为私人财产的资本在资本主义生产方式本身范围内的扬弃。"① "这是资本主义生产方式在资本主义生产方式本身范围内的扬弃，因而是一个自行扬弃的矛盾，这个矛盾明显地表现为通向一种新的生产形式的单纯过渡点。"② 在论述合作工厂的价值时，他得出了同样的结论，认为合作工厂表明"在物质生产力和与之相适应的社会生产形式的一定的发展阶段上，一种新的生产方式怎样会自然而然地从一种生产方式中发展并形成起来"③。从这里可以看出，马克思之所以强调和平过渡的可能性，是因为资本主义生产关系本身就是变动的，不是一成不变的，所以，在不同历史时期，采取的过渡方式也是不一样的。

三　跨越论

《资本论》第一卷 1867 年出版以后，在俄国产生强烈反响，《资本论》之所以在俄国能引起学者们的重视，和俄国当时面临的社会问题是紧密相联的。当时很多俄国学者给马克思写信，就俄国社会发展走向的问题向他请教。当时俄国正处在社会发展的转型过程中：一方面，在1861 年俄国农奴制改革以前，资本主义已经获得了一定的发展，随着工业的发展，在很多领域，雇佣工人开始逐渐代替农奴劳动。农奴制改革以后，资本主义获得了更大的发展。另一方面，在俄国还广泛存在着以土地公有为基础的农村公社，理论上存在非资本主义前途的可能性。所以当时俄国思想界都在思考"俄国往何处去"这样一个问题，到底是"资本主义化"还是固守、弘扬传统的"本地化"，是摆在俄国人面前的

---

① 《马克思恩格斯文集》第 7 卷，人民出版社，2009，第 494~495 页。
② 《马克思恩格斯文集》第 7 卷，人民出版社，2009，第 497 页。
③ 《马克思恩格斯文集》第 7 卷，人民出版社，2009，第 499 页。

时代课题。一方面，当时的民粹派是公社的"崇拜者"，他们把农村公社理想化，把它视为俄国通向社会主义的"基础"和出发点，希望走"非资本主义化"的独特的俄国发展道路。另一方面，"资本主义制度的俄国崇拜者"（马克思语）则认为必须摧毁农村公社，像西欧一样发展资本主义，然后在资本主义的基础之上过渡到社会主义。资本主义道路的拥护者为了论证自己的观点，将《资本论》"所谓原始积累"一章中关于西欧社会发展中的特殊规律曲解为社会发展道路的一般规律。马克思在得知这一情况后，多次就这一问题进行了回应。马克思反对将他的理论理解为能够预测任何社会在任何条件下发展前途的"一般历史哲学理论"，因为虽然西欧社会发展沿着封建社会—资本主义社会—社会主义社会这样的路径，但是不能将这种发展路径泛化为"一切民族，不管它们所处的历史环境如何，都注定要走这条道路"①，如果这样就变成了教条主义者。但是马克思也没有否认俄国走上资本主义道路的可能性，他没有简单地用"是"或者"否"来回答这个问题，他认为"农业公社固有的二重性使得它只能有两种选择：或者是它的私有制因素战胜集体因素，或者是后者战胜前者。一切都取决于它所处的历史环境"②，所以到底是公社解体后发展资本主义还是保存公社而直接过渡到社会主义，并不取决于公社本身，而是取决于公社所处的历史环境。马克思具体分析了这种历史环境，继而指出了俄国农村公社跨越资本主义而直接过渡到社会主义的可能性及实现跨越的条件。首先，俄国农村公社土地公有制与社会主义公有制都是公有制，俄国土地辽阔，适合机械化耕作，而且农民有联合劳作的习惯，这些都是直接过渡的有利条件。其次，由于俄国不是脱离现代资本主义世界而孤立存在的，所以必须"不经受资本主义生产的可怕的波折而占有它的一切积极的成果"③，这是直接过渡的前提条件。最后，"要挽救俄国公社，就必须有俄国革命"④。因为当时的沙皇专制政府推行农奴制改革，大力发展资本主义，所以如果不进行

---

① 《马克思恩格斯文集》第 3 卷，人民出版社，2009，第 466 页。
② 《马克思恩格斯文集》第 3 卷，人民出版社，2009，第 586 页。
③ 《马克思恩格斯文集》第 3 卷，人民出版社，2009，第 571 页。
④ 《马克思恩格斯文集》第 3 卷，人民出版社，2009，第 579 页。

推翻沙皇政府的革命，就无法避免走上资本主义道路，也自然无法挽救公社，公社如果解体，也自然没有过渡到社会主义的可能了。同时，在他看来，西欧无产阶级革命的率先胜利是俄国跨越"卡夫丁峡谷"的先决条件，因为西欧资本主义国家创造了先进的生产力，他们不可能将这种先进的生产力推广到希望过渡为社会主义的俄国，所以俄国要想占有这种先进的生产力，必须是在西欧无产阶级推翻资产阶级统治以后。不过，俄国革命可以"成为西方无产阶级革命的信号而双方互相补充"①。

因此，不能简单地将暴力革命论、和平过渡轮和跨越论对立起来，而应该具体分析马克思提出这些过渡形式的条件和背景。因为在马克思那里，向社会主义过渡的形式是多样的，在多样性中贯穿着马克思从条件出发、从国情出发、从时代背景出发的思维，也即从实践出发的思维。

①　《马克思恩格斯文集》第 2 卷，人民出版社，2009，第 8 页。

列宁对希法亭金融资本理论的
批判与发展及其当代价值*

毕照卿

金融问题与资本主义的产生相伴相随，"自从世界资本主义在中世纪晚期的欧洲萌芽以后，金融扩张是屡见不鲜的现象……在世界资本主义的演变过程中，金融扩张既是连续性的象征，也是突变的象征"①。作为特殊的资本形态，金融资本扬弃了货币资本和银行资本等资本形态，并且以崭新的形态介入产业的资本循环中，影响乃至改变了生产过程。时至今日，金融资本在经济全球化及世界体系塑造等方面仍然发挥着重要作用，但所呈现的内涵和特征已与其原初形态大为不同。

19 世纪与 20 世纪之交，面对资本主义的新变化和新特征，第二国际的理论家试图运用马克思主义作出回应与分析。1910 年，希法亭的《金融资本——资本主义最新发展的研究》（以下简称"《金融资本》"）一经出版便引起了理论界的轰动，为希法亭赢得了马克思主义经济学家的称号。该部著作副标题是"资本主义最新发展的研究"，反映了希法亭"试图科学地阐明最近资本主义发展的经济现象"②，而这种现象突出表现在资本采取了最高和最抽象的表现形式——金融资本。然

* 国家社科基金重点项目"新时代中国特色社会主义政治经济学创新发展研究"（21AKS014）的阶段性成果。本文原载于《马克思主义研究》2022 年第 2 期，收入本书时有改动。

① 杰奥瓦尼·阿锐基：《漫长的 20 世纪——金钱、权力与我们社会的根源》，姚乃强、严维明、韩振荣译，江苏人民出版社，2001，第 1 页。
② 希法亭：《金融资本——资本主义最新发展的研究》，福民等译，商务印书馆，1994，第 1 页。

而，列宁在《帝国主义是资本主义的最高阶段（通俗的论述）》（以下简称"《帝国主义论》"）中批判和发展了希法亭《金融资本》所呈现的理论，并在《帝国主义论》的手稿中指出了希法亭金融资本理论的内在缺陷。

回顾列宁和希法亭这场关于资本主义最新发展状况的论争，不仅有助于从马克思主义发展史上研究比较二者的金融资本理论，考察资本主义在 20 世纪初的发展演变，进而在思想发展脉络中展现马克思剖析资本形态的科学方法与分析逻辑，而且可以为在当前社会主义市场经济条件下，认识和把握资本的特性和行为规律，理解和考察资本无序扩张及其蕴含的金融化趋势，乃至统筹做好重大金融风险防范化解工作，提供一定的理论参考。

一　希法亭金融资本理论的演进逻辑

希法亭的金融资本理论突出表现在从流通领域切入，以流通中的货币作为其探讨金融资本的起点，进而通过虚拟资本等资本动员的方式从流通领域进入生产领域进行考察，展示了银行资本与产业资本二者融合作为金融资本的逻辑进路，最终在金融资本形成的基础上讨论了金融资本的现实影响及其对内和对外政策。

首先，希法亭从一般的货币入手，揭示了从货币到信用的关键跨越，并在信用概念的基础上考察了银行资本的形成过程。希法亭的货币理论曾引起较大争议。列宁曾认为希法亭在货币理论上有错误，英国学者安东尼·布鲁厄更是直言可以忽略希法亭对货币理论的讨论。但是，货币理论正是希法亭金融资本理论的重要切入点，更是直接体现了希法亭从流通领域入手的理论特征。必须要指出的是，希法亭坚持了马克思关于货币起源的理论，从价值形态的演变角度，特别是商品经济的内在矛盾理解货币的起源和职能。在希法亭看来，货币的产生源于流通需要，是流通领域内商品交换的发展结果。货币出现后凭借其独特的物理特性使得自身成为商品的等价物，为商品交易提供了极大便利。在货币流通的基础之上，希法亭接续探讨了信用与银行的产生。除了行使流通职能之外，货币还具有重要的支付手段职能。但是，货币在支付的过程中存在着时空分离的可能，买与卖的分离为"票据"的产生奠定了基础。随着票据流通的广泛化，作为收集和确认票据的专门机构——银行应运而生。在这一阶段，银行主要以票据为手段为资本家提供了流通信用。在此基础上，银行的发展推动流通信用逐渐发展至资本信用，即转变为对社会上未能作为资本利用的货币的汇聚，并以资本信用代替票据。资本信用又可以分为流动资本信用和固定资本信用，二者区分的关键在于货币收回的速率，也就是以短期或者长期回收方式作为区分标准。银行最初向企业提供的主要是流动资本信用，而流动资本的高周转性决定了银行资本和产业资本仅有短暂的利益关系。随着资本信用更大规模地表现为固定资本信用，也就是银行资本以更大比例的、周转时间更长的固定资本贷款束缚于产业资本时，产业资本和银行资本"由暂时的利害关系变为长远的利害关系；信用越大，特别是转化为固定资本的比重越大，这种利害关系也就是越大和越持久"①。在这样的情况下，银行对企业的支配力和影响力持续增大，企业对银行的依赖也进一步加强。可以看出，希法亭是从流通领域内的货币出发，展示流通领域内货币经由信用到银行资本形成的逻辑过程，并在分析流通信用到资本信用这两种银行职能，以及考察资本信用中流动资本信用到固定资本信用的发展中，揭示银行与企业之间利益关系的深刻变革。

其次，希法亭分析了银行资本通过发行和投机实现的资本动员，揭示了虚拟资本对于银行资本和产业资本关系的重要影响。希法亭指出，证券交易所中进行的股票发行以及股票的交易和投机是银行资本影响产业资本的重要方式。股票发行和投机的前提在于现代公司的组织形式——股份公司。通过与独资企业的比较，希法亭指出，股份公司更容易在竞争中获得优势，原因在于股份公司更易筹措资本用于扩张生产以及更新技术，从而在市场上获得更大份额以及实现垄断。在此背景下，银行形成了第三种职能，即将货币资本转化为虚拟资本。具体而言，银

---

① 希法亭：《金融资本——资本主义最新发展的研究》，福民等译，商务印书馆，1994，第93页。

行以企业的利润率确定的利润总额为基础，根据利息率构建了虚拟资本总额①。通过售出虚拟资本（资本化的收益凭证），银行完成了资本动员，使得总资本中的部分资本转化为生产资本，用于购买生产资料和劳动力等，从而进入产业资本的循环，另一部分则形成了"创业利润"。在希法亭看来，创业利润不是欺诈，也不是报酬，而是特殊的经济范畴，其产生的根源在于"由带来利润的资本向带来利息的资本形式转化而产生的利润"②，即企业利润的资本化，因而其总额通常由利润和利息之间的差额决定。实际上，银行资本通过发行股票构建虚拟资本这一巧妙的经济活动，在筹集了股份制企业用于生产的资本外，还创造了在利润率高于利息率情况下所实现的丰厚的创业利润。不止于获取创业利润，希法亭指出，银行资本还通过"资本掺水""整理""改组"等方式获取更大的利润，以及实现了对企业的控制。股份公司的特性为银行资本的活动创造了广阔空间，使得银行通过预付资本、分成股份以及售出股份的方式，即表面上 G—G' 的货币交易形式，实现对股份公司的控制。银行还可以通过占有股票参与企业活动，以及通过在证券交易所的投机获得更多利润。为确保资本安全以及获取更多利润，希法亭得出银行具有扩大自有资本，并且通过各类经济活动实现与产业资本深度捆绑的趋势的结论。

再次，银行资本通过商品交易所内的期货投机深刻影响了商品流通。期货交易主要指的是短期内价格可以发生较大变动的商品交易，体现的是对未来价格变动的预期。与单纯的商品交易不同，交易所内的商品成为价格的纯粹承担者，并且"任何货币资本都能直接地转化为这种商品"③。商品交易所内的商品并未履行流通职能，只是谋求差

---

① 希法亭通过分析创业利润的产生过程，揭示了虚拟资本总额的确定过程，以及虚拟资本的流通过程。参见希法亭《金融资本——资本主义最新发展的研究》，福民等译，商务印书馆，1994，第 111~113 页。

② 希法亭：《金融资本——资本主义最新发展的研究》，福民等译，商务印书馆，1994，第 111 页。

③ 希法亭：《金融资本——资本主义最新发展的研究》，福民等译，商务印书馆，1994，第 164 页。

额利润的投机工具，而这部分交易利润本质上来源于商业利润。最为重要的是，期货交易使得银行资本借以参与了商品交易，进而介入商品流通以及利润的实现和分配。以此方式，银行资本不仅通过期货交易的方式承担了部分商业资本的职能、获得了大量利润，而且在帮助产业资本压缩流通时间的过程中，建立了与产业资本、商品资本更加紧密的利益关系。

最后，希法亭综合了产业资本的垄断情况，分析了金融资本的形成逻辑及其现实影响，在考察完流通领域后，希法亭转入了生产领域，重点考察了产业资本的组织结构变革及垄断的形成，提出股份公司使得产业资本的垄断更易发生且更有动力。希法亭指出，垄断的直接动因是为了改变利润率下降的趋势和克服利润率平均化的障碍。秉持马克思利润率平均化的理论，希法亭认为资本家在争取利润最大化的同时会导致资本在不同利润率的部门流动，最终只能带来利润率平均化的结果。在希法亭所处的时代，随着资本主义的发展，资本的有机构成显著提高，固定资本在资本构成中所占比例不断增大，直接导致资本的转移日益困难。这一情况在资本主义重工业领域表现得尤为明显，呈现出资本一经投入便非常难以流动的现象。由此，利润率平均化的实现障碍便出现了，这导致个别部门的利润率下降到平均利润率以下。为了克服这种障碍和提高利润率，"联合制"使得企业可以较好地应对这种利润率的差异。联合制也就是工厂之间的联合，分为由原材料引起的企业联合、不同产业领域的联合以及同一产业部分企业的联合。这种联合消除了利润率的波动、节约了商业利润，从而达到了平均利润率。虽然联合并不等同于垄断，但联合是垄断形成的必要环节。随着联合的发展，当联合起来的企业足够多，乃至可以控制该部门的生产和价格时，"局部联合"最终转化为"垄断联合"，垄断便形成了。此时，企业实现了从由价格控制到控制价格的转变，并在组织上成立了卡特尔和托拉斯等垄断组织，以便提高利润率。垄断组织的形成导致各行之间统一的平均利润率不复存在，卡特尔化企业间形成的统一利润率，远高于非卡特尔化的中小企业间的利润率。不仅如此，卡特尔的形成"是一个历史过程。它按照某种时间顺序，根据为卡特尔化所提供的条件，攫取了各资本主义生产部门"①，即通过对非卡特尔化生产部门创造剩余价值的掠夺，卡特尔化的生产部门获取了大量的垄断利润。

卡特尔和托拉斯还推动了金融资本的产生。希法亭指出，银行在垄断的形成过程中发挥了巨大作用。银行获取利润的方式是与工厂和企业分享利润，但是只要企业之间存在着相互竞争，银行从中获得的利润必然会有所损失。因此，银行有着通过消除竞争从而获取利润最大化的动力。换言之，银行资本与产业资本在消除竞争方面有一致的要求，二者形成的更加紧密的利益关系进一步推动了垄断的发展。最终，产业资本和银行资本日益联合，"银行也不得不把它们资本的一个不断增长的部分固定在产业之中，因此，银行在越来越大的程度上变为产业资本家。通过这种途径实际转化为产业资本的银行资本，即货币形式的资本，称为金融资本"②。

在上述分析基础上，希法亭进一步展现了基于金融资本的对外和对内政策，并对帝国主义问题进行了论述。希法亭分析了资本主义保障自身利益的对外政策。希法亭认为，在扩大本国经济区和提高关税政策失灵后，资本主义便会通过在国外建设工厂的方式推动资本输出。在资本输出的过程中，"法律关系的滞后成为障碍，金融资本也越来越迫切地要求以暴力手段克服经济障碍"③，这直接导致了发达资本主义国家同落后地区国家，以及同其他发达资本主义国家之间的竞争。与商品输出时代的对外扩张相比，资本输出时代的对外扩张大大加速，并且促使发达资本主义国家采取"帝国主义政策"，目的在于消除竞争，达到垄断地位。希法亭强调，银行与产业之间的紧密联系，尤其是"企业通过发行股票而获得创业利润的可能性，成为资本输出

① 希法亭：《金融资本——资本主义最新发展的研究》，福民等译，商务印书馆，1994，第 256 页。
② 希法亭：《金融资本——资本主义最新发展的研究》，福民等译，商务印书馆，1994，第 252 页。
③ 希法亭：《金融资本——资本主义最新发展的研究》，福民等译，商务印书馆，1994，第 369 页。

的强大动因"①。在此推动下，民主平等的理想必然为寡头统治的理想所代替，帝国主义政策实为资本主义国家的必然选择。

与此同时，希法亭对金融资本统治下的无产阶级斗争仍然抱有非常乐观的态度。希法亭乐观地估计，金融资本在经济、政治乃至阶级方面为向社会主义过渡创造了基础和前提。在经济方面，金融资本实现的高度的社会化成为过渡的基础："占有柏林六大银行实际也已经意味着占有大工业的最重要的部门。"② 这意味着无产阶级一旦占有这种社会生产条件，便能更加便捷地实现社会主义变革。希法亭还认为，帝国主义国家的垄断发展，使得无产阶级背负着沉重的利润负担；垄断带来的高物价降低了各个阶级的生活水平；税收的提高直接打击了中间阶级的利益。这些尖锐的事实使得每一个无产者认识到夺取政权的必要性——资产阶级在国际和国内的统治实现的从未达到的高度剥削，必然引起无产阶级激烈的反抗，最终导致无产阶级专政。

希法亭从流通领域中一般的货币关系出发，勾勒了产业资本与银行资本融合的过程，最终展示了金融资本的形成以及金融资本形成后的对外政策和历史趋势。针对希法亭的理论内容，列宁在《帝国主义论》中进行了深刻的理论批判，实现了对金融资本理论的发展。

二　列宁对希法亭金融资本理论的批判与发展

列宁对《金融资本》的评价主要集中于《帝国主义论》和《关于帝国主义的笔记》，同时在其他著作中还有零散体现。在这些文献中，列宁从两个方面深刻评价了希法亭的金融资本理论，并在多个维度推进了对金融资本的认识。

一方面，列宁肯定了《金融资本》的科学性和时代性。列宁在《帝

---

① 希法亭：《金融资本——资本主义最新发展的研究》，福民等译，商务印书馆，1994，第374页。

② 希法亭：《金融资本——资本主义最新发展的研究》，福民等译，商务印书馆，1994，第427页。

国主义论》中指出："这本书对'资本主义发展的最新阶段'（希法亭这本书的副标题）作了一个极有价值的理论分析。"① 列宁承认，《金融资本》和霍布森的《帝国主义》是在他所处时代很少能够被超越的著作。同时，在《卡尔·马克思》一书的书目附件中，列宁将希法亭的《金融资本》与自己的《帝国主义论》列为"进一步发展马克思的经济观点，将它运用于经济生活中的最新现象的书"②。可见，列宁在写作《帝国主义论》时深入阅读了希法亭的《金融资本》并给予高度评价，而希法亭的金融资本理论正是列宁思考时代之问时的重要来源。

另一方面，列宁指出了希法亭金融资本理论的诸多不足之处，并从概念内涵、时代判断以及理论倾向等多个层面批判发展了希法亭的金融资本理论。

第一，金融资本的定义问题。列宁直指希法亭对金融资本的定义不够充分，认为"这个定义不完全的地方，就在于它没有指出最重要的因素之一，即生产和资本的集中发展到了会导致而且已经导致垄断的高度"③。在阅读《金融资本》的笔记中，列宁提出金融资本是否等于银行资本这一问题。列宁自己回答了这个问题，指出金融资本还应该包括大资本的发展、银行的作用（集中和社会化）以及垄断资本（竞争被垄断取代）、瓜分世界（殖民地和势力范围）等因素④。

在列宁看来，希法亭对金融资本的定义仅从平均利润率以及垄断组织方面审视，是不完全和不充分的，尤其是希法亭重点强调的流通领域内不断壮大的银行资本对产业资本的控制也是不全面的。列宁认为，只有从生产的集中、集中引起的垄断以及银行与工业的融合三个方面才能说明金融资本的历史源头，其中的重点正是生产集中对于金融资本形成的决定性作用，突出了产业资本的集中和垄断促使银行资本的集中与垄断的事实。列宁以生产集中为起点探讨了垄断的形成过程，并且分析了私人垄断资本主义时期各类垄断组织形式。综合而言，列宁指出金融资

① 《列宁选集》第 2 卷，人民出版社，2012，第 583 页。
② 《列宁全集》第 26 卷，人民出版社，2017，第 92 页。
③ 《列宁选集》第 2 卷，人民出版社，2012，第 612 页。
④ 参见《列宁全集》第 54 卷，人民出版社，2017，第 375 页。

本产生的历史过程表现为"生产的集中；从集中生长起来的垄断；银行和工业日益融合或者说长合在一起"①。

第二，垄断资本发展的问题。希法亭在《金融资本》中，将金融资本视为资本主义发展最高级、最抽象的形式，认为金融资本实现了总卡特尔和中央银行的融合，消解了资本的特殊性质，从而掌握了社会生产的全部过程。在这个意义上，垄断资本规模达到了最高峰。列宁则坚持了历史的分析方法，推进了垄断资本的历史考察问题，实际上用垄断资本的发展揭示了金融资本的历史发展趋势。《帝国主义论》第五章和第六章分别在经济和政治层面分析了帝国主义对于世界的瓜分，涉及了垄断资本主义的历史发展形式。一方面，列宁分析了帝国主义大国瓜分世界殖民地的事实，指出了为重新瓜分世界爆发战争的可能性。列宁看到，英国、法国和德国等资本主义国家已经将世界瓜分完毕，建立了世界内广大的殖民地，而这正是金融资本主导下推出的国际政策。在此背景下，争夺殖民地的战争不可避免，政治领域最终必然以战争的方式重新解决殖民地分配的问题。可以看出，此时的私人垄断组织与国家政权联系更加紧密，二者试图合力在世界范围内扩张。在1917年的文章中，列宁更是直接使用了国家垄断资本主义的概念："俄国的资本主义也成了垄断资本主义，这一点可以由'煤业公司'、'五金公司'、糖业辛迪加等等充分证明。而这个糖业辛迪加又使我们亲眼看到垄断资本主义怎样转变成国家垄断资本主义。"② 另一方面，列宁分析了国际垄断的发展趋势，指出资本家同盟在掌握了国内市场后，一定会走向国际市场，形成国际卡特尔。具体而言，列宁在分析垄断资本主义时十分注意与世界市场的结合，突出了垄断资本主义通过关税、垄断同盟、垄断地位影响世界市场的运作。列宁的分析体现了在世界历史视野范围内对垄断组织发展的考察，为国际垄断资本主义理论的提出奠定了重要基础，这也极好地印证了马克思所作出的"创造世界市场的趋势已经直接包含在资本的概念

---

① 《列宁选集》第 2 卷，人民出版社，2012，第 613 页。
② 《列宁选集》第 3 卷，人民出版社，2012，第 264 页。

本身中"① 的判断。列宁不仅关注到金融资本的阶段性形式，还注意到了私人垄断资本向国家垄断资本和国际垄断资本发展的趋势，他通过考察垄断资本的发展过程与阶段性特征揭示了金融资本在时代发展中所处的阶段，而这突破了希法亭对于金融垄断资本历史方位的判断。

第三，关于对帝国主义判断的问题。前文已经指出，希法亭视帝国主义为金融资本的对外政策，认为对外扩张与争夺殖民地的竞争是其必然结果。列宁从垄断资本的发展阶段出发，强调了基于金融资本发展的帝国主义是资本主义发展进程中特殊的高级阶段。质言之，与希法亭持有"帝国主义政策论"的观点不同，列宁突出了"帝国主义阶段论"的观点。当把帝国主义问题联系至战争问题时，列宁将战争视作帝国主义瓜分世界的必然结果。这一判断较希法亭所认为的"国家对金融资本的保护"的观点更为激进，也更具有预见性。有学者从理论史的角度认为，列宁的这一观点受到了布哈林较大影响，而布哈林又受到了希法亭的直接影响，从而将理论谱系定义为，"布哈林把希法亭的深刻认识转变成一个连续的、不可避免的、历史的方程式，即垄断资本主义→帝国主义→战争→无产阶级革命。这一方程式后来重现在列宁的《帝国主义论》一书中……而且成为布尔什维克对现代帝国主义的正统的解释"②。布哈林的确在《世界经济和帝国主义》中提出"由于全部事件进程已经作了准备而必然爆发的大战，不能不对全世界的经济生活发生巨大的影响"③ 的观点，并分析了战争爆发的必然性。但是，列宁不是简单承接了布哈林的"战争逻辑"，而是重点改造了布哈林的理论逻辑，突出了作为时代特征的帝国主义的形成原因和重要特征，揭示了战争的缘由在于垄断资本主义在各国的政治和经济发展的不平衡性，认为"'世界霸权'是帝国主义政治的内容，而帝国主义政治的继续便是帝国主义战争"④，而不

---

① 《马克思恩格斯全集》第 30 卷，人民出版社，1995，第 388 页。

② 斯蒂芬·F. 科恩：《布哈林与布尔什维克革命——政治传记（1888—1938）》，徐葵等译，人民出版社，1982，第 41 页。

③ 尼·布哈林：《世界经济和帝国主义》，蒯兆德译，中国社会科学出版社，1983，第 114 页。

④ 《列宁选集》第 2 卷，人民出版社，2012，第 740 页。

是简单将发动战争视为帝国主义政策。在此意义上，思想谱系也逐渐明了：布哈林承接希法亭的观点，将帝国主义视为金融资本的对外政策，但强调了战争的必然性；列宁受到了布哈林的启发，但不再将帝国主义视为对外政策，而是将其上升到了时代特征，并且在垄断的国际范围扩张的高度上揭示了帝国主义战争的必然性。

在此基础上，列宁多次指出了希法亭在理论上表现出来的机会主义倾向，创造性地将帝国主义与机会主义联系在了一起。在列宁看来，希法亭在资本主义的寄生性和腐朽性的问题上，"比露骨的和平主义者和改良主义者英国人霍布森还后退了一步"①。同时，列宁认为《金融资本》暗含了机会主义倾向，是一种将马克思主义与机会主义调和的结果。这是源于希法亭在对金融资本的历史趋势的研究中，认为垄断发展最终形成"总卡特尔"，使得"整个资本主义生产将由一个主管机关自觉地进行调节，这个机关决定它的所有领域内的生产量"②。通过领导生产，总卡特尔还能够消除资本主义经济危机。基于金融资本理论，希法亭将这一观点发展成为"有组织的资本主义"理论，在经济理论方面为机会主义的政治理论和政治实践提供支撑，即主张通过改良、和平过渡等方式实现社会主义。可以看出，《金融资本》虽然使用了马克思主义的分析方法，但是已经暴露了同机会主义调和的倾向。与此相反，列宁深刻觉察，资本主义的寄生性和腐朽性已经严重影响到了多国的经济和政治，直接导致工人运动中机会主义倾向的涌动。列宁指出，帝国主义通过瓜分世界获得了高额的垄断利润，形成了寄生的、腐朽的资本主义政治经济体系，这一体系使得资本主义国家通过资本输出便可获得大量利润。在此基础上，资产阶级以部分利润收买工人阶级，导致了工人运动内部的腐化，直接造成了机会主义在工人运动内部的盛行。这也就是列宁认定的帝国主义和机会主义的内在关联。由此，列宁认为，既要反对帝国主义，也要批驳机会主义，不能孤立地反对其中一方。

---

① 《列宁选集》第 2 卷，人民出版社，2012，第 581 页。

② 希法亭：《金融资本——资本主义最新发展的研究》，福民等译，商务印书馆，1994，第 264 页。

三　列宁与希法亭理论差异的形成原因

哈维在评价希法亭和列宁的金融资本理论时认为："除了希法亭关于这个主题的基础性著作和列宁在关于帝国主义的开创性论文中对希法亭一些观点的重复之外——后者影响很大，这个概念一直都完全没有得到分析。"① 显然，哈维未能把握列宁对于希法亭金融资本理论的批判与发展，更没能理解二者理论逻辑差异形成的原因。从列宁对希法亭理论的分析中可以看出，二人在金融资本理论构建方面展现出较为不同的逻辑，这种深刻的逻辑差异源于二者依据的现实材料、对马克思理论逻辑和方法理解的差异以及对时代方位与历史形势的判断不同等。

第一，从理论依据的现实材料和实际历史来看，希法亭更多立足于德国国情，列宁则是着眼于世界资本主义体系。布鲁厄曾指出，希法亭的理论"以德国为基础，在那里，银行的确扮演了主角。而在其他国家，基本上相同的结果却是以相当不同的方式出现的"②。德国作为后起的资本主义国家，为了赶上其他资本主义国家，必须利用由银行资本集聚的社会闲散资本实现加速发展，由此产生了银行资本和工业资本的密切联系，但英国等老牌资本主义国家却并非如此。不仅如此，在新兴的资本主义国家——美国甚至呈现了相反的趋势：许多银行财团的建立往往依托于工业垄断资本的支持。

比较而言，列宁写作材料的来源更加丰富。在《关于帝国主义的笔记》中，列宁提及了148本著作和刊登在49种刊物上的232篇论文。这些著作和期刊论文涉及各国的经济、政治、历史、外交、技术、地理、工人运动等多方面内容。列宁在行文过程中依据的事实源于德国、法国、英国、美国等国的综合经济和现实状况，这也成就了列宁的国际视野，即从资本主义个别国家的现实上升到资本主义世界体系的理论路径。

① 大卫·哈维：《资本的限度》，张寅译，中信出版社，2017，第445页。
② 安东尼·布鲁厄：《马克思主义的帝国主义理论——一个批判性的考察》，陆俊译，重庆出版社，2003，第94页。

第二，从理论的逻辑起点来看，希法亭侧重于强调从流通发展而来的垄断，列宁强调的是生产发展对于垄断的奠基性作用。希法亭的《金融资本》开篇便是探讨从商品交换之中发展的货币以及由货币发展而来的信用，并始终在流通领域之中考察货币问题。在此基础上，希法亭分析了由于货币在生产之中的游离和闲置所形成的流通信用和资本信用，以及银行资本的形成过程。不仅如此，希法亭通过分析货币流通和商品流通领域的证券交易和期货交易，展示了货币资本对产业资本的影响方式和内容。可见，希法亭主要基于流通领域内的发展及其对生产的影响作出理论分析。与此相对，列宁在《帝国主义论》中旗帜鲜明地从"生产集中和垄断"出发，通过考察资本主义工业生产的集中问题，阐述了垄断组织的形成历史，指出了垄断是资本主义发展的最新状况。列宁又分析了银行对于垄断组织形成的推动作用，指出了银行的集中和垄断使得工业资本与银行资本日益融合从而形成金融资本的事实。比较而言，希法亭强调的是流通对于生产的反作用，即货币资本对产业资本的控制，列宁则强调了生产集中和垄断是金融资本形成的根本动力。

比较可知，希法亭和列宁的逻辑差别形成的原因，很大程度在于对马克思主义理解的不同，尤其是在生产和流通的关系的理解上存在着较大分歧。从马克思的论述来看，一方面，马克思指出正是在早期资本主义的流通交换中，资本完成了原初形态的积累，并且当资本原始积累完成时，资本必须在流通中获得劳动力商品才能实现资本增殖。因此，"流通和来自流通的交换价值是资本的前提"①。同时，如果从整体考察资本运动时，资本流通可以分为生产过程与流通过程两大环节。马克思指出："流通本身是生产的一个要素，因为资本通过流通才能成为资本；如果把流通本身看作是生产过程的整体，那么生产只是流通的要素。"②正是通过资本流通，生产过程的结果才能够实现。在此意义上，流通环节可谓是资本主义生产方式形成的条件以及从直接生产过程向再生产过

---

① 《马克思恩格斯全集》第 30 卷，人民出版社，1995，第 215 页。
② 《马克思恩格斯全集》第 30 卷，人民出版社，1995，第 517 页。

程发展的关键因素。可见，希法亭从流通领域进行探究实际上体现了流通对生产的重要作用。另一方面，虽然流通对于生产具有重要作用，但是马克思显然更加强调的是生产对于流通的决定性作用。马克思突出了生产对于消费、分配、流通的决定性作用，在指出流通本身只是交换的一定要素后，强调了"交换的深度、广度和方式都是由生产的发展和结构决定的……交换就其一切要素来说，或者是直接包含在生产之中，或者是由生产决定"①。进一步而言，马克思特别指出："货币流通——从它现在的地位来看——本身现在只是表现为资本流通的一个要素，而它的独立性只不过是一种假象。它在一切方面都是由资本流通决定的。"②可见，在生产与流通的关系问题上，马克思突出了生产对于流通的决定性作用，而这一逻辑进路成为列宁进行理论建构的主要依据。

虽然马克思没有直接探讨金融资本，但是马克思早已预见了生产发展，尤其是生产规模的扩张对于货币资本的影响。在《资本论》第二卷中，马克思指出资本循环的主体是价值，而价值革命会对整个循环造成干扰，这是因为价值的变动直接影响了资本家所准备的货币资本的波动。在资本主义生产不断发展的背景下，资本家需要拥有大量的货币资本应对生产中的干扰，"因为随着资本主义生产的进展，每一单个生产过程的规模会扩大，预付资本的最低限量也会随之增加，所以除了其他情况外，又加上这个情况，使产业资本家的职能越来越转化为各自独立或互相结合的大货币资本家的垄断"③。现实的资本主义历史更是印证了该理论。第二次工业革命后，轻工业和煤炭工业让位于石油工业、化学工业、电力工业、机械工业等，形成了以重工业为核心的生产部门。由于重工业固定资本投入更多，在其形成过程中资本的积聚和集中尤为明显，同时也推动了垄断的加速形成，从而为流通领域内大银行的形成和垄断地位的确立奠定生产领域的基础。以美国为例，"美孚石油公司和美国钢铁公司是当时居于首位的两个最大的托拉斯，分别代表洛克菲勒和摩根

---

① 《马克思恩格斯全集》第 30 卷，人民出版社，1995，第 40 页。
② 《马克思恩格斯全集》第 30 卷，人民出版社，1995，第 535 页。
③ 《马克思恩格斯文集》第 6 卷，人民出版社，2009，第 124 页。

两大金融集团"① ——美国的历史正体现了工业资本对于银行资本乃至金融资本形成的基础性地位，无论是股份公司还是期货交易都体现了生产发展和扩张以及生产尽可能消灭流通时间的内在要求。

综上所述，理论和现实两个方面共同印证了列宁的判断的正确性以及希法亭的判断失误。希法亭没有选择从生产的垄断进行考察，而是着眼于从货币流通出发进入生产领域进而讨论金融资本，实际上是对马克思思想的误读。秉持马克思从生产过程着手的逻辑方式，列宁从生产的最新发展也就是生产的垄断出发，在考察了流通对于生产的促进作用后，最终落脚于金融资本问题。列宁实际纠正了希法亭金融资本的理论逻辑，实现了对马克思思想中生产与流通辩证关系的复归。

第三，从对时代变化的判断来看，希法亭仅关注到金融资本这一时代现象，而列宁已经从帝国主义的高度概括资本主义最新发展状况。《金融资本》的副标题是"资本主义最新发展的研究"，意即希法亭仅仅将金融资本视为资本主义发展中出现的重要现象，这显然没有达到列宁对时代特征把握的高度。列宁在对时代特征的判断问题上牢牢抓住了帝国主义这一重要概括，并且深挖了帝国主义背后的经济动因，即垄断的重要作用。在这个问题上，斯威齐指出，希法亭"把资本主义发展的一个过渡阶段误认为是一个永久的趋势……银行资本的统治，是资本主义发展中一个短暂的阶段，它大致上是和竞争资本主义向垄断资本主义的过渡同时发生的"②。因此，斯威齐认为列宁实质用了"垄断资本"这一概念取代希法亭的"金融资本"。正是通过把握生产中的垄断，而不是对流通领域内财产关系进行分析，列宁发现了资本主义最新变化背后的重要内核，即垄断的发展变化。不仅如此，列宁的垄断资本概念还吸收了希法亭的金融资本概念，即这种垄断不仅仅是生产上的垄断，还包括了生产的集中以及工业资本和银行资本结合实现的垄断。可见，虽然列

---

① 高峰：《发达资本主义经济中的垄断与竞争——垄断资本理论研究》，南开大学出版社，1996，第 81 页。

② 保罗·斯威齐：《资本主义发展论——马克思主义政治经济学原理》，陈观烈、秦亚男译，商务印书馆，2013，第 332~333 页。

宁与希法亭处于同一时代，但是在时代判断上存在着较大差异。希法亭仍然将帝国主义当作金融资本的一项对外政策，而列宁则已将帝国主义上升为对时代特征的最新判断。

希法亭和列宁的理论逻辑分野，以及对帝国主义在社会发展阶段的地位判断的差异，直接导致了二人不同的政治实践。由于对帝国主义问题的错误认识，以及过于乐观地认为可以实现从流通领域向社会主义过渡，希法亭提出通过接管"中央银行"实现社会制度变革，并"深信金融资本有克服资本主义生产方式的无政府性的倾向"①，最终滑向了"有组织的资本主义"的理论。在实践方面，希法亭担任了德国社会民主党的右翼首领并且成为政府的财政部部长。列宁则从对资本主义世界体系下不同国家垄断阶段的判断出发，提出了落后国家不经过资本主义发展阶段过渡到社会主义的理论，并且成功突破了资本主义世界体系的薄弱环节，通过十月革命将社会主义理论付诸实践。在实践方面，列宁特别重视生产领域的变革，强调了所有制关系的变革对于历史发展的影响，进而领导了落后的国家进行社会主义革命和建设的伟大实践。

四　结论与启示

马克思主义理论在面临时代变化时，展现出强大的自我发展的能力。虽然时代在变化，但是列宁与希法亭揭示的金融资本的重要内核以及分析金融资本的范式没有过时，对于理解当今的金融资本乃至深入分析资本的特性和行为规律，仍然具有重要理论价值。只有同时结合希法亭对资本动员与联合制的分析和列宁的分析范式与理论逻辑，方能从微观和宏观相结合的角度彻底揭示金融资本的本质、特征以及影响。

第一，希法亭对于资本动员的分析为当今理解虚拟资本及其与金融资本的关系提供重要借鉴。习近平总书记在中央财经委员会第十次会议上强调："金融是现代经济的核心，关系发展和安全，要遵循市场化法

① 佛莱特·厄斯纳：《希法亭"金融资本论"的功绩与错误（续）》，蔺碧虚译，《世界经济文汇》1957年第2期。

治化原则，统筹做好重大金融风险防范化解工作。"① 从历史经验来看，由金融风险发展而至的金融危机，往往与虚拟资本的兴盛密切联系在一起。早在《资本论》第三卷中，马克思已经对虚拟资本进行了初步的分析②。考茨基在评价希法亭的《金融资本》时，曾称赞这部著作是马克思《资本论》第二、三卷的延续，实际上肯定了希法亭对流通过程理论的发展。《金融资本》确实在马克思的虚拟资本理论方面实现了新的拓展，即在该部著作的第二编"资本的动员。虚拟资本"中，分析了马克思指出的商业信用和银行信用之外的银行资本的第三种职能，对深入研究虚拟资本提供重要启示。其一，推动虚拟资本形成的重要动机在于创业利润。希法亭指出，创业利润或发行利润，作为资本化的企业主收入，前提是产业资本向虚拟资本的转化。银行资本通过发行活动可以获取丰厚的利润，这不断促使银行和企业家通过发行股票、债券等构建了庞大的虚拟资本市场。其二，虚拟资本的构建并非意味着与现实资本完全脱节。希法亭指出，货币在向虚拟资本转化时，除了创业利润外，一部分资本确实转化为企业用于购买劳动力和生产资料等的产业资本，实际上构成了企业扩大生产的重要积累来源。在此意义上，虚拟资本的发展可以为企业的发展提供重要资本，为生产的运转与扩大注入重要动力。其三，虚拟资本具有不断中介化的趋势。虽然虚拟资本可以为现实的生产提供重要资本，但是希法亭已经注意到了虚拟资本的发展存在着接续中介化、脱离现实资本的现象。希法亭指出，在当时已经存在货币资本向银行资本，再从银行资本向生产资本的二重转化，即双重中介化的趋势。不仅如此，股份制企业架构为银行资本的控股提供了重要便利，也为层层嵌套的金融活动奠定现实基础。这一活动在增强了资本的中介性外，还推高了金融风险。从 2008 年美国金融危机的教训来看，以"影子银行"为代表的虚拟资本的过度使用，对资本循环特别是产业资本的运行逻辑产生了重要影响，甚至有些资本发展到了"大而不能倒"的状况。

---

① 《在高质量发展中促进共同富裕 统筹做好重大金融风险防范化解工作》，《人民日报》2021 年 8 月 18 日。

② 参见《马克思恩格斯文集》第 7 卷，人民出版社，2009，第 377～522 页。

这是由于金融资本在实体经济之外构建了脱离对应产业资本的庞大的虚拟经济体系，而这正是希法亭通过对资本动员所揭示的逻辑必然结果。可见，希法亭的分析为当今理解复杂的虚拟资本的遮蔽性、揭示金融危机与资本逻辑的关系奠定了重要基础，为推动资本有序发展提供一定参考。

第二，希法亭提出的联合制概念对于界定垄断和推动反垄断具有重要参考价值。希法亭指出，联合制在垄断的形成和发展中具有重要作用。他将行业内的联合制分为三种，即向上的联合制、向下的联合制和混合的联合制。这里的向上和向下是相对于同一生产部门内上下游企业而言的，向上的联合意味着与提供原材料的企业联合，向下的联合则意味着联合了进一步加工其产品的企业，混合的联合则是同时与上游和下游企业进行联合。希法亭指出，联合制具有重要优势：它消除了原材料和产品的价格波动，一定程度上克服了利润率的波动，并进一步节省了商业成本。不仅如此，联合制还为技术进步提供了可能，能够更高效率地利用每一种原材料和产品。在此基础上，希法亭将上述发生在工业、商业、银行之间具有生产相关性的企业联合称为"同质联合"，称发生在商业、银行之间的联合为"异质联合"。这些不同形式的联合对于经济发展有着不同作用，但都构成了垄断的微观基础。马克思恩格斯已经注意到了垄断现象，并从资本主义生产方式的发展规律中考察垄断问题。列宁则评价道："马克思对资本主义所作的理论和历史的分析，证明了自由竞争产生生产集中，而生产集中发展到一定阶段就导致垄断。现在，垄断已经成了事实。"[1] 一方面，恩格斯指出，垄断对于调节生产、价格具有一定意义，但生产资料的私人占有性质决定了垄断组织不可能从根本上解决问题，不过重要的是，垄断实为"资本主义社会的无计划生产向行将到来的社会主义社会的计划生产投降"[2]。另一方面，列宁在坚持和补充马克思关于垄断的理论外，对垄断资本的腐朽性、寄生性和扩张性作出了重要分析，指出垄断价格、垄断利润在一定历史阶段，会对生产和

---

① 《列宁选集》第 2 卷，人民出版社，2012，第 588 页。
② 《马克思恩格斯文集》第 9 卷，人民出版社，2009，第 395 页。

技术发展起阻碍作用。由此，在承认垄断发展的必然性时，必须对垄断进行具体的、历史的分析。继 2020 年中央经济工作会议明确提出"强化反垄断和防止资本无序扩张"① 的重点任务后，2021 年中央经济工作会议进一步强调要"深入推进公平竞争政策实施，加强反垄断和反不正当竞争，以公正监管保障公平竞争"②。马克思主义者对垄断的分析，现实地体现在了市场经济中部分企业通过风险投资、股权交换、企业联盟等方式加强垄断的行为上。完善平台企业垄断认定的法律规范成为反垄断的重要前提，而如何界定垄断、区分垄断的具体形式，分析垄断资本问题应是马克思主义理论的生长点。在这方面，希法亭着眼垄断微观基础所作的分析，对于今日的垄断认定工作、考察垄断资本的演进仍然具有重要参考价值。

第三，列宁在分析金融资本时所使用的"生产—流通"范式对正确认识和把握资本与资本主义的本质具有重要方法论意义。列宁对于希法亭金融资本理论的批评与发展之处，便是指出了从流通到生产逻辑的转化，并在生产垄断与金融资本的关系中考察资本主义社会的演变。然而，由于两次世界大战以及世界形势的转变，这一理论传统在列宁之后并未得到继承与发展。如 20 世纪美国著名的马克思主义经济学家斯威齐在考察垄断资本时，更多使用的是"剩余"这一概念，认为金融部门是吸收剩余的一个部门，从而忽略了金融资本在垄断资本发展中的重要地位。事实上，第二次世界大战后，随着科技和国际贸易的飞速发展，金融资本依托最新科技成果与世界范围内的资源配置实现了爆炸式增长，形成了更加复杂多样的金融体系，特别是以脱离生产资本的虚拟资本体系为标志。正如马克思所指出的那样，"一切资本主义生产方式的国家，都周期地患一种狂想病，企图不用生产过程作中介而赚到钱"③。虽然资本主义生产方式试图脱离生产过程实现资本增殖，但探究资本主义的本质，理解金融资本的演变，离不开列宁在分析金融资本时所使用的逻辑范式，

---

① 《中央经济工作会议在北京举行》，《人民日报》2020 年 12 月 19 日。
② 《中央经济工作会议在北京举行》，《人民日报》2021 年 12 月 11 日。
③ 《马克思恩格斯文集》第 6 卷，人民出版社，2009，第 67~68 页。

即从生产着手的理论逻辑。这种分析范式扭转了希法亭对生产过程的忽视，复归了马克思对生产与流通关系的考察，并在此基础上推进了对于虚拟资本乃至金融资本的分析。从当今现实来看，随着我国社会主义市场经济的快速发展，产生了既有"平台垄断化"又有"资本金融化"特征的寡头企业和资本形态。这些企业和资本兼具垄断与金融属性，以新的生产方式实现了对数据、算法、流量等新型基础设施的垄断，从而凭借支配市场条件进行金融扩张、参股关键企业，进一步巩固垄断地位与扩张资本。这一现实印证了列宁从生产着手进行分析的合理性，即凸显了生产方式的演变对于垄断资本、金融资本形成和发展的决定性影响。可见，生产逻辑仍然是认识和把握资本的特性和行为规律的基本视角与方法工具。

第四，列宁所强调的生产逻辑对于厘清金融与经济社会发展的关系仍然具有重要实践价值。列宁在社会主义具体行动纲领中将一以贯之的生产逻辑付诸现实的国家治理，在《大难临头，出路何在？》一文中提出了解决俄国困境的系列有效措施。列宁承认银行国有化具有重要意义，指出通过银行国有化方能掌握资本主义周转的具体情况。不止于银行国有化的措施，列宁更加强调要国有化工商业辛迪加，完成对其的国家垄断改造，因为"不把这些辛迪加收归国有，而只把银行收归国有是行不通的。另一方面就是说，要认真调节经济生活，就要把银行和辛迪加同时收归国有"[1]。可见，仅从希法亭设想的掌控金融领域出发，是不可能完成对社会的改造的；只有从生产领域着手，掌握生产资料、控制生产过程才能完成彻底的社会革命。同时也可以自然得出结论，推动经济发展以及应对经济危机，一味地采取资本动员等金融手段，不可能从根本上解决问题。

综上所述，无论是经济全球化背景下跨国公司造成的国际垄断，还是伴随着金融创新实现的金融资本井喷式发展，资本主义体系里的垄断始终与金融资本如影相随，乃至构建了庞大的金融帝国。金融资本在当代的发展采取了更加抽象的形式，不当发展的金融衍生品进一步提升了

---

① 《列宁选集》第3卷，人民出版社，2012，第244页。

金融资本的虚拟性和寄生性，甚至引发了诸如 2008 年金融危机等影响世界的危机。习近平总书记指出："防范化解金融风险，特别是防止发生系统性金融风险，是金融工作的根本性任务，也是金融工作的永恒主题。"① 回顾列宁和希法亭在金融资本问题上的研究，能够帮助我们更好地理解金融资本的产生根源以及重要特征，并在新形势下防范金融资本所带来的风险，进一步认识和把握资本的特性及其行为规律。

---

① 《十八大以来重要文献选编》（下），中央文献出版社，2018，第 797 页。

第四编　西方马克思主义基本问题

西方马克思主义的"问题意识"[*]

张 严

从 20 世纪 20 年代初问世至今，西方马克思主义已走过了近百年的历程。回首西方马克思主义的来路，虽然西方马克思主义理论家多是书斋里的学者，但他们紧扣住时代的脉搏，试图运用马克思主义理论对西方社会状况进行解读，对当代一些最重大的问题进行了思考和回应，从而使得他们的研究主题与时代保持同步，展现了深切的现实关怀和鲜明的时代特征。

一 "问题意识"下西方马克思主义的主题转换

20 世纪 20 年代至今，人类文明发展的核心主题是工业文明全面走上历史舞台，并彻底改变了世界的面貌。一方面，人类文明取得了前所未有的进步，迎来了前所未有的发达和繁荣；另一方面，前现代的、田园牧歌式的安定生活一去不复返了，人类面临着空前的挑战和风险。这就决定了西方马克思主义研究的总主题是对工业文明的反思。此外，近百年来世界发生了很多影响深远的巨大变化和重大事件，时代不断提出新的问题。针对这些新问题，西方马克思主义的具体研究主题也相应发生着变化。可以说，西方马克思主义的研究模式是一种"问题驱动"的模式，而他们的研究也集中体现了"问题意识"。按照核心主题的变化，西方马克思主义的发展历程大致可以分成如下三个阶段。

---

[*] 本文原载于《理论视野》2017 年第 5 期，收入本书时有改动。

（一）西方马克思主义的孕育与形成阶段

20 世纪 20 年代初到 30 年代末是西方马克思主义的孕育与形成阶段。20 世纪初，泰勒制、福特制的出现，标志着资本主义告别了零敲碎打的手工业作坊时代，从自由资本主义时代进入组织化资本主义时代。早期西方马克思主义的代表人物卢卡奇、柯尔施、葛兰西等针对以泰勒制和福特制生产方式为基础的工业化资本主义，把探讨重点放在阶级的意识形态上，强调意识革命和夺取文化领导权。

面对十月革命的胜利和 20 世纪 20 年代中西欧无产阶级革命的失败，卢卡奇、柯尔施、葛兰西等革命理论家在反思第二国际"经济决定论"的基础上，从中西欧具体情况出发，对发达资本主义国家无产阶级革命进行了探索。卢卡奇认为，中西欧革命失败的原因是发达资本主义国家无产阶级的阶级意识没有被唤醒，而阶级意识的缺乏是无产阶级的主体性被物化意识消解的结果。这就要进行以意识和文化革命为先头部队的"总体革命"。通过总体革命这个概念，卢卡奇强调了文化的极端重要性，由此奠定了西方马克思主义文化批判的基调。葛兰西针对中西欧革命失败提出了著名的文化领导权理论。他指出，西方社会与东方社会的政治结构不同，因此十月革命的道路在西方社会行不通。在西方社会，不能在时机尚未成熟的时候，就发动那种直接夺取国家政治权力、同资产阶级进行面对面交锋的"运动战"，而是要首先进行意识形态领域的斗争，先通过"阵地战"，在观念上打破原有的文化霸权，消除人民对资本主义的内心认同。在市民社会的各个环节中逐步削弱资产阶级在文化和意识形态上的领导权，由无产阶级掌握市民社会的领导权，即夺取文化领导权，并在适当的时候发动"运动战"，夺取政治社会的领导权。

可见，卢卡奇、葛兰西等主张的革命道路既不是政治先行的十月革命式的无产阶级暴力革命道路，也不是经济先行的第二国际改良主义道路，而是文化先行的以文化和思想革命为先导的总体革命道路。因此，西方马克思主义自从问世起，就在整个马克思主义阵营中处于独特的地位。

（二） 西方马克思主义的理论拓展与逻辑深化阶段

20 世纪 30 年代到 60 年代末是西方马克思主义的理论拓展与逻辑深化阶段。在这一阶段，西方马克思主义进入了繁盛时期，涌现出法兰克福学派、弗洛伊德主义的马克思主义、存在主义的马克思主义、结构主义的马克思主义、新实证主义的马克思主义等流派，异彩纷呈，但他们的研究都不脱出以下四个主题。

1. 法西斯主义

这个阶段初期的一个重要事件是法西斯的上台。弗洛伊德主义的马克思主义学派将弗洛伊德的精神分析理论与马克思主义相结合，对法西斯兴起的原因进行了深入探讨。赖希认为，法西斯主义的成功应该归功于大众而不是希特勒，正是大众的畏惧自由、渴望权威的性格结构，使得希特勒的宣传能够见效。而这种性格结构是普遍的压抑造成的，因此消灭法西斯主义首先要消除压抑，改变人的性格结构①。

2. 发达工业社会

在 20 世纪，发达资本主义社会中的人们经历了深刻的文化冲突和文化危机，文化层面的问题上升成为各种社会矛盾的集中点。西方马克思主义继承马克思异化理论的文化批判精神，在吸取西方当代思想资源（如韦伯合理化理论等）的基础上，对发达工业社会进行了深入批判，揭露了发达工业社会的普遍异化状况及其深层原因。具体来说，西方马克思主义者主要是法兰克福学派从以下五个方面展开了对发达工业社会异化的揭露和分析。

（1）启蒙精神。法兰克福学派的霍克海默与阿多诺（阿道尔诺）在《启蒙辩证法——哲学断片》一书中指出，启蒙的根本目标是要使人们摆脱恐惧、树立自主性，但是，被彻底启蒙的世界却被灾难笼罩，这灾难是启蒙的胜利所带来的。换言之，启蒙是要用理性的正义来取代神话的非正义，通过启蒙理性来消除神话，但当理性发展到极端，成为支配一切的力

---

① 赖希：《法西斯主义群众心理学》，张峰译，重庆出版社，1990，第 70～74 页。

量时，理性本身也就成为一种统治和压迫力量，走向了它自身的反面，以解放人为目的的理性工具最终变成了统治和奴役人的工具理性①。

（2）工具理性。在法兰克福学派看来，工具理性一方面推动了科技进步和工业文明的发展，另一方面又成为统治合理性，不仅导致了人与人关系的异化，而且导致了人与自然关系的恶化，并带来了人本身的异化：一方面使人思维程式化，这就意味着人丧失自我，而自我的丧失也就等于自由的丧失；另一方面，工具理性只关注计算、手段、效率、功用，回避那些终极性问题，而忽视了人的生存的意义与价值，消解了人的生命的价值维度。

（3）科学技术。法兰克福学派承认科学技术的后果具有双重性，但侧重点在于揭示科学技术发展对人类社会的负面效应。在他们看来，现代科学技术履行意识形态职能，从解放人的力量变成了统治人的力量和"技术恶魔"，压抑了人的创造性和自由个性。哈贝马斯更是直接将科学技术指认为意识形态。针对科学技术的负面效应，马尔库塞提出了这样一个公式：科学技术的发展＝日益增长的物质财富＝不断扩展的奴役。霍克海默和阿多诺还从对科学技术的批判深入对技术理性的批判。他们认为，技术理性主义认定科学技术有发展的无限潜力和解决问题的无限能力，这是一种科学技术万能论。

（4）大众文化。在法兰克福学派看来，流行于发达工业社会的大众文化并不是服务于大众的通俗文化，而是利用科技手段大规模复制、传播文化产品的娱乐产业。它以市民大众为消费对象，按照某种标准进行商业制作，单调重复、整齐划一，控制和操纵人的思想和情感，压抑和抹杀人的个性，具有虚假性、欺骗性、肯定性、单向度的特征，实际上是反文化。因此，大众文化是现代社会统治人们的一种新工具，在大众文化的统治下，大众丧失了批判意识，丧失了自己的判断和批判能力，所以霍克海默和阿多诺称大众文化是"欺骗群众的启蒙精神"②，是支持

---

① 霍克海默、阿道尔诺：《启蒙辩证法——哲学断片》，渠敬东、曹卫东译，上海人民出版社，2006，第18~22页。

② 霍克海默、阿道尔诺：《启蒙辩证法——哲学断片》，渠敬东、曹卫东译，上海人民出版社，2006，第107页。

统治、维护现状与麻醉群众的工具。

（5）消费社会。在西方消费社会还没有完全成型的时候，西方马克思主义者就对消费社会展开了批判。根据对人性的分析，法兰克福学派认为，追求物质享受不是人的本质特征，但在现代西方社会里，人们恰恰把物质享受作为自己最本质的需求。他们认为，这种不属于人本质需要范围的虚假的需求是这个社会强加给人的。高兹提出了"需要的异化"这个概念，认为人们的消费已经不再完全反映自己的意愿，而是被社会的流行趋势所驱使，是一种虚假的需要，是异化了的需要，这种"不需要"的需要的根源，正是资本主义本身。马尔库塞指出，对于晚期资本主义来说，制造虚假的需求变成了它最必要的装置之一，实施强迫性的消费是现代西方社会统治人的最新的方式，把人变成贪婪的消费机器是现代西方社会得以发展的真正秘密所在。

3. 人道主义

现代社会出现的普遍异化，使得"人不是人"成为突出问题。弗洛姆指出，在 19 世纪，无人性意味着残忍，在 20 世纪则意味着精神分裂般地自我异化；19 世纪的问题是上帝死了，20 世纪的问题是人死了；过去的危险是人成为奴隶，将来的危险是人可能成为机器人。[①] 1932 年，马克思的《1844 年经济学哲学手稿》首次发表，马尔库塞发表了长篇论文指出，《1844 年经济学哲学手稿》中的人道主义精神同整个马克思主义是一致的。因此，人道主义的西方马克思主义者心目中的马克思形象是"青年马克思"。

人道主义的西方马克思主义一般都认可人性的存在，把对人的研究归结为对人的本性的研究，并大多从自由自觉的活动这个维度来理解人的本质。在他们看来，一方面要研究现存的社会是否符合人的标准，另一方面要研究按照人的标准应当建立什么样的社会。具体来说，在发展生产力的同时，要抬高人的自由，突出人的尊严和友爱，强调对人的普遍关怀，使人不仅作为阶级的人获得其解放的地位，尤其要"使人真正地作为个人获得解放或主体性的地位"。人道主义的西方马克思主义充

---

① 弗洛姆：《健全的社会》，欧阳谦译，中国文联出版公司，1988，第 130 页。

分高扬了人的自由和主体性，但是由于他们基本上撇开了人们在物质生产过程中建立起来的社会关系来研究人的本性，所以没有能够超出抽象的人本主义范围。

4. 反人道主义

20世纪50年代末，西方马克思主义内部发展出了科学主义的向度，力图与人道主义的西方马克思主义强调主体性原则的倾向抗衡，试图通过使马克思主义成为实证意义上的科学体系，恢复马克思主义的唯物主义本性。结构主义的马克思主义代表人物阿尔都塞反对萨特的人道主义对人的抽象理解，通过论证意识形态与科学的对立来说明马克思主义是一种"理论上的反人道主义"。新实证主义的马克思主义者德拉-沃尔佩否认马克思与黑格尔的思想联系，强调卢梭和康德对马克思的影响，认为马克思主义是一门经验科学，"马克思的辩证法是现代实验科学的唯物主义逻辑"[①]。相应地，科学主义的西方马克思主义者心目中的马克思形象是"成年马克思"，他们最推崇的马克思著作是《资本论》，认为只有《资本论》才真正展现了马克思理论的科学性。

（三）西方马克思主义的转型阶段

20世纪60年代末至今是西方马克思主义的转型阶段。在这个阶段，以福特制为基础的工业化资本主义转向了以弹性生产方式为基础的后工业化资本主义或晚期资本主义，并进一步发展为全球资本主义。相应地，西方马克思主义的理论越来越走向多样化，西方马克思主义不再作为一个统一的、有着清晰边界的思潮而存在，不过其研究仍然聚焦于以下问题。

1. 全球化

20世纪80年代以来，以信息技术革命为中心的高新技术迅猛发展，冲破了国界，跨国公司方兴未艾，越来越成为世界经济的主导力量，带动了贸易、资本、科技等各个领域的进一步国际化，生产要素在全球范

---

① 张一兵、胡大平：《西方马克思主义哲学的历史逻辑》，南京大学出版社，2003，第296页。

围流动，世界各国的经济越来越相互交织、相互影响，融合为一个整体。简而言之，以经济全球化为主体的全球化进程深刻地改变了世界的面貌。在此背景下，一些当代西方新马克思主义学派从不同的角度对全球化的实质和特征等问题进行了探讨，其中世界体系的马克思主义和晚期马克思主义学派的观点具有典型性意义。

世界体系的马克思主义通过对资本主义世界体系的历史与现状的总体性研究，描述了资本主义世界体系的结构和特征，设想了一幅超越全球资本主义体系、化解南北矛盾、构建"和谐世界"的理想发展图景。沃勒斯坦认为，不能在个别国家内部的生产方式、分配和分工关系这样狭窄的范围内理解资本主义，而应该从世界分工的角度解释资本主义。从这个角度来看，资本主义世界体系是一个中心—半边缘—边缘的结构。而全球化时代的国际分工，造成了全球范围内的"剥夺性积累"。一边是剩余价值由边缘区向中心区流动，形成了中心区资本和财富的不断积累；另一边是边缘区资源的流失、生态的破坏、文明的低度发展，乃至中心区的发达以边缘区的不发达为前提。德里克认为，今天的全球化是由欧洲资本主义经济的扩张而形成的，这种扩张使其势力所及的所有社会成为同质的（资本主义性质的）社会。因此全球化就是"全球资本主义化"。虽然后来的殖民地争取独立的斗争使这一趋势有所缓解，但20世纪70年代以来，资本主义普遍化的趋势又重新得到加强。其基础不仅是商品交换和金融交易的全球化，更重要的是通过一种"新的国际劳动分工"而实现的生产的跨国化。

晚期马克思主义的代表人物哈维综合政治经济学、哲学、地理学等学科展开了对全球化的反思和对全球资本主义现状的分析，阐述了全球化时代的资本主义"空间生产"模式和资本积累方式，在历史唯物主义的基础上提出了具有原创性的"历史—地理唯物主义"理论，在"空间"向度上拓展了马克思主义理论的研究视野。在哈维看来，全球化是资本主义生产方式的全球扩展，是资本主义在地理上的延伸，同时也是一个典型的"时空压缩"的过程：一方面是我们花费在跨越空间上的时间急剧缩短；另一方面是空间收缩成了一个"地球村"，使我们在经济上和生态上相互依赖。

2. 生态危机

随着现代生产和消费的规模不断扩大，世界范围内资源的枯竭和环境的破坏也越来越严重，生态危机开始出现。一些左翼学者开始从生产方式、从制度上来考虑生态问题，思考生态危机的根源和克服生态危机的对策，这就是生态学马克思主义的由来。生态学马克思主义针对人类面临的日益严峻的生态问题，力图将马克思主义基本原理与生态学相结合，重新理解自然以及自然、文化、社会劳动三者之间的关系，从资本主义生产方式与生态危机的联系上对资本主义进行系统批判，看到了资本主义制度对人和自然的双重危害，揭示了生态危机的根本原因在于资本主义生产的无政府状态和过度的消费，并以此重构历史唯物主义，在此基础上提出了他们的制度理想——生态社会主义，以求发现一条既能够克服生态危机又能够解决人类自身发展问题的"双赢"途径。

3. 女性与女权问题

19 世纪中叶，在欧洲出现了以争取妇女解放为目标的女权运动和女权主义思潮，围绕妇女在社会中的受压迫、不自由、不平等的地位和根源展开理论讨论，并致力于争取妇女的权利和解放。二战以后，在西方国家出现了声势浩大的"新社会运动"，其中新女权运动占有重要地位。随着新女权运动的深入，为了寻找妇女受压迫的根源，女权主义者开始研究马克思主义，希望能从中找出答案，其结果是融合了马克思主义与女权主义的"女权主义的马克思主义"的出现，对女权运动乃至整个社会变革都产生了深远的影响。基于马克思主义关于妇女解放的理论和此前的女权主义理论，女权主义的马克思主义提出，父权是阶级关系的一种功能，是男女在性别上的冲突的特殊产物。具体到社会现实，它是一整套能使男性控制妇女的权力关系，而资本主义的产生和发展依赖于父权性的劳动划分，而资本主义又强化了父权的发展，妇女受压迫、受剥削的根本原因是资本主义和父权制的结合。二者的有机结合，"合理合法"地为妇女安排了在性别上不平等的地位。

二　西方马克思主义的总体演化逻辑

总体来看，近百年来西方马克思主义走过了这样一个演化历程。

早期西方马克思主义者从对第二国际在理论上的实证主义倾向的批判开始，强化了主体性逻辑，形成了以人本主义为主要倾向的理论基调，突出了文化批判的特色，尤其关注的是无产阶级的主体意识与革命问题。

在 20 世纪 30 年代以后，以法兰克福学派为主导的西方马克思主义，关注的是对法西斯主义与发达工业社会的批判，并且追根溯源，通过启蒙精神批判和工具理性批判将这种批判深入了现代西方文化的根基之处。二战以后，作为对发达资本主义社会变化的应对，此时的西方马克思主义者提出了不同于早期西方马克思主义的革命策略。尽管科学技术的发展和福利国家的出现使发达资本主义社会结构发生了深刻的变化，但以法兰克福学派为代表的西方马克思主义者认为，社会结构的变化并没有从根本上改变资本主义的非人道性质，因此必须继续批判和变革资本主义社会，通过文化和意识的革命全面拒绝资产阶级的文化统治，进行"非暴力的反抗"，即"大拒绝"，并进一步达到对整个资本主义社会的改造。

在 20 世纪 50 年代中期，随着对斯大林模式的批判，人道主义的旗帜再次被西方马克思主义者高举，在以萨特等为代表的存在主义的马克思主义中，人道主义的呼声达到高潮。在此背景下，作为对人道主义极端化倾向的抵制和反驳，在西方马克思主义内部又发展出拒绝人道主义的科学主义倾向。至 20 世纪 60 年代末，西方马克思主义的批判逻辑已经登峰造极，开始了全面转型的历程，即从传统西方马克思主义向当代新马克思主义思潮转变。相应地，传统西方马克思主义的理论旨趣被晚期马克思主义、后现代马克思主义、生态学马克思主义、女性主义马克思主义、后马克思主义等当代新马克思主义思潮所继承，"空间""生态""性别"等一批新的研究领域集中涌现。

三 西方马克思主义"问题意识"的启示意义

虽然西方马克思主义的研究主要针对的是几十年之前的西方社会，但由于当代中国仍处于现代化进程之中，因此西方马克思主义的"问题意识"和研究成果对于今天的中国仍然具有重要的借鉴意义。

　　第一，西方马克思主义敏锐的"问题意识"和现实关切值得借鉴。他们所研究的都是关乎如何坚持和发展马克思主义的重大理论问题，如马克思主义的实质、马克思主义的理论形态和理论体系、马克思主义的功能，以及世界历史进程、现代性、资本逻辑、异化、意识形态等问题，这些问题恰恰也是当代中国马克思主义研究面临的重大理论问题。他们的研究成果对于推进当代中国马克思主义理论建设、完善中国特色社会主义理论体系无疑具有重要的参考价值。

　　第二，在方法论层面，从西方马克思主义对这些问题的分析来看，西方马克思主义理论家强调马克思主义的开放性、批判性，力图冲破教条主义的束缚，打破传统马克思主义研究中相对固定的框架，对不同学术资源进行整合，延续了马克思主义的批判精神。从思维方式来看，西方马克思主义自觉以整体性的思维方式来对待马克思主义，力图从整体上理解和运用马克思主义，把握马克思主义活的灵魂，并且也自觉地从马克思主义的整体性视角来看待和研究社会现实。用他们的话来说，就是总体性思维。这种总体性思维能够对我们认识世界、分析现状、制定策略提供帮助，也能使我们更好地从整体上把握马克思主义。

　　第三，从西方马克思主义对这些问题的回答来看，当代西方新马克思主义者注重对资本主义现代化实践后果的反思，针对全球化问题、消费社会问题、生态问题、人的问题、意识形态问题、技术的社会效应问题等，提出和发展了社会批判和文化批判理论。他们的这些理论探讨对于我们反思现代化进程中的种种负面现象，解决我国现代化建设过程中出现的现代性问题，对于我们坚持中国特色社会主义、完善中国特色社会主义理论体系，具有启发和借鉴作用。首先，我国的现代化是我们民族生死攸关的重大问题，也是一个艰苦卓绝的过程。历史的发展和世界的格局不允许我们让现代化进程缓慢地、自发地推进，也就是说，我国的现代化进程只能是一个时空压缩的过程，在现代化过程中必然会产生一些问题，并且这些问题还可能集中出现，对这些问题我们必须正视。其次，商品经济、工业文明乃至后工业文明有它们自身的弊端，技术理性有它固有的局限性。西方从传统向现代转化的工业化和现代化进程并不是完美的楷模，虽然它打破了传统的封闭结构，但同时也带来了消费主义世界、生态危机、日常生活异化、单向度的人等消极后果。所谓的西方后工业文明并非不同于工业文明的全新版本，没有超出广义的工业文明范围，其本身仍然内含着各种矛盾、冲突和危机。如果听任技术理性和现代资本逻辑自发地作用而不加以自觉引导，那么我们将有可能重走一些西方国家已经走过的历史弯路。

资本主义福利国家的当代困境与内在悖论*

张　严

二战以后，西方普遍推行了涵盖社会保障和公共服务等多个社会领域的福利制度体系，在此基础上建立的西方资本主义福利国家曾为维护西方社会稳定和巩固西方资本主义制度发挥了重要作用。但是，近几十年来，特别是进入 21 世纪以来，西方社会领域危机重重，其突出表现就是资本主义福利国家陷入了前所未有的困境，福利体系对西方社会的正面作用正在渐渐消解。与西方资本主义福利国家的衰退相伴随的是资本逻辑主导下的一系列西方社会病症。

一　当代资本主义福利国家面临的挑战

20 世纪 70 年代初，"石油危机"引发了西方发达资本主义国家的普遍"滞胀"，经济发展停滞、物价上升，在"易上难下"的惯性之下，社会福利方面的支出远超国民经济的承受能力，直接导致被称为"财政黑洞"的巨额国家财政亏空，公平与效率的矛盾高度突出，"福利国家危机"开始出现。70 年代末至 90 年代，西方发达资本主义国家普遍推行改革，以求摆脱福利困境。例如，英国保守党上台后开始推行福利制度改革，力图祛除"福利病"，激发经济活力。但这些改革并未能从根

---

* 国家社科基金一般项目"德国古典哲学与法兰克福学派现代性批判的思想谱系研究"（15BZX023）、中央党校一般项目"新媒体环境下马克思主义大众化问题研究"（020200B2015k56）的阶段性成果。本文原载于《国外理论动态》2019 年第 1 期，收入本书时有改动。

本上消除公平与效率的尖锐冲突。最近30年来，随着世界形势的不断变化，西方资本主义福利国家又面临着新一轮的挑战。

（一）全球化对资本主义福利国家的挑战

进入全球化时代，随着资本、技术和人员等各项生产要素在世界范围内更自由地流动和配置，西方福利制度模式面临着严峻的挑战。萨米尔·阿明等指出，全球化让进步政策广受掣肘，让西方国家的福利政策走向同质化[1]。全球化削弱了福利国家的政治、经济、社会和观念基础，冲击了其内部的社会保护机制，减弱了福利国家内部对社会不平等的遏制，破坏了福利国家内部在国家、资本和劳工三方之间建立起来的阶级妥协与阶级合作机制，弱化了福利国家的文化和价值认同，引发了"反全球化"运动，加深了社会的分化和分裂，在一定程度上造成了这些国家的传统福利模式的危机。

1. 资本主义国家权力和国家能力弱化

在全球化时代，跨国资本对经济和社会生活的支配能力越来越强。随着跨国资本权力的扩大及其主导性的增强，民族国家对宏观经济的控制力相对减小，政策制定受外部的影响增大，处理事务的能力下降，独立性和自主性降低，换言之，民族国家的权力受到了严重的削弱。英国学者苏珊·斯特兰奇（Susan Strange）指出，现在世界市场的非人格化力量比国家更强大。在很多关键领域，比如管理本国经济、平衡国际收支、保证就业、控制汇率等，以前是国家主宰市场，现在是市场主宰国家。随着全球市场的一体化，所有国家的政府权力都走向了弱化[2]。约翰·格雷（John Gray）认为，主权国家影响力的降低，表明原来由国家机构集中起来的权力正在被削弱[3]。

---

① Samir Amin and David Luckin, "The Challenge of Globalization", *Review of International Political Economy*, Vol. 3, No. 2, 1996.

② Susan Strange, *The Retreat of the State*, Cambridge：Cambridge University Press, 1996, p. 4.

③ 约翰·格雷：《伪黎明：全球资本主义的幻象》，张敦敏译，中国社会科学出版社，2002，第89页。

民族国家权力的弱化给西方福利制度带来的负面影响是显而易见的。英国学者保罗·赫斯特（Paul Hirst）和格雷厄姆·汤普森（Grahame Thompson）指出，相对于其他所有领域，社会福利领域更容易受到国际资本流动与贸易增长的影响①。福利国家的高福利、高工资、高税收政策大大削弱了自身产品的国际竞争力和对资本的吸引力。为了最大限度地降低成本，获取最大利润，资本在寻求投资对象的时候，会不顾它对母国或所在国的义务而自由流动。因此，资本的全球化流动会造成福利国家的资本外流、产业外迁，导致实体经济的空心化，使得这些国家的税源减少。由于产业的外迁，本来能够吸收大量劳动力的实体经济雇用的本国工人越来越少，从而推高了这些国家的失业率。为了防止资本外流、产业外迁，国家往往选择减税和对投资提供配套补贴，但这样做无疑增大了财政的压力。另外，作为一种应对，西方国家试图通过引入外来劳动力来降低劳动力成本，但大量外来劳动力在短时间内的涌入又给福利国家的再分配带来了难题，使得国家在福利领域的开支急剧增加，造成巨大的额外负担。

在全球化前期，西方发达资本主义国家由于先发优势，曾经极大地受益于全球化进程。但全球化也是一把双刃剑，当全球化向纵深发展时，作为推动全球化的主要力量的资本自由流动反过来又阻碍了西方发达资本主义国家继续享有曾经享受过的高额全球化红利，特别是对资本主义福利国家造成了难以修复的伤害。作为一种应对，一些西方发达资本主义国家推行了"逆全球化"的政策，实施贸易保护主义，构建贸易壁垒，减小国际合作的范围，降低开放程度，限制移民过度涌入，试图将全球化的"负作用"降到最小，但这些措施对福利国家的正面作用尚未体现出来。

2. 发达资本主义国家的劳工处境恶化，劳资关系进一步失衡

国家、资本和劳工之间经过长期博弈建立起来的权力平衡以及相互制约，是资本主义福利国家存在和发展的政治基础。全球化时代之前，民族国家和工会对资本构成了一定的制约，但在全球化时代到来之后，

---

① 保罗·赫斯特、格雷厄姆·汤普森：《质疑全球化：国际经济与治理的可能性》，张文成、许宝友、贺和风译，社会科学文献出版社，2002，第202页。

这种平衡被打破，资本突破了本国自然疆界的限制，也摆脱了本国工会的约束，在世界范围内自由流动，但是劳动力不能像资本那样自由流动。随着全球化的推进，后福特主义逐渐取代福特主义，弹性工作占据了越来越大的比重，各国劳动者的就业在空间和时间上越来越分散，劳工的组织性下降，他们越来越难以被组织和团结起来与强大的资本相抗衡。在全球化时代，民族国家的权力减小，工会的组织力量弱化，这些使得作为"调停人"的国家和以工会为代表的劳工组织逐渐丧失对资本的约束以及与资本谈判的能力。例如在德国，劳资谈判原来在国家层面进行，在国家的居中安排下，劳资双方派出代表进行集体谈判，签订集体合同，决定工资水平等相关事项，后来这种谈判逐渐下移到行业、部门、公司层面，乃至只在个别的劳资双方的博弈中发生①。不仅如此，福利国家的广大劳工还持续面临失业的威胁。乌尔利希·贝克（Ulrich Beck）提出了新经济时代的"高失业率下的增长"这一说法，即经济增长以劳动岗位的减少为前提。② 正如德国社会民主党的理论家托马斯·迈尔（Thomas Meyer）在《社会民主主义的转型：走向 21 世纪的社会民主党》一书中所说的，通过凯恩斯主义模式下的福利国家维持资本与劳动的平衡是社会民主主义的传统范式，但是，在全球化条件下，"那样的日子已经一去不复返了"③。

索罗斯认为，伴随经济全球化发展的将是"全球资本主义体系"的扩张④。而全球化浪潮既是自由资本主义扩张的原因，也是其扩张的结果，在二者的相互推动中，西方福利国家模式加速走向没落。

（二）新自由主义思潮对资本主义福利国家的观念基础的破坏

二战以后，主要发达资本主义国家在阶级妥协和阶级合作的总体氛

---

① 郑秉文：《全球化对欧洲合作主义福利国家的挑战》，《世界经济》2002 年第 6 期。

② Ulrich Beck, "Kapitalismus ohne Arbeit", *Der Spiegel*, No. 20, 1996.

③ 托马斯·迈尔：《社会民主主义的转型：走向 21 世纪的社会民主党》，殷叙彝译，北京大学出版社，2001，第 19~20 页。

④ 王列、杨雪冬编译《全球化与世界》，中央编译出版社，1998，第 261 页。

围下，通过福利国家实施了再分配，在社会内部形成了社会团结的价值认同，这种价值认同逐步为整个社会所接受，成为社会共识和主流意识形态。在全球化时代，这些共同的价值认同趋向于瓦解，"社会团结"的主流意识形态走向分化①。索罗斯指出，作为开放性的社会，国际社会通行的是市场交换原则，不存在国家内部用以保证社会正义的那些制度，而市场会把一切视为商品②。20世纪70年代中期以来，随着全球化的加速发展以及"福利国家危机"的出现，作为19世纪古典自由主义的当代形态，新自由主义思潮开始兴起。新自由主义思潮对市场化、私有化和经济自由化的推崇，破坏和瓦解了战后福利国家多年来形成的"福利共识"。

1944年哈耶克的《通往奴役之路》以及1957年路德维希·艾哈德（Ludwig Erhard）的《来自竞争的繁荣》的出版，标志着新自由主义的诞生。哈耶克最早对福利国家进行了尖锐批判，在他看来，福利国家干预行为必然导致国家权力无限制地扩张，因此福利国家的道路是一条"通往奴役之路"。罗伯特·诺齐克（Robert Nozick）抨击福利国家的再分配政策侵犯了公民的平等权利，主张建立不超出保护职能的"最弱意义上的国家"③。米尔顿·弗里德曼（Milton Friedman）反对一切国家干预，要求回到自由放任的市场经济模式④。吉登斯在《左派瘫痪之后》一文中指出，福利国家是区分社会民主党人和新自由主义者的最鲜明的标志。对社会民主党人而言，一套完善的福利体制是一个公正、体面、人道的社会的基础；对新自由主义者而言，福利制度是企业的敌人，是公民秩序败坏的原因⑤。

---

① 周弘：《社会保障制度能否全球化》，《世界经济》2002年第8期。

② 王列、杨雪冬编译《全球化与世界》，中央编译出版社，1998，第261页。

③ 罗伯特·诺齐克：《无政府、国家与乌托邦》，何怀宏等译，中国社会科学出版社，1989，第35~36页。

④ 米尔顿·弗里德曼：《资本主义与自由》，张瑞玉译，商务印书馆，1999，第6页。

⑤ 杨雪冬、薛晓源主编《"第三条道路"与新的理论》，社会科学文献出版社，2000，第67页。

经由"撒切尔主义""里根主义",20世纪80年代后期,新自由主义推出了其典型意识形态——"华盛顿共识"。"华盛顿共识"的核心理念是强调市场的唯一性、推崇私有化,认为国家对经济的过多干预是"一切罪恶的源泉",因而坚决反对福利国家①。新自由主义者宣称,福利国家的代价"过分昂贵",已经成为"未来的威胁"②。如果没有福利国家,怎么保证公民的福利?新自由主义者给出的答案是,市场引导的经济增长负责提供福利。在新自由主义者的眼中,福利有着另外的定义,它不是国家的救济,而是尽可能的经济增长,由此带来尽可能多的财富。那么,怎么实现经济增长?"让市场自己去创造奇迹。"③ 这里的潜台词就是,"蛋糕"就是福利本身,怎么"分蛋糕"不重要,重要的是把蛋糕做大,而且只有通过完全自由竞争的市场这个唯一的选择才能把蛋糕做大。

新自由主义思潮的盛行和"华盛顿共识"的推出直接导致了战后欧洲"福利国家"观念的解体。在新自由主义的猛烈攻击下,"华盛顿共识"压倒了"福利共识",欧洲各社会民主党的社会政策开始"右转",建立在"福利共识"基础上的欧洲"共识政治"由此走向了终结,从瑞典这样的北欧国家,到奥地利这样的中欧国家,到西班牙这样的南欧国家,其核心政策都指向了政府开支和社会福利的削减④。里斯本小组指出,正是认定了福利开支的削减幅度与竞争能力、就业水平呈正相关的关系,所以才会有各种对福利的削减⑤。

与新自由主义的盛行相呼应,"极端个人主义"思潮也在西方社会兴起,这种思潮质疑福利国家的合法性,抗拒共同抵御风险的政治理念,

① 安东尼·吉登斯:《第三条道路:社会民主主义的复兴》,郑戈译,北京大学出版社,2000,第37~38页。
② 汉斯-彼得·马丁、哈拉尔特·舒曼:《全球化陷阱:对民主和福利的进攻》,张世鹏等译,中央编译出版社,2001,第8页。
③ 安东尼·吉登斯:《第三条道路:社会民主主义的复兴》,郑戈译,北京大学出版社,2000,第38~39页。
④ 汉斯-彼得·马丁、哈拉尔特·舒曼:《全球化陷阱:对民主和福利的进攻》,张世鹏等译,中央编译出版社,2001,第9页。
⑤ 里斯本小组:《竞争的极限:经济全球化与人类的未来》,张世鹏译,中央编译出版社,2000,第65页。

消解在西方社会整合过程中起过巨大作用的社会团结和社会价值认同，从而威胁了福利国家的观念基础，在个体层面引发了福利国家的观念危机。结合德国的实际，德国前总理施密特认为，在经济全球化进程中，西欧已经成为一个充满"恐惧"、道德走向"瓦解"的大陆。施密特不无忧虑地指出："在我们这个社会的边缘和某些角落，肆无忌惮的利己主义、私欲和贪婪正以前所未有之势蔓延。"[①] 西方许多学者提出警告，西方国家的价值观危机、毫无顾忌的利己主义最终将毁掉福利国家。

（三）人口老龄化对资本主义福利国家的威胁

近几十年来，西方国家人口老龄化趋势明显。美国疾病控制与预防中心（CDC）的数据显示，2017 年美国的生育率降至 40 年来最低水平。截至 2016 年，美国 65 岁以上的老龄人口占总人口的 17.4%，是典型的老龄化社会。美国人口老龄化的一个显著标志是，2009~2013 年美国婴儿纸尿裤的销售额下降了 8%，而与之形成对照的是，成年人失禁产品的销售额增长了 20%。然而，美国的老龄化程度在西方国家还算比较轻的。2015 年，日本 65 岁以上人口占 26.7%，意大利为 22.4%，德国为 21.2%。以美国为例，老龄化对福利制度的威胁主要表现在以下三个方面。

一是养老保险制度面临挑战。据预测，到 2030 年美国 65 岁以上人口将占到总人口的 30%。2017 年初，美联储主席耶伦指出，美国人口老龄化导致劳动参与率正在下降。老龄人口的增多意味着退休金和健康投入的增加，社会公共服务与财政支出面临着更大压力。二战结束时，平均 42 个劳动力养活 1 个 65 岁以上老人，现在变成 3 个劳动力为 1 个 65 岁以上老人支付养老金。

二是医疗费用支出越发庞大。糖尿病和心脏病占据了大约 80% 的美国医疗资源，而老龄人口在这两种疾病的患者中占绝大多数。随着老龄人口不断增多，有资格享受老年人医疗服务的人员相应增加，政府医疗支出也不断膨胀。

---

① 赫尔穆特·施密特：《全球化与道德重建》，柴方国译，社会科学文献出版社，2001，第 76、85 页。

三是老龄照料服务机构供不应求，针对老年人的基础设施严重欠缺。美国有 40% 的老人居住在养老机构，养老机构资源分配不均衡导致高质量服务机构供不应求的现象较为普遍，一些设施条件好的照料服务机构都需要预约登记。老年人基本要等候 2~3 年才能入住，有的甚至要等上 4~5 年①。如果要满足不断增长的老龄服务需求，就需要向社会基础设施、公共服务和养老机构投入大笔的资金，这将使得本来已经不堪重负的国家财政雪上加霜。

（四）世界格局变化对资本主义福利国家的影响

回顾历史，社会福利并不是西方"富起来"以后的天然副产品，而是在资本主义发展的特定历史时期，资本主义国家为了应对社会主义运动的高涨、维护社会稳定、巩固统治阶级的统治秩序而不得不做出的妥协，是广大民众不懈斗争的产物。欧美国家开始系统性建立社会保障是在 20 世纪 30 年代大萧条时期，其首要目的是维护政治稳定，防止革命的出现。当然，这些措施也在客观上对缓解资本主义经济危机起到了有利作用。二战以后，为了对抗蓬勃兴起的社会主义阵营，维持稳定的资本主义秩序，西方国家的现代社会保障在各个方面都进行了完善和发展。因此，在这段时间西方国家的福利制度在某种程度上是针对苏联等国家的社会主义（共产主义）制度的一种应对措施，以便在与社会主义制度的竞争中不会显得落后，或者说，共产主义制度的冲击是资本主义福利国家制度得以产生和维持的重要原因。正是在以苏联为首的社会主义阵营与以美国为首的资本主义阵营的对抗中，西方福利国家迅速发展。吉登斯认为，对西方国家来说，"国家创立公民权和福利项目的主要目的就是拉拢人民并获取他们的支持"②，从而"驱散社会主义的威胁"③。

① 付军辉、付国浩：《美国应对人口老龄化的经验与面临挑战》，《中国信息报》2011 年 11 月 28 日。
② 安东尼·吉登斯：《第三条道路：社会民主主义的复兴》，郑戈译，北京大学出版社，2000，第 75 页。
③ 安东尼·吉登斯：《第三条道路：社会民主主义的复兴》，郑戈译，北京大学出版社，2000，第 115 页。

美国经济学家莱斯特·瑟罗（Lester Thurow）指出，国家内部可能发生革命的威胁，以及存在共产主义制度对资本主义制度形成的外部压力，是西方福利制度产生的必要条件①。德国学者弗兰茨–克萨韦尔·考夫曼（Franz-Xaver Kaufmann）指出，东方与西方之间的制度竞争使得西方发达资本主义国家享受到经济发展成果的人们能够接纳福利国家，尽管福利国家会使得他们的获利机会减小②。但是，东欧剧变、苏联解体之后，"弱肉强食"式的资本主义既摆脱了外部的制度压力，又挣脱了内部传统福利国家的制度约束，资本的本性再次暴露，回归到符合其本性的发展轨道，出于对利润的无尽追求，资本持续向外扩张，不断挤压劳工的利益空间。

二 资本主义福利国家困境及相关社会危机

随着全球化的推进、"自由市场体系"在全球范围内的扩张以及世界格局的重大变化，资本主义福利国家遇到了前所未有的挫折。处于经济全球化时代的西方国家不再着重依赖本国的"劳动者"和"消费者"，削减了对本国社会福利的持续投入，西方的福利制度越来越沦为"兜底"的工具，陷入左右为难的困境之中。

其一，收支差距持续扩大。如前所述，在支出方面，尽管西方福利国家普遍进行了福利制度的改革，但基数巨大的福利开支仍然持续造成沉重的财政负担和难以填平的财政亏空。而在收入方面，高税收、高工资、高福利的政策让企业生产成本高企，在全球化的冲击下，企业竞争力下降，部分企业选择外迁，影响了作为政府主要收入来源的税收，部分导致近年来西方资本主义国家的经济增速普遍较慢，甚至有时陷入停滞和倒退，远远赶不上支出的增速，从而使得入不敷出的情况越来越严重，政府赤字不断扩大。

---

① 莱斯特·瑟罗：《资本主义的未来：当今各种经济力量如何塑造未来世界》，周晓钟译，中国社会科学出版社，1998，第4页。

② 弗兰茨–克萨韦尔·考夫曼：《社会福利国家面临的挑战》，王学东译，商务印书馆，2004，第4~5页。

其二，与福利相关的管理机构存在官僚化的倾向，机构繁多臃肿、交叉重叠，影响了运行效率。官僚化倾向带来了信息不对称，在有些领域，公众的切实需要得不到满足，而在另一些领域又存在着政府"过度服务"的情况，造成了公众不满和资源浪费并存的局面。

其三，"养懒汉"的情况仍然普遍存在。西方发达资本主义国家长期以来的"福利文化"客观上培养了重权利、轻义务的价值取向，一些个体选择不就业而完全依赖福利体系生活，不再努力进取、勤奋工作，形成了"依赖文化"。

就西方的三种主要福利模式，即以英美为代表的自由主义福利模式、以瑞典为代表的社会民主主义福利模式、以德国为代表的保守型福利模式而言，各自面临的主要问题也不尽相同。

以英美为代表的自由主义福利模式难以保证社会公平，两极分化情况严重。以新自由主义为药方的英国的福利改革过于注重效率，而相对忽略了公平，使得社会不平等程度加深，引发了较为严重的两极分化。例如，放松对最低工资的管制产生了为数众多的低工资工人，工人贫困问题加剧，高失业问题长期得不到解决甚至出现了恶化，在与资本的博弈中，劳工进一步滑向弱势地位。美国经济学家查尔斯·琼斯（Charles Jones）和皮特·克列诺（Peter Klenow）在一份研究报告中指出，尽管美国民众拥有相对较高的收入，但考虑到休闲时间、饮食、生活方式、预期寿命和经济不平等之类的因素后，美国民众的生活质量和福利水平低于法国这样的欧陆国家，而且 2007～2015 年，美国经济的福利改善进度明显放缓①。此外，美国的福利待遇不平衡的情况严重，各州以及各个群体的福利待遇差距巨大。以医保为例，由于美国没有建立全覆盖的医保体系，一些弱势群体，包括部分兼职者、女性雇员、移民等，享受不到医疗保障，只能自行购买商业保险，或者就没有任何医疗保险。更有甚者，这种情况还可能恶化。根据美国国会预算办公室（CBO）的一份报告，2017 年底通过的税改法案废除了奥巴马医改法案中强制参保条款有关罚款的规定，这将导致到 2027 年医保覆盖范围内的美国人会减少 1300 万。

---

① https：//web. stanford. edu/~chadj/JonesKlenowAER 2016. pdf.

以瑞典为代表的社会民主主义福利模式则面临人口格局变化下的福利分配难题。首先，移民改变了人口结构，给福利分配增添了变数。近年来，瑞典的高福利和宽松移民政策吸引了大量移民，其中以北非和西亚难民居多。欧债危机致使瑞典国内财经政策收紧，导致移民群体福利下降，一些移民长期失业，难以融入当地社会，成为一些社会安全问题的诱因。2013 年 5 月、2017 年 2 月和 2018 年 8 月瑞典的暴乱均发生在移民聚集区。其次，以瑞典为代表的北欧国家存在着较为严重的职业性别隔离情况，在劳动力市场中"女性"职业与"男性"职业区分明显，而且女性多数在公共部门就职，男性多数在私营企业就职，这一方面使得性别与职业之间高度失衡，另一方面加深了公共部门与私营部门之间的矛盾。最后，公共部门的扩张加重了财政负担，沉重的税负驱使精英脱离福利国家。

以德国为代表的保守型福利模式出现人口老龄化带来的劳动力短缺与失业危机之间的矛盾。在以德国为代表的欧陆国家，在弹性工作制兴起之后，拥有稳定工作的"内部人员"与无职业或无稳定职业的"外部人员"之间的分化愈演愈烈，正式的劳动力市场对于外部人员设置的门槛过高，同时兼职就业市场又没有相应发展起来，其结果是，一方面由于人口老龄化，有些领域和行业存在着劳动力短缺的情况，另一方面又有相当比例的人长期失业或不就业，完全依靠福利救济度日，失业问题长期得不到解决。①

伴随着福利国家陷入困境，诸多与之相关的社会危机在主要发达资本主义国家愈演愈烈。

（一）贫富差距扩大

法国经济学家托马斯·皮凯蒂（Thomas Piketty）的《21 世纪资本论》基于对大量历史数据的深入分析，揭示出从 20 世纪 70 年代以来，由于资本收益率持续大幅高于经济增长率，美国与其他发达资本主义国

---

① 孙涛：《福利国家发展的历史轨迹：历史与辩证的考量》，《国外理论动态》2014 年第 1 期。

家的收入不平等状况日益严重。诺贝尔经济学奖获得者保罗·克鲁格曼（Paul Krugman）在为《21 世纪资本论》写的书评中指出："皮凯蒂阐明，富人的大部分收入并非来源于他们的工作，而是来源于他们已拥有的财产。我们正在倒退回'承袭制资本主义'的年代。"[①] 在西方发达资本主义国家，低收入的劳动岗位大量增加，中等收入的劳动岗位明显减少，就业结构的这种变化意味着西方发达资本主义国家重新走上了两极分化的道路。数据显示，2012 年 1% 收入最高的美国家庭获得了全国收入的 22.5%，是自 1928 年之后的最高值。现在 10% 最富有的美国人占有超过 70% 的全国财富，比 1913 年"镀金时代"结束时的比例还高，且最富有的 1% 的人占有其中一半的财富。美国《华盛顿邮报》在一篇报道中指出，在 20 世纪 50 年代，美国一个大公司老板的收入最多是一个工人的 50 倍，而现在达到了 350 倍。

美国著名经济学家约瑟夫·斯蒂格利茨（Joseph Stiglitz）2012 年出版的《不平等的代价》一书将美国贫富悬殊、中产阶级萎缩和收入下降归咎于体制因素，认为这是市场投机和政治运作共同作用的结果。他指出，富人越来越富、贫富差距急剧拉大表明，当前的美国政治体制已经被强势经济集团绑架，使得美国的市场以及税收制度更加有利于富豪的利益，这就是所谓"1% 人的痼疾"，即 1% 的群体掌握着 99% 的人的命运，1% 的人占据着 99% 的财富。譬如，1% 掌握权力的人运用手中掌握的权力，制定适合自己这个阶层的法律、制度等，运用手中的权力将钱从金字塔的底层移到上层。平等竞争的国家形象逐渐黯淡，民主制度对民众的关切日益淡漠，国家凝聚力正在下降。[②] 皮凯蒂也指出，劳资之间的分立造成了诸多冲突，首要原因是资本所有权的高度集中。财富的不平等以及由此产生的资本收入的不平等，事实上比劳动收入的不平等要严重得多。按照美国前财长、经济学家劳伦斯·萨默斯（Larry Summers）的说法，收入增速比顶层 1% 的人群更快的人群只有两个，就

---

① 托马斯·皮凯蒂：《21 世纪资本论》，巴曙松等译，中信出版社，2014，封底。

② 约瑟夫·斯蒂格利茨：《不平等的代价》，张子源译，机械工业出版社，2013，序言第 6~7 页。

是顶层 0.1%和顶层 0.01%的人群[1]，而自身日薄西山的福利制度对持续扩大的收入差距已经无能为力。正如英国费边社所指出的，福利国家制度是在已经不平等的社会之上建立的。基于权力和机会的差别，原有的不平等已经决定了资源的分配，这是初次分配的不平等，是"国家统一组织社会福利"这种制度安排失败的原因[2]。

（二）中产阶级衰落

与西方社会贫富差距扩大同步出现的是西方社会中产阶级的衰落。美国知名独立民调机构皮尤研究中心的调查显示，美国中等收入家庭所占的比例已不到一半，美国的中产阶级正在萎缩之中。根据皮尤研究中心引用美国人口普查局和美联储的数据所做的研究报告，美国中等收入家庭占所有家庭的比例已经从 1971 年的 61%减少到 2016 年的 49.4%。与此同时，低收入家庭的比例从 25%增加到 29%，高收入家庭的比例从 14%增加到 21%。皮尤研究中心 2016 年 5 月发布的一项研究报告显示，从 2000 年至 2014 年，美国 229 个大都市区中有 203 个出现中产阶级占总成年人口比例下降的情况，其中纽约、洛杉矶、波士顿、休斯敦等大都市区的中产阶级占总成年人口比例已降至不到一半，说明中产阶级萎缩已成为美国大都市的普遍现象。研究显示，截至 2015 年初，美国低收入和高收入阶层的人口总共有 1.213 亿，超过了中产阶级 1.208 亿的人口规模，这种情况为 40 多年来首次出现。2015 年中产阶级占美国总成年人口的比例只有 50%，远低于 1971 年的约 61%。这就是说，美国的社会结构正在从中间大、两头小的"橄榄球状"逐渐向两头大、中间小的"哑铃状"变化。另据美国人口普查局 2014 年 8 月公布的统计数字，金融危机后的 2011 年，剔除通货膨胀因素之后，美国中等收入家庭的实际生活水平低于 1989 年，如果与 2000 年相比，这些家庭的年收入减少了 4000 美元。2014 年，《时代》杂志引用拉塞尔·塞奇基金会（Russell

---

[1] 韩震：《西方社会乱局的制度性根源》，《人民日报》2016 年 10 月 23 日。

[2] Howard Glennerster（ed.），*The Future of the Welfare State：Remaking Social Policy*，England：Gower，1985，p.10.

Sage Foundation）的数据，指出美国家庭平均年收入（56335 美元）比10 年前（87992 美元）还要低得多。美国联邦储备委员会 2015 年 5 月 27日发布的《2014 年美国家庭生活水平报告》显示，47% 的美国家庭在不变卖东西和借钱的情况下拿不出 400 美元应急款。此外，其他西方国家也出现了中产阶级萎缩的情况。德国柏林世界经济研究所发布的研究报告显示，在德国，从 2000 年到 2009 年，月净收入处于 860 欧元～1844欧元区间的中产阶级人口占全国人口的比重从 66.5% 降至 61.5%[①]。在麦肯锡调查的全球 25 个发达经济体中，2005～2014 年，70% 家庭的收入都遭遇了下滑。而在 1993～2005 年，这个数字只有 2%。中产阶级一向被视为经济社会发展的中坚力量和"社会稳定器"，中产阶级的持续衰落给西方社会敲响了警钟。

（三）社会流动性减弱

随着收入不平等的加剧，西方社会的流动性明显减弱，社会固化程度逐步加深。英国社会流动和贫困儿童委员会 2014 年发布的调查报告指出，根据对出生于 1991～1992 年的近 50 万名英国学生的调查分析，很多优秀的英国学生因家庭被一流大学挡在门外。调查显示，在 3 万多名来自贫困家庭的孩子中，进入一流大学就读的只占 2.8%，而来自非贫困家庭的孩子进入一流大学就读的比例接近 10%。报告撰写人之一安娜·维尼奥尔斯（Anna Vignoles）教授指出，英国的教育机会近年来越来越不公平。与其他孩子相比，来自贫困家庭的孩子入学时就存在差距，在中等教育结束后，来自贫困家庭的孩子与其他孩子的差距就变得更大，差距拉大的原因既有教育资源分配不均，又有原生家庭的背景差异[②]。英国有一部系列纪录片，导演选择了 14 个不同阶层的孩子，在从 1964 年到 2012 年长达 49 年的时间内，每隔 7 年进行一次跟踪拍摄，这 14 个孩子的经历表明，富人的孩子依然是富人，穷人的孩子依然是穷人，在英

---

① 李长久：《当前中产阶级在世界各国的发展状况及作用》，《红旗文稿》2016年第 3 期。

② 白阳：《教育不公导致英国社会阶层固化》，《人民日报》2014 年 7 月 10 日。

国社会，阶级仍然难以逾越。

长期以来，相对于欧洲，美国的社会流动性要大一些，这使得美国经济发展相对于欧洲更具有活力。不过，近期的研究显示，当今美国的情况出现了反转，和欧洲相比，在当今的美国个人甚至更难以改变他出生时所处的阶级地位。斯蒂格利茨的《不平等的代价》一书中的数据显示，机会不平等在最近几十年里显著加剧了，美国的社会流动性已明显下降，在最底层的 20% 的人群中，将有 42% 的人的孩子会继续留在最底层，而最底层的 20% 进入最上层的 20% 的概率只有 8%。美国知名大学的学生中，9% 来自底层 50% 的人群，74% 来自上层 25% 的人群①。根据对美国不同社会阶层的考试分数、职业、收入等方面的调查，20 世纪 70 年代之前各社会阶层之间曾经缩小的机会差距现在正持续扩大。此外，美国的教育也变得越来越不公平。教育资源高度集中于顶层社会精英的后代，私立教育日渐发达，而流向公立学校的教育资源越发匮乏，公立教育有衰败的趋势。具体到大学而言，令人咂舌的大学费用和"拼爹"的推荐入学制度，使得底层出身的优秀学生无缘于一流私立大学，也使得精英教育越来越只适用和服务于上层社会，这是美国阶级、阶层和社会固化的重要原因之一。

三　资本主义福利国家的内在悖论

当前资本主义福利国家的困境不过是全球化背景下资本主义制度的根本危机在不同领域、不同阶段的表现形式，从根本上说，是当前阶段资本主义基本矛盾在社会领域的反映。资本主义早期大规模商品过剩的危机以福利国家危机、金融危机、财政危机和合法性危机等各种形式表现出来。哈贝马斯在《合法化危机》一书中也明确指出，晚期资本主义国家由于过多地介入经济生活，承担起取代市场和补充市场的职能，这最终导致当代资本主义社会这种官僚福利体制陷入一种

---

① Joseph E. Stiglitz, *The Price of Inequality*: *How Today's Divided Society Endangers Our Future*, New York: W. W. Norton & Company, pp. 33-34.

新的合法性危机①。哈贝马斯认为，在晚期资本主义社会，由于实行国家资本主义和福利政策，资本主义的潜在危机被置换到了国家当中。因此，经济危机的倾向现在很可能累积为国家的财政危机，而很少表现为大规模的经济崩溃②。

德国新马克思主义者、法兰克福学派第三代主要代表人物克劳斯·奥菲（Claus Offe）从系统论的角度分析了福利国家与资本主义制度之间的矛盾。他认为，资本主义社会主要由经济、政治和规范三个子系统构成。资本主义经济子系统的运行具有累进性自我瘫痪的趋势，即处于支配性地位的交换原则的自我否定会引发周期性的经济危机，故需要作为政治子系统的福利国家和作为规范子系统的意识形态系统对其进行修复和维持，从而挽救资本主义制度。但是，福利国家又不能与资本主义共存，主要原因在于，它以"非商品化""去商品化"的方式使用通过税收从经济子系统吸纳的商品化资源，破坏了资本主义商品化的运作，与经济子系统的交换原则相悖，妨碍了市场机制功能的发挥，影响了资本主义社会的资本积累，导致对剩余价值的无效率使用。因此，作为用来管控危机的政治子系统，福利国家处于极其矛盾的地位，即"尽管国家政策必须承担因私人生产所导致的功能失调这一社会后果，但它又不能侵害私人生产的首要地位"，福利国家"要么违反处于支配地位的资本关系，要么破坏政府管理自身的功能性要求——合法性和行政能力"③。另外，在西方民粹主义思潮的推波助澜之下，政治子系统对福利待遇的承诺提高了民众的期望值，在经济停滞或衰退的情况下，这些承诺无法兑现，民众对政府支持度下降，造成了大众忠诚危机，也就是说，政治子系统与规范子系统之间形成了冲突。如果要满足民众的福利期望，避免这种冲突，则要背负更多的赤字或者加税，这样就对经济子系统造成

---

① 尤尔根·哈贝马斯：《合法化危机》，刘北成、曹卫东译，上海人民出版社，2000，第 83~85 页。

② 尤尔根·哈贝马斯：《合法化危机》，刘北成、曹卫东译，上海人民出版社，2000 ，第 83 页。

③ 克劳斯·奥菲：《福利国家的矛盾》，郭忠华等译，吉林人民出版社，2006，第 68 页。

更大的压力。总之，作为一种外在调节机制，如果福利国家要正常地发挥其功能，那么它就必然侵蚀资本主义经济子系统的内部发展动力机制，也就是说，影响到资本主义核心机制的作用的发挥，从而产生一种对资本主义本身有害的副产品，即"危机管理的危机"。用奥菲的话来说："福利国家的矛盾的秘密在于：尽管它对资本主义积累的影响是破坏性的，然而废除它的结果则是毁灭性的。福利国家的矛盾在于：资本主义不可能'与'福利国家同时存在，然而，资本主义又'不能'没有福利国家。"① 学术界将福利国家的这一悖论称为"奥菲悖论"。

进入 21 世纪，资本主义福利国家危机重重，可以说是"病入膏肓"，20 世纪 90 年代布莱尔、克林顿主张并推行的轰轰烈烈的"第三条道路"也只是一时"治标"，而没有也不可能"治本"。因为，号称超越"左"与"右"的"第三条道路"也不过是在资本主义制度自身范围内的改良和局部调整，其力度甚至还不如西方福利制度的建立对资本主义制度的调整来得大："处于社会金字塔顶端的人群总能通过跳山羊的方式越过任何对其不利的平等主义运动。"② 2002 年法国左翼大选失利，标志着"第三条道路"破产。布莱尔当时指出，英国政府将是欧洲最后一个左翼政府。托尼·朱特（Tony Judt）认为，当今欧洲的社会民主主义已变得平淡无奇，不能为拯救"沉疴遍地"的社会提供任何特殊的东西③。

不过，"第三条道路"的破产，并不意味着新自由主义、新保守主义的胜利。经历了新自由主义改革的挫败以及 2008 年国际金融危机后，发达资本主义国家的民众和知识分子越来越意识到，问题的根源并非在于福利国家，而在于资本主义制度本身。在 2017 年英国大选中，英国工党领袖科尔宾表示："人民已说出他们受够了紧缩的政治，他们受够了公共开支的削减、我们医疗保健服务的资助不足、我们学校的资助不足、

---

① Claus Offe, *Contradictions of the Welfare State*, London: Hutchinson & Co. (Publishers) Ltd, 1984, p. 153.

② Gøsta Esping-Andersen, "Welfare Regimes and Social Stratification", *Journal of European Social Policy*, Vol. 25, No. 1, 2015, p. 132.

③ 托尼·朱特：《沉疴遍地》，杜先菊译，中信出版社，2015，第 99~104 页。

我们的教育服务不足，以及没有给予我们年轻人在我们社会上所应得的机会。"连英国保守党在这次大选中的竞选宣言也宣告："我们不相信不受制约的自由市场。我们拒绝崇拜自私的个人主义。我们厌恶社会撕裂、不公平和不平等。"英国经济学家詹姆斯·米德（James Meade）提出了财产所有民主制的概念，要使财产和资产所有权变得分散，防止少部分人控制经济并影响政治。罗伯特·安格（Roberto Unger）提出用财产支持的民主来代替伪造的信用民主，而要改变现存的不平等状况，通过简单的制度安排是不可能达到的，必须先通过政治斗争实现生产条件的再分配①。日本学者渡边雅男认为，理解福利资本主义的巨大变化最重要的一点是理解资本主义的基本矛盾②。甚至福山也收回了其"历史终结论"，并指出时代呼唤左翼力量为社会公平提供一个全新的建设方案。该方案在一定程度上要保护中产阶级的生活，使其不仅仅依赖于现存的福利机制，同时需要在某些方面重新设计公共部门，将其与现有的利益相关者适度隔离。他要求重新进行生产条件的分配，以设计出一条结束利益集团操控政治的现实路线③。

福利国家与资本主义制度之间这种左右为难的关系是资本主义福利国家与生俱来的内在悖论，随着资本主义危机向深层次发展，这种悖论将以更加尖锐的矛盾形式表现出来。马克思指出："当资本开始感到并且意识到自身成为发展的限制时，它就在这样一些形式中寻找避难所，这些形式看起来使资本的统治完成，但由于束缚自由竞争同时却预告了资本的解体和以资本为基础的生产方式的解体。"④ 资本主义福利国家就是这样的"避难所"，它并不能决定西方资本主义的根本立场和发展方向，因而无法从根本上抑制资本主义社会贫富分化的趋势，消除社会不

---

① Roberto Unger, "We Go to Sleep and Drown Our Sorrows in Consumption", *The European*, Oct. 24, 2011.

② 渡边雅男：《论福利资本主义的政治经济学》，高晨曦译，《马克思主义研究》2016 年第 9 期。

③ Francis Fukuyama, "The Future of History: Can Liberal Democracy Survive the Decline of the Middle Class", *Foreign Affairs*, January 2012.

④ 《马克思恩格斯全集》第 31 卷，人民出版社，1998，第 43 页。

公平和其他各种社会病症，反倒会"同时由于束缚自由竞争却预告了资本的解体和以资本为基础的生产方式的解体"。西方国家要根治这些社会病症、摆脱当前的社会困境，唯有克服资本的主导，改变资本主义制度本身。

西方马克思主义的问题与脉络[*]

刘莹珠

"西方马克思主义"这一概念最早是由德国著名的共产党人和革命理论家卡尔·柯尔施提出的。最初他用这一概念指称以匈牙利共产党人乔治·卢卡奇和他自己为代表的一种新的对马克思主义的诠释和理解的路径,以区别于当时被视为正统的"俄国马克思主义"。其后,法国著名的哲学家梅洛-庞蒂进一步阐发了这一概念,在《辩证法的历险》一书中,他把那些倾向于从人本主义和社会理论的角度来理解马克思主义的西方国家的马克思主义者都归属到这一思潮之下。

严格地讲,西方马克思主义并不是一个统一的学术流派,而是一股由众多不同学派和学者共同形成的学术思潮。在西方马克思主义整个发展历程中,产生了一系列有代表性的流派,比如早期西方马克思主义、法兰克福学派、弗洛伊德主义的马克思主义、存在主义的马克思主义、生态学的马克思主义等。尽管这些学术流派有着不尽相同的学术观点,但其理论脉络的发展演化有着一以贯之的逻辑线索:资本主义与现代工业文明批判。纵观西方马克思主义的发展历程,对其理论关切点和逻辑线索可做如下梳理。

一 西欧国家无产阶级革命道路探索

1919~1923 年,受俄国十月社会主义革命胜利的鼓舞,欧洲许多国家相继爆发了无产阶级革命,然而这些革命并没有取得最终的胜利。欧

---

* 本文原载于《中国党政干部论坛》2014 年第 7 期,收入本书时有改动。

洲无产阶级革命的失败引发了以卢卡奇、葛兰西、柯尔施为代表的早期西方马克思主义者的反思和探索。

他们认为，革命之所以在政治、经济相对落后的俄国取得胜利，而在生产力相对发达的中西欧地区却普遍失败，其原因不在于外部的客观条件的不成熟，而在于革命缺乏主观上的条件：当时欧洲的无产阶级缺乏革命的自觉性与主动性，在精神上并未具备发动和领导一场革命的意愿和能力。因而，早期的西方马克思主义者不约而同地将批判的矛头指向了资本主义的文化和意识形态领域。在早期的西方马克思主义者看来，欧洲无产阶级革命要取得胜利必须进行文化和意识形态领域的革命，首先夺取文化上的领导权。他们既不赞同俄国十月革命通过暴力夺取政权的道路，也不赞同以伯恩斯坦、考茨基为代表的一些第二国际理论家提出的改良主义的修正主义路线。他们指出要推翻资产阶级的经济和政治统治，首先要在思想文化领域对资产阶级进行批判。

卢卡奇认为，无产阶级革命的关键就在于冲破物化意识的束缚，激发无产阶级创造历史的主动性和热情，其中最重要的是唤起无产阶级的阶级意识。狭义来说，阶级意识特指无产阶级的阶级意识，这是一种关于人作为社会历史进程"统一的主体与客体"的自觉意识，关键在于对总体性的渴望。当经济、政治上的革命条件已经具备时，无产阶级阶级意识的觉醒程度就成为决定革命成败的关键性因素。所以，以无产阶级的内在转变、自我教育为内容的意识革命，在无产阶级总体革命中就处于核心地位。总体革命，是指经济、政治、文化、心理等多方面转变。要夺取革命的胜利，无产阶级不仅要改变现存经济制度、政治体制，而且要根本克服物化、实现人的生存方式的根本转变。

葛兰西指出，西欧国家的无产阶级革命之所以失败，原因在于对"国家"的认识有错误。在他看来，国家具有两个层面：一个可以被称作"市民社会"，即通常所说的"民间的"社会组织的集合体；另一个则是"政治社会"或"国家"。政治社会的执行机构是军队、法庭、监狱等专政工具，采取的是暴力形式；而市民社会由政党、工会、教会、学校、学术文化团体和各种新闻媒介等构成，以意识形态或舆论的方式发挥作用。在葛兰西看来，西欧国家不同于俄国，它们不仅具有政治社会层面，同时更具有发达的市民社会层面。借助于意识形态与舆论的调节黏合作用，西欧国家的统治结构具有更大的自我调节性，因而在这些国家无产阶级要取得革命的成功，就不仅要夺取国家政权即政治社会的政治领导权，更首要的是要夺取市民社会的文化领导权。

二　法西斯主义批判

20 世纪 30 年代，法西斯主义相继在意大利和德国取得了统治权，在战争中乃至战争后，困扰欧洲的马克思主义者的一个问题是：为什么资本主义国家深刻的经济危机不是催生了无产阶级在资本主义世界的普遍胜利，反而使得法西斯主义趁机骗取了民众的信任？

对此，以赖希、弗洛姆和马尔库塞一批学者为代表的弗洛伊德主义的马克思主义进行了深刻的反思。在弗洛伊德主义的马克思主义看来，马克思主义从经济、阶级的因素对资本主义社会进行了极为精辟的分析，却忽视了社会心理因素在社会结构中的作用；马克思主义强调人的经济性、政治性，却忽视了人的精神性和生物性，而法西斯主义恰恰是抓住了这一点成功地蛊惑了民众。因而，弗洛伊德主义的马克思主义主张将弗洛伊德的精神分析学说与马克思主义理论结合起来。

赖希继承并改造了弗洛伊德关于人格的"本我—自我—超我"的三层划分理论，将人的性格结构分为：生物核心层、反社会层和社会合作层。他从心理的层面分析了法西斯主义的成因，认为法西斯主义根源于深藏于人格结构中的反社会层的独裁主义性格，集中体现了在社会合作层中被压抑的原始的、粗野的破坏欲与毁灭欲。因而，要根除法西斯主义的影响，也必须从人的精神心理层面着手，进行微观革命，培养一种民主主义的性格，释放内在于个体生物核心层的单纯、真实的本性。

弗洛姆将法西斯主义的心理根源归结为人类内心潜藏的逃避自由的倾向。自由对于现代人而言具有双重性：一方面，个体在现代社会中脱离了传统的权威和自然的束缚，因此成为独立、自主的个人；另一方面，独立的个人在摆脱了以往那种一度使生命获得意义的束缚之后，也就失去了生活在固定社会结构中的安全感和归属感，于是感到孤立和不安全，这是一种由分离带来的焦虑和恐惧。因而在现代社会，个体内心往往充斥着逃避独立自由的倾向，期望能够通过与其他的人与事相结合的方式来寻求自己失去的力量。弗洛姆认为，法西斯主义之所以兴起与现代人这种逃避自由的渴望密不可分，无论是法西斯的信众还是希特勒本身都是期望通过与垄断和强权的结合获得虚假的归属感和支配感。在弗洛姆看来，只有通过爱与创造的活动才能真正克服个体分离的焦虑、根除法西斯主义的心理根源。

三　发达工业社会批判

"二战"之后，出于对法西斯主义所代表的"战争国家"的防范，主要资本主义国家普遍采取了"福利国家"的制度。"福利国家"制度在资本主义世界的普遍实施，极大地改变了工人阶级的生产、生活方式，西方社会进入了"消费主义"的生活模式，由此而带来的日益严重的现代性问题和人的异化问题，引发了以霍克海默、阿多诺等一批德籍犹太学者为代表的法兰克福学派对发达工业社会中人的生存状况的反思和批判。

霍克海默和阿多诺将启蒙的观念看作是近代资产阶级的意识形态。启蒙的核心就在于用科学化的、综合化的、工具化的理性去控制自然，也就是信奉培根所说的"知识就是力量"。通过对以同质化为特征的发达工业社会的批判，霍克海默和阿多诺揭示了现代资本主义文明发展的一般逻辑：启蒙实际上走向了自己的反面——压制与蒙昧。

（1）发达工业社会的基本状况。得益于启蒙精神对知识与科学的弘扬，发达工业社会呈现出人类历史上前所未有的自由与繁荣的景象。现代社会摆脱了自然对人的限制以及宗教与传统对人的限制，这是现代生活的一个面向。然而另一方面：生产的机械化导致个体存在的孤立化和原子化；社会对可计算性的要求使得不同事物等同化，导致个性的泯灭；商业与利润所催生的消费需求主导了大众生活，使得个体无法自主判断自己的真实需求；技术理性对知识效用性的崇拜使得普遍的道德准则从公众生活中消失，目的合理性消解了价值合理性，即在发达工业社会中，人们只能回答"什么是有用的"这类问题，而无力回答"什么是善的"这类问题。人们已经陷入了韦伯所说的那种人类用"工具理性"为自己打造的"铁笼"之中：在其中找不到意义和价值，也找不到安全感；能够找到的，只是疲惫的感官和永远也无法被完全满足的欲望。

（2）发达工业社会的理性基础批判。对于发达工业社会的人的异化状态的原因，法兰克福学派从构成这一社会的理性基础入手进行了深刻的剖析。启蒙本身是一种理想的预期，"就进步思想的最一般意义而言，启蒙的根本目标就是要使人们摆脱恐惧，树立自信。但是，被彻底启蒙的世界却笼罩在一片因胜利而招致的灾难之中"，人类没有进入真正的人性状态，反而深深地陷入了野蛮状态。

理性，作为启蒙运动最为核心的主张和诉求，本身具有双重的维度，它既具有目的合理性的层面，也具有价值合理性的层面。目的合理性关注的是行动的有效性，即如何选择最合适的手段去求得一个行动的效用的最大化，它以可计算性和效用性作为衡量的标准；价值合理性关注的是行动本身所承载和内涵的价值与意义，至于行动的结果如何、是否有效用并不在行动的诉求之内。举例来说，前者比如，为了养家糊口而工作，那么最合理的选择是从事一份赚钱最多的职业；后者比如，为了践行人生的职责而工作，那么最合理的选择是从事一份切合个体本性的职业，而无论报酬高低、社会评价优劣。最为理想的行动状态当然是这份职业既能够实现个体的职责，同时又有不菲的薪资，这就兼顾了行动的目的合理维度和价值合理维度，从而是在真正的意义上实现了一个"理性"的行动。

启蒙之所以走向自己的反面——压制和蒙昧，是因为在启蒙的过程中，只是片面地凸显了理性的一个维度——目的合理性或者通常所说的"工具理性"的维度，而忽视了价值合理性的维度。自然科学的思维方式不仅支配了人类对自然界的征服和改造，同时也成为支配人类自己的心灵和精神世界的法则。在"知识就是力量"这一信念的高歌猛进中，属于人类心灵层面的所有情感、道德和价值诉求，所有那些不应当被商品化、同质化、抽象化的人性的东西，要么被打上了价格的标签，变成了与其他人工产品一样的商品拿到市场上出售，要么就在要求一切都

"可计算化"的"工具理性"的霸权中丧失了存在的位置。因而，启蒙的实际结果是科技成为新的神灵、新的偶像，道德感和崇高感被消解了，人变成了与"物"一样的存在。

（3）文化工业批判。在霍克海默和阿多诺看来，文化工业的出现，正是启蒙自身走向异化的最典型的表现。正是由于"工具理性"的盛行，在发达工业社会，文化也沦为了资本的工具，成为实现利润的文化工业。霍克海默和阿多诺之所以要激烈地批判文化工业，是因为在他们看来，文化工业使艺术沦为单纯的娱乐工具，剥夺了大众的批判意识，完全丧失了否定和批判现实的能力。

首先，文化工业的出现使得文化产品可以以"标准化""一律化"的模式进行大批量制造，成为可以大规模生产和复制的特殊商品，文化的创造变成了文化的生产，其结果必然是文化产品丧失其应有的创造性和个性。其次，文化工业具有控制和操纵大众意识的意识形态职能。文化工业对大众意识的控制和操控，主要是通过它所生产的大众文化不断向人们提供整齐划一和无思想深度的文化产品来实现的。在大众文化的引领下，所有看似符合消费者主观需求的决定都是由背后的经济选择机制塑造的。个体的想象力和自发性不再产生于其自身的心理机制，而是来自文化工业的复制与延伸，大众意识变成了制造商意识的体现；当个体意识变成了文化工业的建构物时，个体也就丧失了对于现实反思和否定的能力。因而，当文化工业的意识形态与统治阶级的意识形态形成一种相互共生的复杂状态时，文化工业也就成为垄断资本主义国家的意识形态工具。

四　人道主义

1956年苏共二十大召开，赫鲁晓夫做了反斯大林的秘密报告，披露了斯大林时期的个人迷信与大清洗等一系列政策。对斯大林主义的解构在西方马克思主义者中引起了巨大的震动，西方的左翼人士开始用怀疑的目光重新审视苏联这片曾被认为是理想的国土。赫鲁晓夫的报告将现实共产主义运动中可能存在的非人道方面凸显了出来，引发了以法国著名学者萨特为代表的存在主义的马克思主义者对于人道主义与马克思主义关系的思考。

在苏共二十大所引起的"大地震"之后，萨特出版了《辩证理性批判》一书。一方面他认为马克思的思想是不可被超越的，另一方面在他看来，与他同时代的所谓马克思主义者使马克思主义的思想僵化、停滞，失去了生命力。在萨特看来，唯物史观的优势在于深刻地揭示了客观的和社会的规律对于人的规定性，却相对忽视了对人的个体性和主体性的观照，因而在辩证唯物主义的中心有一块具体的人学的空场。为了填补马克思主义中的人学空场，萨特把存在主义的"主观性"填补到马克思主义的历史理论中去。在他看来，马克思主义强调经济条件等社会环境决定了人的本性只是问题的一个方面，更重要的是人是自己赋予自己意义的。人只有自己成为自己意义的赋予者，即自觉选择并实践自己的意义，才能显示出作为人的意义。社会环境只是提供了一种可能性的领域和规范，然而人可以选择这种意义，也可以选择另一种意义，关键仍在于个体的"主观性"。

在《1844年经济学哲学手稿》中，马克思指出，共产主义是人的异化的积极扬弃，使人复归为合乎人的本性的人。这样一个将自由自觉的活动理解为人的类本质的马克思的形象正是人道主义的马克思主义者心目中的马克思的形象。在他们看来，人的解放和自由是马克思理论的真正主题，这也正是社会主义和共产主义的真正目标。

五　生态危机反思

20世纪60年代以来，一方面，随着工业化和全球化的不断发展，环境与生态恶化日益成为威胁人类存在的严峻问题；另一方面，在当今资本主义国家，马克思原来设想的资本主义危机并未如期发生，而是从生产领域转向消费领域，从经济危机转向生态危机。生态学马克思主义因而成为西方马克思主义者根据变化的社会现实对马克思主义的一种新的理论表达。以高兹、莱易斯、阿格尔等学者为代表的生态学马克思主义者，希冀寻找新的社会发展理论，并把马克思主义与生态革命相结合，试图为发达资本主义社会寻找一条既能克服生态危机又能走向社会主义的道路。

高兹指出生态危机的根源是经济理性。生态危机源于利润动机，而这一利润动机则归属于主导资本主义的经济理性。在前工业社会中，人们的劳动和生产等行为都是遵循着一种"够了就好"的基本原则，人们能够用自己所生产出来的适量的东西满足自己的需要，而不需要更多的东西。但是，资本主义社会的出现让情况变得大不相同，人们的生产行为从满足自己的消费转为迎合市场，围绕利润对整个生产过程精确计算与核算，生产成为一种无止境的索取过程。

因此，解决生态危机必须限制经济理性的作用范围，使经济理性服从于生态理性。生态理性是以尽可能少的劳动、资本和资源投入，尽可能提高产品的使用价值和耐用性来满足人们的物质需要。生态理性的最终目标是要建立一个人们在其中可以生活得更好而劳动和消费得更少的社会，将追求利润最大化的经济合理性真正从属于追求非定量的社会、文化以及人的发展的生态合理性，其主要特征就是"更少的生产，更好的生活"。在高兹看来，资本主义的经济理性与生态理性是相互矛盾的，只有社会主义才能实现经济理性与生态理性二者的统一，保护生态环境的最好选择就是建立先进的以生态合理性为中心的社会主义。

缠混现代性及其意义[*]

——访戈兰·瑟伯恩教授

张楠楠

  戈兰·瑟伯恩（Göran Therborn）教授是剑桥大学社会学系荣休教授，曾任剑桥大学社会学系主任、瑞典高等研究院（Swedish Collegium for Advanced Study）社会科学学部副部长、瑞典哥德堡大学社会学教授以及荷兰奈梅根天主教大学政治学教授。作为受马克思主义影响至深的全球知名学者之一，瑟伯恩教授因长于大视野、多角度、框架性地建构后马克思主义的一般政治学与社会学框架而闻名。他曾在《新左派评论》等期刊上发表了大量文章，著作被翻译成至少 24 种语言出版，新作《城市与权力》也即将发行中文译本。就现代性研究而言，瑟伯恩教授主张的"缠混现代性"（entangled modernities）[①] 概念在西方学界不断引起反响与讨论，该术语从全局高度对研究多元现代性的复杂关系作出了开拓性贡献。笔者利用 2019 年在英国剑桥大学访学之机，以"缠混现代性"及其意义为主题，多次与瑟伯恩教授沟通，完成了本次专访。瑟伯恩教授在访谈中首先介绍了缠混现代性的定义，接着谈到现代性生成中两种普遍的缠混过程、多元现代性的描述图谱以及"缠混"的三种分解类型。对"缠混现代性"的强调意味着，现代性的不同变体之间，其关系并非简单的共存或挑战，而是以多种方式相互纠缠。只有通

---

  * 国家建设高水平大学公派研究生项目（201806360248）的阶段性成果。本文原载于《哲学动态》2020 年第 7 期，收入本书时有改动。

  ① 该术语在国内尚未有确切翻译。本文将其翻译为"缠混现代性"。

过缠混、多元的角度去把握现代性，才能在具体实践中使现代性这一"未竟的事业"释放出源源不断的生机。

一　理解缠混现代性

张楠楠（以下简称"张"）：教授您好！现代性在全球化的进程中摆脱了普遍性、趋同性的原初设定，对此，您使用"缠混现代性"一词来表达您对现代性的多元特征以及不同现代性之间复杂关系的理解。我注意到，当谈及现代性时，不少学者都会将该术语作为现代性问题的前沿术语加以引用。您能谈下您提出这一术语的原因，或者说其起源与发展吗？

戈兰·瑟伯恩（以下简称"瑟"）：无论是一开始的欧洲中心主义，还是第二次世界大战后 20 世纪世界历史的主流观点即北大西洋主义，抑或是之后盛行的现代性及其历史发展的理想主义观点（认为现代性及其历史发展要么是积极的，要么就是危险、罪恶的），都不足以揭示全球化进程中真实的现代性。就非欧洲中心论而言，现代性涉及多个相互竞争的叙事主体、现代性和反现代性之间的各种社会力量和矛盾冲突，以及过去和未来对比之下不同的文化语境。这些因素并非简单地共存或彼此挑战，而是以多种方式相互缠混在一起。"缠混现代性"不仅承认现代性是多元的，更强调它们之间当前的、历史的相互关系，并试图以一种广泛的跨学科方式将文化、社会制度和社会冲突联系起来，从而把现在当作历史来把握。

"缠混现代性"这一术语是由我的一位人类学家好友沙利尼·兰德里亚（Shalini Randeria）1999 年创造的，并于 2000 年 12 月 8～10 日在柏林与"世界文化之家"（Haus der Kulturen der Welt）合作组织的会议上作了进一步阐述。随后，2001 年 6 月，我在瑞典高等研究院研讨会上对该术语作了进一步发展。2003 年，我撰文对该术语展开专门阐述。之后我的工作主要集中在研究不同现代性出现的过程及其结果，以及研究不同的过去—未来对比的论述上。

张：选择该术语作为您关于现代性讨论的核心概念，这涉及一个基本问题，即您如何定义"现代性"？

瑟：最不武断的方法似乎是将现代性视作具有特定时间取向的一种文化、一个时代、一个社会或一个社会领域，也就是说，它是一个开放的、新颖的、可达到的、可建构的、通向未来的时间概念。这一概念视现在为对未来可能的准备，视过去为某些留下的东西、一堆废墟或可能会被用来建造一个新未来的碎片。从这一意义上讲，现代性本身并不表现为某一特定的时间周期或制度形式。大体而言，现代性在不同时期都具有"去现代化"或"再传统化"的特征。从经验上讲，可以通过观察特定制度领域（如知识生产、艺术、经济、政治）的时间取向来评估现代性的发生率。在任何给定的时间点上，给定社会中这些领域的主要时间文化（time culture）可能会非常不同。通常，精英社会话语为定义现代、前现代或传统社会提供基础。因此，后现代性将会是一种文化，在这种文化中，过去与未来、旧与新之间的区别已经失去了意义。将世界想象成一股无趋势的洪流也可以解释这一点。

至于对现代性特征的讨论，"全球性"是一个相当重要的概念。这一概念有两层含义，即"有限性"和"连通性"，两者都具有世界意义。此外，"普遍性"概念也常被提及。与"全球性"所包含的有限性含义相比，"普遍性"概念包含"无限延伸"的含义。而现代性由于其历史生成模式，必须被视作一种"全球性"的现象而非一种普遍的现象，进而应该成为全球历史和全球社会科学的研究对象。对社会对象采取"全球性"的研究方法，意味着关注全球变化、全球连通和全球交流，还意味着对变化过程、连续性和不连续性的全球观察。为了捕捉现代性在实际发展中所具有的"全球性"，最好用复数形式来看待"现代性"概念，即构成一套"多元现代性"。

张：根据您的描述，我是否可以认为，"缠混现代性"是从时间与空间两个维度来观察现代性的生成、变动、延展、深化、混合与缠绕的历史过程呢？

瑟：不，我不认为现代性有构成性的空间取向。从时间上讲，伴随着去现代化或传统的复兴，不同时期的现代性是可以理解的。"有限性"与"连通性"是指全球性的或至少是全球化的组成部分。与之相反的是普遍性，比如自然科学规律的普遍性。"现代性"是时间概念，"缠混"则意味着文化的交织。

张：有些学者强调具体的普遍性，即现代性在本土化的过程中与不同历史自然条件和文化强烈互动，从而呈现出不同现代化道路，这实际上仍然是单一现代性观点，是将全球性误认为普遍性。那么，对于全球性的有限性与连通性，您能再解释下吗？

瑟："有限"意味着某个东西是有极限、有终点的，在这里我们谈论的对象是地球。以这种方式看待全球性和全球化，意味着我们必须把它们作为地球上不同部分的一个有界限的整体来研究和分析，而不应将它们假定为一种普遍的趋势或状态，按照单一的法则运行。全球性和全球化并非创造一个单一的世界，而是影响和联结一个差异化的世界。"有限"也意味着我们需要考虑地球的脆弱性，例如灾难性气候变化的威胁。如果世界并非由导致普遍一致性的单一普遍动力驱动，那么全球不同地区的连通性、相互联系、相互作用和相互依存就变得格外重要。

二 现代性生成中的两种缠混过程

张：对于"缠混现代性"的把握，一是强调缠混，二是强调多元。就"缠混"而言，我们当然可以从制度、文化、话语等微观方面进行研究。但根据您的著作我们知道，您认为这些错综复杂的关系表现源自现代性形成的两个更为普遍的过程。就第一个过程而言，您是从现代主义艺术入手来明晰现代性与传统之间的结构性缠混的。您能对此给予详细说明吗？

瑟：在"缠混"的诸表现形式当中，最普遍的一种是现代性与某些传统之间的结构性缠混。这一方面来自现代与传统决裂时不完整性的无限变化，另一方面来自传统的可塑性。在社会科学和政治学话语中，有些学者更倾向于将现代性和传统的缠混看作例外、偏差，或者至少是现代性或现代化的局限。相比之下，在现代艺术、现代美学和现代艺术批评中，有些学者明确提出对传统的选择性运用是前卫艺术的重要组成部分。

现代主义艺术主要是对现在和过去的彻底突破，但有时也是对遥远传统的再利用。例如毕加索（P. Picasso），他的部分作品受到了非洲传统面具和绘画的启发。社会与政治现代主义虽然表达了一种普遍理性，但那既不是现代主义艺术的一部分，也不是作为一个复杂历史时代的现代性的一部分。具体的例子还有意大利未来主义，它颠覆了此前的整个艺术传统，呼吁燃烧图书馆、淹没博物馆、拥有机器能量及"轰鸣汽车"的速度。但同时，意大利未来主义亦扎根于19世纪的意大利民族主义之中，即所谓的"复兴运动"，这导致马里内蒂（F. T. Marinetti）和他的大多数追随者（假设并非全部）卷入意大利殖民战争，后来又加入法西斯主义。

张：由此可见，现代性的历史轨迹并不是单线的。就现代主义艺术而言如此，就社会政治道路而言亦是如此。

瑟：没错。任何对现代性历史轨迹的谨慎审视都应当对理想主义者关于单线道路、全面现代化或现代化革命的概念提出质疑。直到最近，英国的现代化进程都始终伴随着对贵族和绅士统治地位的维持，并以精心设计的君主政体为王冠。激进的法国大革命屈服于当时的王政复辟和第二帝国，同时长期保留了大量的保守农民。美国独立战争保留了原有的奴隶制，但在奴隶制废除后，一种明确制度化的种族主义一直持续到1970年前后。俄国革命后工人阶级建立了新的政权，该政权在仪式游行中用政治肖像取代了东正教圣像，并使沙皇统治时期的西伯利亚流放制度产业化。但在第二次世界大战中，俄国恢复了诸多沙皇政权时期的军队传统，伴随着新一轮的开疆拓土，始于15世纪的俄罗斯民族主义获得了恢复及发展。大多数学者认为，民族主义属于现代化现象的一种，尽管就其根源和先例而言，仍存有一些争议。然而，倘若没有历史的复苏，就不存在所谓的民族主义。

张：现代性与传统之间的结构性缠混也是人们批评古典结构进化理论的原因之一。因为至少从经验层面，我们发现传统并没有随着现代性的扩张而退出历史舞台。鲍曼（Z. Bauman）的"流动现代性"、利波维茨基（G. Lipovetsky）的"超现代性"、德里克（A. Dirlik）的"全球现代性"也都强调传统在全球范围内的强势回归。您认为现代性形成的第二个过程是发生在地缘—历史上的缠混，如何理解这一过程呢？

瑟：19 世纪是欧洲帝国主义的鼎盛时期，欧洲殖民主义和帝国主义处于现代性崛起的中心地位，直指全球现代性的文化与制度纠缠。在不同的历史背景下，现代主义与不同传统之间既有同时性，又有直接的冲突和互动。当然，这种世界范围的相互联系的研究模式才刚刚向学术界开放，很长一段时间以来，这种模式被殖民者片面的目光所遮蔽。

随后出现的对殖民主义和反殖民主义的研究，在洞悉复杂性与互联性方面也有其自身困难。例如，第二次世界大战后的"现代化"理论打击了计划性变革的乐观自由主义态度，也忽视了殖民和帝国历史的特殊影响。"世界系统分析"理论倒是抨击了后者，揭示了"不发达地区"发展的真实情况，但除了关注殖民地和半殖民地的不发达经济外，很少关注其他方面。至于反殖民主义一方的研究则是压倒性地强调殖民统治的压迫性和剥削性。

后殖民研究起源于在都市影响下研究英国文学的前帝国主义作家、后殖民人类学作家、后民族主义历史学者，无论是印度的"庶民研究"还是对欧洲、北美以外后现代主义的研究，都是开启新研究议程的关键。这意味着学界对殖民地所遭遇的多方面复杂性有了新的认识，其中包括吸引与排斥、服务与剥削、真诚与虚伪以及其他同样受到多方面制度和文化影响的各种混合体。在学术上，学者们因此对现代欧洲以外的文化史产生了越发浓厚的兴趣，并对前殖民路线和交往有了新的认识。

三　多元现代性的描述图谱

张：那么，究竟该如何把握现代性的多元特征呢？根据您的著作我们知道，您捕捉到了两种有价值的描述图谱：一种是话语性的，通过变化不同的叙事话语来描述现代性；另一种是根据冲突的形态，以通向现代性的不同路径来描述现代性。您能展开解释一下吗？

瑟：从现代性的近代史中，我们至少可以看到四种主要的"宏大叙事"，每一种都可被视作现代时间观念的变体。第一种叙事话语在过去强调他律性、压迫性，后来在欧洲"启蒙运动"中转变为解锢和解放。

这一变化推动了大量的社会运动，包括民族解放运动、工人阶级解放运动、妇女解放运动和同性恋解放运动。第二种叙事话语在过去认为，自然人是贫穷、无知、停滞的，但后来在康德提出的"人类可以走向'成熟'状态"这一主张的影响下，转变为强调人类是进步、进化与成长的。这一变化指导人们不断积累关于知识、经济实践、政策和个人人生奋斗的观念。第三种叙事话语发展于19世纪后半叶，它潜藏于社会达尔文主义、帝国主义以及法西斯主义当中，最终导向了胜利、成功与物竞天择的观念，并且近几十年来，这一叙事话语在全球竞争的新自由主义中又卷土重来。第四种叙事话语和第三种在时间上相近，源于19世纪晚期的欧美国家和地区，但较少以政治、经济的形式表达，而是把现代主义视为一种文化意识形态、艺术先锋主义和时尚。

应该补充一点：只有一幅充满敌意的讽刺漫画或一个纯真的乌托邦社会，才会赋予上述不同的现代性话语以任何一维的专一性规则。在学术研究的背景下，可能的复杂性程度不应该被预先定义。

张：我的研究方向是文化哲学，势必涉及宏大叙事。从文化哲学角度看，文化之所以是最复杂的概念之一，就是因为它的发展并非线性的，而是渗透着不同叙事的融合。那么，您所谓的冲突，是指不同国家在受到现代性影响的过程中发生的现代性与传统性、现代性与反现代性之间的历史冲突吗？根据这些冲突，我们可以划分出通向现代性的不同路径吗？

瑟：从现代性与传统、现代性与反现代性的历史冲突的角度看待"多元现代性"的变异，似乎也是一种卓有成效的方法。按照这个思路，我们可以区分世界上四种主要的冲突类型。这些冲突最初作为经验概括出现，但当它们位于某个逻辑属性空间中时，也可以被视作通向现代性的路径类型。

第一种：现代意义上的关于全球未来发展方向的历史迹象首先出现在欧洲。但这并不是欧洲文明的自然产物，而是源于欧洲内部的矛盾冲突，主要存在于西北欧。换言之，欧洲之路是内战之路，是理性、启蒙、创新等力量对教会的永恒真理、古代哲学与艺术的崇高智慧、国王的神圣权利、古代贵族的特权和先辈留下的风俗习惯等力量的变革。

第二种：在欧洲列强遍及全球的各殖民地区，现代潮流第一次兴起时，反现代性主要被认为源于外部冲突。这些冲突存在于保守的大都会，以及越来越多殖民地社会当中。尽管独立运动使殖民地摆脱了外界的统治，但"如何处理外来与本土的关系"这一问题却长期困扰着那里的现代主义者。现在仍然如此。

第三种：具体到非洲西北部与东南亚的殖民地，现代性确实是从枪杆子里走出来的，是对殖民地内部的传统势力的征服。但不一样的是，在这些地区，现代性的发展并不依靠殖民者推进，而是在新一代的殖民地人民那里得到发展，他们用从征服者那里学到的东西对付征服者自己。

第四种：面对殖民统治的挑战和威胁，一些国家内部的精英分子开始从外界引入创新技术，主动走上自反性现代化道路。明治时期的日本就是最为成功而鲜明的例子。亦有几个前现代帝国在此之前就开始了这一过程。

张：现代性的路径是多样的。您是否认为这些不同的冲突结构也是对欧洲中心主义的一种打击？

瑟：不一定。但截然不同的冲突结构显示出欧洲经验的局限性，以及对欧洲中心主义现代性分析的不足。我们理应注意到一个事实：关于解放、进步或生存等伟大的现代任务，在通向并到达现代性的道路上，看起来都是截然不同的。不同的现代性各有其特点，或所遇困难不同，或参考类别不同。只有以自我为中心的现代主义者才会把自己的道路视为最佳范例。

四 缠混的三种分解类型

张："缠混现代性"的首要特点是各种因素的缠混。为了便于分析，您提出了"缠混"的三种分解类型，每一种类型里又有多种具体的缠混表现。您能给我们展开解释一下吗？

瑟：第一种缠混类型比较复杂，我们可以借助表1去理解。

表1 "缠混"的第一种分解类型

相互交织的事物	相互交织的共点	
	制度变化	文化涵化
现代性与传统	1	2
通向现代性的道路及其迁徙者	3	4
主要叙事类型	5	6
符号形式	7	8

一个空间内的缠混通常有两个维度，一是相互交织的事物，二是相互交织的共点。就相互交织的事物而言，可以分为四类：现代性与传统、通向现代性的道路及其迁徙者、主要叙事类型、符号形式。它们交错在一起会对制度及文化产生影响，因此我们可以从制度的变化以及文化涵化（enculturations）两个视角去分析。为了更清楚地理解这一点，我会通过举例逐一说明其缠混状态。

（1）此类型的缠混例子众多。例如现代英国的工业化、地方政权和上层文化的交织，或者日本资本主义经济发展与其天皇制度的交织。

（2）美国残酷的资本主义运动与人们对基督教的强烈认可是经常结合在一起的。例如，查特吉（P. Chatterjee）在分析反殖民民族主义时，将世界划分为一个集政治、经济和科学于一体的外部殖民社会以及一个继承和保存了前殖民时代宗教、习俗和家庭模式的内部精神领域。民族主义通常是现代性与传统混合的产物。正如我们先前所注意到的，艺术中的古典现代主义也是如此。

（3）例如开拓殖民地对殖民者本身的政治、知识生产以及社会结构所产生的影响，尽管对这一话题的研究少之又少。再如俄国现代性是被迫进行现代化与欧洲内战的混合，而中国现代性是反对殖民统治与借鉴欧洲的大规模阶级组织相结合的产物。还有一个较为重要的例子，即20世纪上半叶，欧美、日本和中国之间复杂的三角关系。

（4）我们注意到，尽管为政治文化精英所开创的错综复杂的现代文化充斥于牛津、剑桥、伦敦或巴黎的欧洲现代性中，亦在印度、尼日利亚或拉丁美洲产生了实际影响。在人类学研究的帮助下我们可以发现，文化形态至少与后殖民时代大城市中的民众一样，具有复杂性和缠混性。散居文化也充分说明了这一可能性。

（5）我们可以以自由主义经济体和新自由主义经济体中光明的进步叙事和阴郁的社会达尔文主义斗争的结合，或者工业发展的进步主义与共产主义政权中工人阶级解放的前景结合为例。19世纪末20世纪初的欧美左派世界观通常是马克思主义人类解放理论、斯宾塞社会进化理论，与达尔文自然选择、适者生存理论的结合。

（6）不同的现代主要叙事话语的相互交织同样也存在于社会行动者的文化涵化中。例如索雷尔（G. Sorel）和马里亚特吉（J. C. Mariategui）的知识分子传记往往错综复杂，其论述也令人惊叹，这些都凸显了这一点。

（7）符号形式缠混所形成的制度化表现可以在语言中找到例子。例如加勒比的克里奥尔语、亚非多语种政体中出现的通用语。

（8）从狄亚基列夫（S. Diaghilev）到毕加索，现代艺术的显著特点是不同符号形式的混合。就近来说，自20世纪末以来，由于洲际大众传媒的兴起，各种各样的全球文化元素纠缠在大众文化中。21世纪初的音乐就是很好的说明。

张：那么，另外两种"缠混"类型情况又如何？

瑟：第二种缠混类型是指它们产生的过程。缠混是由彼此间相互作用的复杂性或不稳定性、选择性接收、反馈抑或副作用产生的。有不同的学习过程，比如中国五四运动前后知识分子向西方学习、拉丁美洲知识分子去巴黎，等等。学习过程中也涉及诸多选择，比如毕加索选择非洲面具，殖民主义试图将西方建筑与殖民地的形式和符号结合起来，等等。

此外，我们可以将缠混所造成的影响作为第三种类型。这种影响需要在较高的理论层次上，比如在社会和文化背景或综合习惯的考量下展开研究。具体例子有：英国的地主政治和先锋产业经济学，美国风险资本主义、普遍的宗教信仰和种族复杂性，以及凯末尔时代土耳其的女性主义思潮和农民父权制。对于这些缠混所造成影响的研究还可以更具体，例如前殖民地法律和语言多元论的运作和战略应用，由于印度公务员制度的需要在英国催生的英语研究，等等。

五　缠混现代性的意义

张：您认为缠混现代性研究的根本意义何在？在您看来，单一现代性和多元现代性这两种主张，有可能走向和解吗？

瑟：该研究之所以重要，是因为它呼吁更多关于不同现代性的联系、互动与交流的研究。无疑，现代性是由欧洲所引领的，但并非以欧洲为中心孤立发展，而是在与其他因素的互动、缠混中走向历史深处。缠混现代性的研究难点在于它与孤立、直线的发展或叙述相反，它是复杂的、纠缠的，难以看清，但同时也是迷人的。

至于单一现代性与多元现代性观念的和解，我认为是可以达成的。因为现代性是一个时间概念，我们可以将它看作一个面向未来的历史时代，但包含了对未来的不同叙事话语。事实上，现代性也确实存在于非常不同的历史形态语境中。

张：我们知道，您已经去过中国很多次了。中国改革开放 40 多年来，社会发生了巨大的变化，中国特色社会主义道路无疑是特别的。您认为现代性在中国的表现是否与在西方的不同？在自身的发展中，中国应该更关注些什么呢？

瑟：中国的现代化当然是对一种现代理性的拥抱。然而事实上，现代性在中国与在西方的发展有很大的不同，因为它们的历史遗产不同。我们可以通过理论讨论或实践选择去改变文化和社会，因此中国的现代性是中国的一项独特成就，尽管它也与日本（20 世纪初）、苏联、美国等国家有着千丝万缕的历史纠葛。在我看来，中国政府面临的主要挑战是建立一个充满活力、有凝聚力并且能够抵御美国和其他西方国家日益增长的敌意的社会。

张：最后，如果现代性是世界各国的必然命运，那么现代性自身的命运会像一些西方社会文化危机所表现的那样毫无希望吗？您如何看待马克思主义理论与现代性的关系？马克思的思想现在过时了吗？

瑟："文明的衰落"这种说法是不正确的，尽管人们的确可能对未来失去希望或兴趣。这是后现代主义的倾向。我们可以通过《共产党宣言》和《资本论》前言判断，马克思是现代性的主要理论家，并且我至今仍然觉得马克思是令人鼓舞的。他注重唯物主义和辩证法。但很明显，社会科学从他那个时代起就在进步，世界也在进步，马克思不能再被模仿，而其理论可以得到创造性的发展，可以作为人们在科学上和政治上的灵感来源。

法文版《马恩大典》（GEME）
编纂工程的缘起与发展*

薛　睿

法文版《马恩大典》编纂工程（Grande édition des œuvres de Marx et d'Engels en français，以下简称"GEME 工程"）是法国就系统编译出版马克思恩格斯著作集（以下简称"马恩著作集"）展开的一项重要尝试。GEME 工程由法国社会出版社（新）① 于 2003 年发起，立足于《马克思恩格斯全集》历史考证版第 2 版（以下简称"MEGA²"）的成果，对法文版马恩著作进行重译、补译和出版，致力于成为继德国 MEGA² 之后最为完整的"马恩著作集"，以"解决法国的马克思恩格斯著作译本凌乱分散、疏于流通、翻译标准混乱等问题，为法国马克思主义思想研究提供坚实的文献依据和统一的译本材料"②。系统编译出版马克思恩格斯著作，有助于避免法国思想界出于某种目的将不属于马克思恩格斯的思想强加给他们，或以一种宿命论的方式宣告马克思恩格斯思想理论的终结。

GEME 工程主要受加布里埃尔·佩里（Gabriel Péri）基金会和法国国家图书中心（Centre National du Livre）资助。目前，伊莎贝尔·加罗

---

*　中国人民大学科学研究基金项目"论法国马克思主义对《资本论》的危机理论的研究"（19XNH073）的阶段性成果。本文原载于《国外理论动态》2019 年第 11 期，收入本书时有改动。

① 法国社会出版社（旧）于二战后由法国共产党所创立，以系统出版马克思主义著作。1997 年，它从法国共产党独立出来，其原雇员组成了社会出版社（新），并继承了社会出版社（旧）的著作版权。

② 刘冰菁：《MEGA² 与法国马克思主义思想研究的新动态》，《现代哲学》2018 年第 3 期。

（Isabelle Garo）担任编委会主席，让－努马·迪康热（Jean-Numa Du-cange）等学者负责工程的具体实施。为了保证编纂工程顺利展开，GEME 编委会还同"巴黎—现代思想史研究中心"（CHPSP）、"人文科学之家"（Maison des Sciences de l'Homme）等科研机构展开密切的合作和交流。目前，GEME 工程的国际影响力逐渐增强，其团队成员经常出现在《当代马克思》（Actuel Marx）发起的"国际马克思大会"（Congrès Marx International）等世界马克思主义舞台上，其编辑工作及成果成为大会的重要研讨主题。虽然，GEME 工程启动已久并初具世界影响力，但国内学界对其关注较少，缺少对其进行系统研究的相关著述。本文旨在对 GEME 工程的前世今生进行全景式呈现，为中国"马恩著作集"的编译出版提供借鉴与思考。

一 法文版《马恩大典》（GEME）编纂工程的缘起

自 19 世纪 70 年代《资本论》第一卷被译介到法国后，"马恩著作集"在法国的编纂、出版经历了漫长而又曲折的过程。一方面，在文化传统上，法国社会长期对日耳曼文化存在偏见，并刻意与之保持距离；在文化冲突中，马克思以激进社会革命者的身份为法国社会所知①。另一方面，在现实传播中，法国的马克思主义宣传主体——法国共产党及其知识分子飘忽不定的命运使得马克思主义的生存空间狭窄，不能成为法国社会思想的主流范式。虽然马克思主义在法国的传播历史悠久，但相关学术著作和学术讨论却相对较少，马克思主义在法国更多呈现为一种政治存在。尽管如此，历史上法国仍在系统编纂"马恩著作集"方面进行过三次重要尝试。②

---

① Isabelle Garo, "Deux Cents Ans Après Sa Naissance, On Assiste à un Regain D'intérê pour Karl Marx", Le Croix（Culture）, 3 Mai, 2018, （Recueilli par Laure Le Fur）.

② 当然不限于这三次对"马恩著作集"的编辑尝试。许多左翼学者和出版社也为译介出版马克思恩格斯著作做出了贡献。比如，罗歇·当热维尔（Roger Dangeville）在 10/18 出版社（Editions 10/18）以及弗朗西斯·马斯佩罗出版社（François Maspéro）出版了大量未出版的马克思著作和手稿。

第一次对"马恩著作集"的系统编纂由雅克·莫里托（Jacques Molitor）主持，艾尔弗雷德·科斯特出版社（Alfred Costes）出版。一战后，马克思主义迅速在法国传播，尤其是 1920 年法国共产党（简称"法共"）的建立为传播马克思主义提供了组织基础。然而，出于宣传需要，当时法共仅仅将马克思恩格斯的著作视为一种共产主义宣传手册，因此，"至 1920 年代末，法国共产党牵头再版的马克思恩格斯著作只有《共产党宣言》和《社会主义从空想到科学的发展》"①。面对法共在出版与传播马克思主义著作方面的不足，莫里托开始主持"马恩著作集"的翻译出版工作。据统计，从 20 世纪 20 年代至 50 年代，科斯特出版社共出版马克思恩格斯著作 46 卷 53 册。然而，"这套马克思恩格斯著作集的体例与俄文版或德文版马克思恩格斯全集不同，不是按统一编号安排全部著作，而是既有单行本，又有文集，看似一套著作之间彼此无关联、仅外在形式一致的丛书"②。此外，该著作集将马克思恩格斯著作分开编辑，并进一步将之划分为哲学著作、经济学著作和政治学著作三部分。虽然该版本在文献分类、译介水平等方面还不令人满意，但它作为法国系统编纂"马恩著作集"的首次尝试，为后来者打下了基础，提供了经验。

第二次对"马恩著作集"的系统编纂由法共领导的社会出版社（Les Editions Sociales）主持。二战后，大批法国知识分子接受了马克思主义并加入共产党。然而，二战期间法西斯侵略者对法国马克思主义出版物的焚烧、销毁以及对众多马克思主义理论家的残害，使得法国马克思主义理论界损失惨重，导致战后几年马克思主义在法国人气颇高却缺少基本文本来传播基本理论。面对战后法国马克思主义著作的匮乏，法共领导的社会出版社承担了主要出版任务③。有学者统计，从 20 世纪 50 年代至 1993 年出版社破产，该出版社出版"马克思恩格斯著作共 45 卷 52 册，其中马克思著作有 15 卷 22 册……恩格斯著作有 7 卷……马克思

---

① Michael Kelly, *Modern French Marxism*, Oxford：Basil Blackwell, 1982, p. 21.

② 郑天喆：《马克思恩格斯著作在法国的编译出版史简述》，《马克思主义与现实》2012 年第 3 期。

③ 尤其是 20 世纪 70 年代吕西安·塞夫（Lucien Sève）担任社会出版社负责人后。

和恩格斯合著的有 23 卷"①。可以说，社会出版社版"马恩著作集"不论是在收录的完整性还是翻译的精准性上都较科斯特版有所提高，甚至可以同德文版"马恩全集"（MEW）媲美。此外，在著作集计划之内，社会出版社还出版了一系列普及版图书。然而，这套著作集依然没有按照统一的编号进行编辑，文本之间的时间关系与逻辑关系并不显见。

第三次对"马恩著作集"的系统编纂由马克西米利安·吕贝尔（Maximilien Rubel）主持，伽里玛出版社（Garimade）负责出版。吕贝尔立足于文献资料对马克思的思想进行非意识形态化的解读，并据此翻译编纂了一系列马克思经典著作，其中最著名的莫过于伽里玛出版社"昴星团藏书"系列的四卷本《马克思文集》。该著作集依然延续了科斯特出版社按照经济学、哲学和政治学三大领域进行划分的编纂方式，并按照自己的理解对著作内容进行了大幅删减。此外，吕贝尔认为，马克思反对马克思主义，马克思主义并不是对马克思思想的真实体现，而是恩格斯创造的"神话"，因此他领导编译出版的著作集并不包括恩格斯的作品。由于《马克思文集》篇幅所限或囿于编者的偏见，其中收录的《资本论》及其相关经济学著作删减严重，比如，"《资本论》第二卷恩格斯版共三篇 21 章，吕贝尔版三篇共 13 章，减少了八章……。《资本论》第三卷，恩格斯版共七篇 52 章，吕贝尔版共七篇 28 章两个片段，减少了 24 章，多出两个片段"②。这种随意删减、改动的编纂形式在理论界引发了争议。不难发现，吕贝尔的编辑方式，一方面延续了科斯特出版社对马恩著作的"三分法"，另一方面则坚持了"马恩对立论"的立场，这影响了日后法国学界对马克思恩格斯思想的解读方式。

综合来看，法国历史上在系统编纂"马恩著作集"方面的三次重要尝试推动了马克思主义在法国的传播与接受。然而，由于受翻译理解水平、政治意识形态的限制，已出版的"马恩著作集"存在诸多问题和不

---

① 郑天喆：《法国历史上出版的"马克思恩格斯全集"》，《中国社会科学报》2012 年 7 月 18 日。

② 吴敏燕：《吕贝尔的马克思经济学卷文本体系评析》，《南京政治学院学报》2014 年第 4 期。

足。第一，所收录著作的完整性有待提高。虽然上述三次尝试都编辑出版了马恩的部分著作，但仍有大量手稿、笔记及通信并未收录其中。此外，同一著作只收录唯一版本，无法直接呈现不同版本间的区别。第二，文本考证、注释、索引、翻译的标准不统一且精准性有待提高，这使得已出版译本之间缺乏统一翻译标准，翻译水平参差不齐。第三，文本编纂的意识形态性强。具体而言，科斯特版及社会出版社版的"马恩著作集"深受法共意识形态的影响，吕贝尔虽然打着"反意识形态"的"旗号"，但他随意篡改、删减内容的编辑方式（尤其是对恩格斯著作的贬低）无疑充满了意识形态色彩。第四，文本的编辑、出版方式有待调整。虽然已出版著作集有外在统一形式，但其收录的著作形式不一，缺乏内在整体性。

东欧剧变、苏联解体深刻影响了法国的社会主义进程，此后若干年，法国社会整体上抵制马克思主义的传播及其相关著作的编辑出版。随着已出版著作的遗失，至 21 世纪初，在法国获取一本马恩著作都成了一件难事。据 GEME 工程主席伊莎贝尔·加罗女士统计，GEME 工程前，2/3 已出版的马恩著作在图书馆或书店消失不见，甚至连获取法文版《资本论》的一至三卷及其相关手稿也相当困难①。文本的匮乏阻碍了马克思主义在法国的传播与接受，面对法国社会、文化领域对马克思恩格斯著作的需求，GEME 工程呼之欲出。

二　法文版《马恩大典》（GEME）编纂工程的特点

GEME 工程由三部分组成：著作、文章和草稿；《资本论》及其手稿群；通信。GEME 工程立足于 MEGA^2 的最新材料，一方面对法文版马克思恩格斯著作进行补卷，另一方面对已出版著作进行了重译和再版，以恢复著作的流通性。不过，GEME 不像 MEGA^2 那样无所不包，而是搁

---

① Isabelle Garo et Jean-Numa Ducange, "Une Grande Édition des Œuvres de Marx et Engels en Français", *Cahiers D'histoire*, *Revue D'histoire Critique*, 105-106, 2008, 261-264.

置了一些笔记、摘录以及通信①。与此同时，它并不同时收录同一著作的不同版本，比如，它收录了从《政治经济学批判大纲》到《资本论》第三卷的所有文本，但它并未收录这些文本的所有版本，各版本间的显著差异以附录形式体现。综合观之，GEME 工程在编辑、出版方面具有以下几个特点。

第一，善用信息技术提供的资源——采用纸质、电子双向编辑方式。GEME 工程从启动伊始便致力于同时展开纸质版和电子版的双向文本编辑，这是"马恩著作集"编辑领域的重要创新。电子版的文本编辑方式具有诸多优点。①GEME 工程的电子版编辑方式可以使一般读者能够通过网络直接链接到相关文本，"在不增加文本篇幅的情况下，它以灵活的方式提供了所有有用信息，包括准确定位所用材料、阐述概念、引用作者、专有名词以及其他贯穿文本的内容，便于读者更高效地阅读"②。②电子版形式摆脱了编辑顺序的限制，使得 GEME 的三个编纂部分可以同时展开③，在编辑过程中将编辑、出版材料电子化，有效解决了经费不足的问题，从而保证项目顺利进行。③受理论水平、翻译水准、意识形态所限，以往对相同概念的翻译标准不一，甚至彼此对立，引发争论，而电子版编辑方式可以根据最新研究成果对相关内容进行修改和替换，有助于版本的"升级"。④"电子版相对于纸质版的独立性减轻了对出

---

① 2019 年 5 月迪康热在中央党史和文献研究院的讲座（"法国《马恩大典》恩格斯著作卷编译示例——恩格斯诞辰 200 周年纪念活动展望"）中透露，虽然 GEME 的文献分类参考了 MEGA² 的分类编辑方式，但 GEME 工程放弃了 MEGA² 第四部分"笔记、摘录"。因为 GEME 编委会认为，在法国真正对马克思的笔记、摘录感兴趣的人实际上都是一些专业的马克思主义研究者，这些人本身具备直接用德语阅读马克思的笔记、摘录的能力，但公众对此不感兴趣。

② Isabelle Garo et Jean-Numa Ducange, "Une Grande Édition des Œuvres de Marx et Engels en Français", Cahiers D'histoire, Revue D'histoire Critique, 105–106, 2008, 261–264.

③ Isabelle Garo et Jean-Numa Ducange, "Une Grande Édition des Œuvres de Marx et Engels en Français", Cahiers D'histoire, Revue D'histoire Critique, 105–106, 2008, 261–264.

版社的依赖，突破单一出版社投资的局限，从而向更多出版社敞开合作的可能性"①，也就有利于文本的传播。目前，法国勃艮第大学的"人文科学之家"将一些过了版权期的马克思恩格斯法文译著的电子版复制到网络数据库当中，为相关研究提供了便利②。如果说 GEME 工程在某种程度上参考了 MEGA^{2}的电子化的编辑方式的话，那么 GEME 工程出版的袖珍版纸质图书则是 MEGA^{2}缺乏的。为了推动马克思恩格斯著作在法国的传播，GEME 工程在出版大部头著作的同时，还计划出版一系列"口袋读物"，以供更广泛地传播、阅读。

第二，翻译的学术性与可读性相结合——通过"校勘索引"确保翻译质量。面对法国已出版的马恩著作翻译水准参差不齐的问题，GEME 工程将马恩著作的编纂"纳入到统一的编纂系统以保证翻译的一致性，并试图为读者呈现概念的创造、修正史……为批判性阅读提供一种条件，使得解释牢牢建立在文本基础上"③。为了保证翻译的精准性，GEME 编委会将在每本译著的正文前面附加"校勘索引"，该部分清晰呈现了同一概念在不同历史时期的内涵变化、不同译本中对同一概念的不同翻译等；通过对概念的历时性与共时性考证、对比，证明最终译法的可行性。比如，GEME 编委会认为"Aufhebung"（扬弃）④ 概念在马克思思想中一直发挥着至关重要的作用，然而对该术语的理解和翻译在不同时代不尽相同，"校勘索引"则可以呈现所有阶段的翻译，从而使得人们可以基于概念的演化过程来增强对这一概念的理解。此外，GEME 工程还重视马克思恩格斯逝世后其著作的传播情况，并试图通过附录的方式展示其在不同国家的传播。如果说翻译的统一性和精准性也为 MEGA^{2}所重

① 郑天喆：《法国历史上出版的"马克思恩格斯全集"》，《中国社会科学报》2012 年 7 月 18 日。

② 参见法国勃艮第大学相关网站数据：www. pandor. u-bourgogne. fr。

③ Isabelle Garo, Lucien Degoy, "Le défi D'une Grande Édition de Marx et D'Engels en Français", *L'Humanité*, 16 Avril, 2008.

④ 法国学界围绕"Aufhebung"的内涵进行了论证，并主要分为两派：一派主张将其译为"废除"，另一派则主张译成"超越"。目前，这种讨论仍在继续，并逐渐蔓延到法国政治领域，比如有关"扬弃"私有制与"消灭"私有制的讨论等。

视，那么对文本可读性的强调则是 GEME 工程的重要尝试。GEME 与 MEGA² 的编辑目的和服务对象不同，MEGA² 是为了专业研究，而 GEME 工程的宗旨则是为众多不同学科的研究者和受教育的普通公众提供马恩著作集，以为法国民众理解、改变当代世界提供理论借鉴，因此 GEME 团队一方面要保证翻译的"原汁原味"，另一方面要杜绝过于晦涩的专业名词，以满足各个层次读者的需求。

第三，翻译、编辑与研究相结合——通过跨学科研讨会推进工程进展。正如 GEME 编委会秘书长迪康热所指出，"马克思和恩格斯的工作对当前大学的学科划分是一项挑战，因为它是一项极端跨学科的工作"①。基于工程的跨学科性，GEME 工程汇集了多个翻译团队以及来自哲学、历史学、经济学、语言学等领域的专家学者，他们通过组织跨学科研讨会、学习工作坊、学术会议等方式（特别是与 MEGA² 编委会开展合作）推进翻译和编辑工作，并希望借助对马克思不同阶段的文本和概念的讨论推动法国的马克思主义研究。秉持着这一精神，他们还与对该项目感兴趣的编辑、学者和机构建立了伙伴关系。跨学科研讨会的方式近年来产生了重要影响，比如，2016 年在让-皮埃尔·列斐弗尔（Jean-Pierre Lefebvre）翻译的最新法文版《资本论》第一卷（2016 年出版）② 研讨会上，GEME 团队提出了一个雄心勃勃的计划，即依据 MEGA² 提供的 1864 年至 1881 年的手稿编辑《资本论专题文集》，该文集参照列斐弗尔所译的最新版《资本论》的内容选择手稿并进行重译，以保证马克思政治经济学批判理论的一致性，并以附录形式展示马克思从 1864 年至 1881 年的思想变化。GEME 团队认为，当前学界主要聚焦于《资本论》第一卷的理论，而向人们展示《资本论》所有三卷的理论连续性同样重要，这有利于从新视角向人们展示"价值"向"生产价格"转化的路

---

① Jean Ducange, Razmig Keucheyan, "Retour Aux sources: La《Grande Édition Marx-Engels》（GEME）", *Solidarités（Socialism）*, N°131, 2008.

② 最新版《资本论》第一卷由法国社会出版社出版，该版本根据《资本论》第一卷德文四版翻译过来，以取代在法国最为流行的鲁瓦版《资本论》。该版本对鲁瓦版《资本论》进行了诸多改动，比如将"剩余价值"的翻译从 "plus value" 改为 "survaleur"，等等。

径，从而展示马克思基于利润率下降规律对资本主义危机所作分析的深刻性①。

综合来看，可以将 GEME 工程视为 MEGA^2 在法国的继续和发展。虽然，GEME 在文本的电子化、索引的精准化等方面同 MEGA^2 存在诸多相似之处，但它在文本收录、受众群体及文本处理等方面同 MEGA^2 存在诸多差异。首先，收录的文本范围和形式不同。在收录范围上，GEME 并不计划收录 MEGA^2 的所有文本，除了搁置手稿、笔记以及部分通信外，马恩的其他著作和文章也并不全部收录；在收录形式上，除 MEGA^2 中的法文文献外，所收录的其他原始文本全部译成法文。其次，文本的受众不同。具体而言，MEGA^2 的受众主要是西方（主要是德国）具有较高文化程度的学术研究者，而 GEME 的受众则是法国广泛的一般读者。因此，GEME 在保证翻译的科学性、严谨性的同时，还面临着将文本通俗化的问题。最后，文本处理方式不同。GEME 并不像 MEGA^2 那样仅仅局限于对文本的编辑，GEME 的编译者并不是单纯的文本旁观者，其编译的过程不是简单的译介，还包括研究和理解的过程。他们甚至会对文本内容进行必要的注解，以保证受文化差异以及知识结构局限的普通读者能够进行有效阅读。基于以上分析，我们不难发现，GEME 在参考了 MEGA^2 部分文本编辑特点的同时，还承担了将"马恩著作集"通俗化的使命，可以将之理解为普及版的"马恩著作集"，这是法国马恩著作编纂领域的一次大胆尝试。

三 法文版《马恩大典》（GEME）编纂工程的现状及未来

截至目前，GEME 工程已出版 7 本著作，包括《哥达纲领批判》（2008 年）、《〈资本论〉未发表的一章》（2010 年）、《〈德意志意识形态〉第一、二章》（2014 年）、《〈政治经济学批判〉序言》（2014 年）、

---

① Gaston Lefranc，"Le Renouveau de L'édition des Œuvres de Marx"，*Anti-K*（*nos vies，pas leurs prof-its*！），Marxism，7 Décembre，2016.

《青年恩格斯著作集》（卷一）（2015 年）、《青年恩格斯著作集》（卷二）（2018 年）、《〈黑格尔法哲学批判〉导言》（2018 年）。① 据迪康热2019 年 5 月在中央党史和文献研究院的讲座中透露，GEME 工程将在"恩格斯诞辰 200 周年"之际译介出版部分恩格斯著作，其中包括在MEGA² 的基础上重新编辑出版的《社会主义从空想到科学的发展》法译本②，并在"导言"部分介绍著作的写作背景、拉法格编纂的法文版及德文版之间的区别，以及该版本在恩格斯逝世后的传播情况；重新出版《英国工人阶级状况》等恩格斯经典著作的旧译本；2020 年后系统出版马克思逝世后恩格斯出版的著作的全译本。虽然 GEME 工程提供了丰富的文本材料，但法国学界并没有因此而局限于文献考据工作，而是立足于文献，试图全面、真实地呈现马克思恩格斯思想的形成和发展过程。综合来看，GEME 工程将在法国社会文化领域产生重要影响。

第一，为法国的马克思主义研究提供坚实的文本基础，扭转以往法国在马克思主义出版领域的落后局面，推动马克思主义在法国的传播与接受。东欧剧变、苏联解体曾阻碍了马克思主义在法国的传播。此后数年间，法国文化领域整体上抵制马克思主义，"要通过论文或者在大学里当老师，就绝不能引用马克思主义的东西，或者从马克思主义那里寻求研究课题——至少要走迂回的道路"③，文献中少量有关马克思主义的引用也往往出于否定目的。从 20 世纪 90 年代中后期开始，许多左翼知识分子在同新自由主义的斗争中重新将马克思主义作为思想武器，近年来，马克思主义在社会、文化领域被进一步接纳。比如，在法国哲学领域颇为著名的法国大学出版社（Presses Universitaires de France）于 2007 年出版了

---

① 参见法国社会出版社最新出版数据（https：//edition-ssociales.fr）。恩格斯在法国社会主义运动当中没有得到应有的重视，GEME 工程之前，法国社会对恩格斯存在一定程度的偏见，导致之前并没有系统译介和出版恩格斯的相关著作。

② 迪康热在讲座中透露，新的译本并不是将 MEGA² 收录的德文版本重新翻译成法文，而是立足于法文版自身，对照其与德文版的重要改动，并以附录的形式呈现这些改动。

③ 托尼·昂得莱尼：《马克思主义在法国——托尼·昂得莱尼教授在中山大学的演讲》，王晓升译，《世界哲学》2007 年第 5 期。

第一部自己编译的《1844 年经济学哲学手稿》，《资本论》第一卷德文四版也"被纳入 2008~2009 年度哲学教师招聘会考的考试大纲中"①。2014年马克思作为有影响力的思想家正式被纳入"大学教师资格会考哲学汇总课程项目"（programme de l'agrégation de philosophie），进一步被法国官方思想界所接受②。然而，马克思思想在逐渐被思想界接受的同时，却面临着文本匮乏的困境。在 GEME 工程启动前，法国以往出版的绝大部分马恩著作已经在图书馆或书店消失不见，一些尚存的译本翻译水平参差不齐、翻译标准混乱，一些重要著作、手稿、笔记等还有待译介，这些都阻碍了法国马克思主义的传播与研究。可以说，GEME 工程对马恩著作的系统出版必将为马克思主义在法国的传播与接受奠定坚实的文本学基础。

第二，消除法国历史上马恩著作的编辑方式对学界的理解方式的负面影响。法国以往的"马恩著作集"编译方式的不合理性造成了思想界对马克思恩格斯思想理解的片面性，这主要体现在两方面：割裂马恩思想的整体性和"马恩对立论"。首先，科斯特版和吕贝尔版"马恩著作集"倾向于按照哲学、经济学、政治学的"三分法"来划分马克思恩格斯的著作。该分类方式虽有助于文本梳理，却割裂了理论的整体性，从而诱导读者对著作进行选择性阅读。在"三分法"的影响下，哲学家倾向于只阅读被归类于哲学部分的作品，从而忽略其他作品中的哲学思想——尤其是《资本论》中的哲学思想。其次，吕贝尔版"马恩著作集"强调马克思著作同恩格斯著作的异质性，甚至在著作编纂中排除恩格斯著作。受吕贝尔版"马恩著作集"的影响，此后众多法国学者都持有"马恩对立论"的观点，比如，比尔·阿兰（Bihr Alain）的《当

---

① 让-努马·迪康热：《2000 年以来法国马克思主义及左翼研究概述》，赵超译，《当代世界与社会主义》2014 年第 1 期。

② Guillaume Fondu, Florian Gull, "Marx de Retour à L'université ? Entretien avec Guillaume Fondu", *Media-part*（La Revue de Projet），24 Septembre, 2014. 尽管 1968 年五月风暴后马克思主义在大学教育界产生了重要影响，但是教育当局却将其排除在官方考核之外，法国大学教师资格考试等国家级重要考试都不涉及马克思及其思想著作。尤其是东欧剧变、苏联解体后的若干年中，马克思主义在法国教育界受到更为激烈的抵制，马克思主义只能以一种秘密的方式传播。

前如何（重）读〈资本论〉》① 以及伯纳德·瓦瑟尔（Bernard Vasseur）的《回归马克思：今天的马克思主义是什么?》② 都倾向于质疑恩格斯编撰《资本论》第二、三卷的合理性。可以说，法国对马恩著作的编辑方式直接影响着读者的阅读和理解方式，文本编辑的意识形态性和不完整性导致了学界对马恩思想的理解的片面性。面对种种理论歪曲，GEME工程进行了有力回击：一方面将马恩著作纳入整体编译出版计划；另一方面重视对恩格斯著作的编辑出版，强调恩格斯对整理编辑马克思未完成著作所做的贡献。这种系统科学的编辑出版方式有助于引导法国读者正确理解马克思恩格斯的思想，避免了别有用心者的歪曲与篡改。

第三，为解决当代法国社会现实问题提供理论借鉴。GEME 编委会成员亚历山大·费隆（Alexandre Féron）等指出，对于马恩著作的研读"不仅是为了了解当代世界，而且是为了寻找改变世界的方法"③。近年来，面对西方资本主义国家在经济、社会、文化等领域的危机，资产阶级经济学家、社会学家、人类学家们尝试从马克思的分析中寻求出路，并据此展开对资本主义的总体性批判。与此同时，得益于诸多"马克思传记"将其塑造为"独特的经济学家"，《资本论》等马克思主义经济学著作在法国受到追捧。面对资产阶级主流经济学对现实的合理性与合法性的辩护，GEME 编委会成员纪尧姆·冯杜（Guillaume Fondu）等强调了马克思主义经济学的现实有效性。他指出，当前西方主流经济学致力于论证其"研究客体"的合理性和永恒性，沦为为资本主义社会现实以及统治阶级的反社会政策辩护的理论，而马克思对"个体"（L'individu）的分析（"个体"是社会的产物而非社会的基础），依旧可以用来揭露当前资本主义主流经

---

① Bihr Alain, "Comment (re) Lire le Capital Aujourd' hui? Revue Interrogations?", N° 17, *L'approche Biographique*, 2014.

② Bernard Vasseur, "Quel Retour à Marx：C'est Quoi Le Marxisme Aujourd'hui?", *Conférence pour Espace Marx Oise*, 26 Octobre, 2017, http：// oise. pcf. fr/ 102838.

③ Alexandre Féron, Guillaume Fondu, "Sur L'édition de Marx Aujourd'hui", *Contretemp* (Revue de Critique Communiste), 20 Mars, 2016, (Propos recueillis par Cédric Durand).

济学、政治学的本质，为通往新的社会形式（共产主义）指明方向①。可以说，马克思的种种描述存在于法国资本主义发展的各个阶段。正因为如此，其著作成为描述法国资本主义机制与结构缺陷的重要文本依据，为分析、解决法国等资本主义国家的经济社会危机开辟了一条崭新的道路。

综合观之，GEME 工程自启动至今历经十余年发展，对法国马克思主义研究产生了重要影响，这"不仅在于其尝试提供较为完整和统一翻译的马克思恩格斯著作，还在于他们的工作进展本身就构成了法国马克思主义研究持续关注的对象"②。然而，GEME 工程在发展进程中依然面临诸多突出问题。第一，缺乏文本编辑的宏观时间表和路线图。这一方面使得 GEME 工程的进度难以把握，另一方面则使得工程缺乏时间约束，进展缓慢。第二，编译出版形式松散、不成体系。GEME 工程的文本编纂延续了以往"马恩著作集"的编纂特点，即著作集依然没有按照统一的编号进行编纂，出版的形式依然是单行本和文集的混合（甚至包括"袖珍版"图书），文本之间缺乏时间与逻辑上的关联性，"这一法兰西风格虽然在出版和发行上有灵活自由的优势，但是缺乏全局性，给卷册的统计也造成了困难"③。此外，根据 GEME 同 MEGA² 签订的合同④，只

---

① Guillaume Fondu, Florian Gull, "Marx de Retour à L'université ? Entretien avec Guillaume Fondu", *Media-part*（La Revue de Projet），24 Septembre，2014.

② 刘冰菁：《MEGA² 与法国马克思主义思想研究的新动态》，《现代哲学》2018年第 3 期。

③ 郑天喆：《法国历史上出版的"马克思恩格斯全集"》，《中国社会科学报》2012 年 7 月 18 日。这一方面源于法兰西人民自由、散漫的性格，另一方面则源于这种编辑方式相对于大部头的"马恩著作集"似乎更易于被法国民众接受与传播。

④ 国际马克思恩格斯基金会秘书长格拉尔德·胡布曼（Gerald Hubmann）博士指出："国际马克思恩格斯基金会与法国马克思恩格斯全集编辑协会（GEME 编委会——笔者注）签订了合作协议，根据协议，《马克思恩格斯全集》法文版在制定计划的时候可以得到国际马克思恩格斯基金会在编辑语文学鉴定方面的支持和咨询，而且可以利用 MEGA 的编辑稿、原文考证资料和注释。"参见《〈马克思恩格斯全集〉历史考证版（MEGA）工作完成过半：回顾与展望——曼弗雷德·诺伊豪斯和格拉尔德·胡布曼访问记》，朱毅译，《国外理论动态》2011 年第 4 期，第 5 页。

有 MEGA^2 出版后（包括法文文本），GEME 才拥有对文本的使用权，这也导致 GEME 在文献编辑中缺乏主动性和创新性。第三，资金来源不稳定。虽然脱离法共的 GEME 工程摆脱了政治因素对文本编辑出版的影响，不再是党的项目，但它也因此失去了法共的资金支持，从而面临着财政困境。未来，GEME 工程能否获得更多来自法国国家层面的资金、政策支持，对于工程的成功与否关系重大。然而，当前法国右翼势力的兴起使得这个目标的完成愈发困难。第四，组织结构松散，缺乏组织性。目前 GEME 工程由数个翻译团队以及约 100 名法国国内外的通讯学者组成，除少数全职人员外，绝大部分编委会成员实际上只是兼职志愿者（且多为年轻人），其译介的专业性及客观性还有待观察。

第五编　西方马克思主义的
思潮和人物

试论大卫·哈维空间思维范式的基本原则[*]

崔丽华

大卫·哈维从空间视域出发，创造性地提出"历史—地理唯物主义"，不仅突出了空间在当代哲学思想中的中心地位，而且建构了一种新的空间思维的理论范式，把差异性、象征性、内在性和开放性看成是这种新范式的基本原则，赋予了马克思主义新的时代价值和意蕴，值得研究和借鉴。

一　"历史—地理唯物主义"的四重原则

在《意识与城市经验》中，哈维第一次提出："历史唯物主义必须升级为历史—地理唯物主义。"[①] 这一观点的提出具有厚重的历史使命和鲜明的时代特质。在哈维看来，在历史唯物主义的传统中，空间的重要性一直被时间的维度所遮蔽，使得康德哲学中的时空双维世界成为只强调时间的单维世界，只有强调历史—地理双重含义，才能完整地表达资本主义社会。在哈维看来，马克思主义最根本的特征就是批判性，是对资本主义政治经济生活的批判，历史—地理唯物主义就是为了全面地实现这种批判性，是一种社会—空间的动态批判原则。它包含了四重方法论原则：差异性原则、象征性原则、内在性原则与开放性原则。

（1）差异性原则。差异性原则是指在进行社会批判时，必须考察事

---

　*　本文原载于《哲学研究》2014 年第 11 期，收入本书时有改动。

①　D. Harvey, *Consciousness and the Urban Experience*, Oxford：Basil Blackwell and New York：Johns Hopkins University Press, 1985, p. xiv.

物间的多元性特征，它由空间的异质性和关系性特征决定，"空间一直是个性化和社会差异的基本手段"①。的确，传统的马克思主义强调宏大叙事，用大而全代替了差异和区别。在交通、通信等技术高度发展的今天，世界已成为一个整体囊括起来，同时，阶级、生态、种族、国家等问题发生着深刻的变革。因此，必须以一种差异的方法把握社会历史，这就需要把空间引入社会批判之中。

空间中存在着冲突和矛盾，集中体现就是区域间的不平衡发展。哈维认为，历史—地理唯物主义正是以动态的社会—空间分析原则强调了不平衡发展。不平衡地理发展首先跟资本的两个倾向有关：第一，资本的流动性倾向。资本倾向于向可以获得更多利润和好的环境流动。第二，固定资本障碍。对固定资本的投资为未来的资本循环制造了障碍。哈维把这一问题分为两个部分：空间规模的生产与地理差异的生产。

空间规模的生产意味着人们总是预先设定空间规模的等级，比如，全球、洲际、国家、区域、地方、个人等，这就预先制造了不平衡的地理发展。接着资本本身运行的两个倾向，更加剧了这种不平衡。其中，哈维还论述了人类并不会坐以待毙，虽然存在着天然的差异，但是并不意味着这种差异不可改变。空间规模永远不是固定的、不变的，它会根据内容、程度、需求而不断改变和重新定义。在哈维看来："地理差异远远大于纯地理的遗产。它们总是不断地被当前发生的政治—经济和社会—生态过程所再生、维持、破坏和重构。"② 当代社会的一切变化，都从地理的角度打上深深烙印，所有大都市都在地理角度上发生了巨变。

不平衡地理发展就是要把空间规模的生产和地理差异的生产结合起来，只有这样的理解才不会陷入错误中去。同样，"正是通过对不平衡地理发展的了解才使得我们能够更加充分地认识当前资本主义全球化轨迹中的激烈矛盾。这有助于重新定义政治行动的可能领域"③。

（2）象征性原则。象征性原则是空间分析所内含的原则之一，它强

---

① D. Harvey, "Between Space and Time: Reflections on the Geographical Imagination", *Annals of the Association of American Geographers*, Vol. 80, No. 1990, p. 419.

② 大卫·哈维：《希望的空间》，胡大平译，南京大学出版社，2006，第74页。

③ 大卫·哈维：《希望的空间》，胡大平译，南京大学出版社，2006，第77页。

调"地理学想象",这指对场所、空间和景观在构成和引导社会生活方面的重要性的一种敏感。在哈维看来,地理学想象力"能够使⋯⋯个人去认识空间和地区在他们自己经历过程中的作用,去协调与他们看得见的周围空间,去认识个人之间和组织之间的事物关联是如何受到分离他们的空间的影响⋯⋯去评价发生在其他地区的事件的关联性⋯⋯去创造性地改变与使用空间,以及去正确评价由他人创造的空间形式的意义"①,着眼于解释社会生活的基础部分。在哈维看来,社会生活中存在着大量的空间问题,比如静坐抗议、街头游行、巴士底狱暴动、柏林墙的拆除等,不能只是根据现象本身的状况分析问题,还应发掘其背后所蕴含的象征意义,这就需要合理而正确地运用历史—地理唯物主义的象征性原则。

哈维把地理学想象与社会理论密切地结合在一起,他赞同布迪厄、莫尔等人的观点:不同的社会性质产生不同的时空观。这主要是因为时空的社会定义是根据客观事实决定的,同时还揭示了社会再生产的全部过程。时空观和社会是一个双向互动的过程:社会事实决定着时空观,同时时空观也反过来影响和造就社会事实。尤其是在当代,这一现象更加明显地影响着人类的社会生活。可以说,一个社会空间往往内在地象征着"一个社会空间结构的分配,表明了不同的角色、行为的范围和这个社会秩序下的权利路径"②。

空间包含了社会的象征性。时空体验的不同构成了现代主义和后现代主义的分水岭。对于当代资本主义社会的主要特征,哈维使用"时空压缩"来描述。时空压缩是指"资本主义的历史具有在生活步伐方面加速的特征,而同时又克服了空间上的各种障碍,以至世界有时显得是内在地朝着我们崩溃了"③。"资本主义卷入了一个长期投资于征服空间的

---

① 约翰斯顿主编《人文地理学词典》,柴彦威等译,商务印书馆,2004,第253~254页。

② D. Harvey, "Between Space and Time: Reflections on the Geographical Imagination", *Annals of the Association of American Geographers*, Vol. 80, No. 3, 1990, p. 419.

③ 哈维:《后现代的状况:对文化变迁之缘起的探究》,阎嘉译,商务印书馆,2004,第300页。

难以置信的阶段。铁路网的扩展，伴随着电报的出现、蒸汽轮船的发展、修建苏伊士运河、无线电通信以及自行车和汽车旅行在那个世纪末的开始，全部都以各种根本的方式挑战时间和空间的意义。"① 这只是空间的自然属性，从根本上讲，时空体验的变化造成了社会的变革，同时，这种变革又影响着时空体验。只有运用历史—地理唯物主义的象征性原则才能拨开层层迷雾，还原空间的社会含义。

（3）内在性原则。内在性原则是指在理解社会问题时必须从结构性的角度出发。哈维深受法国结构主义者阿尔都塞的影响，把社会批判中的诸种因素吸收进来，这表明人们所理解的空间并不仅仅是指空间本身，而是包含时间的空间。

在思想史上，一直存在着时间和空间对立的看法（早在康德那里就已经蕴含了时空二分的思想）。一些理论家只强调空间，他们对现代主义的线性时间大多嗤之以鼻。他们认为，"线性时间"是令人生厌的技术的、理性的、科学的和层系的。现代性注重时间，这就在某种程度上剥夺了人类生存的欢乐。另外，他们认为，时间是人们的一种发明创造，是语言的一项功能，因此它是随意的和不确定的。只有空间，才能更好地表达时代的特征和意蕴。

然而，有另外一种态度，"重新将历史的构建与社会空间的生产紧密地结合在一起，也将历史的创造与人文地理的构筑和构形结合在一起。从这种富有创造性的结合中正生成出各种新的可能性"② 。哈维就是这种态度的代表。他认为，时间和空间是两个不可分割的范畴。这可能与他地理学家的身份有关。绝大多数地理学家都把时间和空间作为现实的基础。各种各样的重要的存在是与它的概念密切联系在一起的。在 20 世纪50 年代和 60 年代，试图从一个描述性科学到预言性科学来重塑地理学，这为地理学的时间—空间思考进程提供了一个清晰的界限。在地域性的描述的地理学传统范式上，时间和空间是二分的。预言性的地

---

① 哈维：《后现代的状况：对文化变迁之缘起的探究》，阎嘉译，商务印书馆，2004，第 329 页。

② 爱德华·W. 苏贾：《后现代地理学：重申批判社会理论中的空间》，王文斌译，商务印书馆，2004，第 17 页。

理学使这种二分发生了转变,从描述和解释地理模型到理解地域动态经济和人类社会行为的本性。因此,从关注纯粹的空间形式到时间和空间中的客体运动和事件变迁,把城市发展和其他的一些现象作为空间扩散的过程。

哈维试图把空间和时间结合在一起。空间经验的变化总是涉及时间经验的变化,反之亦然,尤其是在解释相对的空间时,哈维说道:"无法独立于时间之外来解释空间。"① 这一观点也贯穿于其学术研究始末。在《地理学中的解释》一书中,他思考如何使时间和空间平衡。在《后现代的状况:对文化变迁之缘起的探究》一书中,他思考资本主义是如何重塑空间和时间的。更为重要的是,从《地理学中的解释》开始到《正义、自然和差异地理学》,他试图以空间—时间取代时空二分法。因此,哈维所说的空间是包含了时间的空间,是在更为广泛意义上来说的空间。

(4)开放性原则。历史—地理唯物主义是一种无限制的和辩证的探究方法,而不是一种封闭的和固定的理解实体,这也是马克思主义哲学最鲜明的特征之一:"我们的理论是发展着的理论,而不是必须背得烂熟并机械地加以重复的教条。"② 显而易见,当今的资本主义社会发生了根本变化,"客观的时空必须发生变化以适应社会再生产这一崭新的物质实践"③。

一提及空间,立刻就会想到封闭性,然而这是对空间的狭隘解读。在哈维看来,这种空间是牛顿、笛卡尔所说的绝对空间。他把空间分为:绝对空间、相对空间和关系空间。在社会生活中,关系空间发挥和产生了更大的作用和影响,其最大的特征就是开放性。"关系空间观点认为,在界定空间或时间的过程中,没有空间或时间这样的东西存在(如果上帝创造了世界,那么也是在许多种可能性之中,选择要创造特殊类型的

① D. Harvey, *Space of Neoliberalization: Towards a Theory of Uneven Geographical Development*, Weisbaden: Franz Steiner Verlag, 2005, p. 95.

② 《马克思恩格斯选集》第 4 卷,人民出版社,1995,第 681 页。

③ D. Harvey, "Between Space and Time: Reflections on the Geographical Imagination", *Annals of the Association of American Geographers*, Vol. 80, No. 3, 1990, p. 419.

空间和时间）。"① 关系空间主要包括内在关系的观念，也就是说，理解一个事物时，不可能仅仅依靠事物本身来理解，还取决于环绕着那个点而进行的一切其他事物。关系空间可以表达更多的内容和含义，可以驾驭更为丰富的内容，"唯有在最后这一种架构里，我们才能开始掌握当代政治的许多方面，因为那是政治主体性和政治意识的世界"②。历史—地理唯物主义正是借助关系空间实现对资本主义社会的政治解读。

资本主义社会是不断发展变化着的，这也是社会再生产和转化的内在需求。作为解释其内涵的方法论，历史—地理唯物主义也必定是开放和发展的，只有这样才能从本质上理解资本主义，而不是仅仅局限在一定时期。

历史—地理唯物主义是哈维重新构建马克思主义的元理论。差异是无所不在的和基本的社会的辩证法。象征性与内在性是社会生活的基础部分，开放性则是社会再生产和转变的基础，这四个方法论原则相互牵制、互相影响，共同构成了解释资本主义世界的总方法。质言之，历史—地理唯物主义实现了地理学与唯物主义研究的结合，地理学与马克思主义的结合，实现了时间与空间的双向互动，正如苏贾所言："这种历史地理唯物主义并不仅仅是在空间上对经验结果的追溯，也不仅仅是在时间上对社会行为在空间上的诸种制约与限制进行描述，而是一声振聋发聩的呼喊，呼吁对总体上的批判社会理论，……以及对我们审视、定义、阐释事物的许多不同的方法进行一次彻底的改革。"③

二　历史—地理唯物主义的理论贡献

空间，作为人类经验的维度，长期被传统马克思主义者所忽视。直

---

① D. Harvey, *Space of Neoliberalization*: *Towards a Theory of Uneven Geographical Development*, Weisbaden: Franz Steiner Verlag, 2005, p. 96.

② D. Harvey, *Space of Neoliberalization*: *Towards a Theory of Uneven Geographical Development*, Weisbaden: Franz Steiner Verlag, 2005, p. 100.

③ 爱德华·W. 苏贾：《后现代地理学：重申批判社会理论中的空间》，王文斌译，商务印书馆，2004，第68~69页。

到列斐伏尔出版了《空间的生产》一书，才开始了对马克思主义空间理论的解读。之后，随着福柯、卡斯特、鲍德里亚等人的关注，空间逐渐走出了阴霾。在这些人之中，哈维是独具特色的，他没有完全拘泥于对理论的解读，他一方面把自身的理论逻辑严格地限制在马克思主义的传统中，另一方面则试图以空间的视角来整合各种新社会运动，并提出新型的实践旨趣。他提出历史—地理唯物主义是把空间作为一种新的范式，将历史叙事空间化，实现了思维范式的革命，从空间角度推动了历史主义的进一步发展，实现了对资本主义的现实关注，具有深刻的解放旨趣和政治意识，从一个新的角度回答了马克思所说的"哲学家们只是用不同的方式解释世界，而问题在于改变世界"①。空间思维范式的形成，在解释学上具有重要的方法论意义。

（1）空间成为一种新的思维范式。每一种科学、每一社会发展阶段都有它关注的问题和讨论的主题。受列斐伏尔等人的影响，再加之当代社会的独特语境，哈维认为，当代社会最为重要的就是一种空间的思维方式。空间不再是一种"自然的常态、一种外生变量"，一种外在性的存在，而成为"我们理解社会结构和历史变迁的关键所在"②，成为本体性的存在。哈维赞成和继承了列斐伏尔所说的，不是在空间中生产，而是空间生产。在这个基础上，空间具有了本体论和方法论双重意蕴。

无论是分析资本主义经济学，还是寻找替代性方案，哈维莫不是从空间出发，运用社会—空间方法，透彻地展现了当代资本主义社会运行的全面图景。把空间作为一种新的思维方式是时代的要求。"历史唯物主义以及更广泛的批判理论框架中引入空间，这并不仅仅是简单的增量变化，即将另外一种新颖的变项或模式并入那些古老且未受置疑的重要的叙事。"③ 正如恩格斯所说："一切社会变迁和政治变革的终极原因，不应当到人们的头脑中，到人们对永恒的真理和正义的日益增进的认识

---

① 《马克思恩格斯选集》第 1 卷，人民出版社，1995，第 61 页。

② 哈萨德编《时间社会学》，朱红文、李捷译，北京师范大学出版社，2009，第 1 页。

③ 爱德华·W. 苏贾：《后现代地理学：重申批判社会理论中的空间》，王文斌译，商务印书馆，2004，第 69 页。

中去寻找，……不应当到有关时代的哲学中去寻找，而应当到有关时代的经济中去寻找。"① 从没有一个时代像当今时代一样强调社会的格局和时空变换，也从没有一个时代如当今时代一样被充分置于时空之中，全球化、城市化的浪潮席卷而来，这是一个空间的时代。把空间作为一种新的思维方式是理论的选择。受进化论的影响，以往的社会理论总是把社会当作一个"过程"，强调其线性发展和对规律的把握，忘记了社会区别于自然的空间的复杂性，这种局限性无法解释社会生活中所面临的一些新问题。这就需要从理论上引进"空间"，重新把握社会复杂性。

（2）马克思主义哲学的一场革命。在历史唯物主义的传统中，空间的地位长久没有得到重视。但是在第二次世界大战后，这种状况发生了改变，许多唯物主义者开始关注空间的价值。哈维对历史唯物主义进行了革新，认为"历史唯物主义必须升级为历史—地理唯物主义"。苏贾也指出，法国理论家列斐伏尔对于历史—地理唯物主义的出现给予了强有力的理论支撑。列斐伏尔把空间当作动态的物质力量来促进社会生活。把空间从马克思主义中彰显出来是其自身的一场革命。这是因为今天的时代相较于马克思时代，发生了很大的变化。对马克思主义哲学的理解，也应随之发生变化。马克思主义不是僵化的、封闭的体系，而是开放的、丰富的理论学说。马克思主义为了实现自身的使命，必须调整政治策略和理论结构。

因此，哈维对历史—地理唯物主义的理解和阐释是对马克思主义的一种新的尝试和突破。他试图借助空间来实现对资本主义社会的分析和批判，他的主题在经验层面上具有指导意义，体现着理论和实践的结合。总之，空间思维范式的进展是马克思主义哲学自身发展的一场深刻变革，它以时空为出发点，全方位地思考当今资本主义社会的方方面面。

（3）以空间为视角，实现对资本主义社会的关注。在马克思主义以及西方马克思主义庞大复杂的理论中，内含着一个不变的主题，即对资本主义社会的批判，批判性是蕴藏其中的逻辑线索。今天，我们不得不接受资本主义全球化所带给我们的时空改变。哈维对于我们理解资本主义具有重要的贡献，他呈献给我们的一系列概念回答了为什么资本主义

---

① 《马克思恩格斯选集》第 3 卷，人民出版社，1995，第 741 页。

把它自身的历史和地理联结在一起。

资本主义的发展并不是简单的历史和地理的变化，相反，资本主义是囊括一切的空间性和时间性。时空是资本主义的 DNA，是资本主义的运行硬盘。哈维解读资本主义以马克思的方法为依据，借助空间从三个方面实现了对资本主义的解读。第一，经济性。"我在这里只是要声明，关于空间和时间的新心理概念和物质实践的结构，是资本主义作为一种特殊的社会经济学体系兴起的基础。"① 他还认为："空间关系和全球空间经济的建构和再建构，正如亨利·列斐伏尔敏锐地指出的那样，是资本主义能够存活到 20 世纪的主要手段之一。"② 第二，文化性。空间可以很好地表现当代资本主义文化的主要特征，尤其是时空压缩对后现代主义所言说的碎片化、差异、毁灭的深入诠释。第三，政治性。全球化把世界压缩在一个村子里，我们的身份也因此发生了根本变化，我们究竟是谁？我们属于哪个空间/地方？我们是世界的公民还是国家的或地方的公民。因此，"坚持某种时空观是一个政治决定"③。正是基于以上，在资本主义下对时空的历史地理学达成一致看法才格外重要和具有意义。

总之，在 40 多年研究中，哈维以其独特的"历史—地理唯物主义"视角为分析当代资本主义作出了重要的理论贡献，他不仅成为马克思主义空间研究最杰出的代表，而且为"现代性""全球化""后现代主义""文化研究"等多个论域提供了重要的理论资源，并成为占据这些论域的一个重要左派旗手。所有这一切，都与他坚持和发展马克思主义的空间思想相关联，都与他把空间思维发展成一种科学范式相一致。

---

① 孙逊、杨剑龙主编《都市空间与文化想象》，上海三联书店，2008，第 12 页。
② 孙逊、杨剑龙主编《都市空间与文化想象》，上海三联书店，2008，第 13 页。
③ 孙逊、杨剑龙主编《都市空间与文化想象》，上海三联书店，2008，第 23 页。

传统空间理论的困境及当代"空间转向"[*]

崔丽华

长久以来，与"时间"范畴相比，在社会科学研究中，"空间"并不是作为"主词"出现的。提及空间，人们往往把它与物理学、几何学、数学、地理学等自然学科联系在一起，较少论及它的哲学意蕴和社会价值，即使讨论它的哲学和社会价值时，也仅仅作为关注的一个问题或依据的手段或工具。直到 20 世纪中叶，伴随着新技术"带来了崭新的生活方式，采用多样化、可以再生的能源，新生产方式淘汰了大多数工厂的装配线，新式非核心家庭出现，被称为'电子住宅'的新结构，以及未来完全不同的学校和企业。新文明为我们制定新的生活规范，带领我们超越标准化、同步化、集中化，超越密集的能源、金钱和权力"①，地点、方位、方位性、景观、环境、城市、地域以及领土这些概念开始成为当代人类生活的核心概念。本文试图对空间理论的发展脉络进行简要的梳理，从而展示出这一"深刻地改变当代世界的自然地理景观和批判理论的阐释性疆域"②。

一　传统空间理论的逻辑线索

纵观西方空间观念的发展，即空间概念化的过程，我们可以梳理出

---

*　本文原载于《马克思主义与现实》2014 年第 6 期，收入本书时有改动。

① 阿尔文·托夫勒：《第三次浪潮》，黄明坚译，中信出版社，2006，第 4 页。

② 爱德华·W. 苏贾：《后现代地理学：重申批判社会理论中的空间》，王文斌译，商务印书馆，2004，第 18 页。

两条逻辑线索：一条是"形而上学"的空间观，由亚里士多德开启，经牛顿、莱布尼茨和康德等人，直至黑格尔得以终结；另一条是"主体—身体"的空间观，经历了空间哲学的主体—身体向度的凸显、空间的心理学实验分析方法的流行以及空间概念的生存论阐释三个阶段，代表人物有洛克、贝克莱、尼采、梅洛-庞蒂、海德格尔等人。①

（一）从朴素的空间观到形而上学的空间观

关于空间的思考最初是形而上学的。在古希腊朴素的空间观中，大多把空间等同于虚空、处所、有限宇宙、几何空间等概念。原子论者认为世界的本原是原子和虚空。柏拉图在《蒂迈欧篇》中提出"空间"概念，认为在世界和现象界之间存在一个第三者，它是一切生成的载体，某种程度上说，是为天下之母。亚里士多德在《物理学》中，把空间（space）与位置（place）等同起来。他认为，空间是指事物占有位置的综合。所有物体都有长、宽、高三个维度，都占据一定的位置，不存在虚空，一些物质离开后，又会有新的物质补上。之后，欧几里得很好地继承和发扬了这种空间观，提出了几何空间，并成为"唯一的一种适于讨论地理问题的空间语言"②。这一时期对空间的理解主要依据直观经验和比较粗浅的自然知识而进行理论概括，缺乏一定的科学论证和严密的逻辑体系，带有猜测的成分，具有直观的、朴素的性质。

中世纪神化的空间观与上帝密不可分，空间是上帝的属性。这一时期的空间观是一个过渡状态的空间观念，是从斐洛到牛顿的过程。关于空间的理解主要形成了两种趋势：第一，把上帝等同于"位置"；第二，研究空间与光（时间）之间的关系③。受犹太神秘主义影响，大多数人把空间和光等同起来。这种观念还影响着牛顿，他把空间当作上帝的感

---

① 参见王晓磊《论西方哲学空间概念的双重演进逻辑——从亚里士多德到海德格尔》，《北京理工大学学报》（社会科学版）2010 年第 2 期。

② 大卫·哈维：《地理学中的解释》，高泳源、刘立华、蔡运龙译，商务印书馆，1996，第 231 页。

③ Max Jammer, *Concepts of Space：The History of Theories of Spacein Physics*, General Publishing Company Ltd., 1993, chapter 2.

官。除此之外，中世纪还出现了关于城市的观念。随着资本主义的萌芽、商业兴起，人们由于贸易、政治聚集在一起，便形成了城市。城市出现之后，对城市空间的规划问题就应运而生。此时，城市观念的最大特征就是融合了宗教和政治，如奥古斯丁的《上帝之城》。上帝之城是相对地下之城而言的，这里的"城"是社会的意思，进而延伸出国家的观念，可以说，这里的空间观已脱离了古希腊时期纯粹的直观经验形式，蕴含了浓厚的政治色彩。

直到近代，对空间的理解才逐步从朴素的空间观走向形而上学的空间观。最具特色的观念要数牛顿的绝对空间和德国古典哲学的空间观。牛顿在《自然哲学的数学原理》一书中提出了"绝对空间"和"相对空间"概念。"绝对的空间，就其本性而言，是与外界任何事物无关而永远是相同的和不动的。相对空间是绝对空间的可动部分或者量度。我们的感官通过绝对空间对其他物体的位置而确定了它，并且通常把它当作不动的空间看待。如相对于地球而言的地下、大气或天体等空间就都是这样来确定的。"① 牛顿虽然承认空间的客观性，但认为空间可以不依赖于某一具体的物质和运动而独立存在，因而他的空间概念具有明显的形而上学性质。之后，康德从认识论的角度来理解空间，提出了纯直观的空间观。他认为，空间是一种纯粹的直观形式，先天地存在于人的心中，通过空间人们才可以获得感性的表象。黑格尔则在《自然哲学》一书中，把空间与物质运动联系在一起。空间是物质存在的形式，同时物质也离不开空间，物质和空间是相互依存、互为条件的。黑格尔认为，空间是与运动密切相连的，也是因为运动，空间和时间不可分割。

从古希腊朴素的空间观，到中世纪神化空间观，再到近代形而上学的空间观，这条空间理论发展的逻辑线索是沿着理性迈进的。

（二）人文主义思潮下的空间观

人文主义思潮的兴起开启了对空间思考的另一条逻辑线索。空间不再

---

① H. S. 塞耶编《牛顿自然哲学著作选》，上海外国自然科学哲学著作编译组译，上海人民出版社，1974，第 19~20 页。

仅仅是一种物质存在，它还是一种文化、社会、经济现象。近代哲学的最大特征就是从本体论向认识论的转变，在这个转变过程中，自然科学的发展起了重要作用，尤其是几何学和数学的发展，主体意识逐渐凸显，形成了主体—身体空间观的最初形态，笛卡尔正是这一思想的代表人物。他的空间观念是建立在数学和几何学的基础上的。在论述物质时，他明确指出，空间就是广延，在自然界，物质是唯一的实体，天和地是由同一物质构成的。物质只是广延的东西，不能思想。除此之外，世界还包括"思维实体"，人既有形体又能思想，是两个实体结合而成的。这是最早把空间与思想、身体结合起来的论述，是关于主体—空间的最早雏形。之后，莱布尼茨在论述单子时提出了，在虚空中存在着灵魂和单子，它们以一种前定和谐给予的原则进行活动，前定和谐的灵魂决定了事物之间的秩序，这也就是说空间和时间是无关事物的纯粹秩序或关系性存在，是"纯粹观念"的东西，在这里，莱布尼茨想要表达的是，空间与人的思维意识存在着密切关系，是思维的存在，而不是物质的存在。然而究竟应该如何把握身心、物我的统一，笛卡尔等人并没有论述，留给了心理学的空间观来回答。

柏格森、梅洛-庞蒂试图给予回答。柏格森认为，记忆造成了人的行为。记忆是由知觉生成的，知觉并不是意识性的，而是和身体一样是物质的。记忆有两种，大脑记忆和纯粹回想。大脑记忆是人体对环境的适应，纯粹回想是独立于物质之外的纯真的意识。在他看来，只有纯粹回想具有时间性，而物质世界是没有时间性的，只具有空间性。意识具有时间性，身体是物质的，具有空间性。在他看来，身体是有限的，会消亡，而意识是永恒的，因此，时间具有优于空间的特性。通过对柏格森的分析，可以看出，此时已经出现贬低空间、高扬时间的倾向。梅洛-庞蒂则提出，传统心理学是关于视觉和大脑的，而知觉现象学则是关于身体的。他不同于柏格森把身体当作客观对象、物质实体，相反，他认为身体是主体和客体的统一体。身体具有知觉并占据空间，这就是身体—主体的空间。空间与人的存在相关，"我的身体在我看来不但只是空间的一部分，而且如果我没有身体的话，在我看来也就没有空间"①。他强

---

① 梅洛-庞蒂：《知觉现象学》，姜志辉译，商务印书馆，2001，第140页。

调这种身体—主体的空间具有知觉和物质两种特性。这种包容的特征在空间的生存论阐释中得到了更为全面的探讨。

海德格尔在《存在与时间》一书中，从现象学与解释学的方法出发，追问"空间如何存在"。在他看来，空间是与人的世界相关的，他把空间看作人的活动的场所，是人的本质力量的外显。然而，不可否认，海德格尔的空间是依据时间的，他提出了"面死而生"，空间是针对有限的时间而言的。"只有根据绽出视野的时间性，此在才可能闯入空间。世界不现成存在在空间中；空间却只有在一个世界中才得以揭示。恰恰是此在式空间性的绽出时间性使我们可以理解空间不依赖于时间。"① 海德格尔的生存论意义上的空间对后世影响深远。他从现象学与解释学入手，把空间与人的存在结合起来，这是对现代社会强调技术、强调功用的工具理性强有力的批判，具有美学意义，展示了空间发展的另一条路径。

二　传统空间观的理论困境

"从以往的资料可以看到，有多少种不同的尺度、方法与文化，就会有多少种空间以及在空间中展开的人类活动。"② 传统空间理论的两条逻辑线索，即从朴素的空间观到形而上学的空间观与人文主义思潮下的空间观展示了空间观念发展中的大致脉络和可能状况，但其中也必然存在着不足和有待解决的问题。

首先，空间理论存在二元论倾向。通过前文对空间理论发展的梳理，可以看到空间理论逻辑演绎的两条线索分别代表着西方思想发展的两种倾向：科学倾向和人文倾向，它们分别代表着对空间的不同理解和空间内涵发展的状况，代表了对空间理论理解的一种方式，这就无形地把对空间的理解割裂为两个部分。无论是把空间当作与自然科学密不可分的

---

① 海德格尔：《存在与时间》，陈嘉映、王庆节合译，生活·读书·新知三联书店，2006，第418~419页。
② 彭茨等编《空间》，马光亭、章绍增译，华夏出版社，2006，第2页。

部分，还是把它理解为文化、经济等社会存在，这两者之间不可调和、互相矛盾。这种二元论的倾向严重制约着空间理论的发展。因此，对空间理论理解的二元论倾向是传统空间观最大的理论困境之一。

其次，传统空间理论缺失社会性。对于传统的空间理论，列斐伏尔曾经在《空间的生产》一书的开篇中指出，把空间理解为“几何学概念”是由于“数学与现实的关系——是自然现实或社会现实——并不明显，而实际上这两个领域之间存在着深层的且不断地加深的裂缝”①。显然，他十分不满这种脱离社会现实而对空间进行理解的做法。在科学倾向中的空间理论，把空间与自然科学密切相联，忽视了空间的社会存在性。虽然说在空间发展的人文倾向中对空间的理解涉及了空间的社会因素和对存在的思考，但是这种思考和分析尚是浅层次的。这是由于传统空间理论对空间问题的重视不足以及空间在社会生活中尚未发挥重要作用。因此，在传统空间理论中，空间的社会性并未引起足够的重视。

最后，空间的弱势地位。这两种空间观内部也存在缺陷和问题。形而上学的空间观，无论是柏拉图、亚里士多德，还是牛顿、康德等人都肯定空间的客观性，但在本质上都把空间看作一个客观的、同质的载体或者容器，空间是其他事物存在和运动的参照系。人类的一切活动，就在这个“为天下母”的空间中展开，而忽视空间的本体论意义。在人文主义思潮下的空间观，虽然开始关注与人的存在相关的空间，把人的精神、心理、灵魂等因素与空间分析结合起来论述空间的意义，但存在重视时间、忽视空间的现象，如柏格森的空间、海德格尔的“面死而生”。尤其是随着进化论的出现，时间以一种强势的状态占据着思想的舞台，空间逐渐淡出人们的视野，被人们淡忘。在经典社会理论中，空间的维度是缺失的。正如福柯所言，整个 19 世纪以及 20 世纪前半叶是“历史（时间）”的时代，它始终作为一种主导精神占据重要地位。“19 世纪最重要的着魔（obsession），一如我们所知，乃是历史……而当今的时代或许应是空间的纪元。我们身处共时性的时代（epoch of simultaneity）

---

① Henri Lefebvre, *The Production of Space*, Donald Nicholson-Smith（trans.），Malden, Blackwell Publishing Ltd. , 1991, p. 2.

中，处在一个并置的年代，这是远近的年代、比肩的年代、星罗散布的年代。"①

进入 20 世纪中期，随着社会实践的不断发展，人类正步入以航天、核能、计算机、电信等技术为引擎的全球化时代，社会生活呈现出高度流动性、共时性、互动化、网络化特征。由此，"空间"问题也成为自然科学、建筑工程学、地理学、哲学、文学艺术、社会学和经济学等学科共同关注的焦点。正如爱德华·苏贾所说："在今天，遮挡我们视线以致辨识不清诸种结果的，是空间而不是时间；表现最能发人深思而诡谲多变的理论世界的，是'地理学的创造'，而不是'历史的创造'。"②此外，理论本身的发展，推动着空间研究的发展。一方面，随着后现代主义思潮的兴起，历史决定论逐渐被消解。为空间问题的浮现提供了理论空间，"空间转向"思潮兴起，具体所言即改变传统左派历史叙事之"时间优先于空间的偏好"。理论发展的另一方面则是后现代地理学对空间问题的重视。尤其是随着人文地理学的发展，空间被赋予了多种属性。列斐伏尔《空间的生产》的出版标志着空间理论正式出现。他试图矫正传统社会理论对空间的简单和错误看法。在他看来，我们的时代是多样性的时代，空间已不仅仅是社会关系演变的静止的"容器"，更多的是以一种多样性的表现形式展现。我们面临的不仅仅是一个空间，当代的众多社会空间往往矛盾性地互相重叠、彼此渗透。列斐伏尔认为，整个 20 世纪的世界历史实际上是一部以区域国家作为社会生活基本"容器"的历史，而空间的重组则是战后资本主义发展以及全球化进程中的一个核心问题。他把空间作为当代资本主义条件下社会关系的重要一环，空间是在历史发展中产生的，并随历史的发展而重组和转化。总之，列斐伏尔开拓了空间的社会维度，有力地将历史性、社会性和空间性联系在一个均衡的"三元辩证法"之中。

————————

① 福柯：《不同空间的正文与上下文》，陈志梧译，载包亚明主编《后现代性与地理学的政治》，上海教育出版社，2001，第 18 页。

② 爱德华·W. 苏贾：《后现代地理学：重申批判社会理论中的空间》，王文斌译，商务印书馆，2004，第 1 页。

之后，经由福柯、吉登斯、布迪厄、詹姆逊、爱德华·苏贾等人的不断深入研究，尤其是随着后现代主义的兴起和发展，空间以强势的姿态占据着社会、文化、经济、政治领域，在西方理论界逐渐形成了一种关注空间的氛围。福柯从政治的角度阐述空间。他透过空间的视角来解读欧洲城市史，提出空间权利的思想。他认为现代国家通过规划空间赋予空间一种强制性，达到制约人的目的。鲍德里亚则从文化的角度来阐述空间。他通过对巴特的符号学来解构大众文化，认为在后现代社会中，形象与真实之间的界限已被打破，出现"超现实"存在。詹姆逊的空间理论深受鲍德里亚的影响。他提出了空间迷向，认为在后现代那里是不存在真实空间（原始空间）的，而是被再生和复制的空间，超空间的主要特征就是引起人的迷向感。总之，空间开始回到人们的视野之中，成为当代社会理论最显著的特征。

三　当代空间理论的三种路向

当空间成为一种显学占据当代学术发展的重要地位之时，它已不再是一种背景性的存在，而成为学术研究的主词，并以三种路向即结构主义路向、文化路向和地理学路向构成当代"空间转向"的主线。

（一）空间理论的结构主义路向

空间理论的结构主义路向主要是把结构主义的视角引入对空间的分析中，强调分析范畴，强调各个要素、环节、部分之间的相互关系。这表明对于空间问题的思考朝着一种更为理性和科学的方向发展。这种倾向的代表人物是吉登斯，他把时间和空间当作社会实践的建构性因素，独创性地发展出了结构化理论。

吉登斯认为，社会科学的基本领域是由时空中有序组成的社会实践，在此基础上，他对社会实践进行结构化分析。他提出了结构是时空中社会实践的系统，时空关系是社会实践系统的构成特征。吉登斯提出把时空结构和权力结合在一起，具体而言，也就是特定的时空允许特定的资源配置和产生特定的资源的聚集。时空最大的能力就是储备能力，社会在时空中延伸扩展，从而拥有更多的权利，进而展开对现代性的论述，这也是他的时空观最具有特色和创造性的部分。他把其概括为"时空分延"（time-space distanctation）。"时空分延"包含两个部分：时空分离和时空延伸。在他看来，在前现代社会中，时间和空间是联系在一起的。然而当人类进入现代社会之后，出现了一种虚化的时间。此时的时间具有三个特征：第一，日历在世界范围内的标准化；第二，跨地区时间的标准化；第三，时间的虚化带来了空间的虚化。地点变得模糊不定，不再存在可靠的地点。在晚期资本主义社会中，随着时间的国际标准化，时空分延达到了最高水平，但是不能把这看成倒退或者是尽善尽美的单线式发展。"相反，与所有的发展趋势一样，它也是辩证的，也产生出了一些对立的特征。此外，时空分离又为它们与社会活动有关的再结合提供了基础。"① 尤其是在论述全球化的问题上，时空分延使得全球范围的协作成为可能，也使得全球范围的社会关系得以在时空中建立。社会关系和各种社会因素具有了在时空中伸延的能力，并与权力结合在一起。吉登斯把时空分延当作现代性激进扩张的动力之一。

（二）空间理论的文化路向

空间理论的文化路向是把空间理解为一种文化内涵，代表人物是詹姆逊。正如他强调，"后现代主义是一种主流文化（一种支配性的文化逻辑或支配规范），它允许一系列不同的居于从属地位的特征共同存在"②。他认为，我们的文化语言现今是被空间范畴所主导的，时间从属于空间，更多的是对空间范畴的维护。然而，在经过最初的仅是对空间范畴的维护之后，他开始深入地研究后现代建筑和空间，尤其是他把后现代主义理解为从时间逻辑到空间逻辑的一个转变过程。

詹姆逊关于空间的认识是严格地限制在马克思主义理论中的，沿着文化的路径展开，同时融合了资本主义的运行方式。他继承了曼德尔的

---

① 安东尼·吉登斯：《现代性的后果》，田禾译，译林出版社，2000，第17页。
② 理查德·皮特：《现代地理学思想》，周尚意等译，商务印书馆，2007，第245页。

资本主义分期理论，在把资本主义分成三个部分的同时，也与之相应地提出了三个空间：欧式几何空间、帝国主义空间和后现代空间。按照詹姆逊的理解，后现代主义是一种新的空间，或者被他称为超空间，这种空间是区分现代主义和后现代主义的有效途径。这个超空间使得人们感受到了个体的局限性，并最终在可测绘的地图上迷失了自己的位置。他认为，超空间是一种幻象，是不真实的存在。因为我们处在一个商品化的时代，新的文化逻辑是空间而非时间，众多的"摹拟体"出现，并似乎取代了真实的生活。超空间的迷向感很强烈，这为我们认识世界带来了巨大的麻烦，"人们在其中既不能够（在他们的头脑中）绘出自己的位置，也不能绘出他们所处城市的整体"①。詹姆逊认为，面对新的文化形式，个体必须进行改变，这种改变的方式，他称为"认知测绘"，即"在文化逻辑和后现代主义的诸种形式中体察权力和社会控制的一种工具性制图法的能力。换言之，以一种更加敏锐的方法来观察空间如何使我们看不到种种后果"②。这是他对超空间迷向问题的解决方式，是政治美学的一种新形式，关注人们如何在迷失的城市中找寻自己的位置。

总之，通过对詹姆逊认知测绘理论的分析可以看出，空间观的文化倾向强调空间与社会文化因素的互动关系，从而拓展了空间新的内涵。

（三）空间理论的地理学路向

空间问题一直就是地理学研究的焦点。当代空间理论的地理学路向从更为微观和细致的角度分析了空间的意义和价值，主要代表人物是爱德华·苏贾。

爱德华·苏贾关于空间的理解是随着对后现代主义的分析展开的。他以结构主义和后结构主义的理论为基础，通过空间理论，展示了马克思主义与后现代主义之间的融合。他认为，在20世纪后半叶，空间研究成为后现代主义的显学。对空间的思考大体呈现两种维度。空间既被视为

---

① 詹姆逊：《后现代主义，或晚期资本主义的文化逻辑》，载薛毅主编《西方都市文化研究读本》第 3 卷，广西师范大学出版社，2008，第 298 页。

② 爱德华·W. 苏贾：《后现代地理学：重申批判社会理论中的空间》，王文斌译，商务印书馆，2004，第 96 页。

具体的物质形式，可以标示、分析和解释，同时又是精神的建构，是关于空间及其生活意义表征的观念形态。

　　他提出了社会—空间辩证法，这主要是对列斐伏尔的三元空间辩证法的吸收和再认识，社会—空间辩证法是指社会与空间的双重关系。"假若空间性是各种社会关系和社会结构的结果/具体化，又是手段/预先假定，即空间性是各种社会关系和社会结构的物质所指，那么社会生活必须被视为既能形成空间，又偶然于空间，既是空间性的生产者，又是空间性的产物"①，社会与空间这两者之间的关系是互为因果、相互制约。空间是社会的产物，空间因社会发展而不断生成，同时空间还是社会发展的制约因素。在充分理解了空间与社会之间的辩证关系基础上，他提出了"第三空间"。第三空间源于对第一空间和第二空间二元论之间关系的重构。第一空间是一种空间的物质性，主要指可以用来描述的事物。第二空间是指关于空间观念的构想，精神性的或认知性的空间表征。在传统空间理论中，存在着在这两者之间择其一的对立思想，为了弥合这种分裂，苏贾基于新的历史条件，提出了空间想象的"第三化"。第三化在他看来是基于物质世界的"第一空间"和根据空间想象得来的"第二空间"之间辩证的重新组合和拓展。他也把"第三空间"当作一个他者化的过程，就是一种介乎于真实与想象之间的道路。最为重要的是他借助这一概念实现了对当下政治实践的分析和理解，尤其是后殖民主义、女性地理学、边缘地理学等，因为政治往往是真实性和虚假性并存的一种实践活动。

---

① 爱德华·W. 苏贾：《后现代地理学：重申批判社会理论中的空间》，王文斌译，商务印书馆，2004，第196页。

寻求政治解放的新可能性[*]

——论大卫·哈维空间正义理论

崔丽华

大卫·哈维是当代西方马克思主义地理学家，代表作有《后现代的状况：对文化变迁之缘起的探究》《希望的空间》《新帝国主义》等。在他学术理论后期，更多试图从"空间"视角来阐明社会政治问题。他曾说过："空间与时间的地理学，促使我们批判地反省我们是谁，以及我们为之奋斗的是什么？我们试图建立的空间和时间概念是什么？这些如何与资本主义条件下变化多端的时空的历史地理发生关联？一个社会主义的或对生态负责的社会的空间和时间，看起来像什么样子？"[①] 把空间与政治学联系在一起是大卫·哈维研究问题的主旨，也是他实践马克思主义的路径。

一 问题的提出：空间与政治

早在现代地理学兴起伊始就开始了为资本主义领土扩张、经济剥削和阶级斗争找寻合法化的途径，这时的地理学已鲜明地打上了政治意识

---

[*] 中央编译局哲学社会科学基金项目"历史唯物主义的重建：大卫·哈维空间理论研究"（13C05）的阶段性成果。本文原载于《教学与研究》2016年第5期，收入本书时有改动。

[①] David Harvey, "Between Space and Time: Reflection on the Geographical Imagination", *Annals of the Association of American Geographers*, Vol. 80, No. 3, 1990.

的烙印。尤其是在20世纪60年代中期，具有鲜明政治色彩的激进地理学的兴起，其研究的核心问题是不平等、种族歧视、性别歧视、环境问题等，它赋予了传统地理学新的内容，也赋予了空间新的内容。在这里，空间与正义密切联系在一起。

在撰写《地理学中的解释》一书时，大卫·哈维还是一个典型的实证主义地理学家，但之后，随着人文地理学的兴起，他逐渐认识到，地理学绝不应仅仅是中立的实证分析，相反，而应朝着社会生活，思考更为宽泛的内容，应具有价值倾向。

哈维看来，空间把人们分成了不同的等级。有居住在城市的，也有居住在乡村的，即使是居住在城市里的人，也分为居住在高档社区和生活在恶劣环境中的人。为了争夺空间频频爆发暴力事件。在《社会正义、后现代主义和城市》一文中，大卫·哈维借助约翰·基夫纳的一篇关于纽约汤普金斯广场公园中对空间的激烈争夺的文章讨论了当前城市中差异性问题。在这个公园广场上聚集了各色人等，但是当局为了保持统一性，把所有人都驱逐出公园，最终引发了关于空间争夺的暴力事件。的确，当前的城市是一个充满差异的城市，尤其是一些大规模的城市，是各种文化的汇集地。因此，所要做的就是在这种差异中确立制度，从而实现对各种差异的认同和尊重，这也构成了大卫·哈维正义观的主要内容。

这与罗尔斯（与大卫·哈维同一时期）的正义观有很大不同。在《正义论》一书中，罗尔斯充分地展示了其所建构的乌托邦理论。这一理论是建立在"无知之幕"的前提预设基础上的。他认为，要想实现社会的正义，就必须在制定正义理论时，首先提出"无知之幕"，这样一个前提预设，即制定原则的各方处在"无知之幕"之后，他们不知道他们自身的社会地位、阶级出身、禀赋，以及他们所处的时代和社会的经济状况、政治状况和文明水平等知识。"无知之幕"于是被转化为"知识的限制"，即在制定正义原则时，知识应该被限制在一个范围内进行讨论，从而不会带来不公平和不正义的结果。"知识被限制"则意味着知识在某种程度上具有道德含义，具有善恶之分。在《正义论》这部著作中，罗尔斯试图说明知识具有不公平和不正义的内涵，因此，在制定原则之前必须排除这种恶知识。

　　罗尔斯强调的是没有差异的统一，强调的规则是在无差异下的，而大卫·哈维则是深深地扎根于当下的资本主义生活，这也许与其深受马克思主义思想影响有关，他认为首先应该肯定社会差异，只有肯定了这种差异才能够寻求解决问题的办法。可以说，罗尔斯是元理论者，更多的是设想如何构建一个没有瑕疵的理论方法，而大卫·哈维则是从实践生活出发试图解决生活中的种种难题，比如城市中无家可归者的居住问题、城市功能的设计问题等等。大卫·哈维之所以能够把空间与正义结合起来论述，归根结底是因为空间所包含的政治属性。

　　最早提出空间是政治性的当属列斐伏尔。在《对空间政治的反思》一文中，他明确提出，"空间是政治性的。空间不是一个被意识形态或者政治扭曲了的科学的对象；它一直都是政治性的、战略性的"①。在他看来，空间是政治性的、意识形态的。它是一种完全充斥着意识形态的表达，资本主义早期的殖民掠夺就充分体现了空间的重要性和政治性。可以说，资本主义从建立之初，就把对空间的掠夺纳入其重要的议程中。在中世纪，奥地利公主凯瑟琳嫁给葡萄牙国王约翰三世，从而联合起16世纪欧洲最强大的两个皇室集团。在公主的嫁妆中一组豪华的壁毯备受皇族的青睐，这组壁毯名为"球体"。壁毯的第三幅画是《朱庇特与朱诺荫护下的地球》，描绘了人类生活的地球，画的两侧分别站立着不朽的朱庇特和朱诺。在作品中的地球上，展示了非洲全境，向东直达印度和"香料岛屿"摩鹿加群岛，其中，非洲和印度海峡、东印度群岛被精确地分隔开，都插上了象征着属于葡萄牙势力范围的旗子，宣布这些地区归其所有。可以说，这幅作品，体现了西方资本主义原始积累时期对世界空间的掠夺。

　　在大卫·哈维看来，空间是社会的空间，内含着政治性，透过空间实现对资本主义世界的政治批判，尤其是在其关于不均衡地理发展的论述中。他把不均衡地理发展与资本的流动性倾向和受固定资本制约两个因素密切联系在一起，从空间规模的生产与地理差异的生产两个方面进

---

①　亨利·列斐伏尔：《对空间政治的反思》，载薛毅主编《西方都市文化研究读本》第3卷，广西师范大学出版社，2008，第52页。

行分析。正是空间的差异性形成了各种各样的形态，从而引发了各种社会问题，因此空间内含着政治性。

二　不均衡地理发展中的政治学

在大卫·哈维看来，不均衡的地理发展是最值得大力研究和关注的概念，这是社会问题产生的根源，这也是他从空间角度构建其政治学的核心内容，历史地理唯物主义者必须承认，在研究"正义"这个问题时，完全不同的社会生态环境代表着完全不同的回答方法。

马克思恩格斯在《德意志意识形态》《共产党宣言》等著作中提出了世界历史的思想，认为随着资本主义生产技术的不断发展，各民族狭隘的民族主义必将汇入世界历史进程。自此，西方马克思主义者运用马克思的世界历史思想，从不同视角、方式、层面展开了对全球化问题的探讨，并提出了独特而新颖的理论。列斐伏尔曾认为，空间的不平等是资本主义积累所必需的。爱德华·苏贾也曾经说过："资本主义存在本身就是以地理上的不平衡发展的支撑性存在和极其重要的工具性为先决条件的。"① 曼德尔则在《晚期资本主义》一书中，分析了地理不均衡发展的重要性。在大卫·哈维看来，不均衡地理发展是非常值得大力研究和关注的，它是当今资本主义社会，尤其是全球化以来，各种社会问题产生的根源。同时，不均衡地理发展理论也是他从空间角度构建其政治学的核心内容。他旨在回答两个方面的问题。

一方面主要回答：为什么资本主义在马克思之后获得了长足的发展。二战后，随着科学技术的发展，资本主义并没有按着马克思所预言的走向灭亡，相反，其社会出现了"超稳定"的局面。一些理论家开始叫嚣着"马克思主义过时论"。"在 20 世纪的大部分时间里，资本主义的未来一直遭到严重质疑。今天的情形完全不同了，因为来自社会主义的挑战已经土崩瓦解。在全世界任何一个做过尝试的地方，社会主义都遭遇

① 爱德华·W. 苏贾：《后现代地理学：重申批判社会理论中的空间》，王文斌译，商务印书馆，2004，第 162 页。

了失败并被迅速抛弃。资本主义俨然成为一种真正全球性的现象。"① 在这种情况下，哈维认为，有必要从空间角度，通过阐释资本主义社会的不均衡地理发展来回应马克思主义是否已经丧失了生命力的问题。

在哈维看来，差异性和多样性在今天的理论中具有重要的作用，它承载着打开人类可能未来的重任。在阐述这个问题时，我们遇上了马克思本人为我们设定的障碍。众所周知，马克思描述的共产主义社会是一种有差异的个人联合体，是在已经同质化的资本主义世界废墟上诞生的。然而，这种同质化的资本主义世界并没有出现，相反我们看到的却是资本主义不平衡发展中差异性和多样性的体现。"一方面，空间障碍和地区差异必须被打破。然而，完成这个最终目标的手段却是必须生产出新的地理差异，这些地理差异成为将要被克服的新型空间障碍。资本主义的地理的组织化使这些矛盾内化进价值。"② 哈维认为，这是因为马克思对资本潜在力量的低估，对资本三种空间能力评价的不足。这三种空间能力为：一是通过雇佣劳动和市场交换而实现的全面同质化中粉碎、分割及区分的能力；二是吸收、改造过去文化划分的能力；三是制造空间差异、从地理政治学上动员的能力。

他认为，正是资本的这三种空间能力，造成了资本主义世界的不均衡地理发展，并形成了世界市场，在时间和空间上延长了资本积累的过程，缓解了因过度积累而引发的经济危机，从而使资本主义继续向前发展。但这并不是说，马克思的预言失败了。在哈维看来，资本主义通过不均衡地理发展只是缓解了经济危机，并没有从根本上消除。只要资本存在，只要资本的本性没有发生改变，马克思的预言终将实现。

另一方面主要回答：当代政治经济命运为何极其多变。当今世界政治经济形势极度多变，"横越世界经济体内部各空间（各种不同尺度）的当代政治经济命运极度多变"③，尤其是冷战后，两极对峙局面被打

---

① 彼得·桑德斯：《资本主义：一项社会审视》，张浩译，吉林人民出版社，2005，第1页。

② David Harvey, *The Limitto Capital*, Oxford：Blackwelland Chicago, IL：University of Chicago Press, 1982, p. 417.

③ 大卫·哈维：《新自由主义化的空间》，王志宏译，群学出版有限公司，2008，第65页。

破，多极格局形成。但是由于打破了原有的力量平衡，民主、宗教、领土等矛盾日益凸显，霸权主义、恐怖主义威胁世界和平。

要回答这个问题就必须深入地研究不均衡地理发展理论，哈维认为当代最为复杂和最为凸显的政治特征就是不均衡地理发展的长期性和永久波动性。正是全球资本主义发展表现出的不均衡地理发展的特质，即技术急剧发展，人员、资金、信息等在全球范围内的频繁流动，生产、技术、资本在全球空间的重新布局等，带来了国家发展与政治主题的深刻变化。这一观点也成为共识，即"推动资本主义发展的全球性和国家性动力、劳动力的国际化分工、国际权力关系的帝国主义体系、围绕着劳资关系的冲突，都使得地理空间之间和社会阶层之间的经济、社会、政治和文化水平的两极分化达到了前所未有的极端程度"①。也正是由于当代社会中不均衡地理发展的事实是客观存在的，于是，在寻求可能性替代性方案中，又为不均衡地理发展创造了机会，从而造成了现代政治经济命运的极度变化。

哈维认为，这两个问题的存在，需要我们深入而细致地研究和探讨不均衡发展理论，探讨隐藏于资本主义繁荣之后的本来面貌。

对于不均衡地理发展理论，哈维将其限定在资本主义的运作中讨论，尤其是1970年以来的世界范围内的新自由主义运动地图，这样一个运动地图就勾画出此起彼伏的不均衡地理发展。

关于不均衡地理发展理论，哈维从四种彼此重叠的解释中，概括出"统一"场理论（"unified" field theory）。这四种关于"不均衡地理发展"的解释分别是：历史主义的解释、建构主义的解释、环境主义的解释和地缘政治的解释②。历史主义的观点也就是一种进步主义的观点。它认为，先进社会形态的出现造成不均衡地理发展，如资本主义的出现让其所在的领土、文化通往经济、政治、制度与认知的进步之列。落后则源于抗拒或无力赶上以西方为中心的资本主义，这无形中就产生了差

---

① 劳尔·德尔戈多·怀斯：《移民与劳工问题：帝国主义、不平等发展和劳动力被迫转移》，王乙茹译，《国外理论动态》2014年第4期。

② 大卫·哈维：《新自由主义化的空间》，王志宏译，群学出版有限公司，2008，第66~68页。

距。建构主义认为，剥削行为造成了不均衡地理发展。"由势力最强，投身于对整片疆域与人口及文化的帝国主义、殖民或新殖民剥削的民族国家，凭其政治、军事和地缘政治活动来支持的资本主义剥削性作为，乃是不均衡地理发展的根源。"① 环境主义则把自身环境的差异当作不均衡地理发展的原因，这十分像环境决定论的观点。地缘政治的解释则认为政治和阶级斗争造成了不均衡地理发展。哈维认为，这四种解释都有可取之处，他的不均衡地理发展理论就是在此基础上，通过综合概括形成的"统一"场理论。

对于用"统一"场理论概括的不均衡地理发展理论，哈维提出了四个约束条件。一方面是希望以简洁的方式便于理解，另一方面又能够涵盖全部内容。这四个约束条件是：资本积累过程中社会—生态生活中的物质嵌入，剥夺性积累，时空中资本积累的特性以及各种地理尺度上的政治、社会与"阶级"斗争。通俗地讲，就是社会系统中的物质、掠夺式积累、时空中资本积累和资本主义地缘政治造成了资本主义的不均衡地理发展。我们可以看到，这四个方面深受历史主义的解释、建构主义的解释、环境主义的解释和地缘政治的解释的影响。

哈维把不均衡地理发展与资本积累过程密切相联，通过资本的积累过程，论述了上述四个条件对不均衡地理发展的影响。第一，资本积累是资本主义活动的核心，其各种物质过程必须配合资本积累的目的，相应地，资本积累也必须适应它的物质条件。不同社会群体会有不同的物质形式，也就产生了不同的资本积累形式，最终塑造着资本主义的不均衡地理发展。第二，掠夺式积累。不难想象，资本总是倾向于向获得最多利润的地方和好的环境流动。资本家阶级的崛起最初并不是仰仗于产生剩余价值，相反是通过掠夺剩余价值而实现。掠夺式积累是资本主义存活的必要条件。资本主义体系要想实现长久的发展，就必须维持规模庞大的掠夺式积累。于是，通过掠夺而造成的不均衡地理发展，乃是资本主义稳定的必然结果。第三，时空中的资本积累。这一个影响因素主

---

① 大卫·哈维：《新自由主义化的空间》，王志宏译，群学出版有限公司，2008，第66页。

要是针对如何解决经济危机的问题，哈维提出了两个办法：一个是时间转移，即把资本和剩余劳动吸收到长期的计划中，比如大型公共工程；另一个是空间修复，也就是将资本和劳动剩余分散或出口到比较有利可图的新空间中去。这两种方法通过市场交换、空间竞争、劳动的地理分工、垄断性的竞争、时间消灭空间等过程造成了资本主义的不均衡地理发展。第四，资本主义的地缘政治。这对不均衡地理发展的影响主要体现在处理资本主义的疆域逻辑与资本主义逻辑之间的矛盾，也就是政治因素和资本的自由地理循环之间的矛盾上。所谓疆域逻辑是指，疆域上的实体，比如国家，为了在自身权利范围内确保利益，所诉诸和运用的政治、外交与军事策略。资本主义逻辑则是指经济势力跨越连续空间，经由生产、贸易、商业、资本流动、货币转移、劳动迁移、技术转移、通信、文化等日常实践，远离疆域实体的方式。这两者之间的矛盾造成了不均衡地理发展。

综上所述，哈维认为，资本主义尤其是新自由主义的扩张版图就是通过不均衡地理发展而存在的，不均衡地理发展理论旨在从空间视角切入，以马克思主义理论为指导分析资本主义发展的不平衡本质，并且将其与空间和地点之间的动态关系联系起来，克服了历史唯物主义忽视空间维度的弱点，弥补了马克思主义理论的不足，解释了资本主义社会的本质。哈维的独特之处在于，洞悉到历史地理学对于全球资本主义经济发展的决定性意义和重要作用，并且在理论实践中将这一理论与现代国际政治形势变化相结合。不能说哈维在此努力建构的不均衡地理发展的"统一"场理论以及对空间的理解是毫无瑕疵的，但至少可以说，哈维为我们深入理解今天这个新时代的新特点做出了自己的贡献。

正是因为资本的流动性更为深刻地造成了不均衡地理发展，必然会导致地缘政治冲突，甚至有可能破坏国家的统治。因此，发达资本主义国家需要采取行动来控制这种资本的流动性，从而产生了帝国主义行为，在新的时代背景下，被称为"新帝国主义"。

三　"新帝国主义"中的剥削

的确，与马克思恩格斯生活的时代相比，当代资本主义社会已发生了很大的变化，但有一点没有变，就是掠夺、压迫的本性没有变，但是以一种更为隐秘的形式追逐着利润、实现着最大化的发展。在大卫·哈维看来，这些变化带来了一系列的威胁，有必要对其进行深入的研究，他使用"新帝国主义"这一术语来描述当代资本主义社会。

在《新帝国主义》的开篇，大卫·哈维就表明这本书的写作目的是"研究全球资本主义的现状，以及一个'新生的'帝国主义在其中可能将发挥的作用。我力求从长时段的视角和通过我称之为历史地理唯物主义的镜头来实现上述目的"①。"新帝国主义"是相对于"帝国主义"而言的。早在 1902 年，英国经济学家霍布森在其出版的著作《帝国主义》中阐述了帝国主义的观点。1917 年，列宁在《帝国主义是资本主义的最高阶段》一书中，批判、继承和发展了前人的思想，第一次对作为资本主义特殊阶段的帝国主义展开了系统的马克思主义的理论分析。列宁认为："如果必须给帝国主义下一个尽量简短的定义，那就应当说，帝国主义是资本主义的垄断阶段。"② 在大卫·哈维看来，列宁的帝国主义理论"是历史性的，而列宁使用'帝国主义'一词，是描述资本主义在发展的特定阶段，明确地说是 19 世纪后期和 20 世纪初期所呈现的现象形式的一般特征"③。列宁的分析是从历史唯物主义观点出发，"混合了历史分析和来自马克思理论的某些根本洞见"。总之，帝国主义是"用于解释资本主义社会形构在世界舞台上的历史发展"④。

大卫·哈维提出新帝国主义是基于帝国主义的历史分析，从空间角度再现了当代资本主义政治社会的根本面貌。新帝国主义的最大特征就是运用历史地理唯物主义的分析方法（社会—空间批判方法），以全新

---

① 大卫·哈维：《新帝国主义》，初立忠、沈晓雷译，社会科学文献出版社，2009，第 1 页。

② 列宁：《帝国主义是资本主义的最高阶段》，人民出版社，2001，第 77 页。

③ David Harvey, *Spaces of Capital*：*Towards a Critical Geography*, Edinburgh：Edinburgh University Press and New York：Routledge, 2001, p. 261.

④ David Harvey, *Spaces of Capital*：*Towards a Critical Geography*, Edinburgh：Edinburgh University Press and New York：Routledge, 2001, pp. 263, 258.

的视角回答了当代资本主义社会政治生活所呈现的新趋势、新变化及新特征。

新帝国主义与传统的帝国主义不同，不再是显而易见的殖民压迫，而是以资本的形式实现着其隐性剥削的目的，在大卫·哈维看来本质上就是资本帝国主义。它指"国家和帝国的政治"和"资本积累在空间中的分子化"这两种要素矛盾的融合。因此，可以看到，新帝国主义的两个主要特征分别是国家权力和经济权力。这两者是有机地联系在一起的，相互影响、相互作用。新帝国主义理论主要包含两个内容。

第一，权利的政治/领土逻辑与资本逻辑。

对于这一观念，大卫·哈维先提出了必须思考的问题："固定在空间内的权力的领土逻辑如何能够应对资本无休止的对外扩张的动力？资本的无限积累对于权力的领土而言，又意味着什么？"① 当然，可以肯定的是，这两者之间存在着天然的矛盾，政治家是要在一个相对封闭的体系内，制定政策、维护主权、实施统治，而资本追逐利润的本性却要突破这种体系，调动一切可以调动的力量。因此，资本为了实现这个目的，甚至不惜采取各种措施。资本主义的政治也当然要符合资本主义的经济模式，领土权力的积累伴随着资本的积累不断扩张和膨胀，随之形成霸权，无论是最早的英帝国主义的"日不落帝国"，还是之后美国的霸权地位，在帝国主义那里，领土的逻辑最终要服从资本的逻辑。

第二，由扩大再生产向剥夺性积累转变。

马克思在论述资本原始积累时，揭开了资本主义发展史上血淋淋的一页。在 15 世纪末的英国，大地主和农场经营主这些最早的资产阶级为了在毛纺织业获得高额利润，不惜用暴力掠夺公有地和份地，拆毁和焚烧农舍和村庄，用栅栏和篱笆把大片土地圈起来变为牧场。同时，还以法律的形式禁止农民流浪，强迫他们成为雇佣劳动者，强迫他们接受雇佣劳动制度。帝国主义时期的资本主义更是充分暴露其剥削的本性，比

---

① 大卫·哈维：《新帝国主义》，初立忠、沈晓雷译，社会科学文献出版社，2009，第 29 页。

如，推行殖民制度，贩卖黑奴，进行商业战争，发行国家公债，建立现代税收制度和保护关税制度等等。资产阶级是用侵略、征服、残杀、掠夺和奴役书写资本主义发展史的。

当然，这也导致了被压迫阶级的反抗，两次世界大战就说明了这一问题。在二战后，很长一段时间内，资本主义貌似放弃了这种赤裸裸的剥削形式，转而发展技术，通过扩大再生产实现经济的增长。但是，只要资本主义存在就不可能改变它剥削的本质。

在此基础上，大卫·哈维提出了一种新型的社会形态即新帝国主义，用它来描述资本主义当下的状况。新帝国主义最大的特征之一就是采取剥夺性积累的方式实现资本积累，但是这种积累又有了新的内容和含义，就是对空间的占用和掠夺。

大卫·哈维通过研究马克思所提及的原始积累，认为在当代这种积累依然强烈地存在着，这就是剥夺性积累，这一观点是对马克思的原始积累理论的一种修复，这种修复包含对原始积累文化和社会成就的掠夺，而且也需要对抗这种文化和社会成就。在这里，大卫·哈维借助汤普森的工人阶级"自己创造自己"理论，说明了任何一种行为都是需要考虑不同的地理学、历史学和人类学差异。因此，原始积累在今天发挥着更为重要的作用和手段，比如信贷体系、金融资本、全球浪潮把世界融为一个体系，这些形式成为当前投机性和掠夺性的特征。在大卫·哈维看来，剥夺性积累主要包括三个方面。第一，新一轮的圈地运动：私有化。"对迄今公共资产（比如大学）的公司化和私有化，更不用说横扫整个世界的私有化浪潮（水以及所有种类的公用事业），显示了新一波的'圈地运动'。"[1] 可以发现，随着资本主义的不断发展，国家资本正在向私人资本转变，公有制向私有制转变，这是由资本的本性决定的，也为过度积累的资本打开了盈利的新空间，但是随之带来了新的社会问题，人们对政治、经济的热忱降低，更为严重的是产生了大量的失业人口，并成为社会中最不稳定的因素。第二，采取非常手段，操纵和制造危机。

---

[1] 大卫·哈维：《新帝国主义》，初立忠、沈晓雷译，社会科学文献出版社，2009，第120页。

在现有的资本主义体系中存在一种职能，那就是精心地安排贬值、实现剥夺性积累，但又不会被发现。"对现有资本资产和劳动力进行贬值"，还有"国家实施的经济紧缩方案……有限危机可以通过外力被强加于资本主义活动的某个部分或某个区域"①，从而实现资本主义的掠夺。"区域性危机和高度本土化的货币贬值成为资本主义为了生存下去而不断创造其自身的'他者'的一种初级手段。"② 这样就会造成"他者"的反抗行为。第三，金融化手段。比如股票、信贷、通货膨胀等金融手段对资产的占有、剥夺等。举一个简单的例子，美国房地产市场就是通过信贷实现对购房者的掠夺。售楼者通过一些欺骗的手段让低收入者依靠信贷手段购入房产，但实际上他们并不能完成按揭或者对房屋的维护等，最后房屋就会被银行收回，这样低收入者的少得可怜的存款也被资本家掠夺了。当然，剥夺性积累通过寻找新的空间，延缓了资本主义危机的爆发。

在大卫·哈维看来，"剥夺性积累在此可以被解释为资本主义发展在国家权力强力支持下取得成功突破的必要代价"③。剥夺性积累是我们必须面对的问题，尤其是对于发展中国家，因为这使得新兴的工业化在面对剥夺性积累浪潮时更加脆弱和无助，它表明了世界的不公平性。因此产生了反抗剥夺性积累的运动，这种运动形式较为多样，有些是反意识形态的，有些则是实际性行为，有些是地方性的，有些则是全球性的，甚至这些运动内部之间存在矛盾。因此，如何打破这种混乱，寻找一种替代性的政治愿望就显得十分重要。

四 "新政"帝国主义：一种更为仁慈的帝国主义

大卫·哈维试图寻找消解当前资本主义掠夺本性的方法，他将之称

---

① 大卫·哈维：《新帝国主义》，初立忠、沈晓雷译，社会科学文献出版社，2009，第 121~122 页。

② 大卫·哈维：《新帝国主义》，初立忠、沈晓雷译，社会科学文献出版社，2009，第 122 页。

③ 大卫·哈维：《新帝国主义》，初立忠、沈晓雷译，社会科学文献出版社，2009，第 125 页。

为"新政"帝国主义,是一种更为仁慈的帝国主义。当然,大卫·哈维分析到,想要从根本上实现消除掠夺是困难的,甚至还会引发一系列问题。这是因为剥夺性积累具有双重任务:"一方面,廉价资产的释放为吸收剩余资本提供了巨大的空间;另一方面,它提供了一种将贬值的剩余资本投入到最薄弱和脆弱的领土和人群中去的手段。"① 可以发现,政治图景需要以经济的形式来表达。

对新空间的掠夺使生活在其中的人们产生了一种不安全感,于是,"很多中产阶级者开始将保卫领土、国家和传统作为武装自己,对抗掠夺性的新自由主义的工具"②,因此种族主义、民族主义崛起,反全球化运动已经形成,他们反对剥夺性积累,反对资本主义不加限制地向外输出资本、技术和意识形态,希望"创造一个能够充分发挥国家、地区和地方差异性的空间"③。对于此,美国新保守主义上台,他们希望在全球建立一种普世的秩序,认为只有这样才能消除掠夺、战争和抗议性行为。这具有乌托邦的性质,在大卫·哈维看来是不可能实现的。

为了找到一种替代性的方案,他把视角投向了中国,他认为,要想在经济上实现资本主义的掠夺,同时又能不激发大规模的反抗运动,就应该在内部实施大规模的建设项目,这既能促进经济的快速增长,又能吸收大部分的资本剩余,归根结底就是要采取一种"新政"(当然,他对中国的理解依然是在资本主义的框架内)。

> 这就意味着要将资本循环和资本积累的逻辑从新自由主义的锁链中解放出来,沿着更具干涉主义和重新分配的路线重新部署国家权力,限制金融资本的投机力量,对寡头和垄断集团(特别是"军工联合体"的不良影响)所掌握的压倒性力量进行分散化和民主化

---

① 大卫·哈维:《新帝国主义》,初立忠、沈晓雷译,社会科学文献出版社,2009,第 149 页。

② 大卫·哈维:《新帝国主义》,初立忠、沈晓雷译,社会科学文献出版社,2009,第 151 页。

③ 大卫·哈维:《新帝国主义》,初立忠、沈晓雷译,社会科学文献出版社,2009,第 152 页。

管理，从而控制从国际贸易条款到我们通过媒体所耳闻目睹的一切。①

这种新政有能力寻找长期的空间时间积累，这一方式方法较为平和和仁慈，充分考虑了民主、进步、人道主义等因素，但是我们应该看到，它依然没有摆脱掠夺的本性，反帝国主义的道路依然很漫长。

---

① 大卫·哈维：《新帝国主义》，初立忠、沈晓雷译，社会科学文献出版社，2009，第 167~168 页。

浅析大卫·哈维的资本主义积累理论[*]

崔丽华

长久以来，在马克思主义研究中，时间被赋予了优先性的地位，马克思就把资本积累描述成一个充满危机、濒临灭亡的过程，并认为，社会是一个线性发展的过程。而空间却被描述成一个静止的、窒息的、空洞的容器。直到 1974 年，列斐伏尔发表了《空间的生产》，他强调空间生产（the production of space）而不是在空间中生产（the production in space），这是为了反对片面地把空间当作容器的观点。他认为，空间是一个存在，是资本主义的核心组成，并明确地提出"空间"在资本主义发展中具有重要意义。然而，列斐伏尔并没有沿着马克思的资本经济学继续发展空间理论。直到哈维，他仔细审视了马克思关于资本主义生产方式之下的积累理论，并通过马克思著作中的零星片段发掘出其空间向度，把空间上升到本体论的高度，全面而又系统地从空间角度重建了马克思的资本积累理论。

一 马克思的资本积累理论

马克思一生大量的时间都在撰写《资本论》，他认为，资本引领人类走进了一个新的纪元，"资本一出现，就标志着社会生产过程的一个新时代"①，即资本主义时代。正如斯蒂芬·贝斯特、道格拉斯·科尔纳所说的，"对马克思来说，资本主义代表一种历史的断裂，代表中世纪

---

* 本文原载于《北京行政学院学报》2014 年第 2 期，收入本书时有改动。

① 《马克思恩格斯全集》第 23 卷，人民出版社，1972，第 193 页。

被一个根据商品的生产、分配和消费组织起来的从根本上世俗化的现代世界所推翻"①。但同时，资本也让人们走向了支离破碎，走向了异化，"一切固定的存在都烟消云散"。

具体而言，在资本主义的世界中，发生了几个层面的颠倒，主客体的颠倒、交换价值对使用价值的颠倒。主客体的颠倒是指，在资本主义制度中，客体支配主体，从而人被异化了，沦为一种商品，并成为最受扭曲的商品。于是，在资本主义社会中，人的地位没有提高，反倒是下降了、弱化了。商品开始支配人，最终走向了商品拜物教，人不再是康德所谓的"目的"，而成了"手段"。交换价值对使用价值的颠倒是指以前生产的目的是满足需要，而现在，生产的目的是实现交换。在当今资本运行中，对概念的炒作就能很好地说明这个问题。概念已不再是真正意义上的商品。商品生产是为了交换价值、创造利润。商品的胜利，使货币成为支配社会的力量和价值。"随着交换价值肆虐而来的，社会性——社会的需要、价值和关系——就不再是生产的目的和相关物。资本主义的功能是满足私人个人的贪婪欲望，而不是保证社会大多数人的需要。"②"当资本逻辑的发展超出工厂而渗透一切文化和人际的关系时，就产生深远的破坏和扭曲的影响。这个发生于经济之中进而影响到整个社会生活的颠倒直接进入文化的和个人的领域，使之商业化和充满了商品的幻想，最后本身成为商品，其个性与幸福实现于纸醉金迷的消费和对名望的崇拜之中。"③

在马克思看来，资本主义虽然把人类社会带入前所未有的文明，但同时也暗含了人类最终的结局。"在金融资本主义社会，钱能生钱；利润的创造通过抽象物增殖，而与商品世界并无明显联系，商品世界本身已经是社会关系和活动的抽象，受投机和贸易的无政府状态支配。因此，

---

① 斯蒂芬·贝斯特、道格拉斯·科尔纳：《后现代转向》，陈刚等译，南京大学出版社，2002，第63页。

② 斯蒂芬·贝斯特、道格拉斯·科尔纳：《后现代转向》，陈刚等译，南京大学出版社，2002，第67页。

③ 斯蒂芬·贝斯特、道格拉斯·科尔纳：《后现代转向》，陈刚等译，南京大学出版社，2002，第69页。

资本主义经济内在地隐藏着危机，因而可能会崩溃。"①

资本主义内在地隐藏着的危机是什么？马克思认为，这就是资本追逐利润的本性，"为积累而积累，为生产而生产"②。在资本主义制度中，资本家不断地扩张资本来实现利润的最大化，扩张资本只能靠不断地积累来实现。这就是他的资本积累理论，也被称为再生产理论。积累是通过榨取更多的利润实现的，资本家通过不断地改革技术、提高生产效率，同时支付给工人更少的工资，实现了最大化生产。生产过剩，市场中出现了大量剩余，但缺乏充足的购买力，这是过度积累造成的，是过度积累的同一表现。整个资本主义走向了衰退期，失业、资本过剩、利润率下降、缺乏投资机会、市场中有效需求减少，于是经济危机爆发。经济危机是周期性的，是过度积累造成的，资本主义只要存在就不可能摆脱这一命运。当然，马克思也提出了世界市场的思想，提出了资本主义经济危机通过地域转移实现对过度积累的克服的观点，但是在马克思看来，资本主义只要存在，过度积累就没有办法根本克服。

可以说，马克思对资本主义积累的分析是一种历史的分析，他强调资本主义经济危机是一个周期性的过程，虽包含了通过空间转移暂时缓解经济危机的方法，但诚如哈维所言，马克思的积累理论告诉了我们地理性扩张和集中的必要性，但他并没有告诉我们何时、何地、如何实现地理性扩张和集中③。"马克思经常在自己的作品里接受空间和位置的重要性……〔但是〕地理的变化被视为具有'不必要的复杂性'而被排除在外。我的结论是，他未能在自己的思想里建立起一种具有系统性和明显地具有地理和空间的观点，这因此破坏了他的政治视野和理论。"④

在马克思之后，马克思主义理论家对马克思的积累理论都有发挥，

---

① 斯蒂芬·贝斯特、道格拉斯·科尔纳：《后现代转向》，陈刚等译，南京大学出版社，2002，第 69 页。

② 《马克思恩格斯文集》第 5 卷，人民出版社，2009，第 686 页。

③ David Harvey, "The Geography of Capitalist Accumulation: A Reconstruction of the Marxian Theory", *Antipode*, Vol. 7, No. 2, 1975, p. 9.

④ 爱德华·W. 苏贾：《后现代地理学：重申批判社会理论中的空间》，王文斌译，商务印书馆，2004，第 100 页。

比如列宁在提及"帝国主义"时对资本积累的看法。帝国主义，就是为划分世界，为了争夺殖民地、争夺经济领土。把世界囊括到资本主义经济体系是资本主义的本质追求，在帝国主义那里，地理扩张是必然发生的。在资本的原始积累时期，英法两国曾制定了"无主财产"原则，即未被占有和开发使用的土地可以由那些使它产生丰厚的收益的人合法夺取。这条原则极大地鼓舞了一些封建主和一些英国人、法国人漂洋过海去占有土地①。卢森堡提出了所谓"第三市场"的观点，她认为，随着资本主义市场中需求的饱和，积累无法继续下去，必须找到资本积累的出口，也就是要在市场中寻找有效需求。有效需求源自何处？源于非资本主义的经济模式中，即"第三市场"，只有在这里，才能够实现资本积累的持续②。

这些观点中已经包含了空间的含义，但是他们并没有明确指出，这是因为长久以来，空间被认为是从属于时间的，是次级意义上的。但是这并不是说空间不重要，而是其重要性被忽视了。直到20世纪60年代，空间范畴才被理论家们重新提及，并在社会科学理论中发起了一场"空间转向"。当然，关注点转移到空间并不是偶然现象，而是现实和理论发展的必然。尤其是在资本主义经济大行其道的当代，对外贸易、殖民压迫、帝国主义等问题，都迫使理论家们不得不重新思考空间在当代的意义。其中哈维的观点是极具独特性的，他把马克思主义与空间在资本的逻辑中巧妙地结合在一起，实现了对马克思主义的重新阐释和再发展。像列斐伏尔一样，哈维因把空间整合到马克思主义的政治经济学的核心而备受赞誉③。

二 大卫·哈维资本积累的三个阶段

20世纪70年代，随着马克思主义地理学的兴起，哈维的影响也越

---

① 列宁：《帝国主义是资本主义的最高阶段》，人民出版社，2001，第77页。
② 冯锋：《罗莎·卢森堡与"第三"市场论》，《马克思主义研究》1999年第3期。
③ Noel Castree，"The Spatio-temporality of Capitalism"，*Time and Society*，Vol. 18，No. 1，2009，p. 28.

来越广泛，开始跨越地理学的范围，延伸至整个人文社会科学。1971年起，哈维开始了对马克思《资本论》认真而深度地研读，并得出两条结论。第一，马克思对资本主义生产方式的分析是一种空间分析（当然，马克思本人并没有意识到），他揭示了资本、阶级等都是一个过程、一种构造，因此，必须从资本积累的动力机制来理解资本主义的空间过程。第二，必须把物质生产本身当作一般范畴来考察，在这一点上，哈维认为，恩格斯把物质当作马克思主义哲学的中心范畴失之偏颇，它是一定的历史的形式，只有根据生产关系的一定的历史结构才能够理解。相反，必须把资本积累作为核心范畴加以考察，因为，资本主义的逻辑是资本运作的逻辑，全部资本主义的历史是资本的历史。可以看到，在对资本主义进行分析时，哈维把焦点对准了空间和资本，把空间这个缺失的环节镶嵌到马克思的理论中去。

1975年，哈维发表了题为《资本主义积累地理学：马克思主义理论的重建》的文章。在此文中，他明确指出，在资本主义生产方式中，马克思的积累理论的空间维度一直被人们忽视，这主要是因为马克思对于这一问题的思考是零星的和粗略的，但是仔细阅读马克思的著作会发现，马克思认为资本积累是在地域中发生的，并随之产生了特定的地理结构。马克思进而提出了区位理论，证明了经济增长过程与空间结构结合在一起的可能性①。哈维从积累理论、运输关系和空间一体化、对外贸易、帝国主义理论、资本积累五个层面阐释了积累理论与空间结构之间的关系。

在哈维看来，马克思的资本积累论的核心是资本的积累，这是经济增长的动力，也不断地、持续地重塑着我们的生活世界。但是资本积累与资本主义的生产方式矛盾重重，频繁爆发的经济危机就是最好的证明。但这并不是说，经济危机就是资本主义的灾难，恰恰相反，经济危机具有一个重要功能——使资本主义经济发展朝着有序化和合理化运行，它是为了资本主义的进一步积累。每一次的经济危机，都伴随着经济的重

---

① David Harvey, "The Geography of Capitalist Accumulation：A Reconstruction of the Marxian Theory", *Antipode*, Vol. 7, No. 2, 1975, p. 9.

组、技术的革新、财富的集中，这把积累过程转移到了一个更高的平台上。"1. 资本渗透到了新的领域；2. 创造了新的社会需要；3. 是人口增长速度与长期积累相协调；4. 从地理学视角，扩大了新的领域，增加了对外贸易，扩大了出口，朝着世界市场发展。"① 在这四项中，最后一项是资本积累带来的必然的空间有序化和集中化，这也是资本积累的最为重要的一个后果。

接下来，哈维考察了在资本流通中，资本积累与空间结构之间的关系。承载流通的重要环节是运输和通信，在资本积累中，运输和通信是必不可少的，资本积累蕴含着克服空间障碍的需要，克服空间障碍，最直接的方式就是通过运输和通信。"工农业生产方式的革命，尤其使社会生产过程的一般条件即交通运输工具的革命成为必要"，因此它们"逐渐地靠内河轮船、铁路、远洋轮船和电报的体系而适应了大工业的生产方式"②。资本的特性是这样的，这是资本积累的本质，"资本一方面要力求摧毁交往即交换的一切地方限制，夺得整个地球作为它的市场，另一方面，它又力求用时间去消灭空间……资本越发展，从而资本借以流通的市场，构成资本空间流通道路的市场越扩大，资本同时也就越是力求在空间上更加扩大市场，力求用时间去更多地消灭空间"③。于是，资本积累被限制在了空间范围内来讨论，生产过程是依赖于交通工具和通信手段的。生产可以更自由地在地域中展开，不再过度依赖于特殊环境和位置。但是，哈维认为，这却最终阻碍了资本积累的进一步进行。具体说，运输和通信属于固定资本，它们的建立不仅需要大量的资金，同时还需要一定的空间，并会形成特殊的地理景观来促进资本的不断积累，但这恰恰也变成了资本积累的牢笼，从另一个层面限制积累。资本主义的发展不得不在保存过去资本所投资的景观和摧毁这些建筑来创造新的空间之间做出艰难的抉择。

在哈维看来，在马克思那里，对外贸易是一个历史性的概念，它被

---

① David Harvey, "The Geography of Capitalist Accumulation: A Reconstruction of the Marxian Theory", *Antipode*, Vol. 7, No. 2, 1975, p. 9.

② 《马克思恩格斯全集》第23卷，人民出版社，1972，第421页。

③ 《马克思恩格斯全集》第46卷（下），人民出版社，1980，第33页。

描述成为资本主义生产方式的一个属性和资本主义社会形态研究的历史现象。对外贸易是资本积累的前提和市场扩张的结果，而哈维却在阅读马克思的著作中注意到对外贸易所带来的地理位置、空间的变动。资本积累的实现必须通过扩张才能化解自身的矛盾。这种扩张既包含自身的强化（社会需求、人口总量等），也包含地域扩张。如果资本主义要继续存在，就必须产生和创造新的空间①，最为极端的方式就是殖民扩张，政治上的表现形式就是帝国主义。当然，对于这一问题，在哈维那里也是从空间角度来考察。哈维认为，帝国主义是历史的产物，马克思的资本主义生产方式理论显然并没有产生一个历史的、具体的帝国主义理论。但通过前文的分析可知，资本积累理论和地理规模的重组构成了马克思的帝国主义理论。

如果说《资本主义积累的地理学》是浅尝辄止，零星地论述了资本积累与空间之间的关系，那么《资本的限制》（*The Limits of Capital*）则是全面而深入地从空间角度重建了马克思的资本积累理论。在书中，哈维对马克思的资本积累理论的重建是建立在对马克思的经济危机理论分析的基础上的，他把经济危机分为三个阶段（three cuts）。

第一阶段（the first cut），资本家通过支付给工人少于他劳动价值的工资而获得利润。同时，资本家还通过改进技术来提高生产率。这些手段加速了积累，使市场上出现越来越多的商品，但是因为工资的减少，工人无力购买这些商品，市场上出现大量商品。这种过度积累的趋势迟早会导致现实的危机（商品卖不出去，意味着投资无法获得利润）。资本创造了更多的资本，却不创造机会，解决这一问题的途径是暴力事件。"一方面，资本不断要求降低劳动力成本，而另一方面则不断扩大消费，这就要求人们有足够的购买能力，这两者之间存在着不可克服的矛盾。这也是资本主义不能解决的众多矛盾之一。但总的来说，全球资本从不平衡的发展中获益，至少，在短期内如此。"②

---

① David Harvey, "The Geography of Capitalist Accumulation: A Reconstruction of the Marxian Theory", *Antipode*, Vol. 7, No. 2, 1975, p. 9.

② 埃伦·M. 伍德：《资本的帝国》，王恒杰、宋兴无译，上海译文出版社，2006，第102页。

第二阶段（the second cut），是一个补救阶段。通过信贷、投资等手段来缓解积累中断所带来的崩溃。这种倾向成功地通过剩余资本在信用系统中寻找一个"空间困境"来改变第一阶段的状况，但哈维认为这种方式是潜在的和虚假的，并不能从根本上改变危机状况。

第三阶段（the third cut），金融和信贷是积累必要资源实现大规模购买的重要机构，并且投资与收益之间存在一个缓慢过程。通过这些手段使资本从获利较少的地区流向获利较多的地区，这就从空间上缓解了过度积累和货币贬值。这一阶段真正实现了延缓危机。因为只有通过空间才能从根本上来延缓危机的发生。"通过入侵新领土的地理扩张和空间关系的全新建构，来吸收剩余资本（有时是劳动力）。"①

在哈维看来，真正解决经济危机的是在第三阶段。具体来说，通过在空间上转移实现对危机的解决。在这里，他提出了四种空间方法。第一种，土地市场。它有助于改造建筑环境并使它变得具有灵活性，通过直接投资土地达到"最好和最有效"的使用。对固定资产的投资和对建筑环境的投资源于经济危机，这种投资属于劳动力密集型，需要大量资金和较长的周转时间，能够极大地缓解过度积累的产生。第二种，从地理学角度划分生产位置和消费位置。生产位置是资本用来投资，消费位置则是产生投资利润并且创造不确定性以减缓资本积累。空间对利润的阻碍可以通过发展通信技术、加速商品和资本的运动来克服。第三种，资本主义全球化，也就是通过寻找新的投资市场来解决过度积累的问题。第四种，领土管理组织。这是从空间角度延长资本的运行来减缓当地的资本积累。

在某种程度上说，经济危机时期是一个"时空修复的时期"。时空修复，简单的解释就是：特定地点因为过度积累产生了劳动盈余和资本盈余，需要通过时间和空间两种方式来解决这种过度积累的危机。总之，过度积累诱使资本家通过"时空修复"来销毁过时的固定资本和超额资

---

① David Harvey, "Between Space and Time: Reflection on the Geographical Imagination", *Annals of the Association of American Geographers*, Vol. 80, No. 3, 1990, p. 425.

本以便投资建成未来生产的环境。"资本的界限"是要表达资本主义生产条件下存在一个界限，"这不是一般生产的限制，而是以资本为基础的生产界限"，或者更直接地说，"资本生产的真正限制是资本本身"。哈维的总体，是指资本主义生产、交换、分配、消费是一个整体，构成了一个完整的空间构型，它包含着一个内在的矛盾。正如在《新帝国主义》一书中，哈维指出："空间关系的生产和重新配置即使没有为资本主义危机提供一种潜在的解决方法的话，至少也推迟了危机的产生。"①这样，哈维就创造性地重建了马克思的资本积累理论，实现了对马克思主义的当代解释。

三　小结

保罗·巴兰和保罗·斯威齐一致认为，现代资本主义社会的主要问题不是实现剩余价值的问题，而是处理"经济剩余"的问题。"麻烦的根源在于……经济学家为资本主义经济的表面现象所迷惑，坚持经济剩余就是统计上可以观察到的利润……但是，事情的关键在于，利润并不等于经济剩余，而是构成……冰山的可见部分，而其余部分则为肉眼所看不到……因为垄断资本主义不仅产生利润、租金和利息作为经济剩余的因素，而且在成本的招牌下掩盖了一个重要的剩余部分，这是由于必要的生产工人的生产率与国民收入中给予他们作为工资的部分之间的差距越来越大。"② 对于这一观点，哈维是赞同的。如何实现资本积累，并不在于获得更多的剩余价值，而在于使"经济剩余"再生产。当然，通过上面的分析发现，哈维认为，通过"空间修复"可以实现。

在这里，不得不重提卢森堡的"第三市场"。按照她的观点，要想实现资本主义的积累，就必须寻找一个"第三市场"，它是非资本主义的经济体，表面上，这可以说是对马克思主义积累理论的空间修正，但

---

① 大卫·哈维：《新帝国主义》，初立忠、沈晓雷译，社会科学文献出版社，2009，第73页。

② 保罗·巴兰：《增长的政治经济学》，蔡中兴、杨宇光译，商务印书馆，2002，第61页。

也正如哈维所认为的，这是对马克思的错误解读，资本主义的发展依赖于其他的生产方式，依赖于其他手段来创造积累的新空间。如果这种非资本主义经济体演化成资本主义，那么资本积累就终结了，资本主义也就终结了。事实上，她忽视了资本主义自身可以创造新的空间，这是资本主义本身所具有的能力。

很多人认为，哈维的资本主义积累理论与卢森堡的有异曲同工之妙，但事实上，这是一种误读。在哈维看来，资本积累理论的根源在于资本主义生产方式的"内在"逻辑，资本主义生产方式"内在"地创造着空间，而不是向外寻找，这才是空间维度的本质含义。

因此，在理解哈维的解读时，必须注意以下两点。

第一，总体的观念。和马克思一样，哈维也认为，资本主义生产体系是一个完整的体系，是生产和销售的流通过程，这个过程本身要求积累和扩大。然而，在后工业社会或者说都市社会，人们日益生活在空间的牢笼中，被空间因素所决定。这是不难理解的。在网络发达的今天，人们可以足不出户工作、聊天、交友、购物等，传统意义上的空间已经不存在了，取而代之的是全新的生产、生活方式。虽然生活方式发生了变化，但是资本主义生产方式本质上并没有改变，它是一个完整的体系。

第二，空间与时间密切结合在一起。提出空间维度并不是不顾时间，相反，哈维认为，只有理解资本主义的历史性特征才能理解资本主义的地理学，反之亦然。对于资本积累而言，空间和时间是同等重要的。最为重要的是把空间和时间密切结合起来，而不是用空间来超越时间。哈维认为，空间和时间是不可分割的，而不是一者优越于另一者。可以用一个术语来表达他的这种思想，就是历史—地理唯物主义，它是重建资本主义积累理论的思想表达。资本积累是在资本主义历史中存在的，脱离了资本主义的历史背景，根本不存在资本积累。

但是，埃伦·伍德也说："紧随其后的是一个我们称之为'全球化'的时期，也就是资本的国际化时期，其内容包括资本在全球范围内的自由、快速流动和最具掠夺性的金融投机。这与其他许多事情一样，这不是对资本主义成功的反应，而是对其失败的反应。美国动用了自己对金融与商业网络的控制机制从而推迟了它的国内资本的清算日,使其得以将压力转嫁别处,并到处寻求获利机会,疯狂进行金融投机的剩余资本的流动得以从容。"① 这与哈维的观点很是相似。只是,在哈维那里,他是以一种积极的姿态看待资本的这种流动。而在伍德的观念中,这是帝国主义变相的掠夺。"从商业帝国到领土帝国的转化似乎是与资本主义本身具有以经济剥削形式和经济法则向超经济力量影响范围之外扩张来取代超经济形式趋势的观点唱反调。然而,从另外一个角度着眼,英帝国在印度的充满矛盾的发展进程是对该命题的一种反映而并非反驳。"②

总而言之,在全球化浪潮席卷了全球的今天,哈维从空间角度对马克思资本积累理论的重建为思考当代中国经济发展的新脉络提供了新的思路和方法,尤其是对于如何以积极的态度、科学的方法、正确的行动应对资本主义国家以"空间"这种更为隐秘的形式对我们的剥削十分重要。

---

① 埃伦·M. 伍德:《资本的帝国》,王恒杰、宋兴无译,上海译文出版社,2006,第 100 页。
② 埃伦·M. 伍德:《资本的帝国》,王恒杰、宋兴无译,上海译文出版社,2006,第 86 页。

大卫·哈维关于后现代主义的美学思考[*]

崔丽华

自 20 世纪 60 年代以来，后现代主义思潮逐步成为资本主义世界最显著的文化特征，并引起了众多思想家对其追问、反思和探讨。如德里达、福柯、巴尔特等后结构主义哲学家企图消解和否定整个西方体系哲学；以伽达默尔为代表的哲学释义学派把理解当作一种具有历史性的主体间的视界融合，以此取代和超越建立在主客二分基础上的传统哲学的认识论；奎因、罗蒂等则企图通过重新构建实用主义来批判和超越近现代西方哲学的传统①。霍默则与詹姆逊观点相似，认为"后现代主义表现了我们对历史、叙事和记忆的感觉的重大衰退，同时表现了审美深度和批判距离的腐蚀"②。

面对各种后现代主义思潮，大卫·哈维（也译作"戴维·哈维"）认为，有必要认真清算一下这种文化形态的历史状况。与其他人对后现代主义的理解方式不同，他选取了地理学想象的视角，把这种资本主义的文化模式纳入一种空间和社会运作中去。他把这种历史状况称为"一种剧烈变化"，认为这种变化"与我们体验空间和时间的新的主导方式的出现有着密切关系"③。1989 年，他出版了《后现代的状况：对文化变迁之缘起的探究》（*The Condition of Postmodernity*）一书。这部著作被

---

* 本文原载于《山东社会科学》2019 年第 3 期，收入本书时有改动。

① 参见刘放桐等编著《新编现代西方哲学》，人民出版社，2000，第 615 页。

② 肖恩·霍默：《弗雷德里克·詹姆森》，孙斌、宗成河、孙大鹏译，上海人民出版社，2004，第 167 页。

③ 戴维·哈维：《后现代的状况：对文化变迁之缘起的探究》，阎嘉译，商务印书馆，2004，第 1 页。

认为是对后现代社会秩序与非秩序性的精彩阐述，同时，也是他参与后现代主义思潮的写照。这一时期，他借助空间范畴来建构他的理论体系，以一种更加开阔的视野和深刻的历史底蕴把地理学想象植入社会理论之中，从而为现代化事业提供一种可靠的方案。相比以前的论述，在这本书中，他对空间的理解更为游刃有余。他总结性地指出，后现代主义反对现代主义的那种理性规划，而倾向于个性化的美学追求，"空间属于一种美学范畴"。

一　走向空间的后现代主义

自文艺复兴以来，哲学开始逐渐摆脱神学的婢女的身份，向着追求真理、探索人的存在方向迈进。培根向我们高呼"知识就是力量"，真理、知识带给人类自由。这一时期被人们称为西方的现代性文明时期，它公认的特征是"探究自然新方法、新技术的出现，科学的巨大进步导致机械制造和工业生产方式的突飞猛进，其结果最终是物质生活水平前所未有的大提高"①。但自 20 世纪以来，这一思潮的副作用开始显现出来并影响着人们的生活世界，因此，一种新的声音、一种新的视角出现了，这就是后现代主义。后现代主义哲学为人们带来的不仅是一种具有颠覆性的观念，更有意义的是促使人们对以往传统进行反思，它主张必须重新审视过去，由此形成了对现代文化的重新反思与定位。后现代主义强调差异、多元的倾向，它带给快要窒息的文化一股轻松、愉快之风。很快，后现代主义文化特质就开始影响资本主义生活的方方面面，尤其是艺术领域，特别是建筑，可以说后现代主义最早就是用来谈论建筑风格的。与现代性建筑呆板、僵硬的风格特征不同，后现代建筑追求一种自由、随意之风。

同时，它还代表了一种革新的力量，它要建立一种全新的社会秩序，"前缀'后'（post）表示跟以前发生过的一种决裂；从积极意义上说，它是指从旧束缚中获得解放；从消极意义上讲，它意味着传统的或仍然

---

① 　包亚明主编《现代性与都市文化理论》，上海社会社科院出版社，2008，第 36 页。

有价值的现代性内容的丧失。然而，这个前缀也表示对过去的一种延续，被看作是对后现代主义的一种加剧与增强，一种更高、更为超级的现代性"①，它"要求社会放弃物质主义的精神气质和资本主义以成功为导向的规范"②，这也是对现代主义最终走向了片面追求历史进步的最有力的攻击，后现代主义者认为历史是无足轻重的，只是作为延续性的见证，作为进步观念的证明，作为诸起源的研究，或作为直接因果认识的证据。他们还认为，历史是以逻各斯为中心的，是神话、意识形态和偏见的源泉，是一种封闭的方法。他们还主张，历史是枯竭的，生活在现在的人类总是竭力地想要忘记过去、超越历史、超越知识的任何普遍性根据。正如鲍德里亚所说："每一事物都已经发生过了……没有什么新鲜的事情再会产生。"于是，在文化层面，空间进入了人们的视野。当然，谈及空间，人们大多愿意把它与自然科学联系在一起，比如在阐释宇宙、时间、维度等范畴时，空间不是被作为一种背景性的存在，就是讨论它的几何学意义。但是在 20 世纪中叶，随着思维意识的不断发展，空间的社会科学意义开始走进人们的视野。

与现代性强调宏大叙事、历史进步的社会线性发展观不同，后现代主义者则重视差异、多样性。进入现代社会，时空二元对立的倾向开始趋于明显，尤其是在 19 世纪，时间的价值被哲学家们充分地表达出来。现代主义者深受达尔文进化论的影响，强调一种面向未来的时间意识。他们相信历史是一个进步过程，人类朝着美好未来努力。时间则代表这样一个线性过程，与技术、理性、科学等范畴密切联系在一起。正如齐格蒙特·鲍曼在《作为时间历史的现代性》一文中所说的，"时间历史始于现代性……现代性是时间有历史的那段时间"③。

通过上面的论述可以看出，存在着一种传统的观念，这种观念认为，

---

① 迪尔：《后现代都市状况》，李小科等译，上海教育出版社，2004，第 32~33 页。

② 斯蒂芬·贝斯特、道格拉斯·科尔纳：《后现代转向》，陈刚等译，南京大学出版社，2002，第 3 页。

③ Bauman, "Modernity as History of Time", *Concepts and Transformation*, Vol. 4, No. 3, 1999, p. 230.

对现代社会的批判应采取历史的方法，因为这是世界发展的动力。"这种动力产生于在这样一种时间的阐释性语境下对社会存在（being）和社会生成（becoming）的处置：康德所谓的先后（nacheinander）和非常变形地被马克思界定为受条件制约的'历史创造'。"① 一言以蔽之，现代主义是关于时间的。后现代地理学家爱德华·苏贾曾说过，直到19世纪中期，在批判理论当中历史性与空间性还是大致保持平衡的，但是随着第二次、第三次现代化的发展，历史决定论跃然升起，而空间观念相应湮没，历史理论"去空间化"使空间的批判销声匿迹了将近一个世纪。然而，在20世纪60年代后期，随着第四次现代化的开始，这种持续已久的现代批判传统开始发生变化，人们重新对思想和政治行为的空间性产生了兴趣。② 尤其是随着后现代主义思潮的兴起，空间被提上了议事日程。列斐伏尔1974年出版的《空间的生产》一书标志着空间理论正式形成。他选择把"空间"作为其阐释的主要线索，并持之以恒地将空间交织在他的著作中。他试图矫正传统政治理论对于空间的简单化和错误的看法。在列斐伏尔看来，我们的时代是多样性的时代，空间已不仅仅是社会关系演变的静止的"容器"，更多的是以一种多样性的表现形式展示的。我们面临的不仅仅是一个空间，当代的众多社会空间往往矛盾性地互相重叠、彼此渗透。他认为，整个20世纪的世界历史实际上是一部以区域国家作为社会生活基本"容器"的历史，而空间的重组则是战后资本主义发展以及全球化进程中的一个核心问题。

伴随着后现代思潮的兴起，空间的意义不断凸显，有一种极端的看法甚至把现代等同于时间、把后现代等同于空间。后现代主义者反对现代主义的线性时间。他们认为，"线性时间"是令人生厌的技术的、理性的、科学的和层系的。现代性注重时间，这就从某种程度上剥夺了人类生存的欢乐。另外，他们认为，时间是人们的一种发明创造，是语言的一项功能，因此它是随意的和不确定的。只有空间才能更好地表达时

---

① 爱德华·W. 苏贾：《后现代地理学：重申批判社会理论中的空间》，王文斌译，商务印书馆，2004，第16页。

② 参见爱德华·W. 苏贾《后现代地理学：重申批判社会理论中的空间》，王文斌译，商务印书馆，2004，第5~7页。

代的特征和意蕴。针对柏拉图以降的理性主义空间阐释传统，把以前给予时间和历史的重视纷纷转移到了空间上来。"现代性＝时间，后现代＝空间"，几乎成为后现代主义思想家的共识。总之，现代性是随着时间产生的，从康德开始用时间这种纯形式来确定知识的合法性以来，时间的地位就日益重要起来。同样，科技的发展，速度成为金钱的代名词，人成为时间的奴隶，后现代主义正是要规避这种时间观，试图使人们回到小桥流水式的田园生活时代。

按照现代主义思想家的观点，只有时间可以表达社会存在和差异，但它忽视了空间对差异的关注。后现代主义所言及的空间究竟是怎样的？"后现代主义高度关注空间尺度，为综合提供更多更好的片段象征性秩序的概念化。这不是一个由理性实践和中心权力组织的、有次序的、本质化的空间，而是一个分散化空间，是他物和差异性的片段化空间，是一个万事万物在其间没有普遍性，但都有区域性和特殊性的空间。类似地，理论中空间的地位由社会镜子转向差异的场所。"① 用迈克·迪尔的话说："后现代思想的兴起，极大地推动了思想家们重新思考空间在社会理论和构建日常生活过程中所起的作用。空间意义重大已成普遍共识。"② 通过上述观点，我们可以看出，空间由同一的、没有内容的背景走向了差异的存在物。

当然，在这之中也产生了一种折中态度，"这种态度就是更富有弹性和更折中的批判理论"③，它将空间与时间结合起来。大卫·哈维就是这一态度的代表人物，他并不像其他后现代主义者那样片面重视空间而忽视时间的意义，他重视这两者之间的某种联系，并把它们结合在一起思考问题。他并不是最早从空间视角关注文化问题的思想家，早在本雅明那里，就已经开启了这种尝试。但哈维以马克思主义的政治经济学方

---

① 理查德·皮特：《现代地理学思想》，周尚意等译，商务印书馆，2007，第336页。

② 迈克·迪尔：《后现代血统：从列斐伏尔到詹姆逊》，季桂保译，载包亚明主编《现代性与空间的生产》，上海教育出版社，2003，第84页。

③ 爱德华·W.苏贾：《后现代地理学：重申批判社会理论中的空间》，王文斌译，商务印书馆，2004，第17页。

法为出发点，从空间角度深入探讨了当代资本主义文化。他认为，20 世纪中叶，时空体验的不同构成了现代主义和后现代主义的严格界限。但事实上，时间和空间是不可分割的，彼得·奥斯本曾质疑道："假定现代性与时间经验的新形式有关，而'后现代性'则标明空间的革命，这已是老生常谈，而且也过于语焉不详。"① 他认为，时间和空间"这两个维度是不可分割地系缚在一起的。空间经验的变化总是涉及时间经验的变化，反之亦然"②。大卫·哈维十分认同他的观点，并运用马克思主义的政治经济学，深刻阐明了生产力是构成作为文化现象的现代主义与后现代主义的经济和社会基础，并且将时空体验贯穿其中，对后现代主义作为一种文化体验即新一轮的"时空压缩"具体形成机制和过程详尽阐述，阐释全球化思潮下的时代变迁，并把当代资本主义的文化生活理解为一种空间的文化生活，并将这种观点引申为一种美学思考，在此基础上关注人类存在和解放的重大命题。

二 空间属于一种美学范畴

空间开始与当下的人们的日常生活密切关联，表达了丰富的文化意蕴。大卫·哈维赞同和继承了詹姆逊的观点，即后现代主义是一个文化形式，但不同的是，他把它与都市体验联系在一起，使其与主体的存在意义更为明显，借此来表达资本主义文化的变迁和发展。简言之，为了理解文化，就必须先理解空间。尤其是伴随人文地理学的发展，这种主张更为明显和有力。大卫·哈维认为，空间主要包含两种文化意蕴：一是空间具有人类文化的烙印。在《地理学中的解释》一书出版之后，大卫·哈维就开始了从逻辑实证主义者走上一个马克思主义者的道路，他思考地理学的价值维度，认为没有不包含价值的学说，空间包含着人类目的、价值和意义的烙印。比如，一座艺术馆的建设蕴含着对一种文化

---

① 彼得·奥斯本：《时间的政治：现代性与先锋》，王志宏译，商务印书馆，2004，第 33 页。

② 彼得·奥斯本：《时间的政治：现代性与先锋》，王志宏译，商务印书馆，2004，第 33 页。

的认识和理解，尤其是那种以专属文化特征为内容的艺术馆。现代主义的空间是规整的、整体的，往往代表权力、制度；后现代主义的空间则不讲究对称、原则性，它打破了传统建筑学对空间的定义，更多地追求的是艺术的自由，这也与这一时期反对总体性、强调差异性的文化有密切关系。二是空间成为社会的空间，参与人类活动。受列斐伏尔的影响，大卫·哈维把空间作为主体来对待。他在论述后现代主义时强调空间和时间必须是社会的空间、时间。这并不是说他不强调空间、时间的自然属性，而是说大卫·哈维的理论出发点是从社会实践的角度理解空间与时间。他认为，社会生活的空间和时间具有两个特点：一是时空的社会性定义是根据客观事实的全部力量来运转的，无论是个人还是公共机构都必须对此有所回应；二是客观时空的定义深刻地蕴含在社会再生产的过程中。这两个特征说明了空间、时间的双重作用，它们既受到社会实践的影响和制约，同时又反过来制约和影响社会实践。按照早期唯物主义者如狄尔泰、涂尔干等人的观点，"时间和空间的客观概念必定是通过服务于社会生活再生产的物质实践活动与过程而创造出来的"①。这说明，既然社会再生产的物质实践活动和过程已经发生了根本性的变化，那么人类对于时空的体验也应随之发生变化。

在解释清楚空间、时间与文化之间的关系之后，大卫·哈维借助时空体验这个概念来描述资本主义。"我将对社会生活中的空间和时间加以描述，以便突出政治—经济与文化过程之间的物质联系。这将使我探索后现代主义与经过空间和时间体验的中介而从福特主义向更为灵活的资本主义积累方式转变之间的联系。"② 他认为，现代主义中最主要的是时间的"形成"和空间的"存在"之间的对立。从资本主义开始运行，时空压缩就存在了，时空压缩是随着资本主义的发展而进行的。大卫·哈维认为是福特主义造成了这种"压缩"。时空压缩是指"资本主义的历史具有在生活步伐方面加速的特征，而同时又克服了空间上的各种障

① 戴维·哈维：《后现代的状况：对文化变迁之缘起的探究》，阎嘉译，商务印书馆，2004，第255页。

② 戴维·哈维：《后现代的状况：对文化变迁之缘起的探究》，阎嘉译，商务印书馆，2004，第251页。

碍，以至世界有时显得是内在地朝着我们崩溃了"①。时空压缩包含两个方面：加快生产的周转时间和消减空间的障碍。"资本主义卷入了一个长期大量投资于征服空间的难以置信的阶段。铁路网的扩展，伴随着电报的出现、蒸汽轮船的发展、修建苏伊士运河、无线电通信以及自行车和汽车旅行在那个世纪末的开始，全部都以各种根本的方式挑战时间和空间的意义。"② 在现代主义中，空间和时间的最大特征是同时性，比如经济危机越来越以全球性的形式展现。总之，在现代主义中，时空体验的含义已发生了根本变化，这种变化导致了新一轮的"时空压缩"，"最近这20年我们一直在经历一个时空压缩的紧张阶段，它对政治经济实践、阶级力量的平衡以及文化和社会生活已经具有了一种使人迷惑的和破坏性的影响"③。这轮变化主要体现在消费领域，此时的"时空压缩"使永恒成为奢侈品。"短暂性使致力于任何长期计划都变得极为困难"④，人们生活在一个短暂的、创造出来的形象世界中。这被称为后现代主义时期的时空压缩，"结果就是造成了在一个高度一体化的全球资本流动的空间经济内部的分裂、不稳定、短暂而不平衡的发展"⑤。于是，新一轮的"时空压缩"造成了严重的政治问题，尤其是不平衡地理发展。

可以看出，在论述现代性时，大卫·哈维认为，它是短暂的、流变的、不稳定的，它全然"不在意它自身的过去，更不用说任何前现代的社会秩序"⑥。后现代主义实际上就是在寻找一种克服这种分裂性的永恒

---

① 戴维·哈维：《后现代的状况：对文化变迁之缘起的探究》，阎嘉译，商务印书馆，2004，第300页。
② 戴维·哈维：《后现代的状况：对文化变迁之缘起的探究》，阎嘉译，商务印书馆，2004，第329页。
③ 戴维·哈维：《后现代的状况：对文化变迁之缘起的探究》，阎嘉译，商务印书馆，2004，第355页。
④ 戴维·哈维：《后现代的状况：对文化变迁之缘起的探究》，阎嘉译，商务印书馆，2004，第358页。
⑤ 戴维·哈维：《后现代的状况：对文化变迁之缘起的探究》，阎嘉译，商务印书馆，2004，第370页。
⑥ 戴维·哈维：《后现代的状况：对文化变迁之缘起的探究》，阎嘉译，商务印书馆，2004，第19页。

存在，却没有实现，它不过是另一种形式的时空压缩。他所要寻求的是"某种一致感，……某种无可辩驳的、被认为潜伏于空间和时间的这种社会变化的巨大破坏性力量中的'永恒与不变'"[1]，因此，如何克服这种问题，走向真正的永恒？哈维借助地理学想象走向了美学。

为了论述大卫·哈维地理学想象的思想，我们不得不说说历史学想象的作用。按照爱德华·苏贾的观点，历史的想象表达了一种社会的解放力量。历史是一种进步的、动态的、包含未来世界的模型。地理学想象更多的是一种客观的美的呈现，所要表达的是一种超越时间的存在，具有更为持久的生命力和活力。文化地理学家卡尔·沃尔温·索尔（Carl Wrtwin Sauer）（1889~1975）曾论述道："超过个人能力的生活可能会受到自然物的限制，或因人们日益厌倦以获取和消费为生活手段和生产方式而停止，或因为空间日益强大的政府权力而被阻止。'历史的鼎盛时期不是人们最关注肉体的舒适与展示的时候，而是在其精神得到优雅的升华的时刻。可能我们更需要的是伦理和审美，在伦理和审美之下产生了温文恭俭质量的人类，就可以真正留给后代一个美好的地球'。"[2]

大卫·哈维也正是沿着这条路径思考问题，他主要是继承了尼采和海德格尔的思想。他试图寻找一种规划，在这种规划中，全人类普遍的、永恒的和不变的特质才可能被揭示出来。在前面我们已经论述过，以启蒙运动为代表的现代性原本是追求人类的解放，把人类从黑暗的神学桎梏中解救出来，然而却走向了反面，成为一种"创造性的破坏"，开始追逐一种时间性的享受，无止境地创造新的事物，一切固定的存在都烟消云散了。"启蒙运动对于文明、理性、普遍权力和道德的全部意象都是泡影。"[3] 一切隐匿的存在，都因为快速发展的时间而显现出来，于

---

[1] 戴维·哈维：《后现代的状况：对文化变迁之缘起的探究》，阎嘉译，商务印书馆，2004，第20页。

[2] 理查德·皮特：《现代地理学思想》，周尚意等译，商务印书馆，2007，第20页。

[3] 戴维·哈维：《后现代的状况：对文化变迁之缘起的探究》，阎嘉译，商务印书馆，2004，第25页。

是，世界进入了一个无隐私时代，变动、动荡、分裂支配和影响着人们的生活，如铁路的出现，使原先的世外桃源进入了人们的视野。我们可以感受到现代性计算便捷、快速的气息。如何才能在这种时间中追逐一种永恒的存在？大卫·哈维借助尼采的思想回到了美学的视角。在他看来，美学理论与社会理论是相对立的：社会理论优先强调时间和变化，而美学理论则强调把时间空间化——在变化中寻找永恒不变的真理。社会理论是关于社会变化、发展、革命的，"进步成了它的理论上的目标，历史时间成了它的主要的尺度。确实，进步必须征服空间，拆毁一切空间障碍，最终'通过时间消灭空间'。把空间变成一个附带的范畴，隐含在进步概念的本身之中"①。在社会理论中，空间是一种隐形的存在。

在大卫·哈维看来，尼采重视美学，认为它是最高存在，把它置于科学、理性之上，因为在追逐美的过程中要排除价值判断，完全沉浸在一种真实的享受中。康德也把审美作为沟通知识和道德的桥梁。我们都知道，美的力量超越于世俗上的一切存在，它最为真实，也最为透彻，直抵人的灵魂。有时候，它甚至不需要语言，不需要理性判断，就是发自内心的感受。因此，我们可以把美学归结为对"在此"的追求，追求一种永恒的存在价值。空间是最可以胜任这种表达的。

然而，在追逐美的永恒的过程中，社会理论并不是不起作用，相反，它通过时间向人们证明着依然不断发展的历史，用"曾经"证明着不可辩驳的改变。在西方社会理论中，无论是亚当·斯密，还是马克思，抑或是韦伯，他们莫不把时间置于空间之上，以此来思考进步的世界。不可否认，世界正在发生着变革，如果有人说是日日新、月月新也不为过。这是一种被迫的进入，无从逃避。新的时空感受出现，新一轮的时空压缩正在影响着文化和政治生活的方方面面。最为激烈的改变也不过是"企图将新的空间和时间的概念，加在正处于剧烈转变高潮的西方资本主义之上"②。

---

① 戴维·哈维：《后现代的状况：对文化变迁之缘起的探究》，阎嘉译，商务印书馆，2004，第257页。

② 大卫·哈维：《时空之间：关于地理学想象的反思》，载孙逊、杨剑龙主编《都市空间与文化想象》，上海三联书店，2008，第16页。

当然，在大卫·哈维看来，最好的状态是走向美学，探索"时间的空间化"问题。"创造一件美的物体就是用这样一种把我们从时间的专制之下拯救出来的方式，'使时间与永恒联系起来'。'使时间贬值'的冲动重新表现为艺术家通过创造'强大得足以使时间停止'的作品而进行拯救的意志。"① 比如，建筑师通过建筑来传递一种文化和价值。建筑是很好的停止时间的方法，艺术品在空间上彰显了美的含义。美的主题是"在一个快速流动和变化的世界里，空间建构是如何被创造和被用作人类记忆和社会价值的固定标记"。对于这一观点，大卫·哈维深受巴什拉《空间的诗学》的影响。在《空间的诗学》中，巴什拉把空间当作诗的文本，从微观空间出发研究了精神、文化、生存问题。巴什拉把空间作为存在的根本，认为空间中蕴含着生命的本质。在他看来，只有在空间中，人们才能运用想象的力量，逃脱时间的束缚，远离城市的喧嚣，进入一个虚静而美妙的世界中，在这里会忘记一切纷繁琐杂，于是，从世俗的空间走向了更为广袤的宇宙空间中。这样，空间的本体论意义才存在。巴什拉推崇空间，贬抑时间，认为真正的艺术应该中断时间、忘却历史。

大卫·哈维认为，"'美的语言'就是'永恒现实的语言'。创造一个美的物体，就是'连结时间与永恒'，通过这种方式将我们由时间暴政中救赎出来"②，从而使人们可以享受真正的生活，实现其为人的本来目的和特质。在这里，存在一个问题，人类进行理论创造的原初动力是什么。在笔者看来，是实现自身的一种救赎和完满。这就需要一个标准，什么可以担当这个标准？在康德看来是审美，它可以作为沟通认识论和道德判断的桥梁，实现两者的统一。海德格尔却拒绝了康德的这种二分法，通过论述"此在"的状态来表达其政治学意图。大卫·哈维赞同海德格尔对空间和场所的区分。在资本主义制度下，空间被不断重塑，并且是变化和生成的领域，而场所是关于存在和美学的——海德格尔称之

① 戴维·哈维：《后现代的状况：对文化变迁之缘起的探究》，阎嘉译，商务印书馆，2004，第258页。

② 大卫·哈维：《时空之间：关于地理学想象的反思》，载孙逊、杨剑龙主编《都市空间与文化想象》，上海三联书店，2008，第18页。

为"存在真理的地方"①。大卫·哈维认为基于场所的美学优先于空间性。然而，这些关于美学的观点，时间空间化和创造性不变的真理，产生了一系列的问题。大卫·哈维把基于场所的美学感受力当作一个重要的地缘政治学角色，并认为这是地理学想象必须面对的一个问题。因为美学判断是基于场所的社会行为的一个有力推动者，并且它可以清晰地表达被替代的地理学想象。这种美学化的政治学必须被当作资本主义地缘政治学的一个非经济学部分。虽然它可能会导致明确的替代方案，赋予边缘化的集体力量，但是大卫·哈维担心以场所为基础的想象的保守狭隘主义。

三　简要的结论

借助空间范畴来思考后现代主义的美学意蕴。其中，大卫·哈维更看重空间本身的意义，他试图从空间角度来弥合社会理论和美学理论之间的鸿沟，"使美学和社会理论的观点融汇在一起有重要意义，使空间置于时间之上与将时间置于空间之上的这两种解释方式融合同样有重要意义"②，这种方式就是地理学想象。

在描述地理学想象时，大卫·哈维给我们举了一个很有意思的例子，即当前学术创造也受到了市场化的影响。过去，一个学者一生只要出版一两部著作就被认为很有成就，然而随着加速观念的出现，今天的学者每两年必须至少出版一本著作，以此来证明自己的存在，这是多么鲜活的证明当今世界所呈现出的快速发展和时间化特征的例子。我们究竟是社会进步的受害者还是它的创造者，这个问题困扰着当下的人。因此，必须恢复对美学的兴趣，寻找真正能够展现存在意义的东西。

批判性地理学或者说出于社会理论和美学理论交集的地理学想象

① David Harvey, *Justice*, *Nature & the Geography of Difference*, Oxford：Blackwell Publishers Ltd, 1996, p. 299.

② 大卫·哈维：《时空之间：关于地理学想象的反思》，载孙逊、杨剑龙主编《都市空间与文化想象》，上海三联书店，2008，第20页。

最终目的是要告诉我们，我们究竟是谁，我们为什么奋斗。的确，如果说现代社会铸造了一个"以时间消灭空间"的社会，那么将会丢失作为主体的人的原始目的和行为动力。总之，社会的发展和进步最终的目的是服务于人。因此，必须抛弃忽视空间的社会理论，找寻一种实现人最终发展的理论。那么，时空必须被置于物质、社会和政治的场所。

充分理解与分析大卫·哈维对空间与时间的诠释与论述，对于从空间角度解读现代主义与后现代主义的关系具有重要意义。他从地理学角度引入"时空压缩"这个概念工具。这一工具本身只是在资本主义的历史地理学中才具有实质性意义，它指认的是"位置与空间、长期和短期时间范围之间的辩证对立，存在于更深的时空维度转变框架中，这一框架是加速周转时间和以时间消灭空间这种资本主义根本法则的产物"。① 因此，通过"时空压缩"这一概念所表达的正是货币资本脱离了物质生产循环，实现了空间的自主权。在大卫·哈维看来，这是后现代主义的根本基础。所以，他强调："资本主义是扩张性的和帝国主义的，所以越来越多领域里的文化生活都陷入了现金交易关系的掌握与资本流通的逻辑之中。"然而，"在现代性和后现代性一切骚乱的背后，我们可以看出某些简单的生成原因，它们形成了极为多样的结果"。不过，"资本主义走到哪里，它的幻觉机器、它的拜物教和它的镜子系统就不会在后面太远"。② 只要你熟悉《共产党宣言》和《资本论》，你就能够发现这一论述是对其中有关论述的进一步发挥。

卡西尔曾经说过："为了发现时空在我们人类世界的真正性格，我们必须分析人类文化的形式。"③ 总而言之，文化具有双重作用，它既在一定的社会形态中生成、发展，又影响着社会的形态，控制着社会的生

---

① 大卫·哈维：《时空之间：关于地理学想象的反思》，载孙逊、杨剑龙主编《都市空间与文化想象》，上海三联书店，2008，第17页。

② 戴维·哈维：《后现代的状况：对文化变迁之缘起的探究》，阎嘉译，商务印书馆，2004，第344~345页。

③ 恩斯特·卡西尔：《论人：人类文化哲学导论》，刘述先译，广西师范大学出版社，2006，第61页。

活。作为当今世界影响深远的思潮，后现代主义深深地改变着当下人们的生活和思考问题的方式。大卫·哈维通过两轮空间压缩来说明这个文化形态的生产。对这个问题更进一步的思考是，通过后现代主义的美学解读，解决当下的诸多现实问题。空间的障碍状态也不复存在，世界范围的交流、交互活动越来越多，从而进一步演化为对政治问题和主体存在的思考。因此，大卫·哈维借助空间这一独特形式来诠释当代人的政治危机。空间也不再仅仅是一种背景性的存在，而成为他寻求政治解放可能性的有力媒介和工具，这也是其空间理论的最终的理论旨趣所在。

"无主体"的悖论：阿尔都塞结构主义
马克思主义观的一个审视[*]

王文轩

与后期自我反思时的态度不同，20 世纪 60 年代中期的阿尔都塞是以结构主义的马克思主义者形象示人的。他与人道主义针锋相对，并试图在"无主体"的前提下，为马克思主义理论的现实性和革命性重新找回科学的根基。对于这一思想，学界多认为这是 20 世纪西方马克思主义研究格局中科学主义对人道主义的有力反驳，但事实上，这一理论立场也暗合了当代法国哲学思想中超越主体同一性和求证革命可能性的时代议题。一方面，20 世纪日益加深的"主体危机"成为阿尔都塞走向结构主义的必要条件和思想背景；另一方面，阿尔都塞借用结构主义资源也能为其理论抱负提供充分条件和实质内容。不过，当我们沿着阿尔都塞这条主体批判的路径来审视他自身时便会发现，阿尔都塞其实是在结构主义时代去重新完成现象学的目标，即动用自己的理性权威使马克思主义哲学成为其他一切科学的认识论基础。这使得马克思主义不仅没有摆脱危机，甚至还倒退回柏拉图的哲学中。

一 主体因何会成为一个问题

阿尔都塞认为，人道主义是一个意识形态概念，它不仅无法保证

---

* 本文原载于《中南大学学报》（社会科学版）2019 年第 6 期，收入本书时有改动。

·384·

马克思主义的科学性，而且由于片面强调文化与意识上的批判而事实上放弃了对现实政治经济形势的分析及由此展开的革命行动。这一理论立场的产生，有着特殊的时代背景。当时法国的马克思主义面临两方面的挑战：一是共产主义实践在 1956 年前后遭遇了一系列挫折；二是在人道主义思潮的感染下，大批左翼知识分子在思想上激烈反转。但重回人道主义的解读在日渐强势的结构主义看来已然不再合法，反而将马克思主义带入更危险的境地。那么，结构主义为何会厌弃人道主义呢？20 世纪日益加深的"主体危机"又如何成为阿尔都塞走向结构主义的前提呢？对这一思想史转向的解读，是理解阿尔都塞排斥主体的关键，同时也是我们理解他与结构主义关系的前提。

首先，当代法国哲学的开篇即围绕主体问题而展开，这既是西方思想传统中关于主体问题长期争论的延续，也是法国对自身文化与历史困境的回应。我们知道，传统哲学的核心是坚持主体的先验性和独立性。在笛卡尔《第一哲学沉思集》中，"我思"作为认识的第一起源，是绝对真理的最终保证。这意味着：一方面，主体的性质将被限于"意识"之中，并成为自我与客观对象的同一性的最终保证，"我""主体""意识"成为"三位一体"的实体存在；另一方面，对客体存在而言，其意义就在于存在是可知的，存在就等同于对存在的认识，而主体又必然是客体存在意义的决定者，因而存在是"唯我"的存在。但人类在遵循"我思"的主体规划来渐次展开现代社会时，却不得不面对一个无解的难题——主体的内意识性规定无法使来自主体理性的知识与客体世界协调一致，尤其是进入 20 世纪后，人们遭遇了越来越多的"非理性"困境，并关注真实历史中那些鲜活的个人。为何以"人"之名得到的却是"非人"的结果？海德格尔指出："只有当被问及其本质的那个东西已经变得模糊不清，同时，人与这个被问及的东西的关系已经变得不确定或者甚至已经被动摇，这时候，关于本质的问题才会觉醒。"① 现代化转型带来的阵痛，使人认识到对于主

---

① 海德格尔：《海德格尔文集·同一与差异》，孙周兴、陈小文、余明峰译，商务印书馆，2014，第 9 页。

体这一概念必须要做修补了。

其次，现象学的传入，恰好给法国思想界提供了突破思想和历史困境的理论借鉴。"他们遇到的与其说是一个新哲学，不如说是认出了他们一直在等待的某种东西。"① 借助德国的思想资源，以萨特为首的存在主义者首先对传统主体哲学发出了诘难，试图使主体突破"我思"的内意识限制而具备现实性，并依据"存在"搭建一种辩证的历史哲学。但海德格尔在 1946 年《关于人道主义的书信》中却指出，存在主义的前提和预设仍是从此在的"基础本体论"出发来思考人的本质，并将"人的本质"置换为"人的生存"②。也就是说，萨特依旧保留了主体性哲学的基本设定，"即人的自由在于人的主体性自身之中"③。主体中心原则只是在法国现象学的视域中更加精致了，而并未遭到实质上的削弱，"主体"——无论是普遍本质意义上的"人"，还是历史生成中的"某人"，都始终是世界和历史的中心，承担着为自我和客观存在赋予意义的重任。但海德格尔对人道主义的批判，也开启了战后法国各类"反人道主义"思想的潮流。而同样因不满传统主体使世界贫困化的做法，结构主义则更加激进地喊出了"主体之死"。

最后，试图超越传统主体理性的结构主义的理论旨趣有两点④。一是追求科学性。结构主义尝试将科学研究的精密客观性引入人文科学中，从而摈弃主体哲学的独断与虚妄，其核心在于寻找一种形式意义上的结构式模型。这一模型对于一类事物的构成来说将是普遍有效的。在这一模型中，每个结构性因素的性质与意义并不确定，它们要依赖结构进行重组才能获得意义上的给予。罗兰·巴特曾说："所有结构主义行为的目标，无论是反思性还是诗性的目标，都是要'重构'一个客体，从而

---

① Maurice Merleau-Ponty, *Phenomenology of Perception*, London：Routledge & K. Paul, New York：Humanities Press, 1962, p. viii.

② 《关于人道主义的书信》写于 1946 年，1953 年被转译为法文后进入法国。

③ 张旭：《海德格尔论人道主义的双重意义》，《中国人民大学学报》2009 年第 2 期，第 75~80 页。

④ 确切地说，并没有严格意义上的结构主义流派，但不可否认的是，结构主义思潮中存在着一些共同的理论旨趣。

揭示让它得以运作的规则。"① 二是体现反叛性。两次大战的冲击，宣告了欧洲中心主义的进步史观的破灭。可以说，结构主义深深根植于对自启蒙以来西方传统理性主义的批判解读之中。而战后法国社会的巨大变化不仅强化了历史的断裂感，而且急需新的理论来替代基于主体原则所构筑起的古典人文科学。

因此，当结构主义兴起时，它对主体的反对就不言而喻了。德里达在《书写与差异》一书中指出，结构主义是"一种向所有对象发问方式的改变"②。结构主义在人文科学研究中，始终将考察的对象视为存在于一个客观整体结构或文化建制中并受操控的产物。这种追求结构总体性的理论旨趣，当然无法容忍主体仍作为世界的中心和意义的源头。更为重要的是，对主体哲学的反叛，还开启了理性向非理性拓展的进程。思想家们终于有一种可以通向人类思维与文化深处的革命性工具，通过探求潜藏在文化事物之后的无意识结构，揭开在传统理性中被"主体神话"长期封禁而无法触及之物，并深刻地批判主流意识形态对自我形象的美化，以及对"非己之物"的残酷规训。可以说，正是由于结构主义的科学性及其对历史与传统的反叛，导致强调空间而牺牲时间、强调结构而牺牲主体，思想的新时代已做好了同人道主义告别的准备。

对主体哲学的反思和超越，贯穿了当代法国哲学的发展历程。而正是借由主体同一性哲学的不断瓦解，法国知识界释放出了对革命可能性的追求。正如福柯所言："结构主义并不是一种新方法，而是被唤醒的、令人焦躁不安的现代思想意识。"③ 阿尔都塞结构主义倾向的思想冒险，正暗合了法国社会文化中超越主体哲学和论证革命可能性的时代议题。"这正是阿尔都塞制定研究方案时置身其间的环境，它满足了新一代的

---

① 乔纳森·卡勒：《罗兰·巴特》，陆赟译，译林出版社，2014，第68页。

② 雅克·德里达：《书写与差异》，张宁译，生活·读书·新知三联书店，2001，第1页。

③ Michel Foucault, *The Order of Things*：*An Archaeology of The Human Sciences*, New York：Routledge, 2002, p. 226.

需要，他们不想承担斯大林主义罪恶的重负，但又渴望绝对。"① 因而对于双方来说，结构主义的科学、精密、客观化和反建制的理论倾向，使阿尔都塞在面对马克思主义的危机时可以选择与结构主义合作，为马克思主义理论建构严密的形式框架；作为"回报"，阿尔都塞则毫不留情地将历史和主体排除出去，并补齐结构主义所缺乏的政治维度。结构主义思潮与阿尔都塞的理论抱负结合在了一起。当然，这种合作所要清除的第一个障碍就是——"主体"。

二 结构主义的马克思主义观

借对主体哲学的反思和超越，结构主义展示出当时的思想界追求科学严密性的理论气质和反抗现存制度的革命精神，在一定程度上，也具备了与马克思主义相互融合的理论资质。阿尔都塞正是在这一逻辑支撑下对马克思主义展开了整体化的哲学改造。

（一）"理论反人道主义"与"认识论断裂"

首先，阿尔都塞结构主义的马克思主义观体现在"马克思主义是理论反人道主义"这一鲜明立场中。在他看来，所谓的理论人道主义就是"以人这个术语的哲学意义来说，人处在其世界的中心，认识其世界的原始的本质和目的"②。阿尔都塞认为这种问题式由两个重要的理论基点支撑："1、存在着一种普遍的人的本质；2、这个本质从属于'孤立的个体'，而他们是人的真正主体。"③ 这是一个相互补充而又不能分割的稳定的理论框架。每个主体具有普遍的"人"的本质，而每个主体又是经验的孤立个人，因此，"人"就成为同一性诉求的中心，并使经验主义和唯心主义完满组合起来。阿尔都塞认为，这是科学的马克思主义所

---

① 弗朗索瓦·多斯：《结构主义史》，季广茂译，金城出版社，2012，第372页。

② 阿尔都塞：《自我批评论文集》，杜章智、沈起予译，（台北）远流出版公司，1990，第230页。

③ 阿尔都塞：《保卫马克思》，顾良译，商务印书馆，2013，第223页。

彻底远离的，"就理论的严格意义而言，人们可以和应该公开地提出关于马克思的理论反人道主义的问题；……必须把人的哲学神话打得粉碎；在此绝对条件下，才能对人类世界有所认识"①。

其次，围绕"认识论断裂"而展开的概念群进一步凸显了阿尔都塞的结构主义倾向。他认为，在马克思的思想发展中存在"认识论断裂"，他将马克思的思想分成两大阶段：1845 年之前为"意识形态"阶段，归属于"理论上的人道主义"或"人道主义的问题式"；1845 年之后则为"科学"阶段，在这一阶段马克思创立了一门新的科学（辩证唯物主义），并相应诞生了新的哲学（历史唯物主义）。哲学家的任务就是通过阅读"科学"著作《资本论》，阐明马克思未直接言说的新哲学，即一场"认识论的根本变革"②。但阿尔都塞反对"直接的阅读"，因为在这种阅读模式中，主体通过直接地"看"，就可发现隐藏在文本现象背后作者想要表达的含义，而这是一种主体必然能表现并把握客体本质的"阅读神话"③。阿尔都塞认为："历史的文字并不是一种声音在说话，而是诸结构中某种结构的作用的听不出来、阅读不出来的自我表白。"④ 所以，只有通过"症候阅读"，才能发现在每一个文本之后都存在着一个不可见的但又决定了文本内容和意义的隐秘结构——"总问题"，即"一个思想以及这一思想所可能包括的各种思想的特定的具体结构"⑤。在阿尔都塞看来，正是通过对古典政治经济学著作的这种阅读，马克思看到了在意识形态"总问题"中被忽视的内容，进而创立了新科学。阿尔都塞自信地认为自己解读《资本论》的方法，就是马克思未曾直接言说的新哲学认识论：①新的科学是从意识形态中

① 阿尔都塞：《保卫马克思》，顾良译，商务印书馆，2013，第 225 页。
② 阿尔都塞、巴里巴尔：《读〈资本论〉》，李其庆、冯文光译，中央编译出版社，2008，第 3 页。
③ 阿尔都塞、巴里巴尔：《读〈资本论〉》，李其庆、冯文光译，中央编译出版社，2008，第 5 页。
④ 阿尔都塞、巴里巴尔：《读〈资本论〉》，李其庆、冯文光译，中央编译出版社，2008，第 5 页。
⑤ 阿尔都塞：《保卫马克思》，顾良译，商务印书馆，2013，第 55 页。

产生而来①；②科学产生的过程必然伴随"认识论断裂"；③因而有关科学知识产生过程的认识理论，不再是事物认识自身的辩证运动，认识方法也不再是主客同一的辩证法；④这一科学知识产生过程的理论一般化后就是有关一般实践活动的"总理论"，也就是马克思所创立的新哲学认识论。

无疑，这是一种全新的阅读方式，也是一种全新的普遍认识论和意义赋予体系。如果这种在主体语言之外包含着客观历史结构和社会关系，同样也包含着主体在此之中先天所采取的立场的"总问题"，主导着作者与读者的书写方式和阅读方式，这也就彻底破除了由主体私自主导的阅读密谋，转而由结构来负责提供读者和文本之间沟通的可能。事实上，这种阅读方式深受结构主义对当时的文学理论和文学批评的巨大影响②。今村仁司曾对阿尔都塞的阅读和认识方式评论道："所谓'看'是'问题结构'在'看'，这种'看'的行为已经完全不是人的主体的'看'的行为，而是其相反。总之，可以说是结构把'我的头'作为手段进行思考的。"③

（二）历史是无主体的过程

既然马克思主义的认识论不是辩证的，那么其历史观自然也不能是辩证运动的历史观。在 1968 年的《马克思与黑格尔的关系》的学术报告中，阿尔都塞就以结构主义的历史见解来解读马克思主义的历史观。他认为，与以主体为中心的历史观不同，黑格尔的哲学历史观没有主体的辩证过程，如果非要说有一个主体的话，那么也是这个无主体过程的过程本身，即"异化过程的唯一主体，是在它的目的论中的

---

① 阿尔都塞以"理论生产"和"理论实践"的概念来阐述这一科学知识产生的过程。

② 这种在文本内部的游戏确实属于当时的结构主义时尚。比如，阿尔都塞本人在《读〈资本论〉》一书中承认，对"总问题"概念的认识来自米歇尔·福柯，而"症候阅读"又近似于拉康的精神分析法。

③ 今村仁司：《阿尔都塞：认识论的断裂》，朱建科译，河北教育出版社，2001，第 158~159 页。

过程本身"①。因为在黑格尔的辩证法中，并没有起源与开端，一切起源仅仅是为了过程的展开所不得不做的一个安排，存在在被肯定的那一刻起就注定了它被否定的命运，而否定后的肯定又会被新的否定所否定，因而存在永远是一种非存在。阿尔都塞于是得出结论："如果把目的论去掉，那就会剩下马克思所继承的哲学范畴：无主体的过程的范畴。"② 也就是说，在阿尔都塞看来，马克思和黑格尔之间亲密的理论联系就在于其消除了过程本身的目的性之后，借用了黑格尔的无主体过程的概念，这一概念就是马克思主义唯物史观的核心范畴。历史的辩证法没有任何主体的身影，既没有历史的哲学起源，也没有主体的逻辑开端。而那些将经验个人或抽象本质的"人"视为历史主体的做法，都不过是资产阶级意识形态的产物，是为了论证资本主义社会才是人类社会的最终形态。

既然科学的历史观意味着历史不再是依赖主体的辩证法而展开的历史哲学，那么它的科学性就在于启用了全新的概念系统，即马克思主义中生产力、生产关系、经济基础、上层建筑等一系列科学的也更具实证性的范畴，构成了历史唯物主义的科学学说。阿尔都塞认为，马克思主义的生产关系概念在任何意义上都不能还原为简单的人与人之间的关系，其只能在结构整体性的层面来理解，因而任何涉及人的关系的表述都是不被允许的，因为这种还原必然是对"主体间相互关系"的承认。而马克思主义的社会生产关系并非主体的"人"的关系，在社会经济过程中也根本不存在独立的保持自我超越性的"人"。"人"只是一个庞大生产结构中的担当者，是一定社会历史条件下劳动和资本的具体人格化。因此，马克思的生产关系概念就只能表现为生产的当事人和生产过程的物质条件的特殊的结合。

事实上，与在认识论问题上借鉴福柯的思想相似，阿尔都塞在此借

① 阿尔都塞：《列宁和哲学》，杜章智译，（台北）远流出版公司，1990，第129页。

② 阿尔都塞：《列宁和哲学》，杜章智译，（台北）远流出版公司，1990，第130页。

用了拉康的思想。在拉康的精神分析学中，主体在自身的建构过程中始终被嵌入了一个异在的"他者"。因而建立在主体同一性基础上的主体间性问题，就被转换为主体与主体间的关系始终要有一个第三方来确定的问题。因此，主体与主体便永远无法真正地"相遇"。这种全新的诠释无疑是对自笛卡尔以来"我思"哲学的致命打击：不是主体在决定，而是结构在主宰，主体仅仅由于它在结构中的位置而得到肯定。那么放在资本主义的历史条件下，真正的主体就绝非先验既定的主体，也绝不是历史存在中的个人；承担"主体"责任的只能是决定生产当事人地位和功能的生产关系。由此，在阿尔都塞看来，历史过程中真正的主体只能是结构功能化生产关系，而历史唯物主义正是对"无主体的历史过程"的科学表述。这样一来，人类社会的演进也就如同"无主体"的自然历史进程一般了。

（三）意识形态与被建构的主体

在分别破除了认识论和历史哲学中的主体性原则后，阿尔都塞在意识形态理论中还逻辑性地推进了对主体本身何以可能的批判。他对意识形态概念作了极富结构主义色彩的阐释："意识形态是具有独特逻辑和独特结构的表象（形象、神话、观念或概念）体系，它在特定的社会中历史地存在，并作为历史而起作用……因为在意识形态中，实践的和社会的职能压倒理论的职能（或认识的职能）。"[1] 在《意识形态和意识形态国家机器（研究笔记）》中，阿尔都塞认为，意识形态国家机器通过宗教、教育、家庭、法律、政治、工会等现代生活的各种制度性安排，向人们宣传和灌输有利于统治的观念，不断生产出顺从现代资本主义生产关系和资本主义制度安排的"主体"。在此意义上，不论个人还是群体都是资本主义制度的"服从者"。进一步讲，个人也总是在一定的意识形态背景中呈现他们自身的生存状况，但这种由意识形态而呈现出来的图景也不是真实的，它并不是对现实关系的反映，而只是来源于意识形态的想象。更为关键的是，意识形态国家机器还在主体的各种日常实

---

① 阿尔都塞：《保卫马克思》，顾良译，商务印书馆，2013，第227~228页。

践活动中不断维系和得到强化。阿尔都塞指出，所谓的主体自在自主性，就是通过由渗透着意识形态的各种仪式所支配的实践活动而不断得到确认和刻画，主体在早已被意识形态统摄的实践中享受着支配自己的虚假自由。可以说，主体的观念就是由意识形态机器生产出来的，"主体"只是虚假的概念。在建构主体的过程中，意识形态就成了"人"通向"主体"过程中必不可少的结构性中间物。

在此，阿尔都塞再次化用了拉康的理论。阿尔都塞认为，意识形态要想达到驯服个体的目的，就必须借助主体的概念。"主体"与意识形态双向构建。在日常生活中，主体间互相承认对方的主体性，比如碰面打招呼，而意识形态正是通过这种方式使主体不断地重复实践意识形态所默许的各种仪式。生活中每一个仪式和微观细节，都是意识形态询唤主体的场景。这些场景不断向我们证明，"我"是一个受人认同的、唯一的、独特的、不可替代的主体。在此，阿尔都塞得出了一个基本命题："你我从来都是主体。"① 他还以宗教为例进一步指出，在基督教的各种实践和仪式中，虽然个人被询唤为一个宗教主体，但在此过程中，只有一个"独一的、中心的、作为他者的主体即上帝"。这个"大写的他"询唤服从他的人，而被询唤之人，则承认自己的主体之身，自动臣服于大写的"主体"，并作为一个被驯服的"主体"而存在。那么，上帝才是真正的主体，信徒只不过是上帝的"镜像反映"。"所有意识形态的结构——以一个独一的绝对主体的名义把个人传唤为主体——都是反射的，即镜像的结构；而且还是一种双重反射的结构：这种镜像复制是构成意识形态的基本要素，并且保障着意识形态发挥功能。"② 也就是说，大写的主体——上帝、类本质、绝对精神等——在镜像关系中不断询唤臣服于他的小写的主体，而每一个小写的主体又都通过大写的主体（意识形态）来反思确证自己的存在，从而获得他人的认可。

这种意识形态结构最终得到的结果是：①把"个人"传唤为主体；

---

① 阿尔都塞：《哲学与政治：阿尔都塞读本》，陈越编译，吉林人民出版社，2003，第363页。

② 阿尔都塞：《哲学与政治：阿尔都塞读本》，陈越编译，吉林人民出版社，2003，第370页。

②他们对主体的臣服；③主体与主体之间的相互承认，以及主体最终的自我承认；④绝对保证一切都是这样①。因此，所谓的自由主动和完全自治的主体都是虚假的，主体的本质就是他无意识的臣服性，即臣服于意识形态的教化。

三 "无主体"的悖论

在《亚眠答辩》中，阿尔都塞曾表示："我当时已经是一个共产党人了，因此我也在努力地成为一个马克思主义者——也就是说，我在努力地尽我所能，去理解马克思主义意味着什么。"② 而从前文的论述中，我们可以清晰地看到，阿尔都塞"努力理解的"马克思主义，就是结构主义所特有的"无主体"烙印下的马克思主义。但问题在于，阿尔都塞凭借结构主义所作出的理论"努力"是否能成立？从思想史的视角看，"主体"与"结构"代表的哲学思潮是否只是单向度的对立、否定关系？

（一）"理论反人道主义"背离了马克思主义哲学的精神旨趣

马克思主义哲学是建立在实践基础上的历史生成性学说，在其理论框架中绝不会排斥"人"，但也绝不是单纯地从抽象的"人"出发。恩格斯就曾把唯物史观精确地定义为"关于现实的人及其历史发展的科学"③。一方面，马克思主义哲学实现了合目的性与合规律性的统一。人从自然界中产生，在面对客观物质对象时，必然是一个主体，但他并非自然的宰治者，主体只有通过劳动来改造客观物质世界才能满足自己的需求，同时又要充分尊重和掌握客观的物质运动规律。另一方面，在社会科学领域中，马克思主义哲学揭示了社会历史的客观辩证法，实现了科学理性和价值理性、事实判断和价值判断的统一。人不断寻求自我解

---

① 阿尔都塞：《哲学与政治：阿尔都塞读本》，陈越编译，吉林人民出版社，2003，第371页。

② 阿尔都塞：《哲学与政治：阿尔都塞读本》，陈越编译，吉林人民出版社，2003，第173页。

③ 《马克思恩格斯文集》第4卷，人民出版社，2009，第295页。

放和全面发展，这是其自身崇高价值的体现，但这些价值的产生并非来自永恒的价值真理，而是必须置于人与社会的关系中来考察，置于改造世界的劳动实践和革命实践中来求得的，是必须彻底消灭私有制和阶级对立后才能完全实现的社会理想。所以，即使是在马克思哲学最成熟的著作《资本论》中，也绝不会否认马克思从青年时期就开始坚持的使人从异化中得到解放，并实现个体自由而全面发展的理想信念。事实上，正是在历史概念的前提下，在物质生产实践的历史和现实基础上，马克思主义引出了关于"现实的人"和"现实的个人"的概念，这无疑是思想史上一次伟大的哲学革命。因为只有历史观点的引入，只有实践领域的转向，才可能把"人"从抽象的本质拉回到现实的、具体的人间，也才可能产生真正意义上的能动的社会历史的"现实的个人"。

总之，马克思主义的社会历史科学永远不能缺少主体的主动性，但同时又坚决同抽象的哲学人道主义决裂。其超越人道主义的方式是肯定进行物质生产实践的、作为社会关系总和的"现实的人"和"现实的个人"这种历史主体，而非阿尔都塞所认为的，通过科学阶段同人道主义阶段的结构性"断裂"。

（二）"认识论断裂"的合法性问题

就阿尔都塞围绕"认识论断裂"来解读马克思主义而言，他认为马克思主义之所以是科学、新认识论之所以能诞生，就在于其以科学的"结构"概念（可以是总问题、认识结构、过程、生产关系）取代了意识形态的"主体"概念去赋予事物意义。结构的科学性，抑或说是分析方法本身的科学性，确保了这一目标的达成。这毫无疑问带有浓重的结构主义色彩，主要体现在：①寻求某种客观整体性的"结构"来顶替"主体"去赋予事物意义；②进而开启对无意识领域的科学研究（突出表现在对意识形态问题的重视）；③最终揭露人道主义哲学的意识形态虚伪性。

但是，依靠结构主义来求证马克思主义科学性的做法未必经得起推敲。

首先，从逻辑上看，阿尔都塞陷入了无解的循环论。要回答马克思主义为何分为"科学"与"意识形态"两个阶段，阿尔都塞不得不从"科学著作"《资本论》中寻找这一"断裂"的合法性。因而，为了论证《资本论》中马克思主义的科学性，我们必须以科学的方法（断裂）来解读《资本论》，而解读的结果是发现马克思的科学性恰恰就是我们解读《资本论》的科学方法。也就是说，论证的前提就是论证的结论。在此处，阿尔都塞也无奈地承认："这个过程是个不可缺少的循环过程，……运用马克思主义哲学来研究马克思，……都是绝对的前提条件。"①

其次，如果社会历史和人类思想史的发展是一次次突然的"断裂"而非"辩证"运动，那么，我们便无法理解马克思主义是如何做到在"科学"阶段竟分享着和黑格尔没有任何关系的"辩证法"。而一旦存在关联，马克思主义对黑格尔的超越就是一个辩证的思想发展过程，而非毫不相干的"断裂"。

再次，由于意识形态具备能动性和实践性，理论实践也就因此成为科学的唯一内容。这就使得阿尔都塞只能将"科学"赋予理论，而将实践丢给"意识形态"。而科学与意识形态又是真实同虚假的"断裂"，那么，这就不可避免地造成马克思主义的革命理论同革命实践之间产生实质性的分裂。

最后，必然产生阿尔都塞所承认的"理论主义"错误。马克思主义被局限于一种认识论，"理论和实践相结合"② 的问题也就无从探讨了。因而他不得不煞费苦心地说明"理论实践"也是一种生产实践与政治实践，从而尽量找回马克思主义的实践维度。亨利·费兹班曾批评道："在我们看来，有些同志提出了支持理论反人道主义及其他问题的论断，这些同志应该自问并且说出，他们是如何看待自己立场的有害政治后果的。"③

因此，阿尔都塞不仅没有帮助马克思超越人道主义，反而彻底摒弃

---

① 阿尔都塞：《保卫马克思》，顾良译，商务印书馆，2013，第 22 页。
② 阿尔都塞：《保卫马克思》，顾良译，商务印书馆，2013，第 254 页。
③ 阿尔都塞：《保卫马克思》，顾良译，商务印书馆，2013，第 260 页。

了马克思主义中的主体能动性和历史辩证法，将马克思主义变成脱离历史实践的"基础主义"认识理论。正如列斐伏尔所言："阿尔都塞使马克思主义僵化了，他把一切机动性都从辩证法中剔除了出去，……阿尔都塞与马克思主义的关系，无异于托马斯主义者与亚里士多德主义的关系：纯洁化、系统化，但不再与现实有什么关系。"① 实际上，结构主义与马克思主义虽具备相似的理论气质，但二者从一开始就存在着巨大的裂痕。因而，阿尔都塞一方面暧昧不清地采用结构主义的方法和话语，另一方面又以马克思主义之名标榜与结构主义的不同。为了化解由此产生的矛盾并回避理论指责，阿尔都塞只能在结构与主体之间、在科学与意识形态之间，拼命设置各种"断裂"和对立。雅克·朗西埃指出："某些巨大的对立，诸如主体与结构之间的对立，或者无主体试验的概念，被抬到了十分重要的高度，因为它们可以用来掩饰概念上的暧昧不明，我们正是在这样的概念内部运作。"②

（三）不能缺席的主体：主体哲学与结构主义的肯定性关联

不难发现，这一系列问题的根本原因在于——结构主义方法实际上使阿尔都塞陷入了理论精英主义的独断论。科拉科夫斯基对此曾准确地点评道："阿尔都塞给出的解释原则是自相矛盾的，尽管他口口声声称这是'科学'，但他整个理论建构都是一种毫无理由的意识形态表述，是旨在维持一种斯大林式的马克思主义的传统版本。"③ 阿尔都塞既无法解释《资本论》为何是一本科学著作，也无法说明马克思主义为何要分为"科学"与"意识形态"两个阶段，以及无法论证"认识论断裂"的合法性，更不清楚马克思主义所创立的新哲学认识论究竟是什么。总之，这一系列分析和"断裂"对保卫马克思主义来说既不合法也无必要，而

---

① 弗朗索瓦·多斯：《结构主义史》，季广茂译，金城出版社，2012，第135页。

② 弗朗索瓦·多斯：《结构主义史》，季广茂译，金城出版社，2012，第362页。

③ Leszek Kolakowski, "Althusser's Marx", *The Socialist Register*, Vol. 8, 1971, p. 12.

只是为了配合阿尔都塞故弄玄虚的理论表演。阿尔都塞认为："科学一旦获得真正确立和发展，它就不需要通过外部实践来证明它所生产的认识是否'正确'。"① 也就是说，马克思主义的科学性与真理性不必来源于实践，而只需来自阿尔都塞所发现的"认识论断裂"；理论的权威不是来自现实政治，而只来自某一知识分子。如此一来，阿尔都塞也就更为隐秘地继承了现象学的衣钵而使自己成为"真理"的保证。在此，阿尔都塞与人道主义一起暗中完成了"精神的返乡"，他也成了一位在结构主义时代乔装打扮的传统哲学家。我们不仅看到了绝对精神的借尸还魂，甚至看到了耶稣基督的重生。难怪德里达在批评整个结构主义思潮时，一针见血地指出："现代结构主义或多或少是在对现象学直接或公开的依赖中成长壮大这一事实足以把它纳入西方哲学的最纯粹的传统性中，这个传统越过它的反柏拉图主义，将胡塞尔引回到柏拉图。"②

这其实也是结构主义自身的悖论。结构主义希望寻找某种客观结构来顶替居于现象学核心的"主体"去赋予事物意义，并证明结构对人的主宰。但这个证明却依赖于对结构本身规则与运转程序的先在制定，我们可以比喻为，这里要先借助某一"工程师的思想"。但谁来做"工程师"③？结构主义方法本是反抗权威，但结构主义者却成为新的权威，在一个客观的结构背后，始终有一个无法摆脱的"我"存在，笛卡尔的"我思"根本没有远去。这就是阿尔都塞逻辑悖论的症结所在，在经过了一系列"断裂"之后，他仍没有摆脱主客同一的窠臼，反而预设了一个更为隐秘的具有至上理性特权的主体存在，再一次完成了主体与理性的共谋。因此，阿尔都塞的努力最终吊诡地使马克思主义成为主客同一性哲学的新变种，成为另一种控制和占有理论。这也就不难理解，当

① 阿尔都塞、巴里巴尔：《读〈资本论〉》，李其庆、冯文光译，中央编译出版社，2008，第 47 页。

② 雅克·德里达：《书写与差异》，张宁译，生活·读书·新知三联书店，2001，第 46 页。

③ 文森特·德贡布：《当代法国哲学》，王寅丽译，新星出版社，2007，第 137 页。

"五月革命"爆发时，阿尔都塞为何会遭到严厉的批评。因为学生相信，阿尔都塞已经背叛了马克思主义信仰，他们的这位老师已把他自己及其理论视为不可挑战的权威。他喜欢保持纯粹的马克思主义，喜欢把无产阶级作为纯粹的概念来把玩，喜欢高高在上做一位大写的理性独白者来指明人类前行的方向。

事实上，在寻求绝对确定性真理的道路上，主体是不能缺席的。阿尔都塞的理论悖论就证明，在主体哲学与结构主义的矛盾中，两者并非只是对立性的否定关系，同时还辩证地存在着肯定性关联。从思想发展史的视角看，二者有着鲜明的历史承接。毕竟，理性的每一次扩张都需要一个创造性的理论主体来推动，这既是法国哲学中"我思"传统的延续，也是知识与权力的必然合谋。德里达说："人在那危在旦夕之时感受到了结构。"① 这是因为，只要存在本身的焦虑，以及对意义和真理的追寻不停止，结构主义者就一定会不自觉地接替"主体"去继续支撑逻各斯中心主义的幻想。这也就有了解构主义者的看法：结构分析也只是"一种对已成的、已构筑的、已创立的东西的反省"。它的命运也注定了将是"历史的、末世的和迫近黄昏"的②。这或许才是对主体与结构关系最精辟的解读。

四　结语

在马克思主义发展史上，阿尔都塞无疑是一位理论特色鲜明的思想家。他在反对人道主义、捍卫马克思主义的科学性的同时，也猛烈批判了近代以来的主体形而上学和唯心主义学说，揭示了掩盖在现代国家意识形态面纱之下的冰冷现实。可以说，阿尔都塞以其敏锐的理论洞察力和强烈的危机意识，重新证明马克思主义具有强大的理论生命力，启发了至今已蔚为大观的激进左派思想。但是，当阿尔都塞借用结构主义来

---

① 雅克·德里达：《书写与差异》，张宁译，生活·读书·新知三联书店，2001，第6页。

② 雅克·德里达：《书写与差异》，张宁译，生活·读书·新知三联书店，2001，第5页。

解读马克思主义时，也使他在与"人道主义"论战的过程中陷入了另一个"理论主义"极端。这样做的结果就是，对唯心主义的抽象反叛带来的也仅是对实践行动的抽象辩护，主体的退场只会导致自己理论的封闭和窒息①。

① 从阿尔都塞的本意出发，他并非是为了宣告人道主义必须在哲学和现实层面上彻底地消亡，而只是反对以思辨抽象的"人道主义"来解读并论证马克思主义的科学性。此外，也正是因为对政治斗争和理论实践在更根本意义上的强调，阿尔都塞才能在后期不断突破结构主义身份的限制，为不断进行新的理论探索打开了大门。

论阿尔都塞理论的内部张力与
结构主义二重性的关系[*]

王文轩　刘敬东

在一般性的认识中，阿尔都塞都是十足的结构主义扮相，但随着近几年中文学界对阿尔都塞晚期思想的拓清，以及对拉克劳、墨菲、巴迪欧等后马克思主义者和西方激进左翼思想的研究，人们开始逐渐摆脱对阿尔都塞的标签化认识，更为深入地挖掘埋藏在认识论断裂、症候阅读、多元决定等概念中的政治能动性与历史开放性。那么，阿尔都塞的理论是否是结构主义？结构主义是否就是一种保守的理性主义而不容于激进的历史—政治理论的谱系？本文认为，要解答这一困惑，就需要同时更新对于阿尔都塞和结构主义的教条理解。没有结构总体性逻辑的支持，阿尔都塞无法在1965年对马克思进行重读，但采取更鲜明而非更忠实于结构主义的态度，即方法优先于结构的本体论化（ontologisation de la structure）的态度，使阿尔都塞后期得以远离前期的思辨理性主义错误，并利用结构分析对差异性要素的释放，在理论实践中不断拓展阶级斗争的可能性空间。结构主义是以西方同一性哲学的反叛者面目示人的，结构主义的二重性就辩证地体现在，结构式的总体性理论建构就是为了差异性的解构，"配置就是暴露"①。结构主义始终是阿尔都塞理论实践的

---

*　2016年北京市哲学社会科学基金重点项目"资本与世界历史：马克思资本概念的三个维度及张力"（16KDA002）的阶段性成果。本文原载于《当代国外马克思主义评论》2020年第1期，收入本书时有改动。

① 皮埃尔·布尔迪厄：《帕斯卡尔式的沉思》，刘晖译，生活·读书·新知三联书店，2009，第164页。

方法论来源，对于他来说，方法问题之所以如此重要，就在于他始终坚持哲学的"实用主义"立场：哲学即政治，理论方法即斗争策略。方法论的革命不仅能拆解思辨理论，还意味着哲学终于可以思考现实政治的真实情境与意识形态斗争的具体策略。所以，"哲学即政治"的根本性实践要求和结构主义方法的二重性，将阿尔都塞带入了增殖性的理论场域中，共同推动了阿尔都塞"生产性的"理论实践，但也就带来了理论内部的巨大张力。

一 "保卫马克思"——结构总体性视域下的经典形象

判定阿尔都塞是结构主义的马克思主义的代表人物，是中文学界对阿尔都塞的主流看法。许多西方学者对阿尔都塞的批评更为严厉，甚至为此专门撰文表达自己的"反阿尔都塞论纲"：沙夫就直斥阿尔都塞结构主义马克思主义是"伪马克思主义"[1]；科拉科夫斯基认为阿尔都塞的思想是"一种斯大林式的马克思主义"[2]；列斐伏尔则认为："阿尔都塞使马克思主义僵化了，他把一切机动性都从辩证法中剔除了出去，……阿尔都塞与马克思主义的关系，无异于托马斯主义者与亚里士多德主义的关系：纯洁化、系统化，但不再与现实有什么关系。"[3] 如果以这些批评声音作为标准来审视阿尔都塞，毫无疑问，他的学说不仅坐实了外界对其结构主义面目的指责，甚至还要将他归入思辨哲学的行列。

判定阿尔都塞是结构主义的马克思主义的代表，从理论态度上讲，是因为他对于结构主义分析方法的娴熟运用以及鲜明地反主体、反历史的态度。20 世纪 60 年代的法国知识场景逐渐形成了与现象学之间

---

① 亚当·沙夫：《结构主义与马克思主义》，袁晖、李绍明译，山东大学出版社，2009，第 22 页。

② Leszek Kolakowski, "Althusser's Marx", *The Socialist Register*, Vol. 8, 1971, p. 12.

③ 弗朗索瓦·多斯：《结构主义史》，季广茂译，金城出版社，2012，第 135 页。

的全面对立，思想的核心议题不再是追求以主体内在性为保证的思辨的历史哲学，而是揭露主体同一性的幻觉，并将主体与客观事物从意识之中赶往一个既非物也非理念的中间性领域之中，来获得对具体性和科学性的真正占有。实现这一抱负的理论工具正是结构主义。从政治态度上看，现象学的马克思主义离阶级革命越来越远。现象学家所谈的"实践"仍是"用哲学来奠定历史唯物主义的认识论概念"①，这种实践不需要党的领导，与阶级政治也没有实际关系，对现实难题的超越完全依赖于理论内部概念上的否定运动。人道主义的政治也就没有特定的阶级立场与斗争对象，这就解释了人道主义者（如萨特）为何从攻击资本主义转向了反对共产党的官僚制，从支持无产阶级的国际主义转向支持殖民地的民族主义，从支持工人转向支持学生，从支持男人转向支持女权。归根到底地说，人道主义的马克思主义必然导致政治虚无主义。这就是阿尔都塞在马克思主义中援引结构主义的根本原因，在他看来，人道主义的思辨属性全面威胁着马克思主义的合法性，思辨哲学总是以一种优美的黑格尔式的升华与和解——"肯定、否定、否定之否定"，将复杂的历史情况与具体斗争实践作以抽象还原，而全然不考虑理论的"当下性"，即提供无产阶级急需的关于"当下形势"革命指导思想②。

再从结构主义的角度看，其与传统历史哲学之争首先是社会科学内部的方法论之争。与强调主体原则或"起源/历史性"思维的传统历史哲学不同，结构主义通过对"无意识结构"（与有意识的语言相对）的解码与分析，将社会整体置于一种"横向/共时性"的空间维度中，探讨构成人类社会的各要素在空间结构中所具备的共同属性，或呈现各要素间不一致、不均衡与相互矛盾的样态。比如，阿尔都塞就经常使用"总是已经（toujours déjà）"③来表达意识形态的"非起源性"特征和独立于经济基础的实践性与社会职能。因而，结构主义的空间理论完全

---

① 阿尔都塞：《保卫马克思》，顾良译，商务印书馆，2010，第119页。

② 斯图亚特·西姆：《后马克思主义思想史》，吕增奎、陈红译，江苏人民出版社，2011，第96页。

③ 阿尔都塞：《论再生产》，吴子枫译，西北大学出版社，2019，第371页。

能够与马克思主义的空间地理学相承接，在某种程度上还几乎再现了经典马克思理论关于现象与本质、思维与存在、经济基础与上层建筑等问题的探讨。"结构主义的'解读'对马克思主义地理学具有超乎寻常的吸引力，原因在于它为透过事物的表面现象（空间结果），揭示存在于业已构建和正在构建的社会关系中的解释性根源，提供了极其严格而明显的认识论的理论化。"[①] 马克思主义与结构主义确实具备可以相互融合的理论资质，那么这种非主体、非"起源/历史性"的空间分析与传统历史哲学间的争论也就不仅是方法论之争，还必然牵扯出理论与政治上的明显分歧。阿尔都塞的思想则呈现了这种从方法到理论、政治的分歧与不同。

在阿尔都塞的具体理论表述中，特别是第一批作品《保卫马克思》和《读〈资本论〉》，完全可以看作是鲜明的结构主义理论叙事。这集中体现在"历史是无主体的过程"、"理论反人道主义"和"意识形态没有历史"这三大命题的"无主体"和"反历史"的表态上，以及遍及文中的"结构整体""结构关系"等概念的使用上。理解这里的关键点在于阿尔都塞关于哲学的定义，他笃信哲学的主题是意识形态和科学概念的对立，所以哲学必须负责解释科学的诞生过程以及科学的内容，这就意味着：①哲学面对的是科学，陈述的是科学之所是，所以马克思主义的哲学是关于科学知识的认识理论，而不是某种历史的或实践的哲学；②新科学的诞生，必定有方法论上的革命，所以马克思的哲学革命也必然是方法论上的革命；③马克思的哲学理论与哲学方法论上的这种"革命"就是"认识论断裂"。在具体的推证中，阿尔都塞正是围绕着"认识论断裂"展开的。虽然他强调这一术语来自研究科学史的巴什拉，但支撑这一论断的"总问题"[②]"症候阅读""理论实践"都是结构主义的概念。但是，此时阿尔都塞对结构主义方法的认识与使用期待是有明显侧重的。他更看重的是"断裂"后形成的"科学认识论"，而非"断裂"本身所表征的方法意义。

---

① 理查德·皮特：《现代地理学思想》，周尚意等译，商务印书馆，2007，第81页。

② 在《读〈资本论〉》中，阿尔都塞承认"总问题"概念来自米歇尔·福柯。

正如他所指出的，"我们这里暂且不谈出现'断裂'的过程中起了作用的辩证法，换句话说，暂且不去论述为促使断裂出现而进行的理论加工工作……我们将集中分析断裂后的那个阶段，即科学业已建成的阶段"①。这与 1965 年后关于"断裂"的使用语境明显不同。

这就不难理解，"症候阅读"在此时强调的也不是意识形态理论中"症候"的存在或"症候阅读"的方法，而是这种"阅读"后显现出的"总问题"。阿尔都塞认为，正是破除了传统主客二分前提下意识主体私自主导的"直接的阅读"的习惯，采用"结构/关系"式的视角，我们才能挖掘出隐藏在每一个文本和不同思想家之后的一个不可见的但又决定了文本内容和意义的总体性结构，即"总问题"——"总问题并不是作为总体的思想的抽象，而是一个思想以及这一思想所可能包括的各种思想的特定的具体结构"②。同样，与这种文本的结构化相似，"理论实践"强调的也是建立关于各种具体实践的总体性认识理论，而非强调"理论实践"本身的方法论属性，即从意识形态中不断"生产"出科学理论；"多元决定"也是侧重去建构关于理解社会结构的普遍性认识以及历史发展变化的主导结构③。

总之，利用结构模型试图在全部学科中统一思想，强调必须通过概念性范畴而非具体实践才能真正认识事物，乐于在理论上扮演"父亲的父亲"④ 的角色，这种思辨的结构主义的马克思主义，不仅符合阿尔都塞在自我批评中所承认的"思辨的理性主义错误"⑤，也是学界传统上对他的主流认识。要指出的是，阿尔都塞这种统一化的哲学事业是结构主义总体性倾向的一种表现，这不仅掩盖了自己理论的方法论底色，更违背了他"哲学即政治"的理论初衷。

---

① 阿尔都塞：《保卫马克思》，顾良译，商务印书馆，2010，第 159 页。
② 阿尔都塞：《保卫马克思》，顾良译，商务印书馆，2010，第 55 页。
③ 阿尔都塞：《保卫马克思》，顾良译，商务印书馆，2010，第 212~214 页。
④ 阿尔都塞：《来日方长：阿尔都塞自传》，蔡鸿滨译，陈越校，上海人民出版社，2013，第 211 页。
⑤ 阿尔都塞：《自我批评论文集》，杜章智、沈起予译，（台北）远流出版事业股份有限公司，1990，第 143 页。

二 偶然唯物论——激进政治话语中的阿尔都塞

不过抛开阿尔都塞的第一批作品再来全面审视其理论体系，尤其是理论反思之后的思想，读者对于他的形象认定或许要模糊起来，这不仅由于一系列非典型意义上的结构主义文本和概念的出现，也因为当读者更仔细地阅读他那两部成名作时，就会发现其中的很多论述也并不是结构主义的样式。这也正是近几年中，关于阿尔都塞的另外一种解读：应该跳出结构主义的解读框架认定阿尔都塞的理论是激进的行动理论，或认为相对于前期注重形成普遍性的哲学认识论，阿尔都塞后期思想更着重谈阶级斗争、意识形态领导权、国家、法等政治问题，因而其前后期思想间存在鲜明的转向甚至是"断裂"。

的确，与前期为了哲学理论而牺牲政治实践的做法不同，阿尔都塞在后期乃至晚年时，都在寻找一种"理论介入政治"的直接可能性。换言之，在阿尔都塞的第一批著作中，唯物主义哲学是一门寻求总体性的严格科学，因而要避免各种类型的主体经验；那么在后期，唯物主义哲学则是在充满"偶然/机遇"① 的历史中探索灵活实用的斗争策略，阿尔都塞用了一个形象的比喻来解释他的观点："跳上一辆未知的火车，并在车厢中与偶然相遇的各色人等交谈、辩论、互相学习，最终使每个人都有所改变。"② 历史的过程充满了偶然与不确定性，但这并不是我们感到无助与沮丧的原因，无产阶级战士要学会利用历史的"偶然/机遇"，抓住机会、果断行动，打乱资本主义生产和资产阶级国家秩序。可以看到，此时的阿尔都塞哲学不仅重新肯定了历史性和主体直接的政治参与，甚至把哲学直接带入政治行动中进行定义，在此意义上，理论也就是实践，哲学也就是政治。这确实与我们所熟悉的阿尔都塞的结构主义形象相差甚远。

---

① 法文为"hasard"，可译为"偶然性"、"机遇"或"机会"。

② 阿尔都塞：《论偶然唯物主义》，吴子枫译，《马克思主义与现实》2017 年第 4 期，第 120 页。

但是，作者认为这并不意味着结构主义没有参与阿尔都塞后期思想的调整，甚至于说，他的第一批著作也不是结构主义的马克思主义。我们在前文已经指出，阿尔都塞在第一批著作中对结构主义方法的认识与使用是有明显侧重的，他更看重的是"科学认识论"，而非"断裂"、"症候"或"理论实践"等概念本身所表征的方法意义。事实上，在具体的文本表述中，阿尔都塞的结构主义形象本就是非典型的。如果我们非要把结构主义视为保守的理性主义，如列维-斯特劳斯的结构主义，试图依靠某种（语音学）结构模型建立对全部社会科学，即对历史与社会等研究对象都有效的科学模型①，那么，阿尔都塞无疑最为看重的还是马克思的观点："不是把辩证法当作解释既成事实的理论，而是把它当作一种革命的方法。"② 因而，对于阿尔都塞思想的判断还是要回到方法论的角度来进行，而结构主义的分析方法则深入参与了阿尔都塞所有的理论实践。

同样以前文所分析的概念群为例。在阿尔都塞的表述中，"症候阅读"与"总问题"明显存在着两种解释：第一，如果"症候阅读"强调的是文本后潜藏的支撑结构与运作关系，即"总问题"，那么，这种阅读法就是试图一次性"生产"出关于这一文本结构的认识理论；第二，但如果"症候阅读"强调的是文本中"症候"的存在，即不能被理论"总问题"所支配的剩余物——文本中突然出现的"空白、缺陷"③，那么，"症候"所凸显的就是对理论"总问题"进行改变的开始。在此基础上再来理解"认识论断裂"，"症候"表明的就是旧理论（意识形态）逻辑中断裂的存在，而断裂则意味着为新理论的生长打开了空间。所以，通过对"症候"的阅读与发现，从而不停地实现理论的"生产"与突破④，"症候阅读"作为结构式的阅读方法却成为掏空结构"总问题"

---

① 克洛德·列维-斯特劳斯：《结构人类学》（1），张祖健译，中国人民大学出版社，2006，第35~36页。

② 阿尔都塞：《保卫马克思》，顾良译，商务印书馆，2010，第173页。

③ 阿尔都塞、巴里巴尔：《读〈资本论〉》，李其庆、冯文光译，中央编译出版社，2008，第10页。

④ 而非一种本质还原，关于结构的总体性理论也是一种本质还原论。

的有力武器。那么，"认识论断裂"、"症候阅读"、"总问题"和"理论实践"这一概念群所表征的就不再是一种严格的知识体系的成立，而是将理论实践带入了一个无限动态生成的过程之中。马克思主义也就成为一种推动理论实践与现存哲学结构不断发展的动力理论，从根本上说，这是关于"理论生成的理论"，而只有当理论作为一种方法论才能具备这种敞开性①。正像巴里巴尔所指出的，"这并不是告诉我们什么是断裂的'科学'，也不是激起我们重新思考科学应该是什么的马克思的断裂的特有明证。换句话说，而是要探究这种知识实践所包含的真理和知识之果，但是这种知识实践又不必然具有真理和知识的概念"②。

同样，将这种理论中的"认识论断裂"引申至现实历史与政治的分析中，阿尔都塞的"多元决定"概念（surdétermination/overde-termination）也就存在着另一种解释："多元决定"首先肯定的是社会结构中存在着不平衡与具有差异性的各种力量与矛盾间复杂互动的关系，认为这种处于永恒变动、具有各种偶然性的状态才是社会历史真实的存在。其法文或英文前缀"sur/over"本就有"超……在……之上或多重……"之义，再与词根联系起来理解，即能表达"非确定性、非决定性"含义③。阿尔都塞在对"多元决定"概念的解释中也指出，社会矛盾结构的这种特质"既不单是'原则'（应当）地位，又不单是'事实'地位，而是'事实'地位同'法律'（应当）地位的关系，也就是使'事实'地位具有主导结构的'可变性'和总体的'不变性'的那种关系"④。这就

---

① 这与同时期结构主义对语言、文学等符号的分析如出一辙。在结构主义分析中，理论家更多地是要不断突破原有理性活动的边界，面对无意识，面对"他者"，面对能指话语背后所没有被言说出的东西。结构主义将研究的对象视为一种可以"解读"的"文本"（text），并寻找居于"文本"之后的无意识结构，进而探寻这一"他者"结构运作的规律以及自我调节的内部机制。也可以说，这就是一种文字的游戏（罗兰·巴特语）。

② 巴里巴尔：《1996年重版前言》，见阿尔都塞《保卫马克思》，顾良译，商务印书馆，2010，第9~10页。

③ 参见夏莹《关于阿尔都塞四个常识性判断的再考察》，《高校马克思主义理论研究》2015年第1期，第108页。

④ 阿尔都塞：《保卫马克思》，顾良译，商务印书馆，2010，第204页。

是说，"多元决定"所表示的社会矛盾状态是一种应当与实然间永存的张力状态，这种永恒的非同一性虽然不会带来社会总体性结构的变化，却会在异质性的结构要素内不断改变。比如，在现有资本主义生产方式不可能发生巨变的条件下，无产阶级却可以通过"多元决定"的社会结构中突然出现的"偶然/机遇"（症候），也就是突然出现的历史—政治事件的"断裂"，在意识形态领域内果断展开阶级斗争来阻碍资本主义生产方式的再生产，达到意想不到的政治效果。而这正是阿尔都塞在《论再生产》以及晚年所提出的偶然相遇的唯物主义观点中所进行的理论实践工作。

由此，阿尔都塞实质上提出了一种更复杂的社会历史哲学。同思辨哲学的辩证历史观和经典结构主义的共时性历史观不同，阿尔都塞所肯定的是一种由多种力量交互作用所形成的社会情境与现实形势，以及矛盾结构的不平衡性和差异性造成的理论和历史的"断裂"，也不断肯定着基于"断裂"所采取的具体理论实践和政治实践。可以看到，这种历史空间是真正开放的、非终结性的、在充满偶然性的情况下不断向前推动的现实。在这种历史发展过程中，哲学不是对客观世界的一劳永逸的抽象把握，而是不断地突破理论教条的限制，以永恒的缺失、匮乏或者虚空为前提所展开的理论行动。同时，也是对政治实践得以展开的可能性与策略性的探寻，是一种基于历史—政治事变而出现的激进政治行动。最终，阿尔都塞也就真正实现了"哲学即政治"的理论初衷，达到了"理论介入政治"的根本性要求。总之，这一哲学理论或许不能用结构主义理论来定义，却是用结构主义方法构建的。

三　阿尔都塞理论的内部张力与结构分析的二重性

通过上述的分析，我们解开了围绕着阿尔都塞思想体系判定的矛盾。阿尔都塞并没有跳出结构主义的解读框架，但他也不是保守的理性主义者；他前后期思想间确实存在鲜明的不同，但并没有完全"断裂"。在其理论体系中，总体性的结构倾向与差异性的解构倾向共存，反实践的思辨理论与能动性的行动哲学同在，认识论断裂、症候阅读、理论实践、多元决定等概念本身具有非常大的理论能动性，这使得他的理论体系内部存在巨大的张力，但也正是这种张力使其理论实践始终保持进取的姿态。在这一点上，完全可以理解为这是一种"未完成"的理论。换言之，阿尔都塞理论的魅力就在于它真正的开放性和可解读性，这也使他能够成为真正意义上的"可书写的"思想家。

这其中的成功秘密就在于，阿尔都塞把握到了结构分析法在那个向同一理性宣战的时代所具有的巨大革命性与反叛性。在它的帮助下，阿尔都塞既能在 1965 年对马克思主义的科学性作出辩护，又能在后期支撑他对革命行动可能性的探讨。结构主义方法无疑是阿尔都塞思想的深在逻辑，成为阿尔都塞勾连从"保卫马克思"到"偶然唯物主义"之间的"拱心石"。这就不难理解为何在自我批评时，围绕"认识论断裂"等观点，阿尔都塞始终不做原则上的退步①。作为曾经在思想史中流行一时的思想潮流，结构主义比方法要大，但比哲学要小②；它可以提供一种世界观与历史观，但它最主要的还是提供了一种分析方法。因而，如果说"主义"代表着一种关于世界观与历史观的理论，那么阿尔都塞的第一批作品可以称得上是结构主义的马克思主义，但在他重思哲学与政治的关系之后，尤其是将研究重点转向差异性的、不平衡的社会结构，并着手探讨一种偶然的历史观时，就不能在"主义"的层面予以指认，只能将他归入结构主义方法的使用者行列。事实上，这种界定也与结构主义思潮的两个发展阶段高度重合："一个是结构的阶段，它拥有完整统一的事业；一个是累进性的解构阶段。"③

结构主义方法能作为阿尔都塞思想的深在逻辑，实际上也正因为其自身具有鲜明的二重性，即强调结构的总体性逻辑与强调结构的差异性逻辑④。这种二重性就体现在结构主义时代的不同思想家中，结构主义

① 阿尔都塞：《自我批评论文集》，杜章智、沈起予译，（台北）远流出版事业股份有限公司，1990，第 127 页。
② 文森特·德贡布：《当代法国哲学》，王寅丽译，新星出版社，2007，第 111 页。
③ 弗朗索瓦·多斯：《结构主义史》，季广茂译，金城出版社，2012，第 135 页。
④ 或许存在第三种意见，即结构主义是一种时髦的思想游戏。

的分析方法在不同人的手里，所承担的理论职能是不同的。对于更早的列维-斯特劳斯来说，结构主义的进路是实证主义的科学研究，结构分析是要将更多的"化外"之物纳入理性的认识之中，在不同社群组织间寻找共同的交流规则与程序，至于这些"同一与差异"的争论，都是思辨哲学的话题，他所关心的只是这一方法能帮助人们获得多少科学的知识。因而"社会生活不同层面的分析必须进行下去，直到达到从一个层面到另一个层面的过渡是可能的程度；也就是说，阐述一种普遍符码，它能表达从每个层面上产生出来的特定结构的共同特征。如果最终达到这个程度，那么，随着普遍符码的出现，所有结构的不变性也就找到了。纷繁芜杂的文化、语言和习俗就可以完全得到解释，即还原到人类本性的统一性"①。对于其他数量更多的"非典型"结构主义思想家而言，结构主义在最初或许是为了在差异多元的研究对象中寻求普遍共通的结构关系，即承担提供科学认识的职能，但当他们发现差异性与多元化远比寻求某种同一性知识更有趣时，结构分析就会生产出非辩证的历史话语与非同一的主体认知②，即提供一种实证解释的目的是反对上一种解释，对事物的解释永远是变化生成的。如罗兰·巴特（罗兰·巴尔特）所言："（结构主义是）新的东西，也是一种思维（或者说，一种'诗学'），这种思维更多地探讨意义以何种代价和依据哪些途径才是可能的，而不是尽力赋予它所发现的对象以充实的意义。"③ 那么，结构主义为客观事物所提供的意义只具有可能性和偶然性。意义就是无意义，事实并不重要，只有不断的解释。在此意义上，结构主义就是实证主义和虚无主义（怀疑主义或解释主义，总之是尼采主义的哲学，即拒绝关于

---

① 文森特·德贡布：《当代法国哲学》，王寅丽译，新星出版社，2007，第136页。

② 注意"非辩证"一词在理解结构主义上的重要限定作用。传统的辩证法仍固守着对肯定性或确定性的保持与希望。而结构的差异性逻辑只能在否定性含义上来理解，强调事物解释与意义上的差异性与暂时性，并反对向同一性的回归，甚至于更激进地认为理性也是一种"神话"，理性概念必须坚决地予以革新。理性秩序只是真实无序世界的一种特例，理性是一种偶然。

③ 罗兰·巴尔特：《文艺批评文集》，怀宇译，中国人民大学出版社，2010，第260页。

真理和意见的区分）在人类理性中一种悖谬的混合，其总体性特征越彻底，其差异性倾向也就越强烈。

通俗地讲，结构分析法既是"系铃人"，又是"解铃人"，它让我们一方面知道自己处于无所不在的结构"无意识之幕"中，另一方面又让我们知道，当把这个"无意识之幕"呈现在世人眼前时，这种"无意识之幕"也就被戳破了。因而，结构必然意味着解构，编码必然意味着要解码。结构分析的目标就是反对分析出的结构本身。在此意义上，结构主义在西方思想史中的使命就是反对它自身，并最终为批判与瓦解"同一性/统一性"的哲学意识形态提供有力武器。就像雅克·比岱在点评阿尔都塞的意识形态理论时指出的那样，"关于结构的再生产理论必然是关于结构改变的理论：其目的是揭露不变的条件——最后终结那种不变性的变化也在这种不变的条件中产生。阿尔都塞关于过程中的变化（比如向社会主义过渡过程中的变化）的思想，影响了他关于资本主义再生产条件的观念，也影响了关于结构的不变性的思想。说到底，它无非是一种理论，只不过有两个入口：再生产和革命"①。因而，结构主义二重性的影响必然会溢出理论的范围，在政治上召唤反对资本主义社会形态的革命行动。而阿尔都塞也正是凭借这一点，把哲学领域的争论带入了社会批判与政治斗争的场域中，将哲学中反对同一逻辑的战场（Kampfplatz）② 搬到了阶级斗争的历史战场。

结构主义方法的使用，将阿尔都塞带入了增殖性的理论场域中，因而也带来了理论内部的巨大张力。但从思想的继承视角看，马克思的永恒主题"理论与实践"的关系才是阿尔都塞思想体系内巨大张力的根本来源。马克思主义本就是不断发展的科学理论，是科学性与革命性的统一。对于阿尔都塞来说，其理论生产的最终目标也必须时刻面向现实斗争实践，这使其永远倾向于接受科学的方法而不能拘泥于教条的理论。在所有文本中，阿尔都塞只是策略性地使用结构主义方法，而并不将其

---

① 雅克·比岱：《法文版导言：请你重读阿尔都塞》，载阿尔都塞《论再生产》，吴子枫译，西北大学出版社，2019，第23页。

② 德文，战场。阿尔都塞经常使用康德的这一概念，来特指哲学的战场。见康德《纯粹理性批判》，邓晓芒译，人民出版社，2004，第1页。

作为自己理论方法的唯一来源。比如，在《保卫马克思》与《论再生产》中，阿尔都塞对毛泽东的矛盾分析方法进行了充分的运用①；"认识论断裂"概念来自巴什拉；对于历史偶然性的思考又追溯回了马基雅维利；即使是结构主义，阿尔都塞也是将斯宾诺莎哲学与之嫁接使用。在现实上，阿尔都塞面对的是西方日渐渺茫的革命希望；在理论上，他的那些学术同仁则沉醉于将马克思主义思辨化、哲学化、抽象化，"故意闭口不谈那些历史唯物主义经典传统最核心的问题：如详尽研究资本主义生产方式的经济运动规律，认真分析资产阶级国家的政治机器以及推翻这种国家机器所必需的阶级斗争战略"②。马克思主义革命实践与理论实践面临着严重的危机，"怎么办？"列宁式的疑问同样困扰着阿尔都塞。阿尔都塞的答案是，"即使是处于防守的地位，没有正确的理论也就没有正确的政策"③。斗争策略的制定需要科学理论的指导，而新理论的诞生又必定要有方法论上的革命。只有对马克思的历史唯物主义和唯物辩证法进行改造，才能抛弃一切先验哲学的表现主义与历史主义、抽象的决定论与思辨的辩证法，重构一种新的社会结构理论和无产阶级革命理论。

"在目前的情况下从我看来对马克思主义具有决定意义关键的重点……是在哲学本身中实践作用先于理论作用的那种第一性。"④ 正是对实践第一性的遵循，阿尔都塞采取了更鲜明而非更忠实于结构主义的态度，在方法上同结构主义合作。这使得他能够灵活地调整自己的理论方向，在意识到第一批作品没有达到他想要的"哲学介入政治"的效果，反而造成了哲学（理论）与政治（实践）相对立的局面时，阿尔都塞可

---

① 巴里巴尔：《中文版阿尔都塞著作集序》，见阿尔都塞《政治与历史：从马基雅维利到马克思（1955—1972 年高等师范学校讲义）》，吴子枫译，西北大学出版社，2018，第18页。

② 佩里·安德森：《西方马克思主义探讨》，高铦、文贯中、魏章玲译，人民出版社，1981，第60~61页。

③ 阿尔都塞：《保卫马克思》，顾良译，商务印书馆，2010，第39页。

④ 阿尔都塞：《自我批评论文集》，杜章智、沈起予译，（台北）远流出版事业股份有限公司，1990，第162页。

以从容地在自我批评中以"哲学倾向/侧重"来澄清并进行理论调整。是侧重于哲学理论还是政治实践，是侧重于建立总体性的科学还是保证理论实践的不断生产，是侧重于结构主义方法还是矛盾分析方法，联想到"哲学归根到底是理论中的阶级斗争"①，我们甚至能大胆猜测，阿尔都塞理论体系的内部张力或许也是一种斗争策略。

---

① 阿尔都塞：《自我批评论文集》，杜章智、沈起予译，（台北）远流出版事业股份有限公司，1990，第 162 页。

资本图绘中的马克思与布迪厄[*]

张楠楠　沈江平

资本概念的复杂性并不亚于文化概念，对资本概念的研究必然涉及两位近代著名学者，即马克思与布迪厄，前者丰富了资本概念的维度，后者拓展了资本概念的广度。二者之间的联系并非不深刻，但因为学界对马克思理论的研究主要集中在哲学、政治经济学领域，对布迪厄理论的研究主要局限在社会学领域，所以较少对二者进行比较，更少就资本概念进行详细比较。我们通过回溯文本中马克思、布迪厄资本概念的生成、形式以及定义，一方面阐述二者资本概念的差异，另一方面试图回答为什么二者的资本理论都具有揭示历史演进的生命力，但相比马克思的资本理论，布迪厄的资本理论更具有局限性。

一　进路：资本概念的生成与历史哲学传统

马克思与布迪厄资本概念的生成路径是截然不同的，前者从现实的生产关系切入，后者从象征关系切入，二者的资本理论之所以都具有揭示历史演进的生命力，是因为二者都拒斥形而上学逻辑，转向实践逻辑，在本质上秉承的都是历史主义哲学传统，即立足社会实践去把握和理解社会生活的本质。但马克思的资本概念是多维度的，是理论概念、历史概念，是与特定历史社会相关联的一种明确的社会生产关系；布迪厄的资本概念则是单一维度的，从本质上讲只是客观权力、资源的弱化概念。

＊　国家留学基金委英国剑桥大学资助项目（201806360248）的阶段性成果。本文原载于《理论视野》2020 年第 7 期，收入本书时有改动。

　　冲破形而上学迷障，马克思在现实生活面前找到了人们实践活动和实际发展过程的真正的实证科学的进路。不同于古典经济学将资本视为"作为货币的货币"的积累，马克思在《1844年经济学哲学手稿》中，以异化劳动为核心，通过研究私有制和异化劳动的关系认识到资本是积累的异化劳动，是对他人劳动及其产品的私有权与支配权。后来，在1849年《雇佣劳动和资本》中，马克思从劳动力、剩余价值角度解释了资本的本质是资产阶级社会的一种生产关系，工人出卖劳动力，工资是劳动力价值的一部分，工人获得工资，资本家占有剩余劳动的价值，资本在根本上表现为一种占有关系。

　　对资本现实的、历史的批判在《德意志意识形态》中进一步深化，马克思认为历史唯物主义是以"现实的个人"而不是抽象的"类"为理解人类历史的出发点，个人的物质生产活动及其交往形式是人类历史及观念形态的基础，个人物质生产和社会交往中所形成的关系构成各个不同阶段的市民社会，即整个历史的基础。站在现实历史的基础上，资本对于剩余价值的追求一方面带动了整个社会生产的巨大发展，另一方面也带来了社会经济结构的失衡与被剥削阶级的壮大与反抗。因此，资本既是剥削雇佣劳动的财产，是分工和交换历史运动的产物，也包含一种进入更高级的社会形态的阶级关系。至此，马克思的资本概念基本完成了其逻辑嬗变，并包含了三重维度：既是积累的劳动，也是社会生产关系，还是现代社会的发展动力。

　　无独有偶，布迪厄批判现代与后现代哲学家过分依赖话语权力，认为这是典型的"读者幻想"，必须要抛弃这种"学术理性"，将社会实践作为把握社会现实的逻辑起点。布迪厄以普通人的实践为起点，通过研究现实的学校教育，认为教育与马克思的资本一样具有实现社会"再生产"及"合法化"的功能，由此提出"文化资本"概念，进而通过场域理论提出不同形式的资本概念，但布迪厄对于资本概念的使用，一直只有形式名称，并无实质定义。

　　例如，"文化资本"的前身是"文化特权"（见于《继承人——大学生与文化》），至于文化特权如何演变为文化资本，布迪厄并未给出具体说明而是直接使用了这一概念。在《再生产》中，文化资本是权力影响的结果，权力差异来自阶级差异，而阶级概念是先验的。此时文化资本是文化特权的隐喻表达，凝结着社会成员的不平等关系并体现着社会资源的不平等分配。

在《区隔》中，布迪厄进一步发展了资本概念，认为文化和经济资本都是客观分析范畴，而不是由先验的阶级理论构成。其论证顺序是：资本—场域—习性—阶级。布迪厄引进场域理论，认为"资本总量、资本的构成和（由社会的过去和潜在轨迹表现的）这两个属性在实践中的变化"① 构建起了一个三维空间，资本总量决定人们在社会空间中的位置，邻近位置意味着存在条件的相似性，反过来也意味着相似的习性。阶级是这个空间中由相似资本赋予的"邻近性"，资本总量决定了阶级生存条件，决定了阶级习性，习性又反过来决定消费和阶级习惯，进而将与资本相呼应的阶级生存条件转化为象征空间。"最初的差别，即将各大阶级的生存条件区分开来的差别，在作为实际上可利用的一系列资源和权力的资本总量中找到了其根源。"② 虽然客观阶级及其分布的确是由资本的数量和构成决定的，但布迪厄并没有解释什么决定了有效资本的社会空间分布，所以，此时资本是仅限于分配维度，是客观权力、资源的弱化概念。

显然，马克思的资本概念具有明确的逻辑衍生轨迹，是从生产关系切入的、具有三重维度的，但布迪厄的资本概念并未得到直接的阐明，始终作为客观的社会权力、资源的代名词出现。二者之所以都具有解释社会历史发展的生命力，是因为二者都打破形而上学逻辑进入实践逻辑，究其根源来说，二者都继承了源自维科的历史主义哲学传统，"这个历史观念的根本就是：任何法的观念都是由它所在的社会的本质、社会的人的观念所决定的，以历史事实为出发点，通过分析该社会人们的现实生活、人们的各种文化活动和法律制度，以及支配人们的现实生活和各种文化活动的有关人的观念和法的观念来说明该社会和先前社会的联系，

---

① Pierre Bourdieu, *Distinction: A Social Critique of the Judgement of Taste*, R. Nice (trans.), Harvard University Press, 1984, p. 113.

② Pierre Bourdieu, *Distinction: A Social Critique of the Judgement of Taste*, R. Nice (trans.), Harvard University Press, 1984, p. 114.

揭示该社会的发展规律"①。马克思与布迪厄不是把概念作为研究对象，满足于反思和逻辑抽象本身，而是把感性作为研究对象，通过深入个别，揭示个别的意义存在。但是，马克思是从当代资本主义生产关系中发现世界历时性与共时性的历史的普遍原则，布迪厄则是沿着卡西尔社会学传统从神话、语言、宗教、艺术等中去探寻贯穿各民族发展的普遍性原则，这也决定了尽管马克思与布迪厄共享资本概念，都因从历史哲学传统出发而具有生命力，但马克思笔下的资本不仅仅是经济主义实体范畴，更是解释历史的客观分析范畴，也是哲学演进的本体论范畴，马克思的资本理论因为触及资本主义生产方式而具有全面揭示现代社会图景的穿透力，布迪厄的资本概念却是客观社会权力资源的弱化概念，理论的穿透力始终局限在揭露文化资本的统治和精英意识形态层面。

二 延展：资本的形式与思维结构

对资本形式进行分类时，马克思侧重"一般与个别"的抽象关系，试图说明资本的统治力量与黑格尔辩证法中抽象的精神主体具有一致性，从而使资本概念具有历史和逻辑上的相对完整性。布迪厄并未继承马克思兼具"历时性"与"共时性"维度的"生产方式"理论，须知这种"生产方式"理论很少关注上层建筑，而是兼顾了不同资本的功能与共存，更侧重"一与多"的关系。马克思采用的是从具体到一般再到具体的辩证路径，布迪厄则只完成了从具体到抽象的思维过程。

在《政治经济学批判（1857—1858年手稿）》"资本章"中，马克思从"资本的一般性""资本的特殊性""资本的个别性"三个层次对资本做了更详细的分类。对"资本的一般性"，马克思利用黑格尔的逻辑学，同时对古典经济学和古典哲学进行批判的吸收，强调把整个社会看作是包摄在"一个资本"之下的主体概念，把它当作"一个资本"的内

---

① 何萍：《马克思历史辩证法的理性结构》，《南京大学学报》（哲学·人文科学·社会科学版）2012年第3期。

部活动来进行总体性把握。对"资本的特殊性",马克思通过对流动资本和固定资本的分析指出,资本必然向特殊化阶段发展,"表现为资本躯体的使用价值所具有的特殊性质,本身在这里表现为规定资本的形式和活动的东西,它赋予某一资本一种与其他资本不同的特殊属性,使资本特殊化"①。对"资本的个别性",马克思认为"各个资本参与的产业部门不同,通过在信用、股份、金融制度下的货币回流结合起来,多个资本统一为一个资本(个别性)"②。流动资本和固定资本在流通领域获得了统一,在此意义上,一切资本都只是以一种流动资本形式回流。

我们可以看到,"现实的资本在多样化的进程中,展开为特殊的种类和本质"③,特殊化为多个事物的同时也可以把多个事物统一为一般事物、一个事物,因此资本越特殊化,资本的一般性越明显,其他事物的共性特征越突出。将资本以"一般"和"个别"来进行分类描述,既可以包含历史的前提,避免对资本纷杂形式的命名,又可以生成类的逻辑前提,实现体系性的阐述,同时也进行体系性批判。

布迪厄理论中的资本一直是以经济资本、政治资本、文化资本、社会资本等具体形式的客观范畴出现的,在场域理论中,资本在不同的场域有不同的名称,多个共存的场域意味着不同资本类型的共存。场域概念借鉴了马克思"生产方式"逻辑的某些特征,比如在场域概念的基础上,资本可以根据不同场域的规则积累、流通、交换,拥有的资本的类型可以实现"一"与"多"的转变。当资本的扩散和竞争越发激烈的时候,个体之间的竞争和争夺统治权的斗争同时发生在场域内,在资本总量中占统治地位的群体可以在社会变革中被推翻。值得关注的是在《实践感》中,为了区别于客观资本形式,布迪厄提出了象征资本,这是一种能跨越不同领域的资本。布迪厄关于象征资本的论证顺序是:经济资本的否定形式—象征资本的再生产性—象征权力。象征资本起源于对

---

① 《马克思恩格斯全集》第 46 卷(下),人民出版社,1980,第 154 页。

② 内田弘:《新版〈政治经济学批判大纲〉的研究》,王青、李萍、李海春译,北京师范大学出版社,2011,第 14 页。

③ 内田弘:《新版〈政治经济学批判大纲〉的研究》,王青、李萍、李海春译,北京师范大学出版社,2011,第 11 页。

"经济资本的否定"，即"当古代社会拒绝承认赤裸裸的利害关系"和"自私打算"法则为特征的经济时，经济资本若要发挥作用，就要经受一种"使其真正的效率原则变的难以辨认的再适应"，比如展示有名望的亲朋好友所体现的物质和象征力量就能带来物质利润。"象征资本不是一种特殊的资本，但当它被误认时它可以成为任何一种资本，也就是作为剥削的力量、权力或能力，因此被认为是合法。"①

马克思采用的是从具体到一般再到具体的辩证路径，布迪厄则是根据不同形态对资本进行具体划分，并且多了一种具象资本的否定形态。这很容易让人联想到黑格尔，黑格尔现象学成果主要集中在两点：一点是一般与个别的辩证思维结构；另一点是把否定性原则作为推动原则和创造原则。不同于黑格尔，马克思以"一般"与"个别"的辩证思维结构分析现实社会的感性内容，肯定感性内容的真实性，其"一般"的实现不是思想的运动，而是通过人类劳动形式的变化而表现出来。作为"一般"实现环节的否定，绝不是黑格尔所定义的思想的抽象形式，而是价值对理性僭越所带来的非人性化的后果，即对异化劳动的批判，所以在马克思那里辩证法的本质是历史的、现实的，一般与个别的思维结构并不是抽象的形式，而是真实的现代社会的历史运动。布迪厄的资本概念实际上只完成了从具体到抽象的思维过程，"就是天下多少矿就说多少遍矿物这个词"，却不能从抽象返回到具体，即把个别的观念作为具体的总体表现出来，如吉尔·伊亚尔（Gil Eyal）指出："奇怪的是，如此关注领域内关系的人很少关注领域间的关系。就像没有历史理论一样，没有关于整体的理论，只是任意组合所谓的同源领域。"② 尽管布迪厄的象征资本可以转化成一切具体的资本，是如黑格尔否定性原则一样重要的理论钥匙，但他并没有解释清楚具体的资本是如何展示出资本的一般性、如何与象征资本进行兑换，以及否定资本是否是推动全部资本解释历史的动因，这些难点正如迈克尔·布洛维（Michael Burawoy）在

---

① 皮埃尔·布迪厄：《帕斯卡尔式的沉思》，刘晖译，生活·读书·新知三联书店，2009，第286页。

② Gil Eyal, "Spaces between Fields", *Bourdieu and Historical Analysis*, edited by Philip Gorski, Duke University Press, 2013, pp. 158–182.

《哲学的贫困：马克思与布迪厄》中所说："如果他的理论要赶上实践，首先布迪厄需要更好地描述惯习的动态、变化方式以及如何通过批判性思维来重塑它，使得同意的惯习变成一种反抗的惯习。"① 也就是说，否定性资本如何推动社会变革问题在布迪厄这里并未得到解决，就像是黑格尔的绝对精神无法从理论抵达实践，布迪厄并未对不同形式的资本共同的核心概念做出理论化的阐述，显然，布迪厄的资本概念仍需进行定义。

三 定义：资本的本质及二者关系

如果说马克思纵向拓展资本的维度，容易造成马克思资本概念主要是经济属性的误识，布迪厄拓展了资本的广度，强调资本属性的多样，局限是缺少对资本的一般定义。为了弥补这一缺陷，布迪厄不得不对资本概念进行定义。其定义见于《资本的形式》一文："资本是积累的劳动（以物化的形式或'具体化的''肉身化'的形式），当这种劳动在私人性，即排他的基础上被行动者或行动者小团体占有的时候，这种劳动就使得他们能够以具体化的或活的劳动的形式占有社会资源。资本是一种铭写在客体或主体结构中的力量，它是一条强调社会世界的内在规律性的原则。"② 对于这种积累的劳动的衡量，布迪厄认为："对普遍的等价物，以及对所有等价现象的衡量，无非是通过（最广义）的劳动时间来完成的；如果在每一种情况中，都能同时思考以资本形式积累的劳动时间和把资本从一种类型转换成另一种类型所需要的劳动时间，那么就能在所有的转换中证实社会能源的确得到了保存。"③

① Michael Burawoy, *The Poverty of Philosophy*: *Marx Meets Bourdieu*, Oxford University Press, 2015, p. 24.
② 皮埃尔·布迪厄：《文化资本与社会炼金术——布尔迪厄访谈录》，包亚明译，上海人民出版社，1997，第189页。
③ 皮埃尔·布迪厄：《文化资本与社会炼金术——布尔迪厄访谈录》，包亚明译，上海人民出版社，1997，第190页。

　　以上这段话表明：劳动时间是"衡量所有等价物的标准"，是决定不同资本可交换性的原则，这毫无疑问让人想起马克思的劳动价值论。根据马克思对于商品的定义——"用于交换的劳动产品"，商品具有两重性：首先能够满足人们的需求，具有一定的使用价值；其次，凝结了一般人类劳动，其价值量由生产它所花费的社会必要劳动时间决定。人们相互交换商品，实际上是互相交换劳动在商品中的积累，从马克思主义的角度出发，布迪厄对资本的定义实际上只是对商品的定义。

　　就资本的定义来说，布迪厄的资本概念并没有超越马克思的资本概念，只是马克思资本概念中的一个环节。当然对于这一环节的全面的阐释无疑是对马克思资本理论的进一步拓展，正如历史研究中有通史、断代史、专题史之别。本着理论多元的精神，问题的关键从来不是谁超越谁，而在于每种方法可以独特地呈现清晰的过程，以及如何更好地解释具体社会现象。既然布迪厄的资本概念是对马克思资本概念中的一个环节的丰富性阐述，这就意味着布迪厄丰富了马克思资本理论，我们可以从以下三方面分析。

　　首先，布迪厄的资本理论意味着历史唯物主义的发展是一部不会终结的历史。不同时期的历史问题本就不尽相同，马克思身处自由资本主义的黄金时代，资本在全球的流动是以剥削、压迫为手段，马克思对于社会批判的火力集中在雇佣劳动的双重性上，通过阐述经济基础的决定性作用，揭露资本的经济剥削和自由主义意识形态，因此其理论的动力和矛盾完全是建立在"经济资本"之上的。布迪厄处在前现代社会向现代社会转变时期，在现代性背景下，不同于过去直接的暴力统治，统治阶级在形式上是承认平等原则的，布迪厄要揭露的正是"把植根于经济和政治领域的物质权力所形成的那种历史的任意的社会秩序转换为文化精英阶层的温文尔雅的外部表现"① 的"社会炼金术"。在非暴力时代，科学技术代表的文化软实力与经济、社会、阶级、发展之间的兑换关系，

---

① Pierre Bourdieu, *The State Nobility*：*Elite Schools in the Field of Power*, Stanford University Press, 1984, p. X.

不仅是当代学术界一直关注的问题，也是我们进一步发展历史唯物主义、发展当代马克思主义的题中要义。

其次，布迪厄丰富了马克思对意识形态的批判。马克思揭露了资本的经济剥削和自由主义意识形态，布迪厄则通过文化资本、惯习、信仰的概念，解释统治秩序是如何通过身体的训练与符号暴力双重作用实现意识形态的自然化的，更多地揭露了文化资本的统治和精英意识形态。马克思的意识形态理论更多是关注主体的意识和观念问题，布迪厄的意识形态理论则拓展到了社会制度与人的实践模式，前者意味着"意识形态从一个与真理和科学相对立的认识论概念，转变为以政治合法性为核心的政治霸权概念"[1]，后者意味着"意识形态从主体的意识和信仰状态转变为制度化、身体化的实践关系"[2]，在这个过程中，布迪厄扩大了意识形态批判的范围，也必然丰富批判社会的方法。

最后，布迪厄将内在的形而上的批判与外在的实证的文化研究结合在一起，实现了方法论的辩证综合。布迪厄提出了"惯习""信念""文化资本"等概念，"把梅洛庞蒂的肉身化情景化的行为概念与黑格尔马克思传统的客观存在结合在一起，在结构与个体之间架起了理论桥梁"[3]。在马克思那里，意识形态是由社会存在决定的，但缺少对于意识形态能动性的进一步解释，文化究竟是作为经济基础附属物的"上层建筑"，还是阿尔都塞笔下具有相对自主性的存在？布迪厄给出了一种解释路径，通过明确人要获得行动能力就必须通过参与社会生活获得一定的"惯习"，当社会秩序自然化的意识形态功能在无意识的重复和训练中生成时，意识形态不仅是社会再生产的要素，同时也是主体再生产的过程，更进一步讲，将意识形态概念唯物主义化也意味着为文化能动性的渊源提供了超越经典的二分的方法论。

---

① 汪行福：《社会炼金术——布迪厄对意识形态的概念化和批判》，《当代国外马克思主义评论》2011 年第 9 期。

② 汪行福：《社会炼金术——布迪厄对意识形态的概念化和批判》，《当代国外马克思主义评论》2011 年第 9 期。

③ 汪行福：《社会炼金术——布迪厄对意识形态的概念化和批判》，《当代国外马克思主义评论》2011 年第 9 期。

四 结语

资本概念的复杂性毋庸置疑。马克思对资本分析的最终目的是将资本主义作为一种社会形态呈现出来，从而完成其揭示人类解放、消除异化的历史哲学；布迪厄对资本分析的最终目的是揭示根植于品位、生活方式、消费模式、风俗习惯、社会规范以及社会等级制度之上的各种结构性不平等。布迪厄拓展了马克思的资本理论，开启了资本研究的另一个向度。但不可否认的是，布迪厄的资本概念始终是社会资源与权力的弱化概念。每个时代都有自己偏好的资本类型，在资本主义黄金时期，经济资本是各国争夺的对象，在信息时代，文化、科技资本已然也是各国发展的中流砥柱，随着人类创造历史又不断加深对历史的认知，我们对资本的诠释和解读也持续进行。那么对于中国特色社会主义建设，就要求我们不仅要从根本上坚持马克思资本理论的指导，同时也要积极吸收布迪厄理论中的营养元素，既要把握资本的多元维度，也要拓展每一个维度的深沉内涵。

21 世纪是一个资本流动空前快速的时代，对于资本的研究我们不能局限于经济属性，更不能脱离现时代的背景就资本谈资本、就理论谈理论，而是要不断地发展资本的内涵，挖掘历史唯物主义的真相。这一点在互联网高度发展的今天尤其重要。当文化符号可以成本极低地在网络空间中实现快速的跨阶层传递时，对于如何利用文化的快速流动性实现文化与社会的协调发展，如何创造性地发展传统文化与现代文化，如何实现文化与经济的兑换，如何摆脱心灵的桎梏奔向自由解放，我们仍需要向马克思、布迪厄借鉴，从而对经济、文化、社会等概念相互作用的复杂关系作出符合历史规律的阐述，进而在多元化、市场化、全球化日益加剧的今天更好地解决现代社会问题。

后　记

为了展示中共中央党校（国家行政学院）马克思主义学院政治过硬、理论自觉、学术精进的学术风范，展示马克思主义学院人学习研究习近平新时代中国特色社会主义思想的最新成果，不断扩大马克思主义学院在国内乃至国际上的政治影响力、学术影响力和社会影响力，自2019 年以来，我们先后编辑出版了三批"马克思主义理论研究丛书"，共 29 册。丛书出版后，得到中共中央党校（国家行政学院）校（院）委会领导和科研部、教务部的重视，并在社会上产生了较大影响，第一批丛书入选中央宣传部"庆祝中华人民共和国成立 70 周年大型成就展"。

2022 年是中国共产党第二十次全国代表大会召开之年。为了向党的二十大献礼，集中展示马克思主义学院标志性研究成果，我们编辑出版《马克思主义研究前沿》（全六卷）学术丛书。各卷分别为《当代中国马克思主义研究》《马克思主义基本原理及经典著作研究》《马克思主义发展史研究》《马克思主义中国化研究》《中国特色社会主义政治经济学研究》《中国道路研究》，主要收录党的十八大以来马克思主义学院学者发表的体现党校特色、代表马克思主义学院学术水准、立足思想前沿的重要研究成果。

本套丛书的编辑出版得到中共中央党校（国家行政学院）领导的大力支持。社会科学文献出版社社长王利民、社会科学文献出版社政法传媒分社总编辑曹义恒及各卷编辑也为本书编辑出版做出了重要贡献，在此一并感谢。由于我们的水平有限，错误之处在所难免，请广大读者批评指正。

丛书编委会

2022 年 9 月 10 日

图书在版编目（CIP）数据

马克思主义研究前沿：全六卷／中共中央党校（国
家行政学院）马克思主义学院主编.--北京：社会科学
文献出版社，2022.11（2023.12 重印）
　ISBN 978-7-5228-0930-4

　Ⅰ.①马…　Ⅱ.①中…　Ⅲ.①马克思主义-发展-中
国-文集　Ⅳ.①D61-53

　中国版本图书馆 CIP 数据核字（2022）第 192709 号

马克思主义研究前沿（第三卷）

主　　　编／中共中央党校（国家行政学院）马克思主义学院

出 版 人／冀祥德
责任编辑／曹义恒
文稿编辑／周浩杰
责任印制／王京美

出　　　版／社会科学文献出版社·政法传媒分社（010）59367126
　　　　　　　地址：北京市北三环中路甲 29 号院华龙大厦　邮编：100029
　　　　　　　网址：www.ssap.com.cn
发　　　行／社会科学文献出版社（010）59367028
印　　　装／三河市东方印刷有限公司

规　　　格／开　本：787mm×1092mm　1/16
　　　　　　　印　张：27.25　字　数：412 千字
版　　　次／2022 年 11 月第 1 版　2023 年 12 月第 2 次印刷
书　　　号／ISBN 978-7-5228-0930-4
定　　　价／980.00 元（全六卷）

读者服务电话：4008918866

▲ 版权所有 翻印必究